ACTAS
DEL PRIMER CONGRESO
ANGLO-HISPANO

Tomo I
Lingüística

ACTAS
DEL PRIMER CONGRESO
ANGLO-HISPANO

TOMO I
Lingüística

Editado por
RALPH PENNY

ASOCIACION DE HISPANISTAS DE GRAN BRETAÑA E IRLANDA

JUNTA DE ANDALUCIA
Consejería de Cultura y Medio Ambiente

■■The British Council

HUELVA
PATRONATO PROVINCIAL
QUINTO CENTENARIO

EDITORIAL CASTALIA

Copyright © Association of Hispanists of Great Britain and Ireland y Editorial Castalia, 1993
Zurbano, 39 - 28010 Madrid - Tel. 319 58 57

Cubierta de Víctor Sanz

Impreso en España - Printed in Spain
Unigraf S. A. Móstoles (Madrid)

I.S.B.N. de la obra completa: 84-7039-673-0
I.S.B.N.: 84-7039-674-9
Depósito Legal: M-13081-1993

PRESIDENCIA DE HONOR

Sus Majestades los Reyes de España

COMITÉ DE HONOR

D. Felipe González Márquez, *Presidente del Gobierno Español*
D. Manuel Chaves, *Presidente de la Junta de Andalucía*
† D. Francisco Fernández Ordóñez, *Ministro de Asuntos Exteriores*
D. Javier Solana Madariaga, *Ministro de Educación y Ciencia*
D. Jordi Solé Tura, *Ministro de Cultura*
D. Nicolás Sánchez-Albornoz, *Director del Instituto Cervantes*
D. Luis Yáñez-Barnuevo, *Presidente de la Comisión Nacional
del V Centenario*
Sir Robin Fearn, *Embajador del Reino Unido en España*
Mr Patrick Walshe, *Embajador de Irlanda en España*
D. Felipe de la Morena, *Embajador de España en el Reino Unido*
Sir John Ure, *Comisario General del Reino Unido en Sevilla*
Mr Brian Vale, *Director, British Council, Madrid*
Mr Charles Formby, *Cónsul General Británico, Sevilla*
D. Domingo Prieto, *Presidente de la Diputación Provincial de Huelva*
D. Juan Ceada, *Alcalde de Huelva*
D. Francisco Díaz, *Alcalde de Moguer*
D.ª Pilar Pulgar, *Alcaldesa de Palos de la Frontera*
D. Emilio Marín Macías, *Alcalde de Minas de Riotinto*

PATROCINADORES

SESIÓN DE APERTURA
Foro Iberoamericano
La Rábida, Palos de la Frontera (Huelva)
24 de marzo de 1992

De izqda. a dcha.: Prof. Ian Michael, D. Domingo Prieto, D. Luis Yáñez-Barnuevo, D. Manuel Chaves, S. M. la Reina Doña Sofía, D.ª Pilar Pulgar y Prof. Ian Macpherson.

Prólogo

EL primer Congreso Anglo-Hispano partió de la propuesta sugerida y aceptada por la Asociación de Hispanistas de Gran Bretaña e Irlanda en su reunión anual en Westfield College, Universidad de Londres, en marzo de 1989. Tres años más tarde, y después de un esfuerzo de decidida colaboración entre hispanistas y gobiernos de Gran Bretaña, España e Irlanda, fue un placer ver que la propuesta tomó forma tangible al reunir en un congreso internacional en Huelva y la Rábida a 180 hispanistas británicos, irlandeses, españoles e hispanoamericanos, para conmemorar el Quinto Centenario del Descubrimiento de América.

Tuvimos el gran honor de que Sus Majestades los Reyes de España aceptaran la Presidencia de Honor de este congreso, y fue una gran satisfacción recibir a Su Majestad la Reina Doña Sofía, en la ceremonia de apertura del congreso en el Foro Ibérico de la Rábida. Desde el primer momento Su Majestad la Reina se tomó un gran interés en nuestros planes, a la vez que nos deseó todos los parabienes en el desarrollo de las jornadas de encuentro de los hispanistas, con los que departió en un cordial a la vez que distendido encuentro.

El éxito de esta aventura fue doble y no en pequeña medida, tanto por la cálida acogida con la que fue recibida la Comisión Organizadora en primer lugar, así como la dispensada, en segundo lugar, a los congresistas, por las autoridades municipales de Huelva, La Rábida, Moguer, Palos de la Frontera y Riotinto. A don Juan Ceada, Alcalde de Huelva, queremos especialmente darle las gracias por su decidido y entusiástico apoyo, al ser el primero en sugerir que el congreso tuviera lugar en Huelva y La Rábida; igualmente le agradecemos su cálida hospitalidad y generosidad al poner a nuestra disposición la restaurada Casa Colón así como el Gran Teatro para las sesiones académicas. Hacemos extensiva nuestra gratitud a D. Francisco Díaz, Alcalde de Moguer, a D.ª Pilar Pulgar, Alcaldesa de Palos de la Frontera y a don Emilio Marín, Alcalde de Minas de Riotinto, por la característica hospitalidad andaluza y el entrañable cariño con que acogieron a los congresistas, sumándose a las sesiones plenarias que tuvieron lugar en el Monasterio de Santa Clara en Moguer y en las Casas de Cultura de Palos y Riotinto.

El grado de cooperación entre estas autoridades municipales, con el apoyo de la Delegación Provincial de Cultura de la Junta de Andalucía y del Patronato Provincial del Quinto Centenario, fue uno de los rasgos distintivos que con más fuerza sobresalió en el transcurso del congreso. En Sevilla, D. Antonio Pozanco, Asesor de la Junta de Andalucía del Quinto Centenario, fue el motor que nos dio uno de los primeros y más eficaces impulsos; su sucesor, D. Pedro Alfageme, consiguió un apoyo financiero para la publicación de estas *Actas*. A D. José Mora, Delegado Provincial en Huelva, que fue una constante fuente de energía, ánimo y consejos desde el principio, nos gustaría expresarle nuestro más profundo agradecimiento por el esfuerzo realizado en nuestro provecho. Tuvimos el honor de contar con la presencia de D. Manuel Chaves, Presidente de la Junta de Andalucía, en la ceremonia de apertura en La Rábida. También damos las gracias a D. Manuel Eugenio Romero y a D. Domingo Prieto, sucesivos Presidentes de la Diputación Provincial del Patronato del Quinto Centenario, por su constante aliento; y a D. José Juan Díaz Trillo, nombrado Director General del Patronato Provincial en la última etapa, con quien contrajimos una especial deuda de gratitud: el entusiasmo, la decisión y desinteresada capacidad de trabajo, tanto suya como de su equipo, antes y durante los ocho días que duró el congreso, fueron decisivas para su éxito; apreciamos hondamente su ayuda práctica por asegurar que estas Actas se publiquen en su presente forma.

Asegurar una adecuada y sólida base para este ambicioso congreso fue una ardua tarea, y sin la ayuda de la Comisión Nacional del Quinto Centenario y del Gobierno Español, y la de los Ministerios de Cultura, Educación y Ciencia y Asuntos Exteriores, el congreso nunca habría tenido lugar. En la Comisión Nacional del Quinto Centenario la buena voluntad de D. Luis Yáñez-Barnuevo, sumada a los esfuerzos del Sr. vizconde de Almansa, de D. Alberto Soteres, de D. Domingo de Silos y de la Srta. Doreen Metzner, proporcionaron al congreso unas sólidas bases financieras, las cuales fueron consolidadas con la colaboración del Ministerio de Cultura realizada por medio de D. Javier López Facal y D. José Pérez Lázaro, por el de Educación y Ciencia a través de D. Juan Gimeno y D. José Luis Pérez Iriarte, y el de Asuntos Exteriores gracias a D. Juan Ramón Martínez Salazar y D. Arturo Pérez Martínez. También agradecemos la presencia de D. Nicolás Sánchez Albornoz, Director del Instituto Cervantes, en la ceremonia de apertura. Merece una mención especial el nombre de D. Javier López Facal: su fe en el éxito de la empresa, su confianza en la Comisión Organizadora, su sabio consejo y su pronta disponibilidad siempre que estuvimos en Madrid fueron una constante fuente de alivio y un gran placer para los que estuvimos estrechamente unidos a él durante los cuatro años de preparación, hasta que en Huelva y La Rábida vio los frutos de su empeño.

Imprescindibles para la financiación del congreso han sido las oportunas intervenciones de D. José Joaquín Puig de la Bellacasa tanto cuando encabezaba la Embajada de España en Londres como cuando ostentaba el cargo de Secretario General de la Real Casa, como también han sido las de su sucesor en la Embajada Española en la capital británica, D. Felipe de la Morena; el entusiasmo de ambos, además de los valiosos esfuerzos de sus respectivos Ministros encargados de Asuntos Culturales, D. Eduardo Garrigues López-Chicheri y D. Fernando Serrano Suñer, aseguraron el éxito de la organización del encuentro. En la representación británica e irlandesa en España, contamos siempre con la participación, primero de Lord Nicholas Gordon-Lennox, y más tarde de Sir Robin Fearn y Mr. Patrick Walshe. Nuestro sincero agradecimiento vaya también por partida doble para los dos Directores del British Council en Madrid. Richard Joscelyne nos proporcionó ayuda económica al igual que valiosas recomendaciones en los primeros pasos del proyecto; su sucesor Brian Vale proveyó fondos para treinta jóvenes becarios, en sus primeros pasos de investigadores universitarios, para viajar desde Gran Bretaña, Irlanda y varias partes de España y asistir al congreso en Huelva.

Por último, me gustaría expresar mi personal gratitud por la plena confianza y firme apoyo de todos los amigos y colegas del hispanismo en Gran Bretaña e Irlanda, quienes dieron desinteresadamente su tiempo y trabajo durante el extenso y a veces frustrante período de preparación del Primer Congreso Anglo-Hispano. La Comisión Organizadora de Ian Michael, Anthony Heathcote y Rosario Sevilla ofreció toda la ayuda que el presidente podía requerir, y el éxito dependió en sumo grado de la eficacia, paciencia e infatigable trabajo del Secretario-Tesorero, David Mackenzie, ayudado en las últimas etapas del congreso por nuestro Secretario de Programación, Jeremy Lawrance.

Ralph Penny, Alan Deyermond, Angus Mackay y John Edwards, respectivos presidentes de las secciones de lingüística, literatura e historia, cargaron con la responsabilidad de planificar las tres secciones en las que fue dividido el congreso, e idear las sesiones plenarias. A los dos primeros y a Richard Hitchcock les ha tocado editar los tres volúmenes de las *Actas* correspondientes a dichas secciones. A estos colegas, y a todos aquellos hispanistas que contribuyeron al éxito académico del congreso con su asistencia a las sesiones plenarias, tanto presentando o presidiendo una conferencia como por su participación en las sesiones de la mañana y en las mesas redondas, expresamos nuestra profunda gratitud, y confiamos en que estas *Actas*, publicadas ahora gracias al buen saber de D.ª Amparo Soler y de la Editorial Castalia, proporcionen un digno y duradero recuerdo del Primer Congreso Anglo-Hispano.

IAN MACPHERSON
(University of Durham)
Presidente de la Comisión Organizadora

Discurso inaugural

En la Presidencia: Su Majestad la Reina Doña Sofía

Majestad, Señor Presidente de la Junta de Andalucía, Señora Alcaldesa, Excelencias, Señoras y Señores:

En nombre de los miembros de nuestra Asociación y de todos nuestros invitados, quisiera en primer lugar expresar nuestros más profundos sentimientos de gratitud a Vuestra Majestad por habernos honrado al venir a inaugurar este Congreso, que constituye de hecho un encuentro cuatripartito de estudiosos de lengua, literatura e historia de las Universidades de la Península, del Reino Unido y de Irlanda, además de nuestros homólogos de Hispanoamérica, en la que incluimos Puerto Rico.

Rogamos también, Señora, se transmitan a Su Majestad el Rey nuestros mejores deseos para una rápida y completa recuperación y el más vivo testimonio de nuestro afecto y estima.

Bien conocida es la amplia formación intelectual de Vuestra Majestad en Atenas y en Madrid, y vuestro afán de participar en la investigación universitaria, ya reconocido por vuestros doctorados honoríficos de Medicina por la Universidad de Valladolid y de Derecho por la Universidad de Cambridge, y asimismo por el doctorado en Derecho Civil por Diploma de la Universidad de Oxford, que concede a Vuestra Majestad pleno derecho de practicar Jurisprudencia. No cabe ninguna duda de que vuestros ilustres progenitores acertaron en dotar a Vuestra Majestad con la onomástica griega de 'Princesa Sabia'.

Señora, al celebrar este primer Congreso fuera de nuestra circunscripción habitual de Gran Bretaña e Irlanda, tenemos la esperanza de que nos disponemos a intercambiar ideas y métodos de in-

vestigación, y llevar a cabo un debate de alto nivel sobre los acontecimientos del año de 1492 y sus consecuencias, para bien y para mal,
tanto para España y Europa como para las culturas indígenas del
Nuevo Mundo.

En este Congreso nos proponemos analizar, sin ningún afán de
triunfalismo ni de menosprecio, tres aspectos culturales organizados
respectivamente en tres etapas cronológicas, y con vistas al futuro, de
los acontecimientos de aquel *annus mirabilis,* 'the year when every-
thing happened', —el año en el que sucedió todo.

El hecho de que vayamos a celebrarlo en español, la antigua lengua del imperio y moderno idioma internacional, función que comparte con otra antigua lengua imperial, el inglés, fue el resultado de
la decisión de nuestros miembros en pleno de corresponder a la generosa hospitalidad de nuestros anfitriones de Andalucía, y al mismo
tiempo facilitar la labor de homologación en la publicación de las
Actas.

Igual ocurrió con la decisión de la Comisión Organizadora de
abreviar el título del Congreso a 'Anglo-Hispano', puesto que ha sido
la considerable aportación económica de los dos gobiernos de estos
estados-naciones, en especial del Gobierno Español, además del valioso apoyo práctico de la Junta de Andalucía, la Diputación Provincial de Huelva, y los Ayuntamientos de Huelva, Moguer, Palos de la
Frontera, Minas de Riotinto y Rociana del Condado, los que han
hecho posible esta reunión.

Señora, es sumamente apropiado que nos reunamos en la provincia de Huelva, puesto que nuestras vinculaciones con esta región se
remontan a un período cuya significación histórica se conmemora
este año. Como consta en un documento original de la época, muy
pocos años antes de la llegada de Cristóbal Colón con su hijo pequeño a este lugar, los mercaderes de Bristol habían mandado en 1481 un
barco a comerciar con los frailes franciscanos de este monasterio de
Santa María de la Rábida.

Cristóbal Colón mismo había emprendido un viaje desde Portugal
a nuestras tierras en 1477, durante el cual hizo escala en Galway en el
oeste de Irlanda, y allí fue testigo de la extraña llegada a la costa
irlandesa de dos maderos o botes que contenían los cadáveres de 'un
hombre y una mujer de apariencia extraordinaria', que probablemente eran finlandeses o lapones, víctimas, según algunas interpretaciones, de un naufragio, o quizás más verosímilmente objeto de algún
rito funerario. No obstante, los irlandeses y el futuro almirante con-

cluyeron que eran chinos, 'arrastrados por la tempestad', confirmándose así la viabilidad de la ruta occidental a la India.

Señora, a pesar de todas las alegaciones multiseculares, en su mayor parte no demostradas científicamente, de que el nuevo continente fue descubierto anteriormente por vikingos, irlandeses, galeses, portugueses o ingleses, no cabe duda alguna de que, cuando España emprendió la tarea, América quedó descubierta para siempre. Las exploraciones españolas inauguraron la gradual incorporación del nuevo continente en la geografía e historia universales, rectificándose así las opiniones erradas de los antiguos.

Majestad, es precisamente para investigar ese proceso de incorporación por lo que estamos reunidos esta semana en la provincia de Huelva, cuna de 'la empresa de las Indias'.

IAN MICHAEL
Presidente de la Asociación
Foro Iberoamericano
La Rábida, Palos de la Frontera (Huelva)
24 de marzo de 1992

Introducción

L A sección de lingüística del Primer Congreso Anglo-Hispano, cuyas contribuciones se publican aquí, se organizó alrededor de cinco temas, que habían de tratarse con referencia a una o varias de las lenguas iberorromances, y según una orientación sincrónica o diacrónica, o con ambas orientaciones. No sorprende que el primero de estos temas, *Las lenguas hispánicas en la época de Colón,* atrajera sobre todo contribuciones diacrónicas (Emilio Ridruejo sobre una serie de cambios sintácticos, John Green sobre el desarrollo de las construcciones con verbo auxiliar, Concepción Company sobre historia de sintagmas posesivos), pero no faltaron estudios sincrónicos, de tipo 'interno' (Ian Macpherson y Angus Mackay sobre metáforas eróticas) y de tipo 'externo' (Pat Harvey sobre las lenguas empleadas por los muslimes españoles).

Se conmemoró el quinto centenario de la publicación de la *Gramática de la lengua castellana* de Antonio de Nebrija con dos ponencias, una, de Christopher Pountain, que estudia la noción de la transitividad en Nebrija y en gramáticos posteriores, y otra, de Margarita Lliteras, sobre el tratamiento nebrisense de la derivación léxica.

Los estudios que se agruparon alrededor del tema de *Las lenguas hispánicas en su variedad actual* fueron, naturalmente, de tipo sincrónico, dirigidos al habla de las mujeres (María Antonia Martín), a la estilística de las construcciones relativas (Leo Hickey), a la recogida de datos sociolingüísticos en Castilla-La Mancha (Francisco Moreno), y a la descripción de la cantidad fonológica (Paloma García-Bellido).

Un nutrido grupo de contribuciones versaron sobre *Las lenguas hispánicas en su desarrollo histórico,* y en especial sobre el desarrollo de fonemas nasales (Rodney Sampson) o de fonemas geminados (Carmen Pensado), sobre los sintagmas posesivos (Chris Lyons), sobre la interpretación de la ortografía medieval (Ray Harris-Northall, Roger Wright, y Antonio Emiliano), sobre el anglicismo (Chris Pratt), y sobre la política lingüística en América y España durante el Barroco (María Teresa Echenique).

El quinto tema lingüístico del Congreso fue el de *Las lenguas hispánicas en su variedad geográfica*. El trabajo de J. C. Smith combinó la historia y la geografía lingüísticas en su tratamiento de los participios castellanos y catalanes, mientras que otros se interesaron por la distribución de fenómenos fonéticos (Clive Willis por el consonantismo brasileño, Brian Mott por el vocalismo altoaragonés), y Francisco Marcos Marín describió la gran variedad lingüística de los textos del proyecto ADMYTE.

Ambas sesiones plenarias de tema lingüístico versaron, como convenía, sobre el español de América. Emma Martinell aclaró las circunstancias bajo las que se constituyeron esas variedades, y Juan M. Lope Blanch se preocupó por la amenazada unidad de la lengua española.

Aunque aquí no se publican las intervenciones hechas durante las mesas redondas con las que se concluyó cada sesión de trabajo, éstas fueron extremadamente valiosas y esclarecedoras de los asuntos tratados.

Aquí quisiera dejar constancia de mi agradecimiento a todos los que contribuyeron al Congreso con conferencias y ponencias lingüísticas, sobre todo por su paciencia con un editor impertinente y entrometido.

RALPH PENNY
noviembre de 1992

1

LAS LENGUAS HISPÁNICAS EN LA ÉPOCA DE COLÓN

Formación de una lengua hispánica en América

EMMA MARTINELL GIFRE

Universitat de Barcelona

CUANDO EL ESPAÑOL quiso hablar de algo nuevo para él, de lo que no conocía el nombre, el proceso que siguió consistió en una descripción que hiciera comprensiva la realidad. Lo que se daba en las Indias antes de la llegada de los europeos ya tenía nombre y, en muchas ocasiones, diferentes nombres según las diversas lenguas. Y uno de esos nombres nativos es el que pudieron adoptar los españoles. Hubo voces que, primero sentidas como indígenas, fueron usadas por los españoles. Casi en seguida se sintieron como propias. Y en su expansión lógica, muchas de ellas viajaron del español a otras lenguas de Europa. Así existen en inglés *cayman, coca, iguana, jaguar, liana, mate* y *poncho*.

Hay dos pruebas sólidas de la incorporación de los indigenismos: que la voz india se aproveche para hacer comprensible otra palabra, igualmente indígena —Cortés escribió, sin comentario alguno: 'setenta hanegas de maíz y diez de frijoles'—; o que de la voz india se derive una voz nueva. Así, *caimancito* o *caimancillo*, de *caimán*; *canoíta*, de *canoa; cacaotal*, de *cacao; cacagüetal* y *cacagüetero*, de *cacagüete; canoero*, de *canoa*. Ello prueba la vitalidad de una lengua que iba configurándose mediante la asimilación de voces nativas. Tan poco conscientes de ellas fueron los cronistas que, en ocasiones, pretendieron justificarse, como Fernández de Oviedo al decir:

> Si algunos vocablos extraños o bárbaros aquí se hallaren, la causa es la novedad de que se tracta; y que no se pongan a la cuenta de mi romance, que en Madrid nascí y en la casa real me crié, y con gente noble he conversado, e algo he leído, para que se sospeche que habré entendido mi lengua castellana (*apud* Enguita 1980-81, 204).

3

G. Mayans describió la influencia sobre las lenguas de la situación de contacto entre sus pueblos:

> La sola distancia del lugar tampoco impide que las naciones de varias lenguas, aunque mui alejadas unas de otras, se comuniquen muchas voces, i aun los idiomas, como se traten mucho; como suele suceder siendo la comunicación por el mar, el qual por medio de la navegación facilita el comercio. Assí por el que tienen los castellanos con las Indias occidentales i los portugueses con las orientales; unos i otros han introducido sus lenguas en todos los países que han dominado en las Indias. I también unos i otros hemos recibido de ellas muchas voces, con que significamos las cosas que nos han venido de ellas (1984, 370).

Los cronistas reflejaron los diferentes grados de aprendizaje alcanzados por los españoles y por los indígenas. Así, Pedro de Aguado en 1851 lamenta la impericia de los intérpretes del general Jiménez de Quesada: 'eran tan torpes y bozales en la lengua castellana que ni a los españoles daban ni podían dar a entender lo que los naturales y principales de la tierra decían, ni, por el contrario, entendían de todo punto lo quel general pretendía dalles a entender' (1930, 167). Del otro lado, no siempre se mostró interés por establecer una comunicación, como delata Fernández de Piedrahíta que, en 1676, describe a los españoles 'sin aprender de su idioma más cláusulas que las precissas para pedirles oro, y demas generos que tenian, quando no les bastaba averlos pedido por señas' (1676, 538). Más de sesenta años antes, el Inca Garcilaso había opinado con mayor moderación, al aludir a la 'mucha falta que cada uno de ellos tenía del lenguaje del otro para entenderse al preguntar y responder; y esto era por la mucha dificultad que la lengua indiana tiene y por la poca enseñanza que entonces tenían los indios de la lengua castellana' (1723, 41).

Junto a estos testimonios hay otros alusivos a la pericia de indígenas y españoles. Antes de mediar el siglo XVI, Cabeza de Vaca (1984, 177) decía de los indios: 'todos, uno a uno, vinieron a hablar al gobernador en nuestra lengua castellana'.

En bastantes textos se pone de relieve la capacidad de que hicieron gala los naturales en la artesanía, en la representación y en el canto. No menos debe de sorprendernos la rapidez con la que los adiestrados, además de conocer y utilizar el castellano, supieron latín. Fray Toribio de Motolinía (1985, 356) narra lo que le ocurrió al clérigo que dudaba del saber de los indios. Mandó a uno recitar varias oraciones en latín; lo reprendió por una voz que creyó incorrecta. El indio se defendió preguntándole al clérigo, en latín: 'Reverendo pater, ¿(nato) cujus casus est?'. La intervención confundiría al religioso.

Desde la Península, Aldrete se formaba una idea halagüeña:

> según me he informado de personas que han estado muchos años en aquellas partes, los indios, que tratan con españoles, que son casi todos, los que están en nuestras provincias, saben hablar Romance mas o menos bien, como se aplican a el y todos los mas lo entienden.

Y sigue con una opinión que conviene a la finalidad de mi intervención, describir el proceso de formación de una lengua en América: 'Algunos indios principales la pronuncian tan bien como los nuestros, lo mismo hazen los que tienen raça de españoles, por cualquier via que sea, que hablan como en Castilla' (1984, I: 145-46). Según él, los miembros de la nobleza indígena y los españoles (posiblemente se trate de 'criollos' cuando se dice 'los que tienen raça de españoles') hablaban igual que los metropolitanos. No reconoce, pues, una lengua diferenciada; mejor dicho, no testimonia conciencia de que una lengua propia estuviera configurándose.

Los españoles tuvieron necesidad de disponer de intérpretes para comprender y hacerse comprender. Los franciscanos llegaron a la México recién conquistada. Limitados a practicar una rudimentaria gestualidad, recurrieron a los escasos intérpretes preparados por Cortés. La complejidad lingüística de los territorios recorridos determinó que se requirieran dos o tres intermediarios. Aparte, claro está, de lo que se tardó en distinguir las diferencias entre esas lenguas. De ahí que, en la evangelización, se optara por la intervención en español o en la lengua de los naturales según cada situación y de acuerdo con la capacidad del religioso. En apariencia, los indios tenían por amigos y parientes a los que hablaban su misma lengua y juzgaban extraños a los que no la entendían. En 1738 Gumilla achacaba la 'división' de la lengua india a 'una notable dispersión de muchas familias de la lengua principal', cuyos hablantes se instalaron a gran distancia unos de otros, y a 'la falta de comunicación entre sí' (1963, 298-99). Años después, Azara expuso su decisión de llamar 'nación' a la congregación de indios dotada de unas costumbres y un espíritu, y con idioma propio. En eso estribaba su 'carácter nacional' (1847, 100).

La alteración que sufrieron las lenguas indígenas debido a la defectuosa pronunciación de los españoles solía calificarse de 'corrupción'. En los textos se habla de que un nombre está 'corrupto', de que 'corrompen un nombre', etc. Una opinión más tajante es ésta del Inca: 'Sospecho que el nombre está corrupto, porque los españoles corrompen todos los más que toman en la boca' (1723, 40), si bien él mismo reconoció que la pronunciación diferente en una sílaba, que determinaba un cambio en el significado, no era fácil que la advirtieran los españoles.

Del mismo modo, el español, hablado por hablantes de tan diversas condiciones, se resentía. Así lo expresó Jerónimo de Mendieta (1973, 119-20):

> el común hablar se va de cada día mas corrompiendo. Porque los españoles comúnmente la hablamos como los negros y otros extranjeros bozales hablan la nuestra. Y de nuestro modo de hablar toman los mesmos indios, y olvidan el que usaron sus padres y abuelos y antepasados. Y lo mesmo pasa por acá de nuestra lengua española, que la tenemos medio corrupta con vocablos que a los nuestros se les pegaron en las islas cuando se conquistaron, y otros que acá se han tomado de la lengua mexicana. Y así podemos decir que de lenguas y costumbres y personas de diversas naciones se ha hecho en esta tierra una mixtura o quimera que no ha sido pequeño impedimento para la cristiandad de esta nueva gente.

En el cambio de la lengua tuvo que ser importante el aporte de los hablantes indios hispanizados. Los indios de la nobleza se vestían a la española y adoptaban nuestras costumbres y aficiones. Sus aliados y amigos eran españoles, a muchos de los cuales superaban, porque dominaban la lectura y la escritura, habilidades conocidas sólo por una parte de los españoles. Suárez de Peralta (1990, 124) dice de ellos que 'están ya tan españolados y admitidos en los tratos y contratos con los cristianos, que [...]'. El mestizo Huaman Poma de Ayala (1987, III: 880) los describe como fieles vasallos de Su Majestad, que juegan en todo juego como cualquier español, y que saben romance y latín. A menudo se hace hincapié en la familiaridad, en el trato continuado, en la frecuente conversación entre unos y otros como condiciones que propician que sean 'ladinos', 'que es tanto como decir españolados en la lengua' (Aguado 1963, 31). El indio bien aposentado, que ve que integrado a los españoles goza de una situación ventajosa, los remeda en el modo de hablar. El Inca Garcilaso cree que no de otro modo actúan los españoles a su regreso de Italia, Francia, Alemania o Flandes: salpican sus frases de frases que oyeron en esas tierras (1723, 330). Cuando el indio usa la lengua española, y no la suya, acaba olvidándola. Su idioma materno 'se pierde', 'desaparece' (Vázquez de Espinosa 1948, 288; Félix de Azara 1847, 160, 227). Una vez más, el Inca Garcilaso proporciona una confesión sincera: 'cómo se llame el tigre en la lengua general del Perú se me ha olvidado, con ser nombre del animal más fiero que hay en mi tierra' (1723, 288), y una confesión pormenorizada: 'el nombre que los indios les dan se me ha ido de la memoria, aunque fatigándola yo en este paso muchas veces y muchos días, y reprendiéndola por la mala guarda que ha hecho y hace de muchos vocablos de nuestro lenguaje, me ofreció por disculparse este nombre 'cacham' por pepino; no sé si me engaña' (1723, 279). Pensemos que el Inca Garcilaso llegó a España en 1560 con veintiún años, y que no regresó al Perú. Se asimiló lingüística y culturalmente al mundo de su padre —pronto se aventuró a traducir del italiano los *Diálogos de amor* de León Hebreo— por más que en el prólogo a la Segunda Parte de los *Comentarios Reales* dedicó su obra 'A los indios, mestizos y criollos de los reinos y provincias del grande y riquísimo imperio del Perú, el Inca Garcilaso de la Vega, su hermano, compatriota y hermano'. No puede causar sorpresa que este mestizo olvidara su lengua, que no volvió a escuchar ni a hablar, cuando olvidaban la suya los hijos de los españoles, si el aislamiento de las haciendas los llevaba a tratar sólo con indios. Y, sin embargo, como se ha dicho que ocurre en *La Argentina* de Ruy Díaz de Guzmán (Germán de Granda 1988, 512), reemplazar las designaciones indígenas por las equivalencias castellanas, de ser un hecho voluntario, supondría la adopción del modelo cultural metropolitano. El testimonio es una carta de 1708 de Esteban de Urizar Arespacochaga, gobernador de Tucumán (*apud* Mörner 1967, 435-46).

Desde el principio, se dio en el Nuevo Mundo una convivencia de lenguas: la castellana, lengua del invasor; las lenguas generales, conocidas por los españoles y, en especial, por los religiosos y por las capas privilegiadas de los naturales; las lenguas tribales, conocidas por los indígenas y, en menor medida, por un cierto número de religiosos. A esta distribución le correspondían tres niveles de prestigio.

¿Hubo bilingüismo? Sí, en parte fueron bilingües los conquistadores y los colonizadores, y lo fueron los religiosos. Los primeros bilingües nativos fueron los intérpretes —indios y españoles—, primero improvisados y más tarde preparados. Otro tipo de bilingües fueron los naturales que, aculturados, obtenían un papel en la organización social y política de la colonia. Y, como veremos, podían ser bilingües los criollos y los mestizos. El español se sentía como lengua de cultura extendida a zonas remotas, como le había ocurrido al latín, abarcador del territorio anexionado al Imperio. Al hablante de español se le reconocía el 'ingenio', la 'maña', la 'traza'. En cambio, el indígena perdía su 'rustiquez', su 'estulticia', se alejaba de su 'barbarie' si era capaz de relacionarse en la lengua del vencedor.

En *La Araucana* de Alonso de Ercilla (1979), 'un espaldudo bárbaro valiente' corre tras los españoles, y se expresa así: '¡Jo, jo [...] ¡Espera, espera!' A este verso le sigue una acotación entre paréntesis que reza: 'que más en español no sabía'. Así pues, el bilingüismo se limitó, en ocasiones, al conocimiento de unos pocos términos, factor que explicaría todo tipo de malinterpretaciones, como lo sucedido en la segunda boda de Beatriz Coya con un español. La respuesta, en su lengua, no fue 'sí', sino 'Ichach munani, ichach mana munani', lo que viene a ser: 'Quizá quiero, quizá no quiero'. Pero el celebrante lo tomó por una aceptación (1962, 844). El mestizo Poma de Ayala refleja la perplejidad de los españoles que, cuando decían 'anda, puto', recibían cobre y calabazas de los naturales, pues ese era el contenido de las dos palabras (Huaman Poma de Ayala 1987, II: 402). Por cierto, en ese fragmento aparecen los términos 'chapetón' y 'mestizos'.

El reflejo en los textos de esta situación de contacto entre lenguas se tradujo en la explotación del tópico del error cómico: la dificultad de expresión del rústico y la burla de la que se le hace blanco. El bárbaro americano y, casi al mismo tiempo, el negro americano, se sumaron al bárbaro africano, al bárbaro canario, al moro, al vizcaíno, etc. La gama de tipos cómicos se enriquecía. Lore Terracini (1988, 197-98) presenta un fragmento de una breve ópera dramática que todos los años, por Carnaval, se representa en Oruro (Bolivia). En esencia se trata de un diálogo entre Atahualpa y Pizarro. La embajada de paz del rey de España fracasa porque, cuando, en el acto I, Almagro pide a Haylla Huisa que le escuche, el otro replica 'No te entiendo' en su lengua, y el español no le comprende, pero el malestar va en aumento cuando, en el acto III, se alternan las intervenciones del Inca y las de Pizarro. Este ataja la frase del otro ('Ay auca sunca [...]') con un '¿Qué dices, bárbaro?'. Adivinamos su

8

encono por el contenido de la siguiente intervención: 'Ay apuy guiracochallay [...]' ('Ah Señor Mío, no te enojes tanto'). La furia del español arrecia: 'Malaya hablar con estos brutos que no los puedo comprender, ni ellos me comprenden lo que les hablo'. El Inca conserva su actitud de respeto: 'Ay apu guracochallay [...]' ('Ah Señor Mío, ¿qué me estarás diciendo que no lo puedo comprender?'). Cierra el fragmento la conclusión despectiva a la que llega el soldado: 'Vaya usted a hablar con hombres que no saben hablar el castellano'.

J. L. Rivarola (1987, 1989) ha dedicado varios trabajos al análisis del valor de estas parodias, que pervivieron porque pervivía la valoración que subyacía a ellas: el indio no dominaba su expresión en español, y la salpicaba de particularidades autóctonas; el español lo despreciaba. El valor lingüístico de tales fragmentos se comprueba cotejando esta variante con testimonios históricos directos del español de hablantes bilingües, y con el contraste de la situación actual. Un autor que, con ser español, residió toda su vida en Lima es Juan del Valle Caviedes, que satirizó la sociedad de su tiempo, la de finales del XVII, a sus ojos henchida de presunción. Escribió tres entremeses satíricos y un romance 'en lengua de indios', formado por veinte octosílabos, que constituye el monólogo de un hablante del español propio de bilingües de la zona andina. Rivarola lo reproduce.[1]

Otro representante de la producción satírica colonial es Mateo Rosas de Oquendo, andaluz que pasó a Indias y en 1598 compuso una sátira sobre el Perú de más de dos mil versos (1990). El narrador recitaba un sermón, a título de testamento, en el que criticaba la licenciosa vida de la corte peruana. El mejor reflejo del tema y de la intención es la combinación de la voz culta con la expresión popular, y el juego conceptista. En los versos más conocidos (el 1531 y los siguientes) apostrofa a la mar, portadora de tal bagaje:

1. Véase Rivarola 1987, 146-47. Copio los ocho primeros versos:

> Balca il diablo, gorgobado,
> que osatí también ti casas,
> sin hallar ganga in so doti,
> sino sólo mojiganga.
> Parici ostí jonto al novia
> tan ridondo y ella larga,
> como in los troncos di juego,
> taco, bola in misma cama.

Y en las plaias de Pirú,
qué de bastardos que pare,
qué de Pero Sánches, dones,
qué de dones, Pero Sánches.[2]

Con todo el interés de la *Sátira* de Oquendo, para nuestro propósito su obra más destacable es el *Romance en lengua de indio mexicano: Cada noche que amanezca* (publicado en 1907). A. Reyes (1917) dijo que era la primera parodia que él conocía del español hablado por los indios de América.[3]

También mencionaré a Fernán González de Eslava, que llegó a México a los veinticuatro años, alrededor de 1570. Compuso dieciséis *Coloquios espirituales y sacramentales,* pero en esta ocasión nos conviene más por sus cuatro entremeses, en los que un simple que, entre otras características, se distingue por su mal español, es fuente de comicidad, faceta estudiada por F. Weber (1956).

A partir de los datos anteriores, procedentes, en parte, de testimonios de cronistas españoles y americanos y, en parte, de textos de autores que representan el inicio de la literatura hispanoamericana colonial, ¿podemos afirmar la existencia de una modalidad de español calificable de 'americano'? Es cierto, como J. A. Frago ha puesto de relieve (1990), que poco o nada sabemos del comportamiento sociolingüístico de los pobladores del mundo colonial. Pero de textos como los antes aludidos se deduce que, junto a la lengua de los espa-

---

2. En nota del editor, Pedro Lasarte, se avisa de la presunción que suponía anteponer el tratamiento de *don* al nombre. Aparte de citar un fragmento del Inca Garcilaso, se califica la sátira que supone el uso del 'don' de tópico corriente en la literatura del Siglo de Oro. Podemos asegurar que este punto remite a una faceta personal del escritor Juan Ruiz de Alarcón. Tratan de ello Alfonso Reyes, autor de la Introducción a *Obras completas* (Ruiz de Alarcón 1957), la persona que reseñó el texto de Pedro Henríquez Ureña, *Don Juan Ruiz de Alarcón* (Henríquez 1915), en *RFE*, III (1916), 319-21, así como José Durand (1953, 93-95).

3. Estos son los primeros versos:

Cada noche que amaneze,
como la rrana critando,
quanto saco mi biscueso
a presco piento poscando,
onas pillacas latrones
que me lo estavan mirando.

Baltasar Dorantes de Carranza incluye el *Romance* en su obra *Sumaria Relación de las Cosas de la Nueva España* (*apud* Durand 1953, 50-51).

ñoles, que aprendían la lengua nativa para la práctica del comercio, había otro español llano, el de muchos hablantes de lenguas indígenas, competentes en la lengua oficial en grados muy variables. De ello se desprende que existía una variedad, al menos oral, marcada con una huella consistente de la lengua materna (Rivarola 1984, 1990). Desechemos la posibilidad de que el español americano sea prolongación del habla rústica o campesina del siglo XVI (Rosenblat 1971, 29). Nacieron unos nuevos españoles, muchos de los cuales también conocerían dos lenguas aunque se expresaran de preferencia en una. Nos referimos a criollos y mestizos, de los cuales hablaremos. No olvidemos que se nos ha propuesto reconocer no tanto un español 'de América' como un español 'en América' (Moreno de Alba 1988).

Más rotunda es la afirmación de P. Henríquez Ureña (1915), al reconocer, en la obra dramática de Juan Ruiz de Alarcón, la existencia de un español americano diferenciado con respecto al peninsular. A. Reyes (1917, 347) se suma a esta opinión cuando analiza la poesía de Rosas de Oquendo.

Antes de hablar de criollos y de mestizos, introduciré una referencia a los españoles. Un repaso a seiscientas cartas privadas de emigrantes publicadas en 1988 me ha permitido advertir, con un cierto desaliento, que faltan las referencias a la lengua de las colonias, a una lengua que se distinga en algo de la metropolitana. El único dato recogido es la conveniencia, a ojos de los que escriben, de que el pariente listo para trasladarse a las Indias sepa leer y escribir, ya que sin este conocimiento no logrará medrar, sino que se verá constreñido a servir.[4] Se le recomienda al familiar que tenga esas destrezas para que no se cuente entre los desarraigados y vagabundos que ni se integraban en la sociedad agrícola ni en la urbana. En relación con esta situación en el Perú de 1554, Antonio de Herrera (1726) aludía a una petición dirigida al rey de que no pasaran más hombres a In-

---

4. Se trata de las cartas números 34 (1571), 59 (1574), 75 (1577) y 97 (1586) de *Cartas privadas de emigrantes de Indias* (1988). Recojo los fragmentos más interesantes con indicación del número de la carta: 'V.M. procure que sepan leer y escribir, que es lo que en estas partes es no poco menester' (34); 'el que hubiese de venir querría que supiese leer y escribir y contar, y dar razón de lo que se le encomendase con mucha fidelidad, porque éste se estima en mucho en esta tierra, y doquiera' (59); 'en esa tierra no podrás medrar nada, sino siempre servir, y más quien no sabe oficio, ni leer y escribir' (75); 'sabe muy poquito, pues no sabe ni es para aprender a leer y a escribir, y así no sé qué me hacer de él' (97).

dias.[5] A fines del siglo XVI, el mestizo Diego Muñoz Camargo tomó buena nota de la reclamación de los nuevos naturales: querían que se pensara también en ellos al hablar de *cristianos*, denominación antes exclusiva de los españoles.[6]

Suele citarse el año 1574 como fecha de aparición del término *criollo;* el texto es la *Geografía y descripción universal de las Indias* de Juan López de Velasco (1971).[7] Según el autor, por más que en todo se los considera españoles, los criollos suelen diferir en el aspecto y en el talante. También el Inca Garcilaso definió el término, atribuyendo su implantación a los negros.[8] Más escueto fue Antonio de Herrera. Para él, 'criollos se llaman los que nacen en Indias de padres Castellanos' (1726, 153). Antes de que el término *criollo* se usara, a mediados del siglo XVI, entre los conquistadores se contó una generación criolla; las conquistas más tardías se debieron a sus miembros (Romano 1972, 37; Mörner 1967, 38). Veamos qué dijeron esos hijos de españoles. Juan Suárez de Peralta habló no de 'criollos', sino de 'los que nacemos allá que nos tienen por hijos de la tierra y naturales' (1953), o de 'los naçidos en México, a quienes los yndios tienen por hijos' (1990, 130). Por su parte, el mestizo Muñoz Camargo no se consideraba muy diferente cuando se describía en su infancia

5. Dice Herrera: 'porque no se acabase de destruir, i consumir, i porque lo dicho no bastaria, quando de estos Reinos se permitiera pasar gente, mando el Rei, que se prohibiese, que no pasase nadie, de ningun genero, ni calidad, cerrando la puerta resolutamente a ello, de manera, que nadie pudiese pasar, ni como Marinero, ni como Mercader' (1726, Década VIII, Libro X, Cap. XVII, 240).

6. 'Con los españoles que caminaban para pasar a otros pueblos, que en aquella sazón los llamaban cristianos, porque también lo eran ellos; y porque de allí en adelante no los llamasen cristianos, sino que los llamasen españoles o castillecas, que tanto quiere decir como 'castellanos', aunque con todo esto, el día de hoy los llaman *cristianos*' (Muñoz Camargo 1986, Libro II, Cap. VII, 241).

7. 'pero los que nacen dellos, que llaman criollos, y en todo son tenidos y habidos por españoles, conocidamente salen ya diferenciados en la color y tamaño, porque todos son grandes y la color [...] y no solamente en las calidades corporales se mudan, pero en las del ánimo suelen seguir las del cuerpo, y mudando él se alteran también' (1971, 19-20).

8. 'A los Hijos de Español, y de Española nascidos allá, dicen, Criollo ó Criolla, por decir que son nacidos en Indias. Es nombre, que lo inventaron los Negros, y así lo muestra la obra [...] porque se tienen por más honrados y de más calidad, por aver nascido en la Patria, que no sus Hijos, porque nascieron en la agena, y los Padres se ofenden, si les llaman Criollos. Los Españoles, por la semejança, han introducido este Nombre en su lenguage, para nombrar los nascidos allá' (1723, Libro IX, Cap. XXXI, 339-40).

de este modo: 'yendo con otros muchachos, hijos de españoles, por los barrios de los naturales nos corrieron unos indios embijados' (1986, Libro II, Cap. VIII, 240). Contaba sesenta años cuando escribió esta obra, hacia 1594, de forma que hablaba de la ciudad de México de alrededor de 1540.

Presumiblemente, la denominación *mestizo* surgió en 1533, en sustitución de la perífrasis 'hijo de español habido en india' (Olaechea 1989, 100). ¿No quiso Muñoz Camargo usar la voz *mestizo*? ¿se temió que por *mestizo* entendiéramos 'ilegítimo'? (Mörner 1959, 50). ¿No podía resultar también ofensivo *criollo,* dado que valió para calificar a un negro en el *Espejo de paciencia* (1608) del canario Silvestre de Balboa?[9] En la *Nueva Crónica y Buen Gobierno* de Huaman Poma de Ayala (1987, II: 566) se recoge un criterio distintivo de castas: 'que los dichos españoles, criollos, mestisos se recoxan en las seys oras del nocheser: españoles castillanos se rrecoxan en las ciete'. Al nacido en España se le reconocen unos derechos diferentes, si bien los criollos 'han sido insignes en armas, y letras, y lo que más importa, en lo sólido de virtudes heroycas, egemplares y prudenciales' (Juan de Solórzano y Pereyra 1972, Libro II, Cap. XXX, 444). Los estudios existentes han puesto de relieve un sentimiento vivo en los criollos de América de hidalguía, sentimiento que los hacía notorios por sus corteses maneras (Durand 1953, 4), por una cierta artificialidad en su expresión verbal (Benítez 1962, 62), por el uso de formas de tratamiento de cortesía (Rosenblat 1971, 66).[10]

Se ha dicho que la clase criolla acabó por temer que la fuerza de los mestizos la desplazara (Olaechea 1989, 110). Por nuestra parte creemos que, tras unos años de mestizaje biológico, sin intención trascendente (Salas 1960, 24), de una organización social permisiva —por tolerancia o por indiferencia— que establecía que los mediohermanos vivieran en las familias, no era fácil distinguir al criollo del mestizo, o que quizá no preocupaba determinar esa distinción. Esto explicaría que en el siglo XX Alejo Carpentier reconozca haber oído, en su país natal, usar el término *criollo* sin otro valor que el equiva-

9.   ¡Oh, Salvador criollo, negro honrado!
                Vuele tu fama y nunca se consuma;
                Que en alabanza de tan buen soldado
                Es bien que no se cansen lengua y pluma
                    (*apud* Mansour 1973, 57).

10. Véase la nota 2. También Huaman Poma de Ayala (1987, II: 557) reconoce 'que pasan por los tanbos muchos dones y doñas'.

lente a 'auténtico', para referirse a una comida, a una música (Carpentier 1981, 103). Si en 1562 el Conde de Nieva exponía a Su Majestad que los hijos mestizos y criollos no se sentían metropolitanos, que experimentaban un sentimiento de patria peruana (*apud* Salas 1960, 137; Rivarola 1990, 16); si en los movimientos y guerras independentistas fue el criollo quien se sublevó contra el español —para entonces el *criollo* era el nacido en América, fuera *criollo* o *mestizo* (Carpentier 1981, 186)—, no es de suponer que en los siglos XVI, XVII y XVIII unos y otros se distinguieran por su expresión lingüística. Es más bien defendible que la diversidad de su manifestación verbal derivaría de su situación social, así como de su nivel cultural.

Repasemos varias apariciones de la voz *mestizo*. La de Antonio de Herrera (1726, Década V, Libro V, Cap. XI, 123) es fácil que sea (de 1533) la primera: 'hijos de castellanos, havidos en indias, que llaman mestiços'. Y a continuación alude al abandono en que muchos andaban por tierras de la Nueva España. Los *Diálogos* de Francisco Cervantes de Salazar datan de 1554. En el segundo (1948, 37-38), que transcurre por las calles de México, Zuazo y Zamora, vecinos, dialogan con el forastero Alfaro. Oigámoslos:

> *Zuazo:* Enfrente queda el colegio de los muchachos mestizos, dedicados a uno y otro San Juan.
> *Alfaro:* ¿A quiénes llamas mestizos?
> *Zuazo:* A los hispano-indios.
> *Alfaro:* Explícate más claro.
> *Zuazo:* A los huérfanos, nacidos de padre español y madre india.

Una nueva definición, veinte años posterior, es la de López de Velasco (1971, 22): 'muchos mestizos que son hijos de españoles y de indias'. Casi idéntica es la de Vázquez de Espinosa de 1630 (1948, 223): 'los mestizos, que son hijos de españoles, y de indias'.

Se ha hablado y discutido mucho acerca del modo de ser de los mestizos, escindidos entre el mundo de sus padres y el de sus madres. Su origen los convertía en mediadores entre la administración local y la sociedad india (Bonfil 1990). Por otra parte, hay que distinguir, junto a los ayuntamientos esporádicos, los matrimonios con descendientes de las noblezas, al especial de la incaica y la azteca. Se ha estudiado (Moreno 1973, 80; Olaechea 1989, 106) la distancia abismal entre la aculturación producida en los asentamientos permanentes y el cruce biológico que se dio en zonas de población indígena nómada. Los mestizos nacidos en esta última situación se indianizaron, pues crecieron junto a sus madres (los padres ya se habían olvidado de ellos, o nunca supieron que lo eran). Este abandono explica los versos de un *Romance* de Rosas de Oquendo (*apud* Reyes 1917, 364):

> Y escuche las quexas
> de un mestizo pobre;
> que, aunque rremendado,
> soi hidalgo y noble,
> y mis padres, hixos
> de conquistadores.

De otro lado, el reconocimiento legal que de muchos mestizos hicieron sus padres favoreció su educación a la española. Como consecuencia, fueron tal como se describen en la alabanza de los mestizos llamados *montañeses* que compuso Vázquez de Espinosa en 1630 (1948, 554), una casta de mestizos a los que sus padres mandaban a estudiar a España (Solórzano y Pereira 1972, Libro II, Cap. XXX), donde conocían a sus parientes, y que regresaban a las Indias cuando querían.

El Inca Garcilaso se refiere a 'los mestizos mis compatriotas', y les reprende el que, al pronunciar y escribir, trastoquen las voces de su lengua incaica, españolizándolas (1723, 206-07). Para Garcilaso estos errores son decisivos: la pérdida de la propia lengua comporta la pérdida del patrón cultural de que uno es fruto (Escobar 1972, 161). Del análisis de los textos manejados deduzco que los criollos y mestizos de una cierta categoría no debieron sentirse diferentes de los españoles, aparte de que habían alcanzado igual capacidad jurídica. Aduzco como prueba estas frases: 'hizieron los nuestros' del criollo Suárez de Peralta, en 1589; 'cuando los nuestros llegaron' y 'nuestros españoles', del mestizo Muñoz Camargo, a finales del siglo XVI; 'hombres barbados como los nuestros' del también mestizo Alva Ixtlilxochitl. Tengamos en cuenta que estos historiadores, criollos y mestizos, recuperaron la memoria histórica de unos pueblos (Calvi 1991, 9) y que, a la postre, exaltaron el pasado indio para probar la igualdad o la superioridad de su tierra, la tierra americana, no la de los indios (Cisneros 1955, 10). Félix de Azara, en el siglo XVIII, reconoció que las tres razas estaban francamente mezcladas, y que había guaraníes que, mezclados con los españoles, pasaban por tales o por mestizos (1847, 191 y 364).

Reproduzco completa una graciosa e ilustradora anécdota, procedente de la *Historia de la Villa Imperial,* de B. Arzans de Orsúa
(*apud* Céspedes del Castillo 1986, 197):

> Estando en la calle de los Césares el capitán Pineda, andaluz, pasó por
> ella Juan Pérez Ranusio, criollo de Mataca, y viéndolo el Pineda le
> dijo: 'Ven acá, mestizo, ¿sabes persignarte?'. Llegóse el Juan Pérez
> con mucha socarra muy cerca de él, y de improviso desnudó un alfanje
> que traía en lugar de daga y díjole: 'Mis padres que fueron andaluces
> como los vuestros, me mostraron hacer el *per signum crucis* de esta
> manera'; y diciendo y haciendo, antes que pudiera defenderse, le dio
> al Pineda un fiero golpe en la frente.

En América proliferaron las denominaciones para designar los
resultados de diversos cruces, y también hubo denominaciones nuevas tanto para los recién llegados de la Península como para los ya
avezados a la vida en las Indias. Entre los testimonios, veamos éstos.
Dice Tomás López Medel (1990, 28): 'los españoles más antiguos de
Indias, que allá llaman vaquianos'. El valor del adjetivo queda confirmado en una carta de 1574 en la que se habla de las enfermedades de
los viajeros:[11] 'con ser Valdelomar baquiano en la tierra, le dio tal
mal que [...]'. En 1581 Pedro de Aguado (1930, 120) define *chapetón:*
'se dice por la gente que nuevamente va a ellas y que no entiende los
tratos, usanzas, dobleces y cautelas de las gentes de Indias; hombre
que ignora lo que ha de hacer, decir y tratar'. De nuevo, la cita procede de una carta privada:[12] '(baquianos) que quiere decir hombre que
sabe ya el trato de ella, y a los recién venidos llaman chapetones, que
es casi como cuando los estudiantes en Alcalá corren a los novatos'.
Tanto los que escribían a los familiares en España como los cronistas,
españoles o mestizos (Vázquez de Espinosa 1948, 234; Huaman Poma de Ayala, II: 374), a lo largo de dos siglos y medio, dedican unas
líneas a definir los términos. Todavía lo hizo J. Gumilla (1963, 85),
pero añadiendo una información: 'a los que de Europa pasan a las
Américas, en la parte del Perú llaman *chapetones,* y en la Nueva
España, llaman *cachupines,* nombres que impusieron los indios a los
primeros conquistadores'.

11. Carta n.º 56, de Beatriz de Carvallar a su padre, fechada en México, a 10 de
    marzo de 1574, en *Cartas privadas de emigrantes a Indias* 1988, 85.
12. Carta n.º 487, de Celedón Favalis, a su padre, fechada en Los Reyes, a 20 de
    marzo de 1587, en *Cartas privadas de emigrantes a Indias* 1988, 431-36.

Lope de Vega, en sus obras de tema americano o cuando creó un personaje relacionado con América, usó *chapetón*, pero no *criollo*.[13] De mayor interés nos parece la Epístola V de Juan de la Cueva, dirigida al Licenciado Sánchez de Obregón, primer Corregidor de México (*apud* Capote 1952, 14). En ella se cuenta acerca del modo de hablar de *cachopines* y de *vaquianos:*

> Luego hablan la lengua Castellana
> tan bien como nosotros la hablamos,
> i ellos la suya propia Mexicana.
> Esto, porque es notable, lo notamos
> los que d'España a México venimos;
> que allá ni lo sabemos ni alcançamos.

He dejado para el final la referencia al conocido fragmento de Juan de Cárdenas (1988), obra de 1591, un siglo después de la llegada de los europeos a América.[14] En él juzga el hablar del nacido en Indias muy superior al modo de expresarse del recién llegado de España. La diferencia es tal 'que no ay hombre, por ignorante que sea, que luego no eche de ver cuál sea cachupín y cuál nacido en Indias'.

Según lo que se dice en estos fragmentos, sí habría un modo de expresarse propio de Hispanoamérica, que se prestaría a un contraste con la lengua española de los recién llegados, aun contando con la diversidad de sus lugares de procedencia. Y, ¿por qué no?, ocurriría

13. Se trata de una aparición en *El valiente Céspedes* (*apud* Miramón 1968, 174):
> —¿Luego, chapetón, venís?
> —Nunca he sido perulero
> ni he pasado a ver el oro
> que ha conquistado Colón

y de otra en *La villana de Getafe* (*apud* Urtiaga 1965, 50):
> Soy ignorante en razón
> de que aún las espuelas llevo;
> esto acá se llama nuevo
> y en las Indias chapetón.

14. 'Oiremos al español nacido en las Indias hablar tan pulido, cortesano y curioso y con tantos preámbulos, delicadeza y estilo retórico no enseñado ni artificial, sino natural, que parece ha sido criado toda su vida en corte y en compañía de gente muy hablada y discreta; al contrario verán al chapetón, como no se aya criado entre gente ciudadana, que no ay palo con corteza que más bronco y torpe sea, pues ver el modo de proceder en todo del uno tan differente del otro, uno tan torpe y otro tan bivo, que no ay hombre, por ignorante que sea, que luego no eche de ver cuál sea cachupín y cuál nacido en Indias' (209).

lo mismo con las obras en prosa del periodo colonial: en sus páginas
surgirían las primeras marcas diferenciadoras de la identidad cultural
americana (Ainsa 1986, 121). Sin embargo, cuando leemos a Sor Juana Inés de la Cruz contándonos el despertar de su curiosidad por las
cosas, ¿oímos una voz inequívocamente americana? Antes de
responder, pensemos en la información que contiene la obra de
I. A. Leonard, *Los libros del conquistador* (1979), y otras monografías posteriores (Cisneros 1955; Gil 1986, 1990).

¿Una nueva lengua en el Mundo Nuevo? Sí es así para Suárez de
Figueroa que en 1617 (1913, 147) pone estas palabras en boca de un
doctor que intentaba disuadir a un amigo de embarcarse rumbo a las
Indias: 'Las Indias, para mí, no sé qué tienen de malo, que hasta su
nombre aborrezco. Todo cuanto viene de allá es muy diferente, y aun
opuesto, iba a decir, de lo que en España poseemos y gozamos'.

Ya antes encontramos en la famosa *Sátira* de Rosas de Oquendo
(1990):

> entablesí nuevas leyes,
> senbré costunbres y traxes,
> nuevos modos de bivir,
> nuevo contrato y lenguaje.

Pero no nos llevemos a engaño: la nueva lengua puede limitarse a
unas voces. En el *Diálogo* tercero de Cervantes de Salazar (1948),
dice Zamora: 'gran número de granjas de españoles, llamadas *estancias* por los mexicanos', y Rodríguez Freyle (1986, 299): 'en sus corti-
jos y heredades o *estancias,* como acá decimos'. A su vez, Lope de
Vega, en *El amante agradecido* (*apud* Urtiaga 1965, 39-40), describe
cómo Guzmán se hace pasar por indiano:

> *Guzmán:* Y algo de puca mullú
> que aquí se llama coral.
> *Luis:* Habla indiano.
> *Juan:* ¡Pesia tal!
> Nació en Indias.

No dispongo por ahora de más datos. En ninguna de las cartas
privadas, raramente en un texto cronístico, ya relate la organización
social o eclesiástica, ya narre la vida colonial, existen referencias concretas a una lengua nueva. El material revisado ha sido abundante y
su fruto menos abundoso. No se habla de otra lengua, de una lengua

diferente; sí, en cambio, de un 'lenguaje pulido y bien sonante' como en la *Epístola al insigne Hernando de Herrera en que se refiere al estado de la ilustre ciudad de México,* de Eugenio de Salazar, residente en México desde 1581 hasta 1589.[15] Entre 1580 y 1585 Bernardo de Balbuena compuso el poema titulado *Grandeza mexicana,* en el que puso de relieve la pureza del español de la ciudad.[16] Si se adelanta en el tiempo, hasta alrededor de 1630, encontraremos referencias al Nuevo Mundo en la trilogía de Tirso de Molina formada por: *Todo es dar en una cosa, Amazonas en las Indias* y *La lealtad contra la envidia.* En la segunda obra (1906, jornada I, escena III) aparece Carvajal luchando con la amazona Martesia, que conoce 'el estilo de la elocuente lengua castellana'.[17]

No hace mucho ha dicho Coseriu (1990, 62) que el español de América es español, no una desviación del español, y tampoco una derivación del español. Pensando en ello y llegado al límite de este trabajo, diré como conclusión que no hallo en los textos consultados datos expresos acerca de cómo se formó una lengua propia de América, ni de cuándo ocurrió eso, ni acerca de quiénes contribuyeron a que ocurriera. Hallo, eso sí, el reflejo de deseos, de seguridades, de orgullos y de resentimientos.

15. 'Gramática concede sus entradas
a la ingeniosa puericia nueva
que al buen latín sus galas ve inclinadas:
gusto del buen hablar tras sí la lleva
del lenguaje pulido y bien sonante
y en el buen escribir también se prueba
(*apud* Benítez 1962, 60).

16. 'Es ciudad de notable polecía
y en donde se habla el español lenguaje
más puro y de mayor cortesanía,
vestido de un bellísimo ropaje,
que le da propiedad, gracia, agudeza,
en casto, limpio, liso y grave traje
(*apud* Rosenblat 1971, 69; Benítez 1962, 60).

17. ¿Cómo hablas el idioma
que España (por sus ruinas) ferió a Roma?
¿Quién te enseñó el estilo
de la elocuente lengua castellana?
que puesto que hasta el Nilo
haya llegado y á la zona indiana,
preceptos elegantes,
aquí, no, que hasta agora
el mundo todo este girón ignora.

El penúltimo testimonio aportado será el del sacerdote criollo Francisco Rodríguez Fernández, autor de un texto de 1696 acerca del pecado original (*apud* Céspedes del Castillo 1986, 202):

> Vaia si los que acá les nacemos no saliéramos tan blancos, capaces y generosos como aquellos, passe, pudieran en lo adulterado extrañar la planta o descender el fruto; pero si en fee, en ydioma, vasallaja, color, phisonomía, ciencias, artes, cultura, política, trajes y demás prendas naturales y adquiridas nos vemos tan emparentados y tan unos que a mí me juzga europeo el que no me pregunta por mi patria, y al de España yndiano el que no le vio nacer allá, ¿qué infame torpedad esta que nos desune?

Y el último testimonio, de fines del XVI, la voz de un mestizo, Diego Muñoz Camargo (1986, 133-34), que narra cómo los indios insultan al español que los maltrata:

> le dicen que es mal cristiano, que no es hidalgo ni caballero, porque si lo fuera, que sus obras y palabras fueran modestas, como de caballero, que debe ser villano, moro, o judío, o vizcaíno, y al remate, cuando no hallan palabras con que podelle vituperar, le dicen: 'al fin, eres portugués', pensando que en esto le han hecho muy grande afrenta.

Mi propósito ha sido rastrear testimonios del proceso de formación de una lengua propia del Nuevo Mundo, de una lengua hispánica que haya alcanzado, tras un largo período de tiempo, un estado que la distinga de la lengua peninsular. No he analizado la lengua que los textos presentan, sino que he buscado en ellos muestras de una conciencia lingüística. Lo obtenido no siempre es iluminador, pues hay afirmaciones en unos que contradicen lo que otros aseguran. Pero el conjunto permite esbozar las líneas de algunas peculiaridades de los habitantes de América.

BIBLIOGRAFÍA

ACOSTA, JOSÉ DE, 1987. *Historia natural y moral de las Indias* (Madrid: Historia 16).

AGUADO, PEDRO DE, 1930. *Historia de la provincia de Sancta Marta y Nuevo Reino de Granada* (Madrid: Espasa-Calpe).

——, 1963. *Recopilación historial de Venezuela*, 62 (Caracas: Academia Nacional de la Historia).

AINSA, FERNANDO, 1986. *Identidad cultural de Iberoamérica en su narrativa* (Madrid: Gredos).

ALDRETE, BERNARDO JOSÉ DE, 1972. *Del origen y principio de la lengua castellana o romance que oi se usa en España* (Madrid: CSIC).

ALVA IXTLILXOCHITL, FERNANDO DE, 1985. *Historia de la nación chichimeca* (Madrid: Historia 16).

ALVAR, MANUEL, 1990. *Norma lingüística sevillana y español de América* (Madrid: Cultura Hispánica).

AZARA, FÉLIX DE, 1847. *Descripción e historia del Paraguay y del Río de la Plata* (Madrid: Sanchís).

BENÍTEZ, FERNANDO, 1962. *Los primeros mexicanos: la vida criolla en el siglo XVI* (México: Era).

BONFIL BATALLA, GUILLERMO, 1990. 'Sobre la ideología del mestizaje (o cómo Garcilaso Inca anunció, sin saberlo, muchas de nuestras desgracias)' (inédito).

CABEZA DE VACA, ALVAR NÚÑEZ, 1984. *Naufragios y comentarios* (Madrid: Historia 16).

CALVI, MARIA VITTORIA, 1991. 'Visión de la conquista en la *Historia de la Nación Chichimeca* de Fernando de Alva Ixtlilxochitl', *Studi di Letteratura Ispano-Americana*, 22, 7-17.

CAMPOS, JORGE, 1947. 'Presencia de América en la obra de Cervantes', *Revista de Indias,* 8, 28-29, 371-404.

CAPOTE, HIGINIO, 1952. 'La epístola quinta de Juan de la Cueva', *Anuario de Estudios Americanistas,* 9, 597-616.

CÁRDENAS, JUAN DE, 1988. *Problemas y secretos maravillosos de las Indias* (Madrid: Alianza).

CARPENTIER, ALEJO, 1981. *La novela latinoamericana en vísperas de un nuevo siglo y otros ensayos* (Madrid: Siglo XXI).

Cartas privadas de emigrantes a Indias, 1540-1616, ed. Enrique Otte, 1988 (Sevilla: Junta de Andalucía).

CASTELLANOS, JUAN DE, 1857. *Elegías de varones ilustres de Indias*, Biblioteca de Autores Españoles, 4 (Madrid: Rivadeneyra).

CERVANTES DE SALAZAR, FRANCISCO, 1948. *Diálogos y crónica de la Nueva España* (México: Secretaría de Educación Pública).

CÉSPEDES DEL CASTILLO, GUILLERMO, 1986. *Textos y documentos de la América hispánica (1492-1898)* (Barcelona: Labor).

CISNEROS, LUIS JAIME, 1955. 'Sobre literatura virreinal peruana (Asedio a Dávalos y Figueroa)', *Anuario de Estudios Americanistas,* 12, 219-52.

COSERIU, EUGENIO, 1990. 'El español de América y la unidad del idioma', en *I Simposio de Filología Iberoamericana* (Zaragoza: Pórtico), pp. 43-75.

DURAND, JOSÉ, 1953. *La transformación social del conquistador* (México: Porrúa y Obregón).

ENGUITA, JOSÉ MARÍA, 1980-81. 'Fernández de Oviedo ante el léxico indígena', *BFUCh,* 31, 203-10.

ERCILLA, ALONSO DE, 1979. *La Araucana* (Madrid: Castalia).

ESCOBAR, ALBERTO, 1972. 'Las trampas del diálogo: lenguaje e historia en los *Comentarios Reales',* en Alberto Escobar, *Lenguaje y discriminación social en América Latina* (Lima: Milla Batres), pp. 145-76.

FERNÁNDEZ PIEDRAHÍTA, LUCAS, 1676. *Historia general de las conquistas del Nuevo Reyno de Granada* (Amberes: Juan Bautista Verdussen).

FOSTER, DAVID WILLIAM, 1984. 'Bibliografía del indigenismo hispanoamericano', *Revista Iberoamericana de Bibliografía,* 587-620.

FRAGO GRACIA, JUAN ANTONIO, 1990. 'El andaluz en la formación del español americano', en *I Simposio de Filología Iberoamericana* (Zaragoza: Pórtico), pp. 77-96.

GARCILASO DE LA VEGA, EL INCA, 1723. *Comentarios Reales* (Madrid: Imprenta de la Gazeta).

——, 1962. *Historia general del Perú: segunda parte de los Comentarios Reales* (Lima: Universidad Nacional Mayor de San Marcos).

GIL, JUAN, 1986. 'El libro greco-latino y su influjo en Indias', en *Homenaje a E. Segura, B. Muñoz y R. Puente* (Badajoz), pp. 61-111.

——, 1990. 'El latín en América: lengua general y lengua de elite' en *I Simposio de Filología Iberoamericana* (Zaragoza: Pórtico), pp. 97-135.

GRANDA, GERMÁN DE, 1988. 'Personalidad histórica y perfil lingüístico de Ruy Díaz de Guzmán (1560?-1629)', en Germán de Granda, *Sociedad, historia y lengua en el Paraguay* (Bogotá: Instituto Caro y Cuervo), pp. 496-521.

GUMILLA, JOSÉ, 1963. *El Orinoco ilustrado y defendido* (Caracas: Academia Nacional de la Historia).

HENRÍQUEZ UREÑA, PEDRO, 1915. *Don Juan Ruiz de Alarcón* (La Habana: El Siglo XX).

HERRERA, ANTONIO DE, 1726. *Historia general de los hechos de los castellanos en las Islas y Tierra Firme del Mar Océano* (Madrid: Officina Real de Nicolás Rodríguez Franco).

HERVÁS, LORENZO DE, 1800. *Catálogo de las lenguas de las naciones conocidas, y numeración, división, y clases de estas según la diversidad de sus idiomas y dialectos,* I (Madrid: Real Arbitrio de Beneficencia).

HUAMAN POMA DE AYALA, FELIPE, 1987. *Nueva crónica y buen gobierno* (Madrid: Historia 16).

JIMÉNEZ MORENO, WIGBERTO, 1965. *La transculturación lingüística hispano-indígena* (Santander: Universidad Internacional Menéndez y Pelayo).

LANCIANI, GIULIA, 1990. 'Il meraviglioso come scarto tra sistemi culturali', en *L'America tra reale e meraviglioso: scopritori, cronisti, viaggiatori,* ed. Giuseppe Bellini (Roma: Bulzoni), pp. 213-18.

LEONARD, IRVING A., 1979. *Los libros del conquistador* (México: FCE).

LIPSCHUTZ, ALEJANDRO, 1962. *El problema racial en la conquista de América y el mestizaje* (Santiago de Chile: Austral).

LÓPEZ MEDEL, TOMÁS, 1990. *De los tres elementos: tratado sobre la naturaleza y el hombre del Nuevo Mundo* (Madrid: Alianza).

LÓPEZ DE VELASCO, JUAN, 1971. *Geografía y descripción universal de las Indias*, Biblioteca de Autores Españoles, 248 (Madrid: Atlas).

LOZANO, PEDRO, 1733. *Descripcion chorografa del terreno, rios, arboles y animales [...] del gran Chaco [...]* (Córdoba: Colegio de la Assumpcion).

MANSOUR, MÓNICA, 1973. *La poesía negrista* (México: Era).

MAYANS Y SISCAR, GREGORIO, 1984. *Orígenes de la lengua española, compuestos por varios autores, recogidos por...* (Oliva: Publicaciones del Ayuntamiento).

MENDIETA, JERÓNIMO DE, 1973. *Historia eclesiástica indiana*, Biblioteca de Autores Españoles, 260 (Madrid: Atlas).

MIRAMON, ALBERTO, 1968. 'El Nuevo Mundo en el universo dramático de Lope de Vega', *Revista de Indias,* 28, 111-12, 169-77.

MORENO DE ALBA, JOSÉ G., 1988. *El español en América* (México: FCE).

MORENO NAVARRO, ISIDORO, 1973. *Los cuadros del mestizaje americano: estudio antropológico del mestizaje* (Madrid: José Porrúa Turanzas).

MÖRNER, MAGNUS, 1967. 'La difusión del castellano y el aislamiento de los indios, dos aspiraciones contradictorias de la Corona Española', en *Homenaje a Jaime Vicens Vives*, II (Barcelona: Univ.) pp. 435-46.

——, 1969. *La mezcla de razas en la historia de América Latina* (Buenos Aires: Paidós).

MOTOLINÍA, TORIBIO DE, 1985. *Historia de los indios de la Nueva España* (Madrid: Castalia).

MUÑOZ CAMARGO, DIEGO, 1986. *Historia de Tlaxcala* (Madrid: Historia 16).

OLAECHEA LABAYÉN, JUAN BAUTISTA, 1989. *El descubrimiento persistente de América: dialéctica racial y convivencia humana como paradigma* (Granada: Caja General de Ahorros y Monte de Piedad de Granada).

OTS CAPDEQUÍ, JOSÉ MARÍA, 1958. *Instituciones* (Barcelona: Salvat).

REYES, ALFONSO, 1917. 'Sobre Mateo Rosas de Oquendo, poeta del siglo XVI', *RFE*, 4, 341-69.

RIVAROLA, JOSÉ LUIS, 1986. 'El español del Perú, balance y perspectiva de investigación', *Lexis,* 10, 1, 25-52.

RIVAROLA, JOSÉ LUIS, 1987. 'Para la historia del español de América: parodias de la "lengua de los indios" en el Perú (XVII-XIX)', *Lexis,* 11, 2, 137-64.

RIVAROLA, JOSÉ LUIS, 1989. 'Bilingüismo histórico y español andino', en *Actas del IX Congreso de la Asociación Internacional de Hispanistas,* ed. Sebastian Neumeister, I, (Frankfurt a.M.: Vervuert), pp. 153-63.

——, 1990. *La formación lingüística de Hispano-américa* (Lima: Pontificia Universidad Católica).

RODRÍGUEZ FREYLE, JUAN, 1986. *Conquista y descubrimiento del Nuevo Reino de Granada* (Madrid: Historia 16).

ROMANO, RUGGIERO, 1972. *Les Mécanismes de la conquête coloniale: les conquistadores* (París: Flammarion).

ROSAS DE OQUENDO, MATEO, 1990. *Sátira hecha por [...] a las cosas que pasan en el Pirú, año de 1598* (Madison: The Hispanic Seminary of Medieval Studies).

ROSENBLAT, ÁNGEL, 1971. 'Base del español en América: nivel social y cultural de los conquistadores y pobladores', *Revista de Indias*, 31, 13-75.

RUIZ DE ALARCÓN, JUAN, 1957. *Obras completas*, 2 vols. (México: FCE).

SAHAGÚN, BERNARDINO DE, 1988. *Historia general de las cosas de la Nueva España* (Madrid: Alianza).

SALAS, ALBERTO M., 1960. *Crónica florida del mestizaje de las Indias* (Buenos Aires: Losada).

SOLÓRZANO PEREYRA, JUAN DE, 1972. *Política indiana*, Biblioteca de Autores Españoles, 252 (Madrid: Atlas).

SUÁREZ DE FIGUEROA, CRISTÓBAL, 1913. *El pasajero: advertencias utilísimas a la vida humana* (Madrid: Biblioteca Renacimiento).

SUÁREZ DE PERALTA, JUAN, 1953. *Libro de albeitería* (México: Albeitería).

——, 1990. *Tratado del descubrimiento de las Yndias y su conquista* (Madrid: Alianza).

TERRACINI, LORE, 1988. 'L'incomprensione linguistica nella Conquista spagnola: dramma per i vinti, comicità per i vincitori', en *I codici del silenzio* (Torino: Dell'Orso), pp. 197-228.

TIRSO DE MOLINA, 1906. *Amazonas en las Indias*, Nueva Biblioteca de Autores Españoles, 7 (Madrid: Bailly-Baillière).

TORQUEMADA, JUAN DE, 1723. *Monarquía indiana* (Madrid: Oficina y á costa de Nicolás Rodríguez Franco).

URTIAGA, ALONSO, 1965. *El indiano en la dramática de Tirso de Molina* (Madrid: Revista *Estudios*).

VÁZQUEZ DE ESPINOSA, ANTONIO, 1948. *Compendio y descripción de las Indias Occidentales* (Washington: Smithsonian Institution).

VILLAGRA, GASPAR DE, 1989. *Historia de Nuevo México* (Madrid: Historia 16).

WEBER DE KURLAT, FRIDA, 1956. 'Estructuras cómicas de los *Coloquios* de Fernán González de Eslava', *Revista Iberoamericana*, 21, 393-407.

'Manteniendo la tela': el erotismo del vocabulario caballeresco-textil en la época de los Reyes Católicos

IAN MACPHERSON

University of Durham

ANGUS MACKAY

University of Edinburgh

'OMNIS MUNDI CREATURA quasi liber et scriptura ...', dijo Adso mientras que Guillermo de Baskerville intentaba deshilar o destejer los acontecimientos misteriosos ocurridos y descritos en la famosa novela de Umberto Eco, *El nombre de la rosa* (Eco 1985, 114). En esta aportación quisiéramos maniobrar a manera de una lanzadera, tejiendo conexiones o analogías entre los tres temas o secciones de este congreso. Pretendemos, por ejemplo, estudiar el lenguaje de algunas obras de literatura para examinar significantes que aluden a significados que no podemos entender a menos que no tengamos una idea bien clara del contexto histórico, el contexto en que las cosas narradas ocurrían. Claro está que tenemos que prestar atención a la calidad polisémica de los significantes y a procesos de contaminación lingüística. Sobre todo, y recordando que los textos impresos o no existían o empezaban a circular de una manera restringida, debemos tener en cuenta los aspectos visuales de los textos en cuestión. Pongamos el ejemplo de la nariz. La nariz no era sencillamente una nariz; se podía 'leer' la nariz como un icono, es decir un 'signo' que mantenía una semejanza casi concreta entre el significante (la nariz) y lo significado (o uno de los significados), en este caso las partes pudendas del hombre o de la mujer, y esto porque la 'ciencia' o 'arte' de la fisonomía facilitaba la interpretación o 'la lectura' de los signos que, de una manera colectiva, constituían la cara de un individuo determinado (véase, por ejemplo, Dunn 1970). Por eso el erudito Einhard en su *Vida de Carlomagno* cuidadosamente notaba que el emperador carolingio tenía una nariz 'que era más larga de lo normal', el poeta Guevara en unas coplas de maldecir contra una mujer notaba que 'la nariz tenéis torcida, / hecha de mala fación', y Lozana apuntaba que un fraile de la Merced que la había irritado tenía 'una nariz como asa de cántaro' (los frailes de la Merced gozaban en aquella época de una reputación pésima por su sexualidad) (Einhard & Notker 1969, 76; *Cancionero de obras de burlas* 1974, 78-80; Delicado 1985, 195).

El 28 de agosto de 1431, con ocasión de la entrada del rey Juan II de Castilla, Juan de Silva, 'por onrrar el rreçebimiento, *mantovo una tela* con çiertos cavalleros' en la ciudad de Toledo (Carrillo de Huete 1946, 112). Un siglo después, la protagonista de *La Lozana andaluza*, de Francisco Delicado, tras una larga y enérgica noche en la cama con su criado Rampín, en la que descubre definitivamente la potencia sexual del mozo barbiponiente, acaba gritando: 'Mi vida, ya no más, que basta hasta otro día, que *yo no puedo mantener la tela,* y demás sería gastar lo bueno' (Delicado 1985, 235). La locución empleada por Juan de Silva es igual a la que emplea la andaluza; sin embargo, porque el contexto y la significación son muy distintos, no dudamos de que en el segundo caso se trata de una metáfora. A nivel lingüístico al lector no se le presenta ningún problema de comprensión, porque en ambos casos disponemos de un contexto adecuadamente definido; es patente que Juan de Silva actúa de principal, de *mantenedor*, en una fiesta, una *justa* entre hombres, donde espera en una palestra, una *tela*, a los *competidores* que han de venir a justar con él y sus compañeros; Lozana ha sido *mantenedora* en una *justa de amores*, en un encuentro sexual, que ha tenido lugar, entre un representante de cada sexo, 'de noche que no de día'. Ella declara que ya no puede más.[1]

Efectivamente, los seres humanos llevamos siglos empleando tales metáforas para asimilar, al mundo cotidiano que nos rodea, varios aspectos de la actividad sexual que preferimos por varios motivos no nombrar directamente. Prestar un significado a otros sistemas de referencia mediante la creación de analogías es, huelga decirlo, un tema de gran alcance, y no cabe duda de que una especie de gramática generativa sería capaz de engendrar un sinfín de metáforas de este tipo. Cuando Lozana, por ejemplo, se encuentra en el dormitorio con Rampín, echa mano de una metáfora gastronómica: '¡Cuánto había que no comía cocho!' (Delicado 1985, 233); cuando Rampín, después de estar en la cama un rato con Lozana, quiere que ella se ponga

---

1. Véanse la 'Justa que hizo Tristán de Estúñiga a unas monjas', en *Cancionero de obras de burlas* 1974, 222, y Macpherson 1985.

encima de él, suelta una metáfora eclesiástico-arquitectónica: 'meta-mos la ilesia sobre el campanario' (Delicado 1985, 237); y Lozana, de nuevo reflexionando de una manera más o menos icónica, es aun capaz de utilizar una proposición científica: 'el coño de la mujer [...] no debe estar vacuo, según la filosofía natural' (Delicado 1985, 461). Sin embargo, a pesar de la infinita multiplicidad de eufemismos y metáforas posibles, el lingüista puede detectar ciertas tendencias co-munes.[2] Primero, podríamos señalar una tendencia hacia la agrupa-ción de metáforas, es decir, una situación en la que las metáforas empleadas están relacionadas, las unas con las otras, en un contexto no sexual. Segundo, notamos que esta agrupación de metáforas se rela-ciona frecuentemente con el trabajo, las horas de ocio, o las activida-des no sexuales de los que las emplean. Para indicar la sutileza de una lavandera, por ejemplo, Lozana dice: 'yo te he mirado en ojo, que no mentiré, que tú huecas de husos harás' (Delicado 1985, 223).[3] Y terce-ro, nos damos cuenta de que las metáforas que dependen de ciertos campos semánticos tienden a arraigarse en el vocabulario predomi-nantemente masculino, o en el predominantemente femenino, aunque puesto que las relaciones sexuales implican cierta interacción entre hombres y mujeres, estas metáforas llegan muy rápidamente a ser reconocidas, y también empleadas (como veremos) por ambos sexos.

Aquí vamos a restringirnos a dos campos de agrupación de metá-foras bien delimitadas y que estaban muy de moda en la prosa y la poesía de finales del siglo XV y principios del XVI. Pero en cuanto a aspectos lingüísticos e historia de la mujer es necesario abordar rápi-damente un problema metodológico. Al estudiar la sexualidad la ten-dencia normal es la de establecer unas relaciones definidas por las diferencias biológicas entre mujeres y hombres, aunque hoy en día ya hemos empezado a utilizar el concepto de género (*gender*) que es nada menos que la construcción y percepción social (y por tanto lin-güística) de las diferencias en cuestión. ¿Pero cómo era visto el cuer-po de la mujer desde el punto de vista social, y cómo se construía lingüísticamente?

Según las famosas *Coplas fechas por Mosen Pedro Torrellas de las Calidades de Donas*:

2. Véase, por ejemplo, Delicado 1985, para casos relacionados con la fruta, p. 220; la caza, p. 230; herreros, p. 236; etc.
3. Para el juego erótico sobre hueca/rueca, comp. la letrilla que empieza: 'Bras quie-re hacer/ a Juana una güeca/ y ella dábale con la rueca', en Alzieu 1975, 67.

Mujer es un animal
que se dice hombre imperfecto
procreado en el defecto
del buen calor natural

(*Cancionero de Juan Fernández de Ixar*,
1956, II: 472).

La cita resume muy bien algunas ideas de la época sobre la constitución biológica de la mujer, según las cuales la mujer era una especie de hombre que no había conseguido desarrollarse debidamente en un sentido físico; procreada dentro de un contexto de humores fríos y siendo el producto del semen del testículo izquierdo del padre que se colocaba en la parte izquierda del útero de la madre, la mujer era *de natura* siniestra (latín *sinister*), mientras que el hombre se asociaba con 'el buen calor natural', el testículo derecho, etc. (para esto y lo que sigue, véanse Jacquart & Thomasset 1988, Maclean 1980). Aun peor era el hecho de que la mujer a menudo padecía de ataques de 'la madre' (es decir, del útero: ¿se trata de otro ejemplo de contaminación analógica?). El útero se movía dentro del cuerpo de la mujer y, al subir hacia arriba, provocaba el histerismo (la etimología de la palabra es de por sí interesante) y enfatizaba la irracionalidad femenina. Según algunos especialistas el *suffocatio matricis* o ataque de la madre se debía a un exceso de esperma en la mujer por falta de copulación carnal; otros afirmaban que el útero, o la madre, era un animal que tenía ganas de procrear, resultando por regla general, como lo notaba el mismo Rabelais (por otros motivos el médico más famoso de la época), que las mujeres buscaban el coito locamente (véase, por ejemplo, Rabelais, 1964, 225-31). ¿Cómo pues tratar un ataque de la madre? Según Juan de Aviñón, escribiendo su *Sevillana Medicina* alrededor de 1400, el mejor remedio era el acto sexual, y podríamos seguir citando un sinfín de médicos que sostenían lo mismo hasta por lo menos finales del siglo XVI (Aviñón, sin fecha, 256; Granjel, 1967, 30-31, 107-08). Claro está que no todas las mujeres podían conseguir este remedio, y Anthonius Guainerius, catedrático italiano de medicina, se dedicaba a resolver este problema. El remedio, según él, sería atraer el útero hacia abajo, para lo cual habría, como posible solución, que introducir olores hedientes por la boca de la mujer y olores agradables por la vagina. Pero según Guainerius este remedio podía ser ineficaz y para calmar el *animal avidum generandi* (es decir, el útero) la soltera debía ser masturbada por una enfermera o partera, mientras que una mujer casada debía buscar comercio sexual cuanto antes con su marido (véase Lemay 1985, 317-36). Todo esto lo sabía muy bien Fernando de Rojas. Cuando en el séptimo auto de *La Celestina* Areúsa padece un ataque de la madre, Celestina le ofrece los remedios debidos, casi como si hubiera leído el tratado del docto médico italiano (Rojas 1991, 372-74). ¿Y no condenaron también los mismos inquisidores de vez en cuando hechiceras que, entre otras cosas, curaban de mal de madre?[4] La mujer, pues, era sexualmente insaciable, lo cual causaba problemas para los hombres. Si le hemos de creer, por ejemplo, Tristán de Estúñiga acertó nueve veces 'con una lança quebrada' contra dos mantenedoras en una pobre posada (¿sería físicamente posible?); pero aun así afirma haber visto una justa prolongada en la que una mujer 'venció siete justadores sin tomar lança en la mano'.[5]

Los dos campos de agrupación de metáforas que hemos elegido para esta comunicación estaban muy de moda en la prosa y la poesía de finales del siglo quince y principios del siglo dieciséis. El primero es lo que se puede llamar el vocabulario militar/caballeresco aplicado a las relaciones entre los sexos —un mundo en que los hombres llevan lanzas, varas, bohordos y cañas, y donde encuentran, hieren e incluso a veces vencen a un mundo femenino de escudos, adargas y broqueles; una serie de encuentros, a menudo dentro del contexto de una especie de *locus amoenus* grotesco, el torneo, en el que los hombres van a caballo, consiguen perder silla y estribos, quizás romper unas lanzas, o incluso desarmarse en la tela que mantiene la dama. De paso debemos notar que el eufemismo *cabalgar* implica que la mujer es de alguna manera un animal, que las palabras *armar* y *desarmar* apuntan hacia significados obviamente obscenos (por ejemplo, Lozana acusa al Patrón de querer 'cabalgar, y armar, y no desarmar'; Delicado 1985, 356), y que el acto de *desarmar* da como resultado que la lanza, como el miembro viril, queda icónicamente 'quebrada'. De paso debemos notar también que era un mundo que iba cambiando y, aunque no lo vamos a tratar aquí, el empleo militar de artillería iba progresivamente a contaminar este campo lingüístico: Tirant lo Blanc, en el imperio griego, después de desnudar a la Princesa y subirla en la cama 'treballava amb l'artelleria per entrar

---

4. Comp. el caso de la viuda Mari Sánchez en Gracia Boix 1983, 96.
5. Véase la 'Justa que hizo Tristán de Estúñiga', en *Cancionero de obras de burlas*, 1974, 223 y 226.

en lo castel'; Lozana habla de mujeres que 'sueltan su artillería', al llegar al orgasmo (Martorell & Galba 1969, II:196; Delicado 1985, 470). El segundo depende de un sector dominado tradicionalmente por una mano de obra femenina: el vocabulario textil, que abarca sustantivos como *lana, copo, hilo, alfiler, aguja* y *dedal,* y locuciones verbales como *coser, zurcir, labrar, tejer, hilar, urdir, tramar* y *arcar la lana.* Y finalmente llamamos la atención a algunos interesantes puntos de contacto, donde coincide la terminología: la serie lanza-lanzada-lanzadera; los caballeros corren la sortija y tienen que entrar por ella; la tela se puede poner, o urdir, además de mantener.

No creemos que sea necesario enfatizar que algunos de los textos que hemos utilizado se refieren a acontecimientos imaginados, aunque también debemos notar de paso que los documentos de la época dan indicios de una contaminación entre lo imaginado y lo ocurrido (MacKay 1989). Tal vez también alguien nos pueda reprochar el haber inventado unos significados de una manera logocéntrica, pero el caso es que algunos textos de la época explícitamente escabrosos apoyan los argumentos aducidos aquí. En la *Carajicomedia,* por ejemplo, la mujer anciana ayuda al viejo Diego Fajardo para que pueda llevar a adelante su 'pixa enfrenada por dar a los coños enxemplo y dotrina'; las mujeres salen contra él 'al encuentro' y se dedican 'a seguir las armas'; una mujer casada de Valladolid pasa el tiempo 'manteniendo telas a cuantos carajiventureros vienen, con tal que pase cada cual cuantas más carreras pudiere'; otra 'sin tela justa / y es tal justadora que no barahusta / lança ni encuentro de cuantos le dieron'; se incita a los carajos a atacar a los coños, pasando 'dos mil bueltas primero su tela' y dándoles después 'un par de castañas'; y al final, en una escena realmente grotesca, Fajardo y 'los fieros carajos' asedian la putería de una manera absurdamente 'épica'.[6] ¿Meras fantasías? Quizás; pero no olvidemos que, gracias a una merced de los Reyes Católicos, los Fajardo detentaban el monopolio de las mancebías del reino de Granada después de su conquista, siendo conocido el primer 'beneficiado' como Fajardo 'el putero' (López Beltrán 1985, 27-36).

Aunque el hermetismo, el conceptismo, la sensualidad y los juegos de palabras maliciosos o eróticos se le escaparon totalmente a Marcelino Menéndez y Pelayo, no fueron desapercibidos por Juan de

---

6. Para el texto de la *Carajicomedia,* véase *Cancionero de obras de burlas* 1974, 170-218.

Valdés y Baltasar Gracián, y son aspectos que han empezado a llamar la atención de la crítica de las últimas décadas de este siglo (véanse esp. Macpherson 1984, 91-105; 1985, 52-53, n.8; Whinnom 1981). Es evidente que en esta comunicación no pensamos, ni deberíamos, revisar toda la polémica erudita de este período; basta decir que gracias al trabajo de estudiosos como Whinnom, Gallagher, Jones, Alonso Hernández, Allaigre, Alzieu, Lissorgues y Jammes, y —esperamos— el nuestro, la tarea de la revalorización del concepto del 'amor cortés' en España, de las actitudes hacia el amor y de los recursos lingüísticos implicados en la expresión de estas actitudes, está ya en pleno camino.

El contexto social, que en otros lugares hemos tenido la oportunidad de esclarecer un poco, tiene sus raíces en la corte de Juan II de la primera mitad del siglo XV, un rey a quien, según Fernán Pérez de Guzmán, no le gustaba pasar ni una hora reinando, a quien le encantaban las fiestas, los torneos y las justas, y que delegó los asuntos de estado a su privado Álvaro de Luna, que también fue un justador de talento (Pérez de Guzmán 1965, 39; Macpherson en prensa).

En su reinado, la nobleza de España se acostumbró a una serie de fiestas brillantes, donde las justas, los juegos de cañas y los pasos de armas iban acompañados de entremeses, representaciones dramáticas, bailes, payasadas, invenciones, momos y banquetes fastuosos; acudían las damas de la corte a presenciar el espectáculo, galardonar a los vencedores y a participar, por la tarde, en las representaciones, los bailes y las cenas (las descripciones más detalladas de las fiestas se encuentran en Carrillo 1946, 20-22, y Barrientos 1946, 59-62; véanse también MacKay 1985, Ruiz 1988). El testimonio de los textos que hemos examinado es que el vocabulario esencialmente masculino empleado por los caballeros durante las justas del día se extendía progresivamente al trato social, o sexual, de la tarde, cuando la diversión verbal dependía principalmente de la agudeza y el ingenio de los participantes. Así, cuando Juan del Encina, invitando públicamente a una doncella de la corte a una justa de amores, sugiere que:

> Esta justa puede ser
> de noche, y aun es mejor,
> que de día con calor
> no nos podremos valer,

resulta que la doncella no necesita intérprete. Continúa Encina:

por esso mandad poner
a mis servicios la tela
en lugar donde candela
no ayamos menester.

Y sería ocioso traducir las palabras claves *servicio, tela, candela.* El verso final de la estrofa pone remate al argumento y aclara sus intenciones:

y allí veréys mi poder (Encina 1978-83, III:102).

A finales del siglo, sabemos que en la corte de los Reyes Católicos había menos torneos, y más bailes, música y palabras, pero el sistema establecido en la primera parte del siglo se había arraigado; se podía comentar abiertamente las relaciones entre los sexos, en las fiestas, las reuniones y las tertulias de la corte, y —gracias al poder de la metáfora— sin recurrir a ninguna palabra obscena u ofensiva, dado que ya existía una especie de cifra comprendida perfectamente por ambos sexos.

En el curso de los últimos diez años, hemos comentado detalladamente, en varios sitios, una proporción de las palabras claves y palabras en clave del sistema, y ha llegado el momento de tratar de compilar un glosario provisional, que quizás sirva de ayuda a los estudiosos que se dedican al conceptismo de la poesía y la prosa de la época. Todas las palabras y locuciones que siguen son capaces, en las manos de un escritor malicioso de esta época, de llevar un doble sentido; esto no es decir que este doble sentido sea forzoso en cada contexto, sino que existe la posibilidad, según el contexto y las circunstancias de la obra, de una ambivalencia literal/erótica de la que se puede servir el poeta o escritor.

GLOSARIO MILITAR/CABALLERESCO

Órgano viril: bohordo, caña, dardo, espada, estoque, garrocha, lanza, maza, puntero, vara, venablo, virota. *Términos afines:* caballo, arnés (real, o de guerra), herramienta, arandela, púa, puntero, bolas, armas (p. ej., abolladas, quebradas), armaduras, pena.

Órgano femenino: adarga, broquel, escudo, argolla, sortija, tela. *Términos afines:* coso, centro, medio, remedio.

Acto sexual: Verbos: matar, morir; justar, luchar, guerrear, encontrar, combatir, golpear, pelear, herir, lastimar, vencer, mantener; entrar, salir, satisfacer; cabalgar, derribar; armar; desarmar. *Sustantivos:* justa, lucha, guerra, encuentro, combate, carrera, pelea, golpe, herida, batalla, cabalgada, lanzada, tela, muerte; corredor(a), justador(a), competidor(a), encontrador(a), vencedor(a), mantenedor(a). *Términos afines:* acicate, espuela, ruido, remedio, gloria, galardón.

Perífrasis verbales: justa de amores; batalla de amor; entrar en la lid, entrar en la pelea; ensayar una justa; poner / urdir tela; entrar en / llegar a / salir a / venir a / ir por / andar por la tela; mantener / estar puesto en la tela; dar un encuentro; ir a caballo; entrar jinete; libre / firme en la silla; perder silla y estribos; soltar las riendas; dar la lanza; dar un golpe; romper / quebrantar una lanza; el correr de una lanza; dar muerte; perder la vida, desarmarse en la tela; correr / enristrar caña; el juego de la argolla; correr / entrar por / no acertar por la sortija.

GLOSARIO FEMENINO / TEXTIL

Órgano viril: aguja, agujeta, ajuar, alfiler, hilado, hilo, huso, rueca. *Términos afines:* condedura, hueca, premidera.

Órgano femenino: alfiletero, almohada, anillo, argolla, dedal, ojal, sortija, tela. *Términos afines:* camisa; copo, copos; lana.

Acto sexual: Verbos: apretar, coser, hilar, labrar, tejer, tramar, urdir, zurcir. *Sustantivos:* tela, trama. *Términos afines:* camisera, costurera, hilandera, labrandera, lavandera.

Perífrasis verbales: entrar en / estar puesto en / mantener / hilar la tela; arcar / ablandar la lana; urdir la trama; hacer la hueca; hacer encajes, hacer randas.

No quisiéramos terminar sin referirnos muy brevemente a la otra cara de la moneda. La realidad histórica dio lugar a que muchas mujeres tenían que sobrevivir a base de una especie de pluriempleo, hasta tal punto que un historiador italiano, intentando cifrar el número de putas que existían en Roma en tiempos de Lozana, incluía a todas las lavanderas en sus cálculos (MacKay 1984, 254). La mujer que trabajaba como lavandera por la mañana, tal vez hilaba por la tarde y se prostituía por la noche. Para el caso de Alemania tenemos documentado el caso de una mujer que se acostó una noche con dos hombres diferentes precisamente para conseguir el dinero con que compraba la lana al día siguiente para hilar (se trata, claro está, de una especie de contaminación diferente).[7] Por otra parte debemos aclarar que aunque los debates literarios sobre los vicios y virtudes de las mujeres, tal y como los definen los hombres, pueden ser de los más aburridos, de vez en cuando es posible oír la voz de una mujer o tal vez de un 'feminista' masculino. En *Triste deleytación*, por ejemplo, la madrina no solamente alude a la teoría de que la mujer es un animal imperfecto, sino que identifica a Torrellas como el enemigo mortal de las mujeres (*Triste deleytación* 1982, 37-68). Y como buenos escoceses debemos aclarar que el misógino Torrellas murió de una manera horrible en Escocia. Encontrándose éste en la corte del rey escocés, se enamora de Braçayda, de la cual recibe una carta citándole en la habitación de la reina. El misógino va al encuentro (suponemos con la lanza bien preparada); pero, una vez allí, las mujeres, que le están aguardando, le asesinan, despedazándole rabiosamente con los dientes y las uñas como auténticos animales (Weissberger 1988-89). ¡Quien tal faze, que tal pague!

BIBLIOGRAFÍA

ALONSO HERNÁNDEZ, JOSÉ LUIS, 1976. *Léxico del marginalismo del Siglo de Oro* (Salamanca: Univ.).

ALZIEU, PIERRE, YVAN LISSORGUES & ROBERT JAMMES, 1975. *Floresta de poesías eróticas del Siglo de Oro* (Toulouse: Univ. de Toulouse-Le Mirail).

AVIÑÓN, JUAN DE, sin fecha. *Sevillana Medicina* (Sevilla: Sociedad de Bibliófilos Andaluces).

BARRIENTOS, LOPE, 1946. *Refundición de la Crónica del Halconero*, ed. Juan de Mata Carriazo (Madrid: Espasa-Calpe).

Cancionero de Juan Fernández de Ixar, 1956. Ed. José María Azázeta, 2 tomos (Madrid: CSIC).

Cancionero de obras de burlas provocantes a risa, 1974. Ed. Pablo Jauralde Pou & Juan Alfredo Bellán Cazabán (Madrid: Akal).

7. Roper 1989. La misma contaminación queda registrada en lo que Lozana dice a Rampín: 'y vos procurá de arcarme la lana si queréis que teja cintas de cuero', Delicado 1985, 280.

CARRILLO DE HUETE, 1946. *Crónica del halconero de Juan II*, ed. Juan de Mata Carriazo (Madrid: Espasa-Calpe).

DELICADO, FRANCISCO, 1985. *La lozana andaluza*, ed. Claude Allaigre (Madrid: Castalia).

DUNN, P. N., 1970. 'De las figuras del arcipreste', en *Libro de Buen Amor Studies*, ed. G. B. Gybbon-Monypenny (Londres: Tamesis), pp. 79-93.

ECO, UMBERTO, 1985. *Il nome della rosa* (Milán: Bompiani).

EINHARD & NOTKER THE STAMMERER, 1969. *Two Lives of Charlemagne*, trad. Lewis Thorpe (Harmondsworth: Penguin Classics).

ENCINA, JUAN DEL, 1978-83. *Obras completas*, ed. Ana María Rambaldo, 4 tomos (Madrid: Espasa-Calpe).

GALLAGHER, PATRICK, 1968. *The Life and Works of Garci Sánchez de Badajoz* (Londres: Tamesis).

GRACIA BOIX, RAFAEL, 1983. *Autos de fe y causas de la Inquisición de Córdoba* (Córdoba: Diputación Provincial).

GRANJEL, LUIS S., 1967. *Médicos españoles* (Salamanca: Univ.).

JACQUART, DANIELLE, & CLAUDE THOMASSET, 1988. *Sexuality and Medicine in the Middle Ages* (Cambridge: Polity Press).

JONES, R. O., & CAROLYN R. LEE, 1975. Juan del Encina, *Poesía lírica y cancionero musical* (Madrid: Castalia).

LEMAY, HELEN R., 1985. 'Anthonius Guainerius and Medieval Gynecology', en *Women of the Medieval World: Essays in Honor of John H. Mundy* (Oxford: Blackwell), pp. 317-36.

LÓPEZ BELTRÁN, MARÍA TERESA, 1985. *La prostitución en el reino de Granada en época de los Reyes Católicos: el caso de Málaga (1487-1516)* (Málaga: Diputación Provincial).

MACKAY, ANGUS, 1984. 'Averroístas y marginados', en *Actas del III Coloquio de Historia Medieval Andaluza: La sociedad medieval andaluza: Grupos no privilegiados*, ed. Manuel González Jiménez & José Rodríguez Molina (Jaén: Diputación Provincial).

——, 1985. 'Ritual and Propaganda in Fifteenth-Century Castile', *Past and Present*, núm. 107, 3-43.

——, 1989. 'Courtly Love and Lust in Loja', en *The Age of the Catholic Monarchs, 1474-1516: Literary Studies in Memory of Keith Whinnom*, ed. Alan Deyermond & Ian Macpherson (Liverpool: University Press), pp. 83-94.

MACLEAN, IAN, 1980. *The Renaissance Notion of Women: A Study in the Fortunes of Scholasticism and Medical Science in European Intellectual Life* (Cambridge: University Press).

MACPHERSON, IAN, 1984. 'Conceptos e indirectas en la poesía cancioneril: el Almirante de Castilla y Antonio de Velasco', en *Estudios dedicados a James Leslie Brooks* (Durham: Univ.), pp. 92-105.

——, 1985. 'Secret Language in the *Cancioneros*: Some Courtly Codes', *BHS*, 62, 51-63.

——, en prensa. 'Amor, juego y justa en la poesía cancioneril del siglo XV', conferencia leída en El Escorial (Universidad Complutense: Cursos de Verano).

MARTORELL, JOANOT, & MARTÍ JOAN DE GALBA, 1970. *Tirant lo Blanc*, ed. Martí de Riquer, 2 tomos (Barcelona: Seix Barral).

PÉREZ DE GUZMÁN, FERNÁN, 1965. *Generaciones y semblanzas*, ed. R. B. Tate (Londres: Tamesis).

RABELAIS, FRANÇOIS, 1964. *Le Tiers Livre*, ed. M. A. Screech (Ginebra: Droz).

ROJAS, FERNANDO DE, 1991. *Comedia o tragicomedia de Calisto y Melibea*, ed. Peter E. Russell (Madrid: Castalia).

ROPER, LYNDAL, 1989. *The Holy Household: Women and Morals in Reformation Augsburg* (Oxford: University Press.).

RUIZ, TEÓFILO, 1988. 'Fiestas, torneos y símbolos de realeza en la Castilla del siglo XV: las fiestas de Valladolid de 1428', en *Realidad e imágenes del poder: España a fines de la Edad Media*, ed. Adeline Rucquoi (Valladolid: Ámbito).

Triste deleytación, 1982. Ed. E. Michael Gerli (Washington: Georgetown University Press).

WEISSBERGER, BARBARA F., 1988-89. 'Role-Reversal and Festivity in the Romances of Juan de Flores', *JHP*, 13, 197-213.

WHINNOM, KEITH, 1981. *La poesía amatoria de la época de los Reyes Católicos*, Durham Modern Languages Series: Hispanic Monographs 2 (Durham: Univ.).

Los muslimes de España y sus idiomas en la época de Colón

L. P. HARVEY

University of London

ENTRE LOS MUCHOS hechos históricos que se conmemoran en 1992, el más importante, sin duda alguna, es la transferencia a las Américas de la cultura de los descubridores, y, sobre todo, la transferencia de su idioma español. Las consecuencias lingüísticas del descubrimiento son inmensas. Pero no es necesario recordarles que al principio de la relación de su primer viaje, Colón nos habla de cómo en enero de 1492 fue testigo de la entrega de las llaves de la Alhambra de Granada a las fuerzas españolas. ¡Momento inolvidable! Dos trayectorias históricas completamente distintas se acercan y se entrecruzan. Y si el viaje de Colón terminó por cambiar el mapa lingüístico de las Américas, la entrega de las llaves de la Alhambra ocasionó no pocos cambios en el mapa lingüístico de la Península Ibérica. Así que me parece justificado, dentro del marco del quincentenario, dedicar unos breves minutos a la situación lingüística de las comunidades islámicas que vivían entonces en España.

Es muy obvio que la reacción de los muslimes frente a 1492 contrasta netamente con la de los cristianos. Un humanista como Pedro Mártir de Anglería, quizá más conocido ahora como cronista de las Indias, escribe así desde Granada en 1492 al cardenal arzobispo de Milán sobre la rendición de la ciudad (cito según la traducción española de López de Toro):

> Este es el fin de las calamidades de España, este es el término de los felices hados de esta gente bárbara que hace, según dicen, unos ochocientos años, al mando del Conde Julián vino de Mauretania —de donde siempre conservaron el nombre de *moros*—, y oprimió, cruel y arrogantemente, la vencida España. ¡Oh dolor!, cuánta fue hasta aho-

ra su crueldad, su fiereza e inhumanidad para con los cautivos cristianos. Al fin mis Reyes, aceptos a Dios, derriban por tierra aquella tiranía (Anglería 1953, 171).

Al otro lado de la valla, otra fue la reacción de un erudito granadino llamado Yuce Vanegas. Uno de los muchos miembros de la aristocracia nasrí que había venido a visitarle en su 'morada en la Cuesta de la Higuera' a una legua de distancia de la ciudad:

Tengo para mí que nadi lloró con tanta desventura como los hijos de Granada. No dubdes mi dicho, por ser yo uno de ellos, y ser testigo de vista, que vi por mis ojos descarnecidas las nobles damas, así viudas como casadas, y vender en pública almoneda más de trecientas doncellas. No te quiero dezir más en xerenal, porque no lo puedo caulebar [soportar], y perdí tres hijos barones, y todos murieron en defensa del addín [religión], y perdí dos ijas y mi mujer, y esta sola hija que tengo quedó para mi consuelo, que era de siete meses. [...] Hijo, yo no lloro lo pasado, pues a ellos no ay retornada, pero lloro lo que tú verás si as vida, y atiendes en esta tierra, y en esta isla de España. Plegue a su bondad, por la nobleza de nuestro onrado alqurán, que este mi dicho caiga en vacío. [...] Pues si queremos dezir que lloraron los de Bani Israila, no es mucho que nosotros ximamos. [...] Pues si aora en tan breve espacio pareze que ya nos sustentamos de carreo, ¿qué harán cuando vengan las postreras otoñadas? Si los padres aminguan el addín, ¿cómo lo ensalsarán los choznos? Si el rey de la Conquista no guarda fidelidad, ¿qué aguardamos de sus suzesores? (véase Harvey 1956, 300-01).

Dos reacciones muy diferentes, pues, frente a la misma realidad. Y entre las muchas consecuencias de la Re/conquista lloradas por Yuce Vanegas y sus correligionarios, quizá la que se menciona con más insistencia es la pérdida de su idioma. Para ellos el árabe no era una lengua entre muchas, y como cualquier otra; era el idioma del Korán, era la palabra de Dios. Para los muslimes de cualquier país o región del mundo siempre se plantean la misma serie de problemas en los debates sobre cuestiones lingüísticas. El árabe tiene y tendrá siempre una situación privilegiada por ser el idioma de la última y definitiva revelación. Esto tiene consecuencias tanto para el árabe en sí, y su desarrollo, como para los demás idiomas empleados por las comunidades de los creyentes.

Lo que voy a hacer es, en primer lugar, pasar en revista la diversidad lingüística de las comunidades islámicas de la Península a finales del siglo XV. Luego examinaré la etapa de desarrollo interno a la que habían llegado estas lenguas islámicas alrededor de 1492. Ahora bien, cada lengua tiene su trayectoria, su propia línea de desarrollo natural. Las trayectorias del árabe hispánico y de la aljamía de los muslimes de España quedan interrumpidas. Después de 1492 sufrieron una serie de ataques, y por fin en 1609-1611 con la expulsión estas lenguas dejaron de existir. Nunca sabremos a dónde los fenómenos que voy a describir hubieran llegado en la plenitud del tiempo. En el caso de otra casta hispánica, la de los judíos, la trayectoria interrumpida por la expulsión de 1492 se prolonga fuera de la Península, y en el exilio se conservan hasta hoy elementos de la pronunciación de los sefarditas. Nada de esto, desafortunadamente, en el caso de los moriscos expulsados. Durante cierto periodo de tiempo seguían hablando los idiomas y dialectos que habían empleado en España, pero pronto terminaron por asimilarse lingüísticamente a la mayoría. En fechas recientes se han hecho valiosos esfuerzos por rescatar lo que queda del vocabulario de los ex moriscos. Los estudios que se han llevado a cabo son de sumo interés, pero lo que queda después de, digamos, cuatro siglos, es muy poca cosa al lado del rico tesoro sefardí. En su exilio los judíos sefardíes, aislados en sus juderías de la masa islámica que les rodeaba, supieron conservar su idioma español, hasta imponerlo sobre otros judíos, pero tanto el árabe hispánico como la aljamía de los moriscos pronto desaparecen. Cuando en el siglo XVIII el cónsul inglés Morgan visitó las zonas tunecinas donde los refugiados habían establecido sus colonias, pudo comprar sin gran dificultad, para llevárselos a Inglaterra, los poemas de Muhammad Rabadán; nadie se interesaba ya por tales antiguallas. Y lo que queda hoy en día son palabras sueltas, nada más. Si queremos estudiar el idioma de los sefarditas, tenemos el rico caudal de su literatura, y lo podemos completar con los dialectos modernos. Este último recurso no existe en el caso de los musulmanes expulsados y sus idiomas, y por lo tanto nos tenemos que atener al testimonio de sus manuscritos.

¿Cuáles, pues, eran las comunidades existentes en España en 1492? Y ¿en qué idiomas hablaban estos musulmanes? Cuando digo España aquí, estoy hablando del país como entidad geográfica, es decir de la Península Ibérica con la excepción de Portugal. Empezamos, de los Pirineos hacia abajo, con el reino de Navarra.

Allí en la merindad de Tudela existía en 1492 una comunidad no muy numerosa pero bien establecida y segura de sí misma, tan bien integrado en la mayoría cristiana que algunos individuos de peso dentro de la comunidad habían llegado a ser *mesnaderos* del rey. En 1492 el uso del árabe como idioma escrito era corriente y normal entre ellos. Pero, ¿en qué lengua hablaban estos moros? Es muy probable que el árabe no funcionara ya como medio de comunicación oral, aunque es casi imposible demostrar un negativo, y probar que no se haya utilizado. Tenemos testimonios indirectos. Por ejemplo, en un proceso de 1513 el baile (cristiano) dirige varias preguntas a los presuntos reos musulmanes, y ellos contestan; no hay mención alguna de un intérprete, y las palabras copiadas en el proceso parecen ser las de los acusados, con rasgos tan expresivos e idiomáticos como 'Dat acá, ¿qué es que robemos al calderero?' o 'No mande Allá que en tal me falle' (García-Arenal 1984, 129).

En el resto del norte de la Península no había musulmanes, ni en las demás merindades del reino de Navarra, ni en Asturias, ni en Galicia. (En la segunda edición de la *Encyclopaedia of Islam* (s.v. *aljamía)*, Lévi-Provençal parece sugerir que hay textos aljamiados en gallego y en otros dialectos; es un error). No es necesario bajar muy lejos hacia el sur para encontrar a aljamas de mudéjares. Entre las de la corona de Castilla, la de Burgos es quizás la más septentrional, y había otras, predominantemente urbanas, en Castilla la Vieja, Castilla la Nueva, en Palencia, Ávila, Arévalo, Segovia, Toledo, etc. En tales aljamas parece darse siempre un bilingüismo del tipo descrito para el reino de Navarra: el árabe como lengua de cultura al lado del buen romance hablado normalmente y por todos. Investigaciones recientes llevadas a cabo por los doctores van Koningsveld[1] y Wiegers (1991, 45-50, 203-04) de la universidad de Leiden nos han ayudado a formar una idea más exacta de la supervivencia del árabe como idioma escrito en estas zonas. Pero algo que encontramos en Castilla alrededor de 1492 que no se ve en Navarra son libros escritos en aljamía, es decir libros escritos en romance, pero con caracteres árabes. Conviene dedicar un breve *excursus* a este fenómeno.

En relación con la literatura aljamiada y su fechación, hay notables diferencias de opinión. Para muchos la literatura aljamiada es un fenómeno anterior a 1492 en su desarrollo. Tal era la posición de don Ramón Menéndez Pidal (1962), cuya opinión sobre la fechación tem-

---

1. Koningsveld, en prensa. Agradezco al Dr. van Koningsveld el haberme permitido consultar este estudio.

prana del *Poema de Yusuf* ha ayudado a difundir este punto de vista. Tal es la opinión de muchos especialistas hoy en día, entre ellos mi colega Míkel de Epalza (1988, 10-12). Para él los muchos manuscritos del XVI que se encuentran en nuestras bibliotecas serían copias de textos anteriores, y la época creativa de la literatura aljamiada sería el siglo XV. (Espero que resumo sus ideas sin distorsionarlas demasiado). Yo siempre he tenido dificultades con este enfoque. En mi opinión la relativa ausencia de manuscritos aljamiados fechables con toda seguridad como anteriores a 1492 es un estorbo. No niego que en algunos casos un texto redactado anteriormente habrá sido copiado en caracteres árabes en época tardía. Pero si en el corpus entero de manuscritos aljamiados sólo encuentro unos 40 fechables con cierta seguridad, y entre estos 40 sólo cinco son posiblemente anteriores a 1492, esto me sugiere un desarrollo después de esta fecha.

El uso de un alfabeto en lugar de otro no es un mero detalle técnico, como, por ejemplo, el uso del sistema de la International Phonetic Association en vez del de la *RFE*. Un alfabeto es una declaración de lealtad cultural y religiosa. Mientras escribo estas líneas, hay hombres dispuestos a morir porque quieren escribir su dialecto eslavo en caracteres latinos y no cirílicos (o viceversa). La cuestión de la fechación de la literatura aljamiada es lo bastante importante como para justificar el examen en detalle y uno por uno de todos los manuscritos anteriores a 1492 fechables positivamente.

— De 1424/828 es el BN (Madrid) 5378. Pero téngase en cuenta la anotación de Saavedra (No. XXIX): 'La centena, que ha desaparecido, pudiera ser 9'.

— De 1428/832 es el BN (Madrid) 5319, pero el Dr. Wiegers me señala que las filigranas son del s. XVI, lo cual sugiere que se trata de una copia.

— De 1468/873 es el BN (Madrid) 5073 (9). Se trata de papeles procedentes de las tapas de un códice árabe. El uso de los caracteres árabes en documentos legales redactados en romance era sin duda anterior a su uso en libros enteros de cierta extensión.

— De 1474/879 es el T6 de Gayangos (ahora Real Academia de la Historia). Este 'devocionario árabe en 8º, con epígrafes y explicaciones en aljamía' lleva al final una nota que dice que fue escrito por 'Abderrahmán Lamora a 23 de julio de 879'. No he podido examinar este manuscrito personalmente, pero no veo ninguna razón para rechazar esta fechación. El manuscrito es, por lo tanto, el primer manuscrito fechable positivamente.

— De 1491/896 convendría quizá añadir un Korán abreviado en la Biblioteca Nacional de Madrid que figura como 82 en el catálogo de Guillén Robles.

Y es todo. En mi opinión, a finales del siglo XV todavía no era muy corriente escribir la aljamía en caracteres árabes. Téngase muy en cuenta que no digo que tales manuscritos no existieran, pero si hay pocos que son fechables, es un indicio: no eran corrientes.

Entre los que me escuchan habrá quien dice: ¿Y el Breviario Çunni? Esta importantísima obra lleva un colofón con la fecha de 1462. En 1978 dije del autor y de su libro que 'dieron el tono a toda la literatura aljamiado-morisca'. No he cambiado de opinión. El P. Cabanelas (1952, 150ss., esp. lámina 4) ha demostrado que el único MS en caracteres árabes (Escuela de Estudios Árabes, Madrid, 1) da el nombre del autor como Ika, extraña forma que sólo se explica si imaginamos un copista que no ve la cedilla debajo del nombre Iça. El Dr. Wiegers me asegura (comunicación personal) que las filigranas son de los años 1580-1590.

Mediante su alfabeto, la literatura aljamiada anunciaba, proclamaba, su lealtad al mundo islámico. Las características de esta literatura han sido estudiadas por Álvaro Galmés de Fuentes,[2] por Epalza y por muchos más. Sería imposible analizarlas todas aquí. Entre los aspectos más relevantes notemos:

1) la frecuencia de los arabismos directos: *azaque* en vez de *limosna, alfitra* para el 'fin del ayuno'.
2) la frecuencia de los arabismos indirectos (donde una palabra de pura cepa latina recibe la impronta semántica de una palabra árabe): *isla* = 'península'.

Examinemos un breve pasaje en el idioma de estos musulmanes:

El cuento de azaque, no es menester deternos en esplicar todo su derecho, pues en esta isla, por gracia de Allah, aunque se adebdó, no obliga a pagarlo, pues no hay rey que pelee en fīsabīllilāhi para que lo gaste (MS BN Madrid 5252 f.59).

2. Veáse, entre su extensísima obra sobre estos temas, Galmés 1965.

O sea:

> No es necesario detenernos mucho sobre la limosna en el derecho
> islámico, porque en la Península, aunque es una obligación religiosa,
> no hay que pagarla, porque no hay ningún rey para gastarla en la
> guerra santa.

Podemos ver cuán naturalmente se pasa del árabe a la aljamía
dentro de un mismo texto en otro manuscrito de la Biblioteca Nacional (5452, = Saavedra 35) fechado en Calatayud en 1507/912 (también editado por Fernández 1866, 435). Se trata de una petición dirigida por un tal Ibrahim de Bañots al baile de la ciudad, y empieza en
árabe detallando las circunstancias, luego cita textualmente en español (pero en caracteres árabes) las palabras de la petición:

> Y dijo en lengua aljamiado (hasta aquí en árabe) —Señor Baile, no
> puedo fallar fianza. Suplico me dé tiempo, siete dias, para traer fiansa,
> o prendas para seguredat de las despensas. [Aquí se termina la cita
> directa, y el escribano hubiera debido volver al árabe del resto del
> documento, pero se le olvida hacerlo, y continúa en aljamía]. Y el
> señor Baile dicho le dio ocho días, etc.

Hasta ahora hemos hablado de la lengua de los musulmanes de
Navarra y de Castilla. En las tierras de la Corona de Aragón, había
aun más musulmanes. Con la excepción de los de la región de Tortosa, que hablaban todos catalán, en otras zonas, y sobre todo alrededor de Zaragoza y en las numerosas aljamas del valle del Jalón, se
hablaba el castellano aragonesizado de la región. Más tarde, en la
última mitad del siglo XVI, este grupo de aljamas se convirtió en un
gran centro clandestino de copistas de manuscritos aljamiados, pero
alrededor de 1492 parece que había poca actividad de este tipo allí,
probablemente porque había todavía bastante gente capaz de utilizar
el árabe como idioma escrito. La proximidad del gran foco arabófono
de Valencia facilitaba el estudio de la lengua sacra.

Dejemos, pues, los dialectos románicos de los musulmanes del
norte de la península, y pasemos al idioma árabe de los valencianos y
de los granadinos recién conquistados. Ambos grupos tenían el árabe
no sólo como idioma escrito sino también como lengua vernácula. En
Granada, pero también en Valencia, había muchas personas educa-
das capaces de manejar correctamente la lengua culta, la *fuṣḥā*. Un
estudio de los mudéjares valencianos bajo Fernando de Aragón nos

informa de estudiosos musulmanes viajando con pasaporte oficial de las autoridades valencianas a Granada, y aun más lejos, al Magreb, para perfeccionar su árabe (Meyerson, 1991, espec. 260, table 19). Y en Granada basta con mirar los nombres de los concejales del primer ayuntamiento después de la Re/conquista: de los 21, cuatro eran alfaquíes, tres *khaṭībes* y dos cadíes, es decir un mínimo de nueve letrados sobre los 21. No se habrá producido, pues, de un día a otro, un rápido descenso en el nivel del árabe en España. Hasta principios del siglo XVI por lo menos había en estas zonas gente culta capaz de defender su patrimonio cultural. La decadencia no vino sino más tarde.

Sería incorrecto achacar la culpa de la 'decadencia' del sistema consonántico del árabe hispánico, por ejemplo, a la invasión. Lo que ocurrió fue consecuencia de muchos siglos de contacto. El árabe hispánico termina por perder de su consonantismo muchos de los sonidos más típicamente semíticos (y de este modo se acerca sensiblemente a los demás idiomas de la Península Ibérica). El árabe, hablando globalmente, tiene un rico sistema consonántico desdoblado en dos series: al lado de *t, d, s, z,* y *k* hay también *ṭ, ḍ, ṣ, ẓ,* y *q* y además tiene ᶜ. (La lista no es exhaustiva, claro está, sólo menciono los sonidos que nos interesan). Ahora bien, muchos dialectos en muchas partes del mundo árabe pierden la capacidad de distinguir entre una o más de estas parejas, pero es el árabe hispánico el que pierde más consonantes 'enfáticas' que ningún otro dialecto (y, por consiguiente, era el árabe hispánico el que tenía menos consonantes 'difíciles'). No conviene exagerar. Aun así los dos sistemas consonánticos no habían llegado al punto de convergencia, y el ᶜ*ayn* no había desaparecido, por ejemplo.

Pasando al nivel léxico, es de notar que el árabe hispánico importó toda suerte de préstamos románicos, préstamos a veces bien camuflados por la morfología del árabe, pero, al fin y al cabo, préstamos. Así, por ejemplo, sobre el préstamo básico *ficon* 'higo' se forma *tafqīn* 'producción de brevas', sobre *canna, taqnīn* 'vapular un olivar'. Pero tales préstamos son quizá menos interesantes que los préstamos semánticos donde una palabra árabe adopta nuevos matices porque su equivalente español los tiene. Carmen Barceló nos da un ejemplo en árabe valenciano. En árabe la palabra *harf* significa 'letra' y no 'carta', pero bajo la influencia del catalán, donde *lletre* significa a la vez 'letra' y 'carta' (como en inglés *letter),* el 'portador de la carta' se dice en 1499 *ḥamīl al ḥurūf,* expresión un tanto surrealista en árabe normal (véase Barceló 1984, 292; Corriente 1977; Harvey 1971).

Sabemos todos cómo en español una palabra cuya etimología románica está fuera de duda puede adquirir un artículo árabe y guardarlo (p.ej., *albaricoque)*. Se verifica el mismo proceso, pero al revés, en árabe hispánico: *licencia* se toma como préstamo, pero pierde la primera sílaba: *šinsiya.*

El árabe tiene pocos verbos auxiliares, mientras que abundan en las lenguas románicas. Si no son infrecuentes en árabe hispánico, ¿cómo no verlos como calcos hechos sobre el español, etc.? Y cuando en hispano-árabe encontramos la expresión *rajaᶜat qawwida* 'se hizo alcahueta', por ejemplo, ¿cómo no percibir detrás de *rajaᶜat* un 'volver', etc., hispánico? En castellano, como en los demás romances hispánicos, el verbo 'hacer', etc., entra en un sinfín de formas compuestas, mientras que el árabe, con su facilidad de crear causativos del tipo *afᶜala,* normalmente no emplea locuciones analíticas, así que cuando Barceló encuentra un texto de 1500 con *yaᶜmal lahā ḥaqq* 'hará justicia', es muy obvio que es un calco. En árabe valenciano tardío pasaban cosas más extrañas aún. *Tibroqurar tiraqabar šinsiya* escribe en 1595 un morisco (en una carta sobre la compra ilegal de armas): 'Procura recabar una licencia, un permiso'. Me acuerdo muy bien de las muchas horas que perdí con aquellas palabras antes de llegar a persuadirme de que en efecto se trataba de un árabe tan profundamente hispanizado. Durante este último período, el árabe hispánico habrá evolucionado aún más rápidamente que en épocas anteriores. La relativa ignorancia de los que lo escribían tenía como consecuencia que la lengua vernácula, sólo visible muy tarde en los textos escritos en otros países, se hace patente ya en textos moriscos del XVI.

¿Qué conclusiones podemos sacar de estos fenómenos? Hay dos tendencias que se afrentan, una convergente, otra divergente. El que dos lenguas en contacto lleguen a influirse es normal, casi ineluctable, y donde uno de los grupos lingüísticos en cuestión es políticamente más fuerte, el más débil sufrirá el influjo del más fuerte, de manera que la progresiva hispanización de los idiomas de los muslimes de España era un desarrollo normal y predecible. Pero en contra de esta tendencia involuntaria se irguió una voluntad de ser diferente, el rechazo de la asimilación, el factor religioso. Ni la prohibición del árabe, ni la persecución de los arabófonos por la Inquisición más tarde en el siglo XVI, bastaron para extirpar la lengua del Korán, y en cuanto a los dialectos románicos de los moriscos, hasta el final seguían muy diferentes del idioma de la mayoría. Un escritor morisco como el mancebo de Arévalo se desvive por crear un nuevo léxico, un nuevo estilo, basado en el árabe, de modo que sus escritos resultan impenetrables a veces. Es quizá el punto culminante de la tendencia divergente. El cargo teológico del árabe hace que el romance de los muslimes evolucione bajo su signo; en vez de acercarse al castellano, etc., parece alejarse.

Sería inútil, desde luego, intentar adivinar cuál de estas dos tendencias hubiera predominado si no fuera por el punto final marcado en 1609. Pero en 1492 estamos lejos todavía de la expulsión. Frente al rigorismo de un Cisneros había un Talavera que ofrecía comprensión (aquel mismo Talavera que había sido encargado por los Reyes Católicos de asesorar los proyectos de Colón en 1486). En 1492 él y sus misioneros se pusieron a estudiar el árabe, no a prohibirlo. Y, como hemos visto, los muslimes hispanófonos de las morerías del norte, en Tudela, en Burgos, en Zaragoza y en muchas aljamas más, no se sentían todavía gravemente amenazados. Un momento de calma antes de la tempestad. La sorprendente diversidad lingüística de estos otros españoles era un aspecto más de una España pluralista, destinada muy pronto a desaparecer.

BIBLIOGRAFÍA

ANGLERÍA, PEDRO MÁRTIR de, 1953. *Epistolario,* I *Documentos Inéditos para la Historia de España,* 9 (Madrid: Imprenta Góngora).

BARCELÓ, MARÍA DEL CARMEN, 1984. *Minorías islámicas en el país valenciano, historia y dialecto* (Valencia: Univ.).

CABANELAS, DARÍO, 1952. *Juan de Segovia y el problema islámico* (Madrid: Facultad de Filosofía y Letras).

CORRIENTE, FEDERICO, 1977. *A Grammatical Sketch of the Spanish Arabic Dialect Bundle* (Madrid: Instituto Hispano-Árabe de Cultura).

EPALZA, MÍKEL DE, 1988. Introducción a Luis F. Bernabé Pons, *El cántico islámico del hispano-tunecino Taybilí* (Zaragoza: Instituto Fernando el Católico).

FERNÁNDEZ Y GONZÁLEZ, FRANCISCO, 1966. *Estado social y político de los mudéjares de Castilla* (Madrid: Real Academia de la Historia).

GALMÉS DE FUENTES, ÁLVARO, 1965. 'Intereses en el orden lingüístico de la literatura aljamiado-morisca', en *Actes du Xème Congrès Interna-*

tional de Linguistique et de Philologie Romanes, II (París), pp. 527-46.

GARCÍA-ARENAL, MERCEDES, 1984. *Moros y judíos en Navarra en la Baja Edad Media* (Madrid: Hiperión).

HARVEY, L. P., 1956. 'Yūse Banegas: un moro noble en Granada bajo los Reyes Católicos', *Al-Andalus*, 21, 300-01.

——, 1971. 'The Arabic Dialect of Valencia in 1595', *Al-Andalus*, 26, 81-117.

KONINGSVELD, P. S. van, en prensa. 'Manuscripts from Christian Spain: A Comparative Intercultural Approach', a aparecer en *Israel Oriental Studies*.

MENÉNDEZ PIDAL, RAMÓN, 1962. *Poema de Yúçuf: materiales para su estudio*, 2ª ed. (Granada: Univ.).

MEYERSON, MARK D., 1991. *The Muslims of Valencia in the Age of Fernando and Isabel: Between Coexistence and Crusade* (Berkeley: University of California Press).

WIEGERS, G., 1991. 'Yça Gidelli: His Antecedents and Successors' (tesis doctoral inédita, Leiden).

¿Un reajuste sintáctico en el español de los siglos XV y XVI?

EMILIO RIDRUEJO

Universidad de Valladolid

1. EN LA HISTORIA de la lengua española han sido formuladas propuestas de periodización, aunque de forma intuitiva o imprecisa, por lo menos desde el siglo XVIII.[1] Sin embargo, sólo muy recientemente este problema ha sido objeto de un trabajo monográfico y científicamente fundado. Efectivamente, Eberenz (1991) discute una de las fronteras que tradicionalmente se venían planteando como separación entre la lengua medieval y la clásica, y defiende en la historia del español la existencia de 'una etapa *media,* más o menos de 1450 a 1650, marcada por una transformación más rápida y perceptible de los parámetros fonológicos y morfosintácticos' (Eberenz 1991, 106).

El argumento básico utilizado por Eberenz, junto con otros factores de índole externa, es que los cambios que afectan a los 'parámetros esenciales' tienen lugar fundamentalmente antes de 1500 y no se estabilizan hasta mediados del siglo XVII. Sin embargo, el mismo autor advierte que esas transformaciones, tanto fonológicas como morfosintácticas, no se dan con la misma intensidad a lo largo de toda la etapa, pues 'se observa en los cambios un ritmo cada vez más lento y, por fin, una estabilización de las estructuras fundamentales que se sitúa en la primera mitad del siglo XVII' (Eberenz 1991, 104).

Esta propuesta, aunque pretende romper con una frontera tradi-

---

1. Luis José Velázquez, en sus *Orígenes de la poesía castellana,* de 1754, 2ª ed., 1797, Madrid, p. 33, es uno de los primeros en establecer una periodización en la historia de la lengua española, que él considera, sobre todo, como lengua literaria. Esta periodización es recogida, sin mayor reparo por Capmany, por el Padre Benito de San Pedro y después por Vargas Ponce y Martínez Marina.

cional entre los periodos históricos del español, no pone en duda la existencia del reajuste fonológico que tuvo lugar entre los siglos XV y XVI, y que consistió fundamentalmente en la pérdida de la correlación de sonoridad entre las sibilantes, /s/ : /z/, /ts/ : /dz/, /ʃ/ : /ʒ/, así como la simplificación y modificación del punto de articulación de esas tres parejas con resultados diferentes en el norte y el sur de la Península. Es más, si bien hace unos años la fecha de tal reajuste se localizaba, de acuerdo con las noticias de gramáticos y ortógrafos, en el siglo XVI, más tarde, cuando se ha examinado documentación que pertenece a registros menos cultos o menos conservadores, principalmente testimonios privados, ha sido obligado retrotraer la fecha de muchos de los fenómenos (ensordecimiento de sibilantes, confusión de éstas, velarización de /ʃ/, etc.) hasta casi dos siglos antes —ello es lo que van reflejando las investigaciones de filólogos como J. A. Frago (1980, 1983, 1985) o José Mondéjar (1989)—, de suerte que la fecha de tal reajuste coincidiría en gran medida con el momento que propone Eberenz como inicio de esa etapa media del español.

¿Ese reajuste fonológico tiene su contrapartida en una conjunción de cambios gramaticales, fundamentalmente sintácticos? Evidentemente, en el siglo XV o, si se prefiere, del siglo XV al XVI se sucedieron numerosos cambios sintácticos, que son enumerados y descritos en los estudios de gramática histórica. Pero ¿configuran un reajuste, una especie de revolución?

Si la respuesta fuera afirmativa, la existencia de tal reajuste sintáctico sería un dato importante para la periodización histórica del español, y además, obligaría a preguntarnos, desde el punto de vista de la historia interna de la lengua, sobre las condiciones y los mecanismos que dan lugar a tal coalescencia de cambios en un intervalo de tiempo relativamente reducido.

2. En realidad, es muy difícil plantear la existencia de un reajuste sintáctico más o menos equiparable al fonológico. La razón radica en el carácter menos cerrado de la sintaxis. Sin embargo, en sintaxis también hay un sistema, oposiciones funcionales, e interrelaciones entre unas partes y otras de ese sistema, de suerte que los cambios rara vez se dan de forma aislada.

Se acepta que tuvo lugar un reajuste fonológico porque parecen haberse producido cambios que se acomodan a las condiciones siguientes: en primer lugar, son cambios efectivos en el sistema fonológico. Esto es, suponen la aparición o desaparición de alguna oposición funcional y no sólo modificaciones en la realización material de una oposición existente por la eliminación o la emergencia de algún alófono. Además, se trata de varios cambios funcionales y no de una modificación aislada. Ciertamente, podría sugerirse que cualquier cambio funcional supone el reajuste del sistema en su conjunto, pues 'tout se tient'. Sin embargo, consideramos que se trata de un reajuste generalizado porque lo que cambia no es una o más series de oposiciones establecidas en virtud de un mismo rasgo funcional, una o varias correlaciones. Por último, sucede que esos cambios relativamente generalizados se producen en un corto espacio de tiempo. En el caso del reajuste fonológico citado, aunque se produjera antes, queda reflejado perfectamente en las diferencias descriptivas que se dan entre la *Gramática* (1492) y la *Ortografía* (1517) de Nebrija frente al *Thresor* (2ª ed., 1616) de Oudin.

Si intentamos aplicar a la sintaxis los mismos criterios que han sido utilizados para reconocer un reajuste sintáctico, podemos observar un importante número de cambios sintácticos, o si se prefiere, morfosintácticos, que acaecieron en un intervalo de tiempo reducido entre los siglos XV y XVI.

Varias de esas modificaciones atañen a la gramaticalización y especialización de los auxiliares *haber* y *ser*. Mientras que el primero llega a ser empleado como auxiliar de todo tipo de verbos (incluidos los intransitivos y los reflejos), el verbo *ser* deja de ser empleado como auxiliar de perfecto y queda especializado para la expresión de la diátesis pasiva (Benzig 1931, especialmente 443; Pountain 1985, 347-49). El verbo *haber*, cuando se convierte en un auxiliar pleno, pierde su significado léxico de posesión, reemplazado totalmente por *tener* hacia 1550 (Seifert 1930, 349).[2]

También es una consecuencia de la fijación de los complejos de auxiliaridad mediante *haber* más participio que desaparezca la concordancia entre el participio y el objeto directo. Desde mediados del siglo XV ya no hay tal concordancia en textos castellanos y poco después tampoco en textos aragoneses (Macpherson 1967, 252). Igualmente, una vez gramaticalizados plenamente y especializados ambos auxiliares, no hay objeción para que se empleen conjunta-

---

2. Seifert (1930, 350) destaca, no obstante, que *haber* se emplea con valor posesivo en el XVI abundantemente en juegos de palabras, lo cual, probablemente está reflejando un empleo ya estilísticamente muy marcado como arcaísmo.

mente *haber* y *ser,* en un mismo complejo de auxiliaridad *(ha sido cantado).*

En estrecha dependencia con la consumación del proceso de fijación de *haber* más participio para la expresión de la perspectiva secundaria (Coseriu 1976, 112-17), hay que citar los desplazamientos temporales que sufren las antiguas formas verbales de perfectum *(amasse* y, sobre todo, *amara).* Esta última forma es empleada como subjuntivo desde el siglo XIV y se fija como imperfecto de ese mismo modo desde el último tercio del siglo XV, de suerte que para Juan de Valdés su empleo como indicativo ya es censurable (Wright 1932, 73).

Posiblemente en relación con la expresión de la diátesis, aunque con independencia etimológica, conviene recordar que culmina el proceso de desarrollo de los giros pronominales para la expresión de la impersonalidad; a finales del siglo XV se extienden a construcciones intransitivas y deja de haber concordancia entre el verbo y el objeto a principios del siglo XVI (Monge 1955).[3]

Pero, los cambios en los procedimientos de expresión de un sujeto indeterminado o general no sólo atañen a las construcciones pronominales. Desde el siglo XIV había desaparecido la posibilidad de empleo de *hombre* como sujeto indeterminado y desde el primer tercio del siglo XVI surge un nuevo procedimiento mediante *uno,* que se difunde muy rápidamente (Kärde 1943, 31).

Esta innovación, en la que resulta implicado el artículo indeterminado hay que ponerla en relación, probablemente, con toda una serie de cambios que suponen la fijación de las construcciones con los determinantes: deja de ser posible la expresión de un sustantivo genérico sin artículo; desde la mitad del siglo XV desaparece el artículo ante posesivo adnominal antepuesto (Lapesa 1971) y de la misma manera se pierde desde comienzos del siglo XVI la posibilidad de que *el, la, lo* se empleen con otro relativo diferente de *cual* (Lapesa 1966).

Además de esta lista relativamente larga pero no exhaustiva (piénsese, por ejemplo, en el desuso de *ser* con complementos locativos o en las modificaciones de régimen de los verbos), de cambios que afectan a la sintaxis, podríamos allegar otros cambios que tienen

---

3. Obsérvese que paralelamente aumenta muy notablemente la pasiva pronominal en detrimento de la pasiva perifrástica, de manera que a principios del siglo XVI la situación está ya equiparada a la actual (Pountain 1985, 347-48).

un carácter más bien pragmático, tales como la difusión de nuevas fórmulas de tratamiento mediante abstractos de cualidad, o el desprestigio de *vos,* innovaciones que conllevan una fuerte repercusión sintáctica y aun morfológica.

3. Obviamente, todos los cambios citados arriba no son estrictamente simultáneos. Así, mientras que los primeros ejemplos de *haber* como auxiliar de verbos como *ir, venir, llegar,* etc., pertenecen cronológicamente al siglo XIII, por el contrario, las construcciones con *ser* y complementos locativos perduran aún en el siglo XVI, a la vez que el giro impersonal con *se* parece difundirse en ese mismo siglo. No obstante, lo que encontramos es que todos estos cambios, que, sin duda, tienen una larga gestación, parecen triunfar claramente en un reducido intervalo temporal, esto es, desde la segunda mitad del siglo XV al primer tercio del XVI.[4]

Aparte de que en un corto espacio de tiempo se produzca el triunfo de un cierto número de cambios sintácticos que venían gestándose desde mucho antes, ¿se dan las otras condiciones que hemos indicado como características de los reajustes sistemáticos? La condición primordial sería que los cambios fueran auténticos reajustes del sistema, sencillamente que supongan, no una mera modificación en el significante, sino la aparición o desaparición de oposiciones y que además, su conjunción no sea una mera coincidencia fortuita sino que las modificaciones estén vinculadas entre sí.

Pues bien, los cambios que hemos enumerado anteriormente no sólo representan alteraciones en el significante, algo obvio, pues aparecen nuevas construcciones a la vez que desaparecen otras preexistentes. Claramente hay oposiciones nuevas en el sistema verbal: éste se reorganiza en su totalidad mediante oposiciones basadas en la perspectiva temporal, no en el aspecto. Probablemente también —aunque es algo discutible y muy discutido— se recrea una oposición basada en la diátesis (pasiva/activa), desde el momento en que queda fuertemente gramaticalizada y especializada para el transporte

---

4. El problema —perfectamente transparente en fonología— radica en que lo que ordinariamente nos reflejan los textos es una variedad peculiar, la que corresponde a la norma escrita y puede suceder que esa norma difiera sustancialmente de la de otras variedades menos cultas o simplemente orales. En lo que respecta al reajuste fonológico este fenómeno es algo bien patente cuando Nebrija describe una pronunciación del castellano que, sin embargo, en muchos textos se revela ya modificada.

de ese significado la construcción con *ser* + participio. Igualmente hay una estructuración distinta del sistema de las oraciones condicionales como consecuencia de los cambios que afectan a *amasse* y *amara* y, posteriormente, por la desaparición de la forma en *-re (cantare)*. Cuando se difunden las construcciones impersonales con *se* y con *uno,* el hablante puede elegir entre nuevas opciones que suponen diferentes matices antes necesariamente fundidos. En la misma línea, desaparecen oposiciones de énfasis fundadas en la existencia de sintagmas formados por artículo más posesivo. En lo que atañe al léxico, también se podría defender que desaparece la oposición léxica entre *haber* y *tener,* al quedar gramaticalizado el primer verbo.

En segundo lugar, con respecto al sistema verbal, según ha mostrado brillantemente Pountain (1985) en un trabajo que seguimos de cerca, se trata ciertamente de varios cambios sistemáticos vinculados entre sí. Como en los cambios fonológicos, se puede considerar que esta relación tiene un doble carácter: es, de una parte, una vinculación secuencial, en el sentido de que un cambio es ocasión de otros sucesivos (por ejemplo, la gramaticalización plena de *haber* como auxiliar permite utilizar *ser* para otra función). Pero también hay una vinculación que podríamos denominar horizontal: una vez impuesta una determinada oposición en una parcela del paradigma, se extiende a su totalidad. Esta es, por ejemplo, la interpretación que hay que dar a la formación de pretéritos perfectos pasivos con los participios de *ser* y *haber* simultáneamente, o a la creación de formas como *hubiera cantado* formas que compiten en su significado con *cantara,* obligando al desplazamiento de esta última.

4. Contra la hipótesis de un reajuste sistemático parejo al que tiene lugar en fonología, se puede aducir que los cambios sintácticos citados arriba tienen una larguísima gestación que, en ocasiones, comienza en el latín tardío y que van progresando lentamente a lo largo de los siglos.[5] Es decir, que, aunque se pueda admitir una vinculación sistemática entre unos cambios y otros, quizá no sea válido postular una concentración o, simplemente, defender la hipótesis de cambios bruscos en un corto espacio de tiempo.

Esta cuestión merece examen especial, si fuera posible mediante datos estadísticos, a pesar de que la interpretación de tales datos no

---

5. Sobre los orígenes latinos de las perífrasis con *haber* y su lento desarrollo, véanse, entre otros, Benzig (1932, 395-99) o Vincent (1982).

deja de tener dificultades.[6] Y, efectivamente, lo que las estadísticas revelan sobre todo es que los cambios son graduales. A partir de los textos, tanto literarios como no literarios, se ve, por ejemplo, cómo aumenta progresivamente el empleo de *haber* como auxiliar con verbos de movimiento: de sólo el 3 % en el *Cantar de Mio Cid*, se pasa al 22 % en Berceo y llega hasta el 69 % en el Arcipreste de Talavera. Podemos proporcionar datos parecidos sobre el empleo de *ser* (en este caso, el perfil de la frecuencia de empleo resulta ser simétricamente inverso al anterior), sobre el valor posesivo de *haber,* sobre el artículo + posesivo o sobre el *se* impersonal (Pountain 1985, 342).

El modelo estadístico en que se refleja el desarrollo de una innovación o el rechazo de una realización caduca tampoco presenta siempre una transición uniforme, ciertamente porque es alterada por las preferencias individuales o por las interferencias dialectales. Así, mientras que se observa en el siglo XV un claro declive del empleo de *ser* como auxiliar de perfecto con verbos intransitivos, en la *Cárcel de amor* de Diego de San Pedro, aumenta sensiblemente la frecuencia de esa construcción con *ser,* probablemente en virtud de la procedencia regional del autor. Por otra parte, cuando una construcción es asumida ya como arcaica, cabe que sea aprovechada por el hablante para configurar con ella un rasgo de estilo. En relación con los fenómenos que examinamos, encontramos un sorprendente empleo de *ser* con valor locativo excepcionalmente alto en la obra de Sta. Teresa, debido sobre todo a la frecuencia de oraciones o jaculatorias arcaizantes, del tipo *Dios sea contigo.* Keniston (1938, 451) explica el mismo empleo de *ser* auxiliar de perfecto en un texto de Fray Luis de León ('el tiempo del podar es venido', *Nombres de Cristo,* I, 136, 6), traducción de la Biblia, en el que el autor busca un rasgo de arcaísmo.

Pero, aparte de preferencias dialectales o individuales, los datos revelan que en otros momentos los cambios son más bruscos. Puede servir de ejemplo la estadística de empleos de *ser* y *haber* como auxiliar de perfecto. De acuerdo con los datos recogidas por Pountain (1985, 342) y ya citados, aparece el verbo *ser* como auxiliar de perfec-

6. La dificultad principal se deriva del hecho de que algunas innovaciones se difunden siguiendo determinaciones semánticas o incluso morfológicas. Por ejemplo, en relación con uno de los problemas que tratamos aquí, y de acuerdo con los datos de Benzig (1931), resulta que el auxiliar *ser* deja de emplearse primero con verbos intransitivos de estado (*quedar*), después con verbos de movimiento (*andar*) y finalmente, ya en el XVII con *morir* y con verbos pronominales.

to con verbos intransitivos en el 97% de las apariciones del *Cantar de Mio Cid;* el 78% en los *Milagros de Nuestra Señora* de Gonzalo de Berceo, el 70% en el *Libro de Buen Amor,* el 67% en el *Libro Rimado de Palacio.* Hasta aquí una transición patentemente gradual. Sin embargo, se produce una disminución brusca en el siglo XV. Así, sólo aparece el 31% en el *Corbacho* y el 39% en la *Celestina.* Aunque aumenta ligeramente el porcentaje en *La lozana andaluza,* quizá por italianismo, se observa un descenso muy acelerado, pues sólo se localiza un 4% en Sta. Teresa de Jesús.

También parece darse disminución brusca de empleos arcaicos en un muy corto periodo de tiempo en cambios vinculados con la evolución de los auxiliares: concordancia de los participios, cambios en el significado de *haber,* cambios en el significado de algunos tiempos verbales como *cantara.*[7] ¿Cómo es posible que construcciones que en trescientos años han sufrido un declive tan lento, de repente desaparezcan casi totalmente en un intervalo de apenas cincuenta años?

5. Teniendo en cuenta lo asentada que está la teoría del reajuste fonológico (con independencia de su fecha) y conocida la estrecha relación existente entre el plano fónico, el morfológico y el sintáctico (Vennemann 1975), tenemos que preguntarnos si el reajuste fónico pudiera haber desencadenado un reajuste en otros niveles.

Creemos que ello difícilmente se sostiene en lo que atañe a los cambios sintácticos descritos. Es cierto que los cambios fónicos de los siglos XV y XVI dan lugar a alguna consecuencia gramatical, por ejemplo al sincretismo que se produce entre los pronombres átonos de tercera persona *ge > se (diógelo > dióselo),* como ha confirmado Juan Antonio Frago (1990) en un artículo en que rebate la explicación autonomista de Schmidely (1978). Pero aparte de este sincretismo no excesivamente opaco, resulta imposible vincular directamente los cambios sintácticos con cambio fónico alguno: no hay razón para defender que la desaparición de alguna oposición gramatical sea consecuencia del obscurecimiento de oposiciones fonológicas (como sucede quizá con la pérdida de los casos latinos) o al contrario.

---

7. De las estadísticas de Wright (1932, 127) se extraen datos como el siguiente: la ratio existente entre empleos subjuntivos de *cantara* frente a *cantase* es de 0.054 en la prosa del siglo XIV. Esta proporción se multiplica por más de 7, hasta dar una ratio de 0.39 en la prosa del siglo XV y 0.48 en el XVI.

6. Otra posible explicación viable puede fundarse en razones de índole cultural. El siglo XV es un momento relevante en el resurgimiento de la cultura clásica; es una etapa en la que hay un poderoso influjo de la lengua clásica por excelencia, del latín, mucho más profundo que en otros momentos de la historia lingüística porque, ahora, asociado a una excepcional admiración hacia las lenguas clásicas, surge para el castellano un modelo normativo que preconiza y facilita la ampliación e incluso el desvío de los cauces lingüísticos ya dados. Es por ello por lo que las traducciones clásicas suponen muchas veces, más que la adaptación, la incorporación de elementos latinos al castellano. Como consecuencia inmediata de la traducción e imitación de obras clásicas, se introducen mediante préstamo o calco giros y construcciones de la lengua culta de origen, del latín, de la misma manera que en otro momento cultural se aceptan en latín calcos del griego (Coseriu 1972-77; Fehling, 1976). De esos calcos sintácticos resulta una importante consecuencia, y es que pueden dar lugar a 'anomalías', en el sentido de que producen una ruptura entre el sistema propio de la lengua receptora y los enunciados calcados, que, obviamente, no se acomodan a la gramática de la lengua receptora sino a la de la lengua de prestigio de la que proceden. Aparecen, así, fenómenos de opacidad que son ocasión para cambios ulteriores. Y es muy posible que algunos de los cambios sintácticos que se difunden en el momento del que nos ocupamos puedan tener esa explicación. Pero no se trata de los mismos cambios que hemos enunciado en la lista inicial: por ejemplo, ciertas construcciones que no salen de la lengua literaria *(como* más subjuntivo con valor causal) o determinados cambios en la oposición modal entre indicativo y subjuntivo que suponen la extensión de ese modo. Al contrario, las modificaciones que afectan a los auxiliares, a la diátesis, a los determinantes, a la impersonalidad, no se pueden vincular con el cultismo. Son cambios que venían gestándose desde mucho tiempo antes y que además no tienen paralelo alguno en latín.

Ello no quiere decir que no se deban tomar en consideración factores culturales y sociales. Evidentemente, para todo cambio lingüístico se ha de buscar una explicación finalista; tiene lugar en virtud de las necesidades o conveniencia de los hablantes. Entre la multitud de innovaciones que continuamente se suceden, el hecho de que unas se impongan, triunfen, mientras que otras no sean seleccionadas ni difundidas por los hablantes sólo puede explicarse por la conveniencia o deseo de la adopción. Igualmente hay razones culturales y sociales que explican la existencia de cambios generalizados y rápidos en un corto periodo de tiempo, mientras que en otros momentos la misma sociedad se muestra especialmente conservadora. Y, efectivamente, hay suficientes razones por las cuales podemos entender que en el siglo XV y a principios del XVI pueden generalizarse con rapidez importantes cambios lingüísticos; ya hemos señalado la renovación cultural y la introducción de la cultura clásica, que conlleva una consideración diferente de la lengua vulgar. También podríamos aducir circunstancias sociales favorables: la fuerte inestabilidad social que suponen las guerras de los Trastámara o los importantes movimientos de población que conlleva la guerra de Granada.

7. En este punto, si no resulta viable explicar la coalescencia de cambios sintácticos mediante el recurso a razones externas, ni por la repercusión de cambios fónicos, ni únicamente por razones de índole cultural, será necesario recurrir a una explicación que implique mecanismos intrasistemáticos.

Del diferente ritmo que parecen asumir los cambios gramaticales creemos que se puede conjeturar que en los procesos de cambio gramatical se dan diferentes etapas y que no todas ellas tienen ese carácter gradual, sino que algunas suceden de forma más brusca. Así se puede explicar en cierta medida la constelación de cambios que aquí estudiamos en la lengua de los siglos XV y XVI.

Se puede mantener, al menos como hipótesis, que en la transmisión de las lenguas y, por tanto, en los cambios inherentes a tal transmisión, se recrean a partir de los enunciados percibidos, dos tipos de reglas, unas básicas, generales, que permiten construir los paradigmas funcionalmente vigentes y otras accesorias que tienen por objeto reproducir enunciados anómalos. Estas últimas constituyen el componente normativo. Según se van generalizando los cambios en las primeras, el componente normativo se va haciendo más complejo y menos rentable, el conjunto de reglas es mayor, pero afecta a menos enunciados. Llega un momento en que una regla normativa se aleja tanto de las determinaciones sistemáticas y afecta a un número de entidades lingüísticas tan escaso que su memorización, su mantenimiento, es completamente antieconómico. Sencillamente se pierde. En ese momento, los textos revelan ya que el cambio parece aumentar bruscamente. El derrumbamiento de la norma elimina el vínculo entre lo antiguo y lo nuevo, y los enunciados se acomodan plenamente a unas determinaciones sistemáticas que estaban vigentes desde mucho tiempo antes, pero que no se reflejaban en su totalidad. Probablemente hay que suponer la existencia de un punto crítico, de un umbral a partir del cual ese componente normativo tan recargado se simplifica drásticamente. Las nuevas realizaciones parecen generalizarse de forma más brusca. Entonces podemos hablar de cierre sistemático.

Es muy posible que uno de estos cierres o uno de estos derrumbamientos del componente normativo tuviera lugar a partir de 1450 (por emplear la fecha que propone Eberenz) aproximadamente. Y como consecuencia de ello, cambios que habían comenzado mucho tiempo antes se generalizan, en el sentido de que desaparece un buen número de excepciones.

Si el verbo *haber* se empleaba como auxiliar de perfecto, desaparecen las excepciones por las cuales se preconiza *ser* con verbos como *morir*. Si *cantara* es un tiempo de subjuntivo, opuesto a *cante*, deja de emplearse como indicativo pluscuamperfecto (aunque luego vuelva a resurgir ese empleo). Si *haber* se ha gramaticalizado como auxiliar, no puede utilizarse con valor de posesión, etc., etc.

En definitiva, lo que se produce es una generalización de las reglas que configuran las determinaciones sistemáticas. Claro es que esta generalización, esta eliminación de anomalías, no pudo reflejarse en ese mismo instante en las variedades más conservadoras, especialmente en la lengua escrita literaria. El proceso de acogida en estas variedades formales de la lengua, es lo que configura esa etapa de inestabilidad que supone Eberenz.

BIBLIOGRAFÍA

BENZIG, J., 1931. 'Zur Geschichte von *ser* als Hilfzeitwort bei den intransitiven Verben in Spanischen', *ZRP,* 51, 385-460.

COSERIU, EUGENIO, 1972-77. 'El problema de la influencia griega sobre el latín vulgar', en *Estudios de lingüística románica* (Madrid: Gredos), pp. 264-80.

——, 1976. *Das romanische Verbalsystem* (Tubinga: Narr).

EBERENZ, ROLF, 1991. 'Castellano antiguo y español moderno: reflexiones sobre la periodización en la historia de la lengua', *RFE,* 71, 79-106.

FEHLING, D., 1976. 'Remarks on the Role of the Syntactical Calque in Standard Languages and the Similarity between Classical Greek and Latin Syntax', *FL,* 9, 73-83.

FRAGO GRACIA, JUAN ANTONIO, 1980. 'Nueva contribución a la historia del reajuste fonológico del español moderno', *Cuadernos de Filología: Studia Lingüística Hispanica,* 2 (2), 53-74.

——, 1983. 'El reajuste fonológico del español moderno en su preciso contexto histórico: sobre la evolución /š,ž/ > /x/', en *Serta philologica: homenaje a F. Lázaro Carreter,* I (Madrid: Cátedra), pp. 219-30.

——, 1985. 'De los fonemas medievales /s,z/ al interdental fricativo θ del español moderno', en *Philologica hispaniensia in honorem Manuel Alvar,* II (Madrid, Gredos), pp. 205-16.

——, 1989. '¿Sólo grietas en el edificio del reajuste fonológico?', *LEA,* 11, 125-43.

——, 1990. 'El cambio de *ge lo* a *se lo* en testimonios andaluces', *Anuario de Lingüística Hispánica,* 6, 217-24.

KÄRDE, SVEN, 1943. *Quelques manières d'exprimer l'idée d'un sujet indéterminé ou général en espagnol* (Upsala: Appelberg).

KENISTON, Hayward, 1938. *The Syntax of Castilian Prose: The Sixteenth Century,* I (Chicago: Chicago Univ. Press).

LAPESA, RAFAEL, 1961. 'Del demostrativo al artículo', *NRFH,* 15, 23-44.

——, 1966. 'El artículo como antecedente del relativo en español', en *Homenaje: Instituto de Estudios Hispánicos, Portugueses e Iberoamericanos* (La Haya: Univ. de Utrecht), pp. 287-98.

——, 1971. 'El artículo ante posesivo en castellano antiguo', en *Sprache und Geschichte: Festschrift für Harri Meier* (Munich: Fink), pp. 277-96.

MACPHERSON, IAN R., 1967. 'Past Participle Agreement in Old Spanish: Transitive Verbs', *BHS,* 6, 241-54.

MONDÉJAR, JOSÉ, 1989. 'Edición, léxico y análisis grafemático, fonético y fonológico del Ordenamiento portuario de Sevilla de 1302', en *La Corona de Aragón y las lenguas románicas: miscelánea de homenaje a G. Colón* (Tubinga: Narr), pp. 115-23.

MONGE, FÉLIX, 1955. *Las frases pronominales de sentido impersonal en español* (Zaragoza: Institución Fernando el Católico).

POUNTAIN, CHRISTOPHER J., 1985. 'Copulas, Verbs of Possession and Auxiliaries in Old Spanish: The Evidence for Structurally Interdependent Changes', *BHS,* 62, 337-55.

SCHMIDELY, J., 1978. 'De *ge lo* a *se lo*', *Cahiers de Linguistique Hispanique Médiévale,* 4, 63-70.

SEIFERT, EVA, 1930. '*Haber* y *tener* como expresiones de la posesión en español', *RFE,* 17, 233-76 y 345-89.

VENNEMANN, THEO, 1975. 'An Explanation of Drift', en *Word Order and Word Order Change,* ed. C. N. Li (Austin: University of Texas Press), pp. 269-306.

VINCENT, NIGEL, 1982. 'The Development of the Auxiliaries HABERE and ESSE in Romance', en *Studies in the Romance Verb,* ed. Nigel Vincent & Martin Harris (Londres: Croom Helm).

WRIGHT, L. O., 1932. *The 'ra' Form in Spanish* (Berkeley: Univ. of California Press).

El desarrollo de las perífrasis verbales y de la categoría 'semiauxiliar' en español

JOHN N. GREEN

University of Bradford

ENTRE LAS CUESTIONES candentes de la lingüística histórica, sigue figurando la pretendida explicación de los cambios que parecen propagarse sistemáticamente por la estructura de una lengua durante un período que se calcula en siglos o hasta en milenios. Una reorganización tipológica radical, de todo el complejo articulado morfo-semántico, como la que atravesaron las lenguas románicas, parece necesitar un mínimo de quince siglos —afirmación que presupone la capacidad de percibir la última meta de una evolución secular. Aun permitiéndonos esta presunción, dado que existan cambios de duración muy larga, y que no sean artifactuales, queda por explicar cómo se propagan de generación en generación. Como explicación, la metáfora sapiriana de la deriva tiene sus atractivos, pero carece de exactitud en la práctica. En cambio, la lingüística tipológica de los últimos veinte años, puede decirse que en su dimensión evolucionaria, naufragó en la imposibilidad de definir la noción de consistencia lingüística (Smith 1981), o por lo menos de precisar los límites de la tolerancia de los hablantes frente a un estado de inconsistencia tipológica en su lengua.

Dentro de la familia románica, que es una de las poquísimas que disponen de una documentación continua y lo suficientemente rica para permitir la reconstrucción de su trayectoria histórica, se reconoce desde hace casi dos siglos la reorganización tipológica, pero bajo los términos más tradicionales del abandono de los modos de expresión sintéticos a favor de los analíticos; y de esta manera se capta una parte de la generalización de que las señales gramaticales que en latín se encontraban al final de la palabra o de la frase, van migrando hacia el principio de su propia unidad (Harris 1980). Así que hoy indicamos el género y el número del sustantivo antes que éste (por medio del artículo), y a menudo indicamos el tiempo y el aspecto del verbo antes del lexema verbal (mediante un verbo auxiliar —categoría de muy escaso rendimiento en el latín, que ha florecido más tarde en todas las lenguas románicas). Las lenguas iberorrománicas se destacan de todas las otras por la extraordinaria riqueza de sus sistemas perifrásticos verbales (véanse Berchem 1973; Dietrich 1973, 1985a, 1985b; Dias de Costa 1976; Harre 1991; Roca Pons 1958; Rojo 1974; y Schemann 1983). En castellano, la riqueza alcanza tal punto que, en ciertos tiempos de la voz pasiva con *ser* o con *estar*, apenas si se distinguen los matices temporales o aspectuales que correspondan a las tan numerosas formas (Hohn-Berghorn 1983).

Cabe señalar un problema de definición, porque la lista de los verbos auxiliares o semiauxiliares, lo mismo que su frecuencia absoluta, varía mucho según la definición de 'perífrasis'. Por ejemplo, la Real Academia (1973, §3.12.6), fiándose en criterios históricos (cuando no se inspira directamente en la gramática de Nebrija), incluye en la clase de perífrasis de la lengua moderna las formas con *haber,* las cuales, a mi juicio, ya son tiempos compuestos, nada más, porque no se permutan con el mismo sentido con formas sencillas. En cambio, yo incluyo las formas pasivas con *ser* y *estar,* porque éstas sí alternan con varias otras manifestaciones de la idea pasiva (véase Green 1987). Además de las formas con *haber,* suelen reconocerse tres clases de perífrasis: las de verbo + infinitivo (por ejemplo *ha de hacer*), las de verbo + gerundio/participio presente *(sigue sonriendo)* y las de verbo + participio pasado *(quedó empobrecido).* Tienen en común la característica de que el primer verbo lleva el tiempo, el aspecto y a veces la modalidad de la frase entera, por lo cual lo calificamos de 'auxiliar' o de 'semiauxiliar', según su grado de desemantización (Dik 1987), o sea la pérdida de su propio contenido léxico.

Las perífrasis del tercer tipo, las cuales nos proponemos tratar de 'pasivas', se atestiguan en la lengua moderna con más de 70 (semi-) auxiliares (de Kock 1975; Green 1982). Estos verbos, y por supuesto las estructuras gramaticales en que figuran, se dividen en dos subtipos, de tamaño desigual, según su transitividad. La construcción perifrástica pasiva existe desde los primeros monumentos de la lengua, pero antes se empleaba en condiciones gramaticales algo distintas y con una extendida gama de (semi-)auxiliares parecida pero no idéntica a la moderna (Yllera 1980). La transformación parece situarse en el siglo XVI y entrelazarse con otros cambios producidos en la morfosintaxis verbal (Pountain 1985).

En otra parte (Green 1982, 120-27), ya tengo esbozada la trayectoria histórica de las perífrasis españolas, a partir del análisis de una serie de nueve textos que se extienden desde el siglo XIII hasta el nuestro: *La primera crónica general, El conde Lucanor, El Corbacho, El diálogo de las cosas ocurridas en Roma, Lazarillo de Tormes, Persiles* de Cervantes, unos ensayos de Feijoo, varios artículos de Larra, y una novela de Pío Baroja. Espero haber demostrado la existencia, desde los primeros textos, de construcciones con verbos semiauxiliares, una ligera subida de la frecuencia de tales semiauxiliares y también de las construcciones con *estar* y, a la vez, una caída bastante abrupta por parte de *ser*. En efecto, la ocurrencia de los participios pasados (y, a mi modo de ver, pasivos) conjugados con el verbo *ser*, que alcanza su apogeo en *El conde Lucanor* de *ca* 1330, con algunas perturbaciones en los siglos XVII y XVIII, sigue bajando hasta nuestro siglo —descenso que podría relacionarse con la pérdida de ese verbo como auxiliar de tiempo perfecto de verbos intransitivos. Sin embargo, y puesto que la impresión puede crearse de que casi todos los ejemplos de *ser* más participio pasado que se encuentran en el español de los siglos XIII, XIV y principios del XV, representan tiempos compuestos perfectos de verbos intransitivos, debe decirse que no es verdad, y que dentro del grupo se descubre un porcentaje bastante elevado de ejemplos de voz pasiva de verbos transitivos. De modo que el descenso no se explica únicamente por la pérdida de aquella función por parte del verbo ser. También debe haber habido algún reajuste en la expresión de la voz pasiva.

Ahora quisiera examinar más detenidamente la situación que se revela en uno de los textos ya mencionados, *El diálogo de las cosas ocurridas en Roma,* de Alfonso de Valdés. Alfonso, hermano del gramático Juan, nació *ca* 1490 en Cuenca, y conmemoró en su libro (*ca* 1530) los acontecimientos de 1527, que presenció durante sus estudios de seminarista en Roma. Este texto se sitúa en un período de ebullición lingüística muy interesante, y su forma de diálogo, aunque no ofrezca una representación fiel de la conversación cotidiana, por lo menos nos permite vislumbrar el registro convencional empleado en el debate de la época.

El texto completo, de unas 24.130 palabras, proporciona 104 ejemplos de construcciones con *ser,* 35 con *estar,* y 53 con verbos semiauxiliares, entre los cuales los más frecuentes son *tener, quedar,* y *ver.* Los otros, *andar, hallarse, ir, venir* y *dexar,* cuentan con una sola ocurrencia o con dos. La Tabla siguiente analiza el corpus según el paradigma verbal, distinguiendo dos formas no finitas (el infinitivo y el gerundio) y seis formas finitas que pasan de los tiempos imperfectivos a los perfectivos. Asimismo, la Tabla distingue las perífrasis cuya concordancia es con el sujeto gramatical (SG) de las que exigen la concordancia con el objeto (OG), indicando a su vez la animacía del sustantivo (sujeto u objeto) que rige el participio.

[SG = sujeto gramatical; OG = objeto gramatical; An = animado; In = inanimado]

Representativas de las frases construidas con *ser* son las siguientes:

(1)   Pues la Iglesia del Príncipe de los Apóstoles, y todos los otros templos e iglesias y monesterios de Roma, ¿quién os podría contar cómo *fueron tractados* y *saqueados*? Que ni quedó en ellos oro, ni quedó plata, ni quedó otra cosa de valor que todo no *fuesse* por aquellos soldados *robado* y *destruido*. ¿Y es posible que quiera Dios que sus propias iglesias *sean* ansí *tractadas* y *saqueadas*, y que las cosas a su servicio dedicadas *sean* ansí *robadas*?

(2)   Porque este buen Duque de Borbón *era* de todos tan *amado*, que cada uno dellos determinó de morir por vengar la muerte de su Capitán.

(3)   Luego más se offende Dios con la fornicación, que *es prohibida jure divino,* que en el comer de la carne, que es constitución humana.

(4)   ¡Et que agora *seamos venidos* a tan gran estremo de ceguedad, que [...] nos matemos unos con otros!

Las frases son casi exclusivamente pasivas, siendo (4) el único ejemplo del antiguo empleo de *ser* como auxiliar de aspecto perfectivo de verbos intransitivos. Nótese que la pasiva con *ser* se emplea con sujetos gramaticales animados e inanimados, y que admite sintagmas agentivos con *por* y con *de,* los cuales, a diferencia de sus homólogos modernos, pueden interponerse entre el auxiliar y el lexema verbal, aunque con motivos estilísticos bastante evidentes. También discrepa el uso de *ser* en (2) y (3), donde el idioma moderno prefiere *estar,* que, por su parte, ya figuraba en contextos imperfectivos parecidos, aunque no obligatoriamente. Típicas de las construcciones con *estar* son:

(5)   entonces *estará* la Iglesia muy *acrecentada* quanto hoviere muchos cristianos, y estonces *despojada* quando hoviere pocos.

(6)   Ya hazían todo quanto podían y no les aprovechava nada, *estando* la gente *encarniçada* en robar como *estava.*

(7)   Sé que las puertas *abiertas estavan.*

(8)   Pero no sé si miráis en una cosa: que *estáis descomulgados.*

En su semantismo, los ejemplos con *estar* se asemejan a los modernos, enfocando el estado que resulta de una acción precedente. En lo morfosintáctico, sin embargo, la relativa frecuencia de elementos interpuestos y de elipsis, como en (5) y (6), sugiere una mayor independencia de la que gozaría un verbo plenamente auxiliarizado. Muy al contrario de los ejemplos con *ser,* que por su parte ocurren en cada una de las ocho categorías verbales de la Tabla, con su mayor concentración en el pretérito, los ejemplos con *estar* se limitan a los tiempos imperfectivos, concentrándose prácticamente en dos (el presente y el imperfecto) y coligándose de preferencia con sujetos animados —lo que no difiere mucho del reparto actual, salvo que hoy en día tropezamos con algún que otro ejemplo de *estar* en el tiempo pretérito, lo mismo que ahora *ser* suele emplearse más en el tiempo perfecto de indicativo, forma que no ocurre en el *Diálogo*.

Son cinco los verbos semiauxiliares cuyo participio concuerda con el sujeto gramatical, conformándose así con el patrón de *ser* y de *estar*: tres verbos de movimiento, *andar, ir* y *venir,* uno de posición, *hallarse*, y uno de resultado, *quedar,* que sobrepasa con mucho a los otros en frecuencia. A modo de ilustración citemos:

(9)   Y seyendo éste el principal conocimiento de nuestra fe, ¿queréis vos que la cabeça della *ande* dél tan *apartada*?

(10) Si un hombre se emborracha, o juega todo el día a los naipes o a los dados, o *anda embuelto* en murmuraciones, o en mujeres o en otras semejantes vellaquerías, parécenos que no quebranta la fiesta.

(11) Como piensan la religión consistir solamente en estas cosas exteriores, viéndolas assí maltractar, paréceles que enteramente *va perdida* la fe.

(12) Y en todo ello *venís* muy mal *informado*.

Los escasos ejemplos construidos con verbos de movimiento se limitan al tiempo presente y todos se refieren a acciones o a estados esencialmente imperfectivos —contextos en que pudiera sustituirse *estar* aunque con cierta pérdida de dinamismo y de color. Obsérvese sobre todo que en las frases (9) y (11), el verbo de movimiento, que lógicamente pide un agente animado, se encuentra vinculado con un sujeto inanimado. En nuestra concepción normal, una cabeza es tan incapaz de 'andar apartada' como es la fe de 'ir perdida', y el hecho de que no rechazamos como agramaticales a tales metáforas comprueba cierto grado de gramaticalización en la estructura. Asimismo en los ejemplos (10) y (12), aunque el sujeto gramatical no peque de inanimado, el sentido concreto de *andar* y de *venir* parece subordinado a la expresión metafórica de su respectivo estado de escándalo o de ignorancia.

Como se ve en los ejemplos (13) a (16) abajo, los semiauxiliares *hallarse* y *quedar* también conservan una parte de su sentido lexical, respectivamente de posición física y de punto de descanso. En (13), el empleo de *hallarse* recalca la probable permanencia de la desafortunada situación del duque inculpado; mientras en (14), (15) y (16) *quedar* señala a la vez la terminación de una acción y sus consecuencias duraderas:

(13)   y si [el duque Francesco Esforcia] *se hallase culpado* y hoviesse de ser privado de su Estado, su Magestad prometía de no tomarlo para sí.

(14)   Viendo, pues, yo por una parte quán perjudicial sería [...] si esta cosa assí *quedasse solapada*.

(15)   se seguirían dos inconvenientes: el uno que terníamos una infinidad de ladrones, y el otro que las iglesias *quedarían despojadas*.

(16)   Los registros de la Cámara apostólica, de bullas y supplicaciones, y los de los notarios y processos *quedaron destruidos* y *quemados*.

Con trece ocurrencias, *quedar* es el más frecuente del primer grupo de semiauxiliares, extendiéndose por casi toda la gama de los tiempos perfectivos e imperfectivos, y coligándose sin preferencia evidente con sujetos animados e inanimados. A diferencia de los verbos de movimiento, *hallarse* y *quedar* no se permutan directamente con uno de los auxiliares *ser* o *estar*: en (16), sin duda a causa del pretérito, *fueron* suena mejor que *estuvieron*, pero en los otros tres, ambas substituciones son aceptables —con distintas lecturas semánticas, como es de esperar.

Pasemos ahora al segundo grupo de semiauxiliares, los cuales, en su gran mayoría, exigen dos argumentos nominales y manifiestan una concordancia del participio con el objeto gramatical. De ahí que representen la incorporación de dos estructuras a cierto nivel independientes (en el sentido de Baker 1988) o sea la 'destructuración' de una expresión difrástica (según Benucci 1990), análoga a la que sufrió el verbo *haber* durante su auxiliarización. Entre los tres semiauxiliares de esta clase atestiguados en nuestro texto, *dexar* y *ver* se comportan como transitivos, y sólo *tener* admite raras construcciones absolutas a modo de *tengo dicho* o *tenía determinado*. Citemos:

(17)   A todos los animales dió la natura armas para que se pudiessen defender y con que podiessen ofender; a solo el hombre [...] *dexó desarmado*.

(18)   Si no queréis salir, *dexaros he encerrados*.

(19)   porque [el Emperador] *tenía tomado* y *usurpado* el Estado de Milán, despojando dél al duque Francisco Esforcia.

(20)   Si el Papa guardara la liga que *tenía hecha* con el Emperador, [...] no amenazara su exército de venir sobre las tierras de la Iglesia.

(21)   El Emperador, como os *tengo dicho*, es muy buen cristiano y prudente.

(22)   ¡quántas ciudades *vemos destruidas*, quántos lugares y edificios *quemados* y *despoblados*, quántas viñas y huertas *taladas*, quántos cavalleros, ciudadanos y labradores *venidos* en suma pobreza!

(23)   ¿Qué merecían aquellas mujeres, porque deviessen morir con tanto dolor, y *versse abiertos* sus vientres, e sus hijos gemir en los assadores?

En los 35 ejemplos de este grupo, el sujeto gramatical es invariablemente animado, mientras que hay una preponderancia de casi tres por uno a favor de los objetos inanimados. Nótese también en la Tabla que *tener* abunda en los tiempos imperfectivos sin por eso manifestarse en los perfectivos, mientras *dexar* y *ver,* aunque mucho menos frecuentes, se reparten entre los dos. Esta diferencia corrobora otra que ponen de relieve las frases citadas: mientras que *dexar* y *ver* parecen conservar casi todo su sentido concreto en la unión con la cláusula pequeña, *tener* apenas si sirve para recalcar la idea de la posesión física —tal lectura es posible pero no obligatoria en (19), dudosa en (20), e imposible en (21). Por consiguiente, nos inclinamos a la opinión de que en el siglo XVI *tener* había alcanzado (o sufrido) un mayor grado de gramaticalización que los otros verbos semiauxiliares.

¿Qué conclusiones debemos sacar de lo precedente? Las perífrasis verbales construidas con lo que califico de 'verbo semiauxiliar' forman parte de la lengua desde los primeros monumentos, donde no parecen ser una innovación reciente. No logramos poner fecha a su origen, pero sí sabemos que apenas si existían en el latín, de modo que deben representar una innovación románica. Su función como un subtipo de la voz pasiva ha encauzado un proceso de gramaticalización que ha exigido, en sus aspectos sintácticos, la restructuración de la expresión difrástica para formar una unidad unifrástica, y en los léxicos, la desemantización por medio de la metáfora del futuro semiauxiliar. El hecho de que, en castellano, el proceso de gramaticalización se detuvo cuando sólo una pequeña parte del camino estaba recorrida, junto con la gramaticalización incompleta del verbo *tener* (a diferencia del gallego-portugués) dota al castellano de una gama de variantes perifrásticas más amplia que en ninguna otra lengua románica. La construcción con *tener,* como lo confirma Harre (1991), se mantiene viva, pero difiere en su aceptabilidad según la región, el estado socioeconómico del hablante y el contexto gramatical. Hoy en día, sólo es aceptable la construcción *tener* + verbo intransitivo (como en *tengo ido*) para una minoría de hispanohablantes, procedentes del norte del país.

Aparte de *haber,* que se ha gramaticalizado por completo en español, y de *ser, estar* y *tener,* los verbos que se prestan al proceso de auxiliarización pertenecen todos a un juego muy pequeño de campos semánticos: esencialmente los de la posición física, del movimiento, o de la duración (que puede considerarse como un tipo de movimiento temporal). Son los mismos que enfocó Stengaard en su brillante estudio de los verbos STĀRE, SEDĒRE y IACĒRE (1991). El empleo de tales verbos permite hacer hincapié en el proceso que sufre el sujeto del verbo lexical o en lo duradero del resultado. Estos sentidos sí existen en los auxiliares de pasiva *ser* y *estar,* pero los semiauxiliares contribuyen algo más: un matiz dinámico, más vivo. Además, mientras que los verbos *ser* y *estar* van especializándose en su función aspectual —de modo que *ser* se encuentre sólo en los tiempos perfectivos y *estar* en los imperfectivos— los semiauxiliares, y sobre todo *quedar,* ofrecen una gama más extendida y, a veces, la posibilidad de un ligero choque entre lo esperado y lo inesperado. En nuestro estudio, son los verbos de movimiento los que parecen haberse gramaticalizado a un nivel más elevado, resultado que concuerda más bien que mal con un artículo reciente de Lichtenberk (1991) que supone una tendencia universal para que el verbo *ir* se gramaticalice en indicador de futuro, *volver* en reflexivo, y *venir* en pasivo/agentivo.

Queda el problema de la periodización planteado por Eberenz (1991) y abarcado en varias de las ponencias onubenses (véase el artículo de Emilio Ridruejo, en este volumen). Huelga decir que mis datos apoyan la tesis de Eberenz, y que varios cambios importantes deben situarse en su 'español medio'. Aparte de la substitución léxica de *quedar* por *ficar* que se verificó a fines del período antiguo, los cambios que hemos presentado —sobre todo la interrupción del proceso de gramaticalización del verbo *tener,* y el reajuste considerable de las funciones aspectuales de los auxiliares de voz pasiva, así como el reajuste definitivo de la pasiva refleja (que pierde su sentido de pasiva con sujetos humanos, al mismo tiempo que se extiende rápidamente en el campo de las construcciones impersonales)— todas estas señales de ebullición o se sitúan o se concluyen en el período medio de Eberenz. Así que el español moderno es una invención más reciente de lo que habíamos pensado.

BIBLIOGRAFÍA

BAKER, MARK C., 1988. *Incorporation: A Theory of Grammatical Function Changing* (Chicago: University Press).

BENUCCI, FRANCO, 1990. *Destrutturazione: Classi verbali e costruzioni perifrastiche nelle lingue romanze antiche e moderne* (Padua: Unipress).

BERCHEM, THEODOR, 1973. *Studien zum Funktionswandel bei Auxiliaren und Semi-Auxiliaren in den romanischen Sprachen* (Tübingen: Niemeyer).

DIETRICH, WOLF, 1973. *Der periphrastische Verbalaspekt in den romanischen Sprachen,* Beihefte zur *Zeitschrift für romanische Philologie,* 140 (Tubinga: Niemeyer).

——, 1985a. 'La Fonction des périphrases «modales» dans les langues romanes', en *Actes du XVIIe Congrès International de Linguistique et Philologie Romanes,* II (Aix-en-Provence: Université de Provence), 2, 477-89.

——, 1985b. 'Die Entwicklung der aspektuellen Verbalperiphrasen im Italienischen und Spanischen', *RF,* 97, 197-225.

DIAS DA COSTA, ALBANO, 1976. 'Periphrastic Verbal Expressions in Portuguese', en *Readings in Portuguese Linguistics,* ed. Jürgen Schmidt-Radefeldt (Amsterdam: North Holland), pp. 187-243.

DIK, SIMON C., 1987. 'Copula Auxiliarization: How and Why?', en Harris & Ramat, pp. 53-84.

EBERENZ, ROLF, 1991. 'Castellano antiguo y español moderno: reflexiones sobre la periodización en la historia de la lengua', *RFE,* 71, 79-106.

GREEN, JOHN N., 1982. 'The Status of the Romance Auxiliaries of Voice', en *Studies in the Romance Verb,* ed. Nigel Vincent & Martin Harris (Londres: Croom Helm), pp. 97-138.

——, 1987. 'The Evolution of Romance Auxiliaries: Criteria and Chronology', en Harris & Ramat, pp. 257-67.

HARRE, CATHERINE E., 1991. *TENER + Past Participle: A Case Study in Linguistic Description* (Londres: Routledge).

HARRIS, MARTIN, 1980. 'Noun Phrases and Verb Phrases in Romance', *TPS,* 78, 62-80.

HARRIS, MARTIN, & PAOLO RAMAT, ed., 1987. *Historical Development of Auxiliaries* (Berlín: Mouton de Gruyter).

HOHN-BERGHORN, MARÍA, 1983. *Periphrastische Passivkonstruktionen im geschriebenen Spanisch der Gegenwart* (Würzburg: Fachbereich Philologie).

KOCK, JOSSE DE, 1975. 'Pour une nouvelle définition de la notion d'auxiliarité', *La Linguistique,* 11.2, 81-92.

LICHTENBERK, FRANTISEK, 1991. 'Semantic Change and Heterosemy in Grammaticalization', *Language,* 67, 475-509.

POUNTAIN, CHRISTOPHER J., 1985. 'Copulas, Verbs of Possession and Auxiliaries in Old Spanish: The Evidence for Structurally Interdependent Changes', *BHS,* 62, 337-55.

REAL ACADEMIA ESPAÑOLA, 1973. *Esbozo de una nueva gramática de la lengua* española (Madrid: Espasa-Calpe).

ROCA PONS, JOSÉ, 1958. *Estudios sobre perífrasis verbales del español, RFE* anejo 67 (Madrid: CSIC).

ROJO, GUILLERMO, 1974. *Perífrasis verbales en el gallego actual,* Verba anejo 2 (Santiago de Compostela: Univ.).

SCHEMANN, HANS, 1983. *Die portugiesischen Verbalperiphrasen: Corpus und Analyse* (Tübingen: Niemeyer).

SMITH, NEIL V., 1981, 'Consistency, Markedness and Language Change: On the Notion "Consistent Language"', *Journal of Linguistics,* 17, 39-54.

STENGAARD, BIRTE, 1991. *Vida y muerte de un campo semántico: un estudio de la evolución semántica de los verbos latinos STARE, SEDERE e IACERE del latín al romance del s. XIII,* Beihefte zur *Zeitschrift für Romanische Philologie,* 234 (Tubinga: Niemeyer).

YLLERA, ALICIA, 1980. *Sintaxis histórica del verbo español: las perífrasis medievales* (Zaragoza: Univ.).

Su casa de Juan: estructura y evolución de la duplicación posesiva en español

CONCEPCIÓN COMPANY COMPANY

Universidad Nacional Autónoma de México

EN TRES DIMENSIONES fundamentales de la lengua, posesión, valencia y locación,[1] el español documenta abundantemente, desde los orígenes hasta hoy, fenómenos de duplicación sintáctica, entendida como la posibilidad de marcar en dos lugares de una oración una misma función sintáctica.

(1) Que crouiesse *sos nuevas de mio Çid* que auie algo (*Cid*, 1791).
Que aun algo sé yo deste mal, por mi pecado, que cada una se tiene su madre y *sus çoçobras della* (*Celestina*, 133.VII.65).
Mi papá tiene magueyes y él mismo rasca tres o cuatro todos los años para *su pulque de ellos* (español de México).

(2) Con Dios *aquesta lid* yo *la* he de arrancar (*Cid*, 1656).
Yo quise*lo todo* y assi me padezco el trabajo de su ausencia y el enojo de tu presencia (*Celestina*, 60.II.23).
E el non *ge*lo gradeçe si non *a Ihesu Christo* (*Cid*, 1624).

(3) Quedas sed, mesnadas, *aqui en este lugar* (*Cid*, 702).
Que *en el castiello* non *i* avrie morada (*Cid*, 525).
Aquí en México la temperatura promedio es de veintidós grados (español de México, noticiario televisivo).

Es más, la duplicación sintáctica constituye, a mi modo de ver, un hilo conductor que permea la sintaxis del español, pues no debe ser simple casualidad que una misma estrategia reduplicativa se mani-

---

1. Estas tres áreas han sido señaladas por algunos enfoques cognoscitivos como dimensiones básicas del lenguaje humano. Véanse Seiler 1983, 1990 y Langacker en prensa.

fieste en otros ámbitos además de los arriba señalados, tales como negación o reflexividad, entre otros.[2]

Surge una pregunta ante la recurrencia del fenómeno: ¿cuál es la motivación funcional de este tipo de estrategias reforzadoras? En este trabajo intentaré contestar esta pregunta en lo que concierne a la dimensión de posesión. Su objetivo es analizar qué caracteriza y qué motiva la aparición de duplicaciones posesivas en el español, así como rastrear si este tipo de sintagmas ha experimentado algún cambio en la historia de esta lengua.

Los materiales que constituyen la base de la investigación son cuatro textos: uno corresponde al momento de los primeros contactos entre España y América, *Celestina*, y tres son recopilaciones del habla actual en sus modalidades mexicana y peninsular. A modo de corpus de control he incorporado también documentos de archivo de los siglos XVI y XVII pertenecientes al español colonial de México. Para las ediciones respectivas véase el corpus bibliográfico final. Una buena parte del corpus la constituyen asimismo muestras de habla espontánea recabadas en la Ciudad de México en los últimos meses.

Para llevar a cabo el análisis he comparado en una lectura exhaustiva de los textos las frases nominales (FNs) introducidas por la forma *su(s)* con las FNs que además del posesivo tienen una frase prepositiva (FP) introducida por *de*, cuyo término funciona como poseedor de *su* y éste y aquél son correferentes: *SU*+N vs. *SU*+N+FP. Llamaré a estas dos construcciones posesión nominal simple y posesión nominal duplicada, respectivamente.

La posesión nominal duplicada ha merecido dos tratamientos en la literatura, bien en términos de redundancia o bien en términos de ambigüedad. Se trata de una construcción pleonástica (Fernández Ramírez 1987, 86; Cuervo 1886-1893, 781; Meyer Lübke 1890-1906, 92-93), o es una estructura motivada por la opacidad referencial de *su(s)* (tanto *de él-ellos*, *de él-ella* como *de él-usted*) (Gili Gaya 1961, 240; RAE 1973, 428; Keniston 1937, 244; Kany 1945, 47, Penny 1991, 128). Con frecuencia ambos criterios van de la mano (Menéndez Pidal 1944, 326; Cano 1988, 142).

---

2. Los distintos tipos de duplicación tienen rasgos comunes. Por ejemplo, siempre es una relación binaria en donde los dos indicadores de la función son correferenciales. También uno de los lugares está ocupado por un constituyente con estructura de frase y, como tal, goza de movilidad posicional, mientras que el otro componente de la duplicación es un clítico o una partícula que guarda una posición fija o casi fija.

La explicación en términos de pleonasmo me parece un tanto incorrecta, pues sería de esperar que los recursos de relevancia expresiva se dieran con cualquier persona gramatical y preferentemente con entidades gramaticales próximas al YO, es decir, con primera y segunda persona. La duplicación posesiva, en cambio, se documenta sobre todo en tercera persona (93%) y más esporádicamente con segunda persona de respeto (7%), la cual, de alguna manera, puede considerarse una segunda persona distanciada, próxima a tercera.

La explicación como una estructura motivada por la ambigüedad de *su* es esencialmente correcta, pero a mi modo de ver insuficiente. Si la presencia del poseedor estuviera motivada nada más por la vaguedad referencial de *su*, no se explica por qué la construcción simple ha sido y sigue siendo con mucho la más frecuente, y por qué sólo cierto tipo de sustantivos poseídos requiere de tal desambiguación; *su* es igual de opaco en *su capítulo* o *su cuchillo* en cuanto a rasgos del poseedor, pero **su capítulo del libro* es inaceptable, mientras que *su cuchillo de Juan* es una duplicación posible.

Lo que cabría esperar, a mi parecer, es que construcciones formales diferentes, como son los dos esquemas aquí analizados, tengan comportamientos gramaticales diferentes, los cuales, a su vez, serán consecuencia de distinciones semánticas subyacentes. Con esto en mente pasemos a los datos.

1. LOS DATOS Y SU ANÁLISIS

La duplicación posesiva es, en términos generales, con respecto a la posesión simple, una estructura muy marcada, tanto por su escasa

Cuadro 1

	Posesión duplicada	*Posesión simple*
Celestina	4%	96%
Madrid	0% (0.38%: 1 caso)	100% (99.62%)
México habla culta	3%	97%
México habla popular	7%	93%
Promedio México	5%	95%
DLNE	3%	97%

frecuencia de empleo en los cinco siglos que abarca el corpus (véase cuadro 1), cuanto por las restricciones léxicas y distribucionales que muestra.

De los números anteriores se desprenden dos hechos. En primer lugar la doble posesión nominal se mantiene vigente en el español medieval y en el español de México, colonial y contemporáneo, mientras que prácticamente ha desaparecido del español peninsular, al menos en su modalidad castellana.

En segundo lugar esta estructura no parece haber sufrido cambios cuantitativos importantes desde el siglo XV hasta la fecha; su empleo era antes casi tan poco frecuente como ahora, si bien parece que se está volviendo algo más productiva en el habla popular de México. Los 94 casos documentados en los últimos cuatro meses sin necesidad de elicitación hacia ello apuntan.

Debemos concluir entonces que el español de México es, al menos en esta zona de la gramática, más conservador —que no más arcaico— que el español peninsular, ya que ha mantenido sin interrupción este esquema desde el español medieval.[3]

En cuanto a la referencia de *su(s)*, ésta en la construcción posesiva simple es mayoritariamente anafórica, tanto en el español del siglo XV como en el actual, si bien en el español de México se ha producido un ligerísimo incremento de referencias catafóricas (véase cuadro 2), lo cual está relacionado, según creo, con la mayor productividad de la doble posesión en este dialecto. Volveré sobre este punto.

Cuadro 2: construcción posesiva simple

	Referencia anafórica	*Referencia catafórica*
Celestina	99%	1%
Madrid	100%	0%
México	97%	3%

3. Se ha mantenido también en otros dialectos del español americano (Kany 1945, 47; Quesada 1990, 73). Curiosamente el editor de *Celestina*, venezolano, utiliza cinco duplicaciones posesivas en comentarios al texto, y aún repone, sin base en las ediciones castellanas, tres duplicaciones: 204.XII.43, 231.XIV.22 y 258.XX.25. Estos casos no fueron tomados en cuenta. Podemos inferir que en el español de Venezuela esta duplicación no está estigmatizada, como lo está en México.

(4) Referencia anafórica:

Llegate aca, putico, que no sabes nada del mundo ni de *sus deleites* (*Celestina*, 43.I.129).

Siempre la juventud ha estado en contraposición con *sus padres* (*Habla Madrid*, 169).

Está en un proceso de formación ¿verdad? ya como país desarrollado [...] pues *su industrialización* ya es bastante fuerte (*México habla culta*, 35).

Pero si ellos quieren buscar *su porvenir* en otro lado, que lo hagan (*México habla popular*, 134).

(5) Referencia catafórica:

Aquel atento escuchar de Celestina da materia de alargar en *su razón a nuestro amo* (*Celestina*, 116.VI.63) .

¿No oiste dezir: dormieron *su sueño los varones de las riquezas* (*Celestina*, 81.IV.38).

Y estando en *su casa esta declarante* el viernes en la noche, serian como a las ocho (*DLNE*, 1686, No. 146).

No sé si se llevó *su mochila José Antonio* (español México).

Ya había dejado *sus milpas mi papá* sembradas allá (*México habla popular*, 201).

Lo normal es que el poseedor aparezca explícito —ya sea con estructura de frase, ya un clítico, o incluso un morfema verbal de persona indicador de un sujeto expresado con anterioridad— y muy próximo al posesivo, bien en la predicación inmediata anterior, bien en un constituyente de la misma oración donde *su* forma sintagma (83%; el 100% lo constituye el total de posesivos anafóricos documentados en todos los textos). Denomino a este tipo de cohesión referencial 'deixis de distancia mínima'.[4] Podemos establecer

4. El problema es algo más complejo de lo que aquí expongo. En una investigación más amplia sobre duplicación posesiva he podido observar que la deixis de distancia mínima está también en relación con el tipo de oración, subordinada o no, en que se encuentre el referente, y de las características léxicas de éste. Por ejemplo, si en la predicación inmediata anterior aparecen varios constituyentes candidatos a constituirse en poseedores, unos con el rasgo [+humano] y otros [-humano], la regla de distancia mínima se transgrede y la referencia se ancla en el constituyente [+humano] más próximo: 'lee los istoriales, estudia los filósofos, mira los poetas. Llenos están los libros de *sus viles y malos enxemplos*' (*Celestina*, 25.I.43). Esto se debe a que los seres humanos se identifican como propietarios más fácilmente que otras entidades; se puede decir que el prototipo de poseedor son las personas.

la siguiente regla de referencia, aplicable a todos los períodos analizados:

(6) La referencia de *su* se ancla en el constituyente idóneo más próximo al posesivo.

El hecho de que lo normal sea que el poseedor aparezca casi siempre explicitado resuelve en buena medida la polisemia referencial de *su* y nos obliga aún más a buscar una explicación para el empleo de la construcción posesiva duplicada.

En la doble posesión nominal el orden es siempre *poseído-poseedor* y, por lo tanto, la referencia siempre es catafórica.

> Aparejaos a lo que os viniere, que *en su boca de Celestina* está agora aposentado el alivio o pena de mi coraçón (*Celestina,* 101.V.20).
> Este padre a rebelado una confisión a una mujer que fue de Po. Matheos, que de pena del riesgo no la matase su marido, murio. Esto declarará *su madre della* (*DLNE,* 1630, No. 108).
> Y mi papá, como era tan delicado, no quiso que mi mamá viniera. Después mandó *a su hermana de él* y le dicen alli ¿es *su mamá de la niña*? Dice: 'No —dice— soy su tía' (*México habla popular,* 199).

La duplicación posesiva muestra restricciones léxicas tanto en el sustantivo poseído como en el poseedor, constantes en todos los textos analizados. Veamos.

Por lo que respecta al sustantivo poseído, sólo ciertos ítems pueden entrar en una construcción posesiva duplicada: aquéllos que se encuentran perceptivamente en un dominio muy cercano al poseedor y con los cuales éste establece una relación de proximidad y de inherencia, mayoritariamente términos de parentesco (78%), también entidades culturales de empleo cotidiano, partes del cuerpo, etc. La naturaleza eminentemente relacional de estas voces los hace candidatos ideales a ser identificados en relación a otra persona: el poseedor.

> Que en començando yo a vender y poner en precio mi hilado, fue *su madre de Melibea* llamada para que fuese a visitar a una hermana suya enferma *(Celestina,* 108.VI.21).
> Quando pase por alli esta flota, yo le escrivo muy largo y le encomiendo *sus cosas de v.m.*, acerca de dalle lo necesario para su abjamjento *(DLNE,* 1573, No. 43).
> En de eso me llevaron ellas pa su casa [...]. Me durmieron allí, *en*

su cama de ellas, y ya luego [...], a otro día en la mañana, ya estaban tocando *(México habla popular,* 199).

¡Mira, *sus nuevos aviones de Aeroméxico!* ¡Qué bárbaro ya tienen airbus! (español México).

¿Está por ahí *su capa de mi hija?* (español México).

Normalmente son sustantivos concretos y de preferencia humanos, pero de hecho la restricción léxica de poseídos en la duplicación posesiva no se establece tanto en términos semánticos de 'abstracto-masa-concreto-animado, etc.', sino en términos de 'proximidad-inherencia-importancia' vs. 'no proximidad-no inherencia-no importancia' para el poseedor. Los sustantivos abstractos también pueden ser poseídos, pero están actualizados en el texto como inherentes al dominio del poseedor.

¡O, ermano, qué te contaría *de sus gracias de aquella muger,* de su habla y hermosura de cuerpo! *(Celestina,* 150.VIII.24).

Miré a donde la mayor parte acostava, y hallé que querían que se alargase en el processo *de su deleite destos amantes (Celestina,* Prólogo, 13).

El perfil del mexicano [...] Es una cosa muy bonita. Pero es [...] ahí se describe *su forma de ser del mexicano (México habla culta,* 206).

Es lo que yo digo, si defender *su derecho de cada uno* es ser político, entonces yo soy político (español México).

El carácter inherente del sustantivo poseído en las duplicaciones posesivas se refuerza con el tipo de modificadores que admiten estas FNs. A diferencia de la FN posesiva simple que admite las posiciones relativas de cualquier FN (Company 1992, 43ss), la FN posesiva duplicada tiene un alto grado de cohesión y por lo regular sólo presenta el posesivo y la FP-poseedora (84%). Cuando lleva algún modificador antepuesto son adjetivos de carácter identitivo como *propio, mero, dicho, mismo,* los cuales estrechan aún más la relación entre poseído y poseedor.

Y agora cuatro años poco más o menos, tube io notisias, i *de su misma boca de dicho padre,* cómo su probinsial le abia quitado *(DLNE,* 1692, No.162).

—Ahora no está el cadáver. —¡Cómo no! si la apuñalearon *con su mero cuchillo de ella* (español México).

Bueno eso se da [...] *su propio idioma de uno* lo habla incorrectamente *(México habla culta,* 426).

Las restricciones léxicas en el poseído y el carácter de inherencia se mantienen constantes en todos los textos, si bien el español mexicano parece haber restringido aún más el tipo de sustantivos poseídos capaces de establecer una relación de inherencia con el poseedor. Como puede verse en el cuadro 3 los sustantivos abstractos han disminuido considerablemente y han aumentado los humanos, aunque pudiera ser que estas diferencias reflejen no tanto un cambio lingüístico, sino una distinción entre lengua escrita y lengua hablada.

Cuadro 3

	abstractos	masa	concretos −humano	humanos
Celestina	62%	8%	13%	17%
México	34%	7%	18%	41%

La posesión simple, por el contrario, puede aplicarse a todo tipo de entidades, inherentes y no inherentes, capaces de entrar en nuestro mundo en una relación de posesión. Es indiferente con respecto a la proximidad en el dominio del poseedor y es, por lo tanto, no marcada con respecto a la duplicación posesiva.

Las características de los sustantivos poseídos por sí solas no definen, sin embargo, una duplicación posesiva. Se requieren también ciertas características del poseedor.

Normalmente los seres idóneos para constituirse en poseedores-propietarios son los seres humanos, y por esta razón el sustantivo poseedor, tanto en la posesión simple como en la duplicada, es mayoritariamente [+humano]. Pueden ser no humanos, pero siempre son entidades conocidas —incluso genéricas en la posesión simple— para hablante y oyente, de ahí que tengan características de tópico.[5] Lo interesante es que los poseedores en la construcción posesiva duplicada además de humanos son altamente determinados; esto es, preferentemente nombres propios o pronombres (véase cuadro 4), y cuando son sustantivos comunes siempre son +determinados y en todos

5. En la construcción duplicada aumentan ligeramente los sustantivos [+humano]: 84% poseedores humanos en posesión simple tanto en *Celestina* como en México, vs. 87% y 93%, respectivamente, en posesión doble. Por otra parte, el carácter de tópico parece ser un rasgo universal del poseedor. Véanse Ultan 1978, 29; Seiler 1983, 56 y 69; Givón 1984, 221.

los casos están especificados por algún determinante, lo cual es lógico porque lo determinado sugiere proximidad, inherencia, y está acorde con el tipo de construcción.

Cuadro 4

	N-propio	Pronombre	N-común+determinado
Celestina	50%	21%	29%
México	34%	39%	27%
DLNE	18%	47%	35%

Estos datos nos indican que el poseedor en la duplicación posesiva es mucho más marcado en cuanto a determinación que el poseedor en la posesión simple.

> ¿Parece que conoces tú a Areusa, *su prima de Elicia*? (*Celestina*, 149.VIII.20).
> Que en toda esta noche ella ni yo no avemos dormido sueño, de pesar. No por *su valor de la cadena*, pero por *su mal cobro della* (*Celestina*, 213.XII.83).
> Y le pareçe aver sido esta narracion a la puerta de *su casa désta* (*DLNE*, 1621, No. 86).
> Hay alimentos especiales. *Su alimento de los pandas* es sobre todo manzanas y bambú (español México: se refiere a los pandas del zoológico de la ciudad).
> Bueno, no yo, se supone que Tomás es *su tutor de esta chava* (español México).

Como indican los ejemplos anteriores la duplicación posesiva rechaza poseedores genéricos como: 'En el siglo XIX, *cultura* es la actividad del espíritu y *sus cumbres* son la erudición clásica, la veneración [...]' (español México, conferencia).

Es más, el rasgo +determinación es definitorio de la construcción duplicada. Aún cuando el poseído sea capaz de entablar una relación de inherencia con el poseedor, si éste no es altamente determinado, la construcción no es una posesión doble, sino que la FP es un adnominal especificativo. Así, en los siguientes ejemplos si al término de la FP se le añade un determinante, ésta pasa automáticamente a ser un poseedor. Observemos el contraste en los siguientes ejemplos:

Cuando tenía que pronunciar algún discurso, por ejemplo, como en *su carácter de rector*, le pasaba esto *(México habla culta,* 59) vs. **su carácter del rector.*

Pues cuando vivía en *su departamento de soltero* no le faltaba nada (español México) vs. **su departamento del soltero.*

Con el objeto de irse poco a poco [...] digo, de no agotar *sus vetas de petróleo*, pues no tendría caso de explotarlos *(México habla culta,* 41) vs. **sus vetas del petróleo.*

Es posible resumir todo lo anterior en una regla: se admite una construcción posesiva duplicada cuando lo poseído es una entidad inherente al dominio del poseedor y éste es altamente determinado.

La pregunta que surge ahora es: ¿cuál es la motivación para emplear este tipo tan marcado de posesión?

2. EL CAMBIO Y SU EXPLICACIÓN

En los textos analizados la duplicación posesiva aparece en dos tipos de contextos, uno motivador y otro no motivador.

2.1. En el primero, en un contexto próximo siempre hay varios constituyentes candidatos posibles a constituirse en poseedores de la entidad introducida por *su*. Si no se aclara el poseedor, por el principio de deíxis de distancia mínima señalado en (6) la referencia se anclaría en el constituyente anterior o posterior inmediato. El único ejemplo del habla de Madrid encaja en este rubro.

Nunca te oi dezir mejor cosa. Mucha sospecha me pone el presto conceder de aquella señora y venir tan aína *en todo su querer de Celestina (Celestina,* 192.XI.21).

Allí conocisteis a Wells [...]. —Sí, y a Bernard Shaw. Sí, en Wells estuvimos pasando una semana *en su casa, de Wells (Madrid,* 284).

Y de aquí se me sigue ignominia en lugar de honrra, pues llegó el clérigo de estas minas de esa ciudad *con su carta de v.md. (DLNE,* 1629, No. 98).

Luego el mismo día, o el siguiente, aviendo llegado *a su casa désta* don Diego de Varahona *(DLNE,* 1621, No. 86).

Y la gente no entiende que *su vida de los animales* es generalmente muy corta (español México).

Si en las FNs anteriores eliminamos las FPs, los poseedores automáticamente serían *aquella señora*, *Bernard Shaw*, *el clérigo*, *don Diego de Varahona* y *la gente*. La duplicación posesiva está motivada en efecto por ambigüedad, pero por una ambigüedad contextual. Denomino a este contexto motivador 'duplicación por conflicto de participantes en el evento'.

2.2. En los casos no motivados la duplicación sigue siendo una relación posesiva de inherencia, pero no hay otros participantes en el contexto. Puede, incluso, haberse nombrado antes al poseedor y puede también ocupar una posición inicial absoluta.

> Vi que no tenía *su firma del autor*, el cual según algunos dizen fue Juan de Mena y según otros Rodrigo Cota *(Celestina,* Carta, 3).
> *Sus papás de Maru* vivían cerca del deportivo Chapultepec (español México).
> Entonces está como *su tío de Manuel* que dice que está pobrecito y cuando es hora de sacarse el grano tiene que levantar sesenta hectáreas (español México).
> ¿Qué crees, mamá?, que en *su casa de Claudia* comen el pozole con aguacate (español México).

Lo importante es que en la historia del español se produjo un cambio lingüístico consistente en la generalización de las duplicaciones posesivas no motivadas por conflicto de participantes a expensas de las motivadas. Como puede verse en el cuadro 5, es notorio el incremento de las segundas en el español actual de México.

Cuadro 5

	Sí conflicto de participantes	*No conflicto de participantes*
Celestina	79%	21%
DLNE	82%	18%
México	33%	67%

Los datos sugieren que se trata de un proceso de gramaticalización mediante el cual la duplicación posesiva ha perdido motivación semántica, pasando de ser una duplicación discursiva a ser una duplicación sintáctica.

La causa de este cambio lingüístico es, a mi parecer, la aminoración de la autonomía referencial de *su*, por la cual éste requiere integrar el poseedor en su misma frase, contrayendo con él una relación de obligatoriedad sintáctica. El cambio comenzó en sintagmas donde la presencia del poseedor estaba motivada semánticamente: posesión inherente.

Este proceso de gramaticalización se ve apoyado por varios hechos. En primer lugar, en todas las etapas del español es posible documentar construcciones posesivas donde el poseedor aparece en forma de tópico y lo poseído es el comentario. Gracias a la presencia del poseedor, *su* podía debilitar parte de su carga referencial.

> En aquel dia *del rey so huesped* fue *(Cid,* 2057).
> *Del roy, el su mandado* (Berceo, *Silos*, 744, apud Meyer-Lübke 1890-1906).
> *De San Pedro, su cantar*; *de Tequila, su mezcal* (versos de una popular canción mexicana).

En segundo lugar, allí donde es viable confrontar diversos manuscritos de un mismo texto antiguo, es posible observar que el artículo y el posesivo se intercambian, o que el posesivo alterna con su ausencia, lo cual nos indica que el posesivo es funcionalmente equivalente a un determinante, y que su significado estaba degradado.[6] Por ejemplo en *Celestina*: 'Procuremos provecho mientra pendiere *la contienda*' (65.III.10), variante ediciones GHKILN: *su contienda*; 'Y assi verná cada uno a él con *su pleito*' (65.III.12), variante ediciones FJMGHKILN: *con pleito*.

Por otra parte, el incremento de posesivos catafóricos (ejemplos en 5) está estrechamente relacionado, desde mi punto de vista, con la gramaticalización de la duplicación posesiva en el español de México: la posposición del poseedor puede entenderse como una etapa previa a la integración de éste en la misma FN. Ambos fenómenos son parte de un mismo proceso.

Creo que se trata de una manifestación más de un cambio global y muy antiguo del español consistente en la integración de *su* a la clase de 'determinantes' (Company 1992, 70-82), mediante el cual el posesivo perdió su capacidad combinatoria con el artículo —hoy son agramaticales sintagmas medievales como *las sus fijas*— y se

---

6. Esta equivalencia funcional fue señalada hace años por Cuervo (1886-93, 782) y por Menéndez Pidal (1944, 326).

aproxima cada vez más a un determinante cercano a un artículo. Esta cercanía se manifiesta de modo notorio en las duplicaciones posesivas porque en ellas *su* puede degradar su significado gracias a la presencia del poseedor y al alto grado de determinación de esos sintagmas.

3. Conclusiones

En el análisis de la duplicación posesiva hemos podido ver que forma y significado van de la mano: el comportamiento sintáctico peculiar de la doble posesión es reflejo de sus características semánticas, a saber el carácter inherente de la relación entre poseído y poseedor.

Hemos visto también que parece haberse invertido el peso entre sintaxis y semántica: en el siglo xv y en el español de la Nueva España pesaban más para su empleo las consideraciones de carácter semántico-pragmático y hoy esta construcción se está gramaticalizando, está perdiendo motivación contextual.

Inicié esta comunicación señalando la naturaleza conservadora del español de México. Pues bien, concluiré apuntando el carácter innovador de esta modalidad del español americano, pues partiendo del uso medieval ha reestructurado y revitalizado el empleo de las duplicaciones posesivas, manifestando con ellas formalmente la distinción entre posesión alienable e inalienable en la lengua.

BIBLIOGRAFÍA

A) Corpus estudiado

Cantar de mio Cid, ed. paleográfica de R. Menéndez Pidal, tomo III de *Cantar de mio Cid: texto, gramática y vocabulario*, 2.ª ed. (Madrid: Espasa-Calpe, 1944).

Fernando de Rojas, *Celestina: Tragicomedia de Calisto y Melibea*, ed. Miguel Marciales, 2 tomos (Urbana: Univ. of Illinois Press, 1985).

El habla de la ciudad de Madrid: materiales para su estudio, ed. M. Esgueva & M. Cantarero (Madrid: CSIC, 1981).

El habla de la Ciudad de México: materiales para su estudio, ed. Juan M. Lope Blanch (México: Univ. Nacional Autónoma de México, 1971).

El habla popular de la Ciudad de México: materiales para su estudio, ed. Juan M. Lope Blanch (México: Univ. Nacional Autónoma de México, 1976).

Documentos lingüísticos de la Nueva España (1525-1818): materiales centroaltiplano, ed. Concepción Company (México: Univ. Nacional Autónoma de México, en prensa).

B) Referencias bibliográficas

CANO AGUILAR, RAFAEL, 1988. *El español a través de los tiempos* (Madrid: Arco Libros).

COMPANY, CONCEPCIÓN, 1992. *La frase sustantiva en el español medieval: cuatro cambios sintácticos* (México: Univ. Nacional Autónoma de México).

CUERVO, RUFINO JOSÉ, 1886-93. *Diccionario de construcción y régimen de la lengua castellana*, 2 tomos (París: A. Roger & F. Chernoviz).

FERNÁNDEZ RAMÍREZ, SALVADOR, 1987. *Gramática española*, 3.2, *El pronombre* (Madrid: Arco Libros) (1ª ed. 1951).

GILI GAYA, SAMUEL, 1961. *Curso superior de sintaxis española* (Barcelona: Vox).

GIVÓN, TALMY, 1984. *Syntax: A Functional Typological Introduction* (Amsterdam: John Benjamins).

KANY, CHARLES, 1945. *American Spanish Syntax* (Chicago: University Press).

KENISTON, HAYWARD, 1937. *The Syntax of Castilian Prose: The Sixteenth Century* (Chicago: Chicago Univ. Press).

LANGACKER, RONALD, en prensa. *Foundations of Cognitive Grammar*, II, *Theoretical Prerequisites* (Stanford: Stanford Univ. Press).

MENÉNDEZ PIDAL, R., 1944. *Cantar de mio Cid: texto, gramática y vocabulario*, I, *Crítica del texto; gramática,* 2.ª ed. (Madrid: Espasa-Calpe).

MEYER-LÜBKE, WILHELM, 1890-1906. *Grammaire des langues romanes*, 4 tomos (París: Welter).

PENNY, RALPH, 1991. *A History of the Spanish Language* (Cambridge: University Press).

QUESADA, MIGUEL ÁNGEL, 1990. *El español colonial de Costa Rica* (San José: Univ. de Costa Rica).

SEILER, HANSJAKOB, 1983. *Possession, as an Operational Dimension of Language* (Tubinga: Gunter Narr).

——, 1990. *Language Universals and Typology in the UNITYP Framework*, Arbeiten des Kölner Universalien-Projekts, 82 (Colonia: Univ.).

Real Academia Española, 1973. *Esbozo de una nueva gramática de la lengua española* (Madrid: Espasa-Calpe).

ULTAN, R., 1978. 'Towards a Typology of Substantival Possession', en *Universals of Human Language*, ed. J. Greenberg et al., IV, *Syntax* (Stanford: University Press), pp. 11-51.

2

NEBRIJA
Y LA TRADICIÓN GRAMATICAL HISPÁNICA

De la construción de los verbos después de sí: la transitividad en la tradición gramatical española

CHRISTOPHER J. POUNTAIN

Queens' College, Cambridge

1. NEBRIJA Y LA TRANSITIVIDAD

A las observaciones sobre la sintaxis que hizo Nebrija en su Gramática (1980), cuyo V centenario celebramos este año, nunca les ha correspondido el interés que merecen. Me parece de un interés singular el tercer capítulo del Libro Cuarto, 'La construcción de los verbos después de sí' (207-08), donde establece cuatro subcategorías de verbos transitivos ('que passan en otra cosa'):

(1)   a   verbos que 'passan en el segundo caso' [complemento preposicional] (*recordarse de, olvidarse de, maravillarse de, gozarse de, carecer de, usar de*)

     b   verbos que 'passan en dativo' [complemento preposicional con *a*] (*obedecer a, servir a, empecer a, agradar a*)

     c   verbos que 'passan en acusativo' [complemento directo sin preposición] (*amar, aborrecer, ensalçar, oir*)

     d   verbos que 'allende del acusativo demandan genitivo' [complemento directo sin preposición + complemento indirecto con *a*] (*enseñar, leer, escrivir, dar*).[1]

---

1. El concepto de la transitividad que tiene Nebrija no es del todo coherente. Aunque incluye *recordarse de*, etc., entre los verbos 'que passan', afirma más tarde (208) que 'los transitivos no reciben *me, te, se* [...] pero si los transitivos no passan en acusativo, por que ia son absolutos, pueden juntarse con *me, te, se*'.

2. LA TRADICIÓN GRAMATICAL ESPAÑOLA

La visión del maestro andaluz parece no cuadrar con la de la tradición gramatical española. En la obra de la mayoría de sus contemporáneos, faltan datos ciertos que nos permitan saber cuáles son sus opiniones sobre los complementos del verbo. Pero lo que más nos llama la atención es que se suele confundir la transitividad con la voz, cosa que no hace Nebrija.

2.1. Sin embargo, hay dos gramáticos que tratan el tema de los complementos preposicionales.

2.1.1. Jiménez Patón (1965) establece las categorías verbales de personal e impersonal (como Nebrija) y tres 'géneros' de verbos: sustantivo (*ser*), neutro (intransitivo) y activo (transitivo) (100-01). Comenta Patón que 'la construción destos verbos actiuos es mediante preposición y sin ella' (102); pero las únicas construcciones preposicionales a las que se refiere son a la *a* personal y a las preposiciones de movimiento (éstas se suelen analizar hoy como frases adverbiales). Al mismo tiempo hace destacar la condición sustantiva del infinitivo, que es susceptible de ser complemento de una preposición al igual que los otros sustantivos (101), y aquí se acerca al tema de los complementos preposicionales del verbo; pero no se mete en la cuestión fundamental ya planteada por Nebrija, es decir, la posible transitividad de un verbo que rige tal complemento.

2.1.2. Gonzalo Correas (1954) sigue a Nebrija casi al pie de la letra, pero con más ejemplos. Para los verbos transitivos agrega una nueva subcategoría, la de los verbos que 'se construyen con ablativo' (372): *pasarse con, pasar por, quedar con, salir de, estar sin, tenerse en, venirse con, entrarse de, escribir con/de/en, coser con, hablar sin, andar sin, correr sin*. Por fin, observando que el uso de las preposiciones es bastante idiosincrásico, relega el tema al campo del vocabulario. En términos tradicionales se ve que su noción de ablativo queda reservada a las frases adverbiales, sin incluir a los complementos preposicionales propiamente dichos.

2.2. Persiste la asociación entre transitividad y voz en la primera Gramática de la Academia (1771) (Sarmiento 1984), donde se hace una división tripartita entre los verbos (a) activos o transitivos, (b) neutros o intransitivos y (c) recíprocos. En el caso de los verbos reflexivos que llevan complemento preposicional (se citan *arrepentirse de, dolerse de, apiadarse de*), se considera que sólo el pronombre reflexivo es complemento del verbo, observándose que tales verbos '[no] admiten nombres después de sí' (242). La Gramática de 1771 destaca por dar una lista de verbos y otras expresiones que 'rigen preposiciones'; pero el tema se enfoca desde el punto de vista del comportamiento de las preposiciones y no hay ninguna preocupación por establecer los posibles complementos (o argumentos) del verbo: 'Aquí se expresará de qué palabras [las preposiciones] son regidas, esto es: qué palabras las preceden, ó qué preposiciones piden aquellas palabras' (251). La lista excluye (a) la *a* personal y (b) las preposiciones que forman parte de una frase adverbial, lo que implica (a) que los complementos preposicionales se pueden distinguir sintácticamente de las frases adverbiales formadas con preposición y (b) que el complemento precedido por la *a* personal no es un auténtico complemento preposicional.

2.3. Andrés Bello (1981) se muestra intransigente sobre la relación entre la transitividad y el complemento directo: 'Los verbos que no suelen llevar un acusativo de objeto paciente, se llaman intransitivos o neutros; los que regularmente lo tienen, se llaman transitivos o activos' (489). Para él, son casi sinónimos 'activo' y 'transitivo', y la posibilidad de pasivización constituye la transitividad (449). Al mismo tiempo, sin embargo, está claro que se da cuenta de los inconvenientes que conlleva este punto de vista. Considérese, por ejemplo, lo que escribe sobre la sintaxis de *admirar*:

(2)   Dícese que *un objeto nos admira*, poniendo en acusativo la persona que siente la admiración, y que *admiramos un objeto*, haciendo acusativo la cosa que produce este efecto, y que *nos admiramos de un objeto*, haciéndonos en cierto modo agentes y pacientes de la admiración, y despojando al objeto de ella del carácter de sujeto y de acusativo (455).

2.4. A pesar de que tales observaciones podrían dar a entender que la idea tradicional de la transitividad fuese poco adecuada, encontramos que en los diccionarios y gramáticas del siglo XX sigue en vigor un consenso general según el cual (a) un verbo transitivo es un verbo que rige un complemento directo y es susceptible de pasivización, y (b) un complemento directo es cualquier complemento que no vaya precedido de *a*, a menos que se reconozca como la llamada *a* personal. Para el

DRAE, son intransitivos *agradar a* (I: 39) y *soñar con* (II: 1261). El *Diccionario Larousse* de García Pelayo (1976) califica *obedecer al superior* de transitivo y *la enfermedad obedeció a los medicamentos* de intransitivo, remitiéndose, según parece, al mismo criterio: *a los medicamentos* no puede ser complemento directo siendo *medicamentos* un sustantivo no personal (en cambio, el *DRAE* califica de 'transitivo figurado' el ejemplo *la enfermedad obedece a los remedios* (II: 965)). De esto sigue que otros tipos de complemento deben caer en categorías distintas. La *GRAE* (1931), por ejemplo, comentando la sintaxis de *yo me compadezco de Juan,* califica a *de Juan* como 'un complemento de origen o de causa, que no es el directo ni el indirecto' (202).

3. Transitividad y complementaridad ('objecthood') en la lingüística moderna

La transitividad y la complementaridad como conceptos de alcance universal se han discutido mucho en la lingüística teórica. Me limito a citar tan sólo el importante artículo de Hopper y Thompson (1980), quienes consideran la transitividad no como la base de una oposición binaria sino como una propiedad graduable. Para ellos, la noción de complementaridad es sólo una de las múltiples manifestaciones de la transitividad; el hecho de que el verbo de una oración determinada tenga dos argumentos (dicho de otro modo, que la oración tenga dos participantes o actores) es sólo un factor que influye en la graduación de la transitividad. Así es que para ellos (254) la frase inglesa *Susan left* ('Susana se marchó') con sus altos índices de cinesis (acción), aspecto (télico), puntualidad (puntual) y volicionalidad (volicional) tiene un grado más alto de transitividad que la frase *Jerry likes beer* ('A Jerry le gusta la cerveza' —claro que el equivalente español ni siquiera entra dentro de la transitividad entendida a la manera tradicional), que aunque tiene un índice de transitividad más alto según el criterio del número de participantes, tiene un índice de transitividad más bajo con respecto a los otros criterios.[2]

---

2. Rothemberg (1974), en un estudio de los verbos reflexivos del francés, amplía la definición tradicional de la transitividad para incluir 'un verbe pouvant se construire avec un objet direct ou indirect' (15). Para los verbos que llevan ciertos tipos de complemento preposicional propone la categoría de 'transitif indirect', p.ej. *raffoler de* 'estar encaprichado por'.

4. TRANSITIVIDAD, PASIVIZACIÓN Y COMPLEMENTARIDAD EN ESPAÑOL

4.1. *La pasivización como criterio de la transitividad*

El tema de la pasivización siempre ha sido problemático en español. Hay muchos verbos que aunque llevan complemento directo no permiten la pasivización o sólo la permiten bajo determinadas condiciones. Entre los que no la permiten, Butt & Benjamin (1988, 301) citan *esperar, pegar, romper, entender* y *obedecer* (**el niño fue pegado por el maestro*),[3] y entre los que la permiten esporádicamente *lavar* (**la niña fue lavada por su madre*). Sin embargo, el consenso tradicionalista califica de transitivos a estos verbos (al parecer, por llevar un complemento sin preposición).

4.2. *Falta de preposición en la frase nominal como criterio de la complementaridad*

Aquí tenemos que abordar el clásico problema de la *a* personal y su definición. Hoy por hoy se suele considerar que la *a* personal no es simplemente un indicador de personalidad o personificación (para un análisis inspirado por la noción de transitividad relativa o graduable de Hopper & Thompson, véase Kliffer (1984)). En principio, la intervención de una *a* personal en un complemento no impide que, según el consenso tradicionalista, el verbo sea considerado como transitivo con complemento directo. En cambio, si interviene una *a* no personal, se considera que no hay complemento directo. Para muchos verbos —acaso la mayoría— este principio está de acuerdo con las posibilidades de pasivización. Se suele considerar, por ejemplo, que *ayudar* es a la vez transitivo e intransitivo según el tipo de complemento que lleva (3a y 3c): al uso transitivo corresponde un equivalente pasivo (3b) mientras que la versión pasiva del uso intransitivo (3d) parece de dudosa aceptación.

(3)   a   Paula ayudó a Marta (complemento directo con *a* personal)

      b   Marta fue ayudada por Paula

---

3. No compartían estas intuiciones mis informantes, para quienes era aceptable la pasivización con *pegar, romper* y *entender*. Esto hace resaltar otro problema con la pasiva española: las reacciones muchas veces contradictorias de los hispanohablantes. Además la pasiva con *ser* tiende a limitarse a registros determinados del idioma.

c Sus observaciones ayudaron al debate (complemento preposicional: *a* no personal)

d El debate fue ayudado por sus observaciones

Pero en otros casos falta esta relación nítida. Hay varios verbos
que admiten la pasivización aunque llevan complementos no personales con *a*. Por ejemplo:

(4) a La situación internacional afectó a la economía
b La economía fue afectada por la situación internacional

(5) a El bullicio siguió al silencio
b El silencio fue seguido por el bullicio

(6) a Este producto supera a aquél
b Aquel producto es superado por éste

(7) a La República sustituyó a la Monarquía
b La Monarquía fue sustituida por la República

E incluso hay algún que otro verbo que permite, como en inglés,
la pasivización a base de un complemento indirecto con *a*:[4]

(8) a Preguntaron al ministro si...
b El ministro fue preguntado si...

(9) a Los rateros les robaron a los turistas
b Los turistas fueron robados por los rateros

4.3. *La pronominalización como criterio de la complementaridad*

Ya que en español se distingue entre complemento directo e indirecto en los pronombres átonos de tercera persona (*lo, los, la, las*
frente a *le, les*), se podría esperar que la pronominalización de un

4. Aunque, caso de que haya complemento directo, el complemento indirecto no
puede ser sujeto de una frase pasiva:
   a Los rateros robaron una cartera al turista
   b *El turista fue robado una cartera
   c Al turista le fue robada una cartera

complemento por parte de una forma acusativa confirmara su condición de complemento directo. Pero el *leísmo* de muchos dialectos castellanos nos niega esta posibilidad:

(10)   He buscado a Luis y no le (complemento directo, pronombre dativo) he visto (Seco 1989, 165)

Resulta que no hay ninguna relación regular entre los pronombres de origen acusativo y el complemento directo, por lo menos en estos dialectos. A esto se podría agregar que aunque en el español de América la correspondencia entre pronombre acusativo y complemento directo parece a primera vista más transparente, allí sin embargo existe una tendencia contradictoria según la cual el uso de la *a* personal se está extendiendo cada vez más a complementos directos no personales:

(11)   Los chinos temen a las purgas y a una guerra total (Agencia Efe, *Manual de español urgente*, 67)

Según Hurst (1951, 74), la posibilidad de utilizar tanto el acusativo como el dativo en frases como *A ella la/le divierte* 'puts a severe strain on the arbitrary classing of the verbs in question as transitive or intransitive' ('compromete gravemente la clasificación arbitraria de dichos verbos como transitivos o intransitivos'). Hurst propone que en estos casos la selección del pronombre no depende tanto de la relación entre el verbo y su complemento como de las características del sujeto de la frase.

4.4. *Imposibilidad de reduplicación pronominal del complemento como criterio de complementaridad*

Bajo determinadas circunstancias, un pronombre átono puede reduplicar el complemento indirecto, pero nunca el complemento directo, del verbo:

(12)   a   Juan (les) entregó el libro a los estudiantes

pero

b   *Juan lo leyó el libro

Es cierto que la reduplicación es imposible con complementos directos no personales. Pero la construcción redupicada sí que está permitida con muchos complementos directos personales. Por ejemplo:

(13)   a   Juan (le) criticó a María

Y nótese también que 13a permite la pasivización:

(13)   b   María fue criticada por Juan

4.5. *Definición semántica del complemento directo*

Parecen existir en todos los idiomas pares de frases en las que los mismos participantes desempeñan papeles sintácticos distintos aunque conservan la misma relación semántica con el verbo: de esto resulta que no puede haber ninguna función semántica que sea propia del complemento directo. Por eso ha sido rechazada cualquier definición semántica del complemento directo por muchos lingüistas (véase Collinge 1984, 17). Consideremos para el español el comportamiento de los argumentos de *olvidar* y *olvidarse*. Hay muchos ejemplos de este tipo, es decir, de verbos no reflexivos con complemento directo que corresponden a verbos reflexivos con complemento preposicional:

(14)   a   Olvidé la fecha
        b   Me olvidé de la fecha

De la fecha en 14b y *la fecha* en 14a están en la misma relación semántica con el verbo; incluso podríamos decir que si no se considerase que *la fecha* tiene el mismo valor en ambas frases se ocultaría la relación semántica entre *olvidar* y *la fecha*. La presencia de la preposición *de* se presenta entonces como una mera idiosincrasia del verbo.[5]

4.6. En resumen, no parece haber ninguna propiedad constante

5. Véase también Blansitt (1984, 140), que cita el siguiente par de frases:
    a Juan regaló a María con un reloj
    b Juan regaló un reloj a María

que nos permita establecer una noción satisfactoria de complemento directo para el español.

Ahora bien, si resulta imposible identificar el complemento directo, tampoco será posible definir la transitividad en términos que dependan de la noción de complemento directo. Habrá que modificar, o hasta abandonar, nuestra idea tradicional de la transitividad.

5. Llegamos ahora a nuestra conclusión. En una gramática del español siempre será necesario establecer cuáles son los verbos que son susceptibles de pasivización, y cuáles son las circunstancias que la rige. Asimismo habrá que determinar cuáles son las configuraciones de sujeto, verbo y complemento que requieren que el complemento lleve la *a* personal, y las posibilidades de pronominalización que tienen los complementos. Parece que en cierta medida todos estos rasgos son idiosincrásicos, hasta tal punto que es imposible fiarse de ninguno de ellos para establecer categorías gramaticales. La idiosincrasia de otras propiedades de los verbos —reflexividad, complementos preposicionales— ya es bien sabida.

La noción tradicional de transitividad no parece estar bien motivada, ya que no hay ninguna correlación convincente entre ésta y las propiedades del verbo a las que nos acabamos de referir. Como corolario de esto, sugerimos que tampoco es conveniente establecer una distinción entre complementos preposicionales y otros tipos de complemento; la relación de la *a* personal con la categoría tradicional de complemento directo es un tanto dudosa, y en cuanto a otras preposiciones, dependen éstas, de modo idiosincrásico, del verbo.

El término 'transitivo' sólo es útil si queda bien definido, y sería deseable reservarlo para categorizar los verbos que llevan un complemento cualquiera, mientras que por 'intransitivo' se entendería un verbo que no lleva complemento de ningún tipo. Con este motivo, la terminología lingüística moderna ha recurrido a términos como 'monotransitive' (cuando sólo un argumento depende del verbo), 'bitransitive' (dos argumentos), etc. (Blansitt 1984, 127-28).

Eso es más o menos lo que hace Nebrija al dividir los verbos en los 'que passan' y los 'que no passan'. Las subdivisiones que propuso son hoy discutibles; no aborda, por ejemplo, el problemático tema de la *a* personal. Pero es indudable que ya va siendo hora de que su perspicacia —fuera o no fuera consciente— encuentre eco en la tradición gramatical española.

BIBLIOGRAFÍA

BELLO, ANDRÉS, 1981. *Gramática de la lengua castellana destinada al uso de los americanos,* ed. crítica de Ramón Trujillo (Tenerife: Instituto Universitario de Lingüística Andrés Bello, Cabildo Insular de Tenerife).

BLANSITT, E. L., Jr., 1984. 'Dechticaetiative and Dative', en Plank 1984, pp. 127-50.

BUTT, J., & C. BENJAMIN, 1988. *A New Reference Grammar of Modern Spanish* (Londres: Arnold).

COLLINGE, N. E., 1984. 'How to Discover Objects', en Plank 1984, pp. 19-27.

CORREAS, GONZALO, 1954. *Arte de la lengua castellana,* ed. y prólogo de E. Alarcos García (Madrid: CSIC).

DRAE = Real Academia Española, 1984. *Diccionario de la Real Academia Española,* 20ª ed. (Madrid: Espasa-Calpe).

GARCÍA PELAYO Y GROSS, RAMÓN, 1976. *Diccionario moderno español-inglés* (París: Larousse).

GRAE = Real Academia Española, 1931. *Gramática de la lengua española* (Madrid: Espasa-Calpe).

HOPPER, PAUL, & SANDRA A. THOMPSON, 1980. 'Transitivity in Grammar and Discourse', *Language*, 56, 251-99.

HURST, DOROTHY ANN, 1951. 'Spanish Case: Influence of Subject and Connotation of Force', *Hispania*, 34, 74-78.

JIMÉNEZ PATÓN, BARTOLOMÉ, 1965. *Epítome de la ortografía latina y castellana: instituciones de la Lengua Española,* ed. A. Quilis & J. M. Rozas (Madrid: CSIC).

KLIFFER, MICHAEL D., 1984. 'Personal "a", Kinesis and Individuation', en *Papers from the XIIth Linguistic Symposium on Romance Languages*, ed. Philip Baldi (Amsterdam: Benjamins), pp. 195-216.

NEBRIJA, ANTONIO DE, 1980. *Gramática de la lengua castellana,* estudio y ed. de Antonio Quilis (Madrid: Editora Nacional) (1ª ed., 1492).

PLANK, F., ed., 1984. *Objects: Towards a Theory of Grammatical Relations* (Londres: Academic Press).

ROTHEMBERG, MIRA, 1974. *Les Verbes à la fois transitifs et intransitifs en français contemporain* (La Haya: Mouton).

SARMIENTO, R., ed., 1984. *Gramática de la lengua castellana,* ed. facsímil y apéndice documental (Madrid: Editora Nacional) (1ª ed., 1771).

La doctrina de Nebrija sobre formación de palabras

MARGARITA LLITERAS

Universidad de Valladolid

1. LA PUBLICACIÓN DE dos ediciones diferentes de las *Introductiones latinae (IL)* en 1481 y 1485, y el cumplimiento del mandato de la Reina Isabel en 1488 de que esta obra fuera traducida línea por línea del latín al romance habían proporcionado a Nebrija ya antes de 1492 no sólo la experiencia de elaborar gramáticas latinas (y, naturalmente, en latín) sino también la seguridad de que la lengua vulgar servía para la expresión de los contenidos gramaticales, es decir, la certeza de que la gramática (latina) podía escribirse en castellano. De esto último, que, sin duda, resultó una novedad, deja constancia el autor en el prólogo de las *Introducciones latinas [...] contrapuesto el romance al latín (ILC):*

> Quiero agora confessar mi error, que luego en el comienço no me pareció materia en que yo pudiesse ganar mucha honrra por ser nuestra lengua tan pobre de palabras que por ventura no podría representar todo lo que contiene el artificio del latín. Mas, después que comencé a poner en hilo el mandamiento de Vuestra Alteza, contentóme tanto aquel discurso que ya me pesava aver publicado por dos veces una mesma obra en diverso stilo, & no aver acertado desdel comienço en esta forma de enseñar.

En la trayectoria del Nebrija gramático, la publicación siguiente fue la *Gramática castellana (GC),* cuyo propósito no era otro que el de 'reduzir en artificio este nuestro lenguaje castellano'.[1]

---

1. Cita del Prólogo de la *Gramática castellana,* según la edición de Quilis (Nebrija 1989b, 112). Para la cronología de las ediciones de las *Introductiones latinae,* tenemos presente el estudio de Bonmatí (1988) y el clásico de Odriozola (1946). Con respecto a la fecha de 1488 para la publicación de las *Introducciones latinas [...] contrapuesto el romance al latín,* véase Rico (1981, 63).

Este apretado e incompleto recuerdo de las publicaciones gramaticales de Nebrija, que deliberadamente deja fuera los estudios ortográficos y aun los lexicográficos, constituye el marco de referencia para replantear una cuestión fundamental en la historia de la gramática española pero todavía escasamente debatida. Nos preguntamos hasta qué punto traslada Nebrija a la *GC* las categorías de la gramática latina: si el autor se limita a aplicar servilmente al romance la doctrina clásica o si, por el contrario, introduce procedimientos de descripción innovadores, de acuerdo con las peculiaridades de la lengua vulgar.[2]

Un análisis crítico de la doctrina defendida por Nebrija en la *GC* acerca de lo que actualmente se entiende por formación de palabras podría contribuir al esclarecimiento del problema que acabamos de plantear, pues, más que en la noción misma de gramática y su división, o en la determinación y definición de las partes del discurso, interesa decidir si en los aspectos formales, más vinculados a los accidentes de las palabras en español, se separó el gramático de lo que él mismo venía proponiendo para la enseñanza del latín. Puesto que llegó a convencerse de la riqueza léxica de nuestra lengua y teniendo en cuenta además que para la elaboración del *Lexicon* Nebrija recurre a un buen número de derivados, compuestos y parasintéticos castellanos en la traducción de las entradas latinas, cabría preguntarse por los criterios gramaticales utilizados por el autor en la descripción de la formación de palabras romances.[3] Más brevemente, se trata de determinar qué diferencias conceptuales y metodológicas hay entre la doctrina de formación de palabras en latín, expuesta en las *Introductiones* de 1481 así como en las *Introducciones* bilingües, y la que fija el autor para el castellano en la *Gramática* de 1492. Apuntaremos también cuál fue la trascendencia, en líneas generales, de esta doctrina nebrisense.

2. Las opiniones al respecto resultan, a menudo, valoraciones generales de la *Gramática castellana* en su conjunto. Así, en su edición de Nebrija 1989b, Quilis señala (93) que por su concepción, contenido y estructura, la *Gramática castellana* difiere de las *Introductiones latinae;* aquélla —dice— 'está pensada desde la misma lengua vulgar, y no desde el latín'.
3. Colón & Soberanas, en el *Estudio preliminar* del *Diccionario latino-español* de Nebrija (1979, 13) recogen algunos derivados y parasintéticos castellanos utilizados por Nebrija en ese Lexicon y que, en cambio, no fueron registrados en su *Vocabulario español-latino*. Bustos Tovar (1983, 208) se refiere a la 'íntima correlación existente entre *Gramática* y *Léxico* que puede demostrarse [...] coleccionando los datos que nos proporcionan los dos tipos de estudio' y analiza, como ejemplo, las formaciones en *-eño*.

2. La aceptación en la *GC* de dos clases de accidentes denominados *especie* y *figura* permitió a Nebrija considerar como una de las materias propias de la *Etimología* la doctrina sobre formación de palabras en español. Siguiendo la tradición latina, el autor admite que las palabras primitivas (o primogénitas) se distinguen por la *especie* de las derivativas (o derivadas), en tanto que la *figura* es el accidente por el que las palabras se clasifican en simples y compuestas. La condición de derivado o de compuesto pertenece, por tanto, al mismo plano de la descripción gramatical que la de femenino o singular o acusativo o activo, pues el género, el número, el caso o la significación son accidentes que convienen a las palabras, como lo son también la especie y la figura. De todo ello trata la *Etimología,* parte de la gramática metódica —según la clasificación de Quintiliano, aceptada por Nebrija— que contiene los preceptos de las dicciones *(GC* I, 1). Ni en la delimitación de las competencias generales de la *Etimología,* frente a las restantes partes de la gramática metódica, ni en el tratamiento de la *especie* y la *figura* en la categoría de los accidentes (y no en la de la significación o verdad de las palabras) la *GC* difiere de las artes latinas compuestas anteriormente por Nebrija, en 1481 y en 1488.

Sin embargo, la primera diferencia importante entre los tratados latinos del maestro y la obra de 1492 consiste en que falta el tratamiento de la dicción en esta última obra. La doctrina sobre la dicción en las *ILC* comprendía, en cambio, la definición de este concepto, tomada de Prisciano, como 'la menor parte de la oración que se construye' y la enumeración y explicación de los accidentes de la dicción, entre los que Nebrija incluía la *figura,* entendida como 'una forma por la qual la dicion simple se distingue de la compuesta', de acuerdo con la tradición de Carisio, Diomedes y Dositeo.[4]

Esta supresión en la *GC* de la doctrina por la que se establece una clasificación general de las dicciones en simples y compuestas constituye —en nuestra opinión— una prueba importante de coherencia, pues, a diferencia del latín, la *figura* no es para Nebrija un accidente común a todas las dicciones castellanas. En efecto, no hay referencia a la *figura simple* y *compuesta* en los tratados dedicados al artículo, al gerundio y al nombre participial infinito, tres partes de la oración que, frente a la clasificación de Prisciano, Nebrija reconoce tan sólo

---

4. Keil 1961, II:53, 8. Con respecto al tratamiento del concepto y de los accidentes de la dicción en la gramática latina, véase Jeep (1893, II:121).

en castellano, guiado por el criterio especulativo de que 'la diversidad de las partes de la oración no está sino en la diversidad de la manera de significar' *(GC* III, 9).

3. Pero la reforma de los modelos latinos en la elaboración de la doctrina sobre derivados y compuestos castellanos presenta otras manifestaciones no menos decisivas para nuestra historia gramatical. Comencemos por los cambios que introduce el gramático en el tratamiento de la *figura*. Nebrija había recogido en las *IL* las tres clases de *figuras* que Prisciano y, con anterioridad, Diomedes consideraron para el latín, siguiendo el ejemplo de la gramática griega de Dionisio Tracio.[5] Así, además de las *figuras simple* y *compuesta,* Nebrija trataba de la *decomposita,* entendida como aquella 'quae a composita deriuatur', en la descripción de las figuras correspondientes al nombre (como *parricidium),* verbo (como *concupisco)* y adverbio (como *sapienter).* En cambio, para el pronombre, la preposición y la conjunción, únicamente distinguía en latín dos figuras, la simple y la compuesta.

Pues bien, esta última clasificación de la *figura* es la que Nebrija traslada no ya sólo a la *GC* sino también a la versión bilingüe de las *Introducciones,* si bien en esta obra advierte que en los participios como *adamans* no hay propiamente composición sino decomposición, pues en el texto latino de 1481 había considerado a tales participios como derivados de un verbo compuesto.[6] Sin embargo, Nebrija prescinde del concepto clásico de *figura decomposita* en la descripción del castellano: las siete partes de la oración que admiten la figura en la lengua vernácula (nombre, pronombre, verbo, adverbio, participio, preposición y conjunción) distinguen —según el primer gramático— únicamente entre el elemento simple y el compuesto. Ni siquiera en el caso del participio sigue Nebrija la doctrina latina, pues establece que en castellano 'las figuras del participio son dos, como en el nombre: senzilla, como *amado;* compuesta, como *desamado'* *(GC* III, 13). Así, Nebrija ilustra mediante *tirabraguero* —entre otras voces— la composición de verbo y nombre, formación que no incluye en el *Vocabulario español-latino,* como tampoco registra en el *Lexicon* el cultismo *parricidio* en la traducción del latín *parricidium,* que explica como 'omezillo de padres'.

---

5. Véanse Arens (1975, I:41-42) y Keil (1961, I:301, 28-30 y II:177, 11-13).
6. En las *IL* Nebrija expone: 'Figurae participio*rum* duae su*n*t, simplex ut ama*n*s, deco*m*posita ut adama*n*s. Participia *enim* per se no*n* componu*n*tur' (fol. 23 r).

Esta simplificación de la doctrina clásica sobre los tres tipos de figuras no será asumida unánimemente por las generaciones inmediatas de gramáticos, inspirados en las artes latinas de Antonio probablemente más que en la gramática castellana, de escasa difusión. Sin duda, bajo esta influencia latinizante cabría situar las gramáticas castellanas de Miranda (1565) o Charpentier (1596), autores que reconocen la *figura decomposita* en nombres como *desobediencia, impaciencia, imprudencia,* analizados como derivados de los compuestos *desobediente, impaciente, imprudente* (Ramajo Caño 1987, 95). No obstante, tales aportaciones apenas dejaron huella posteriormente, pues los gramáticos de mayor trascendencia, como Jiménez Patón, Correas, Benito de San Pedro o los académicos del siglo XVIII, vuelven al esquema binario de las figuras planteado por Nebrija en la *GC* y, en consecuencia, prescinden en sus obras de la *decomposición* o *parasíntesis.*[7]

4. Pero el legado de la doctrina tradicional sobre la *figura* se manifiesta en algunos aspectos destacables de la *GC*. Así, Nebrija mantiene en su obra de 1492 la teoría clásica de que la *figura* constituye un accidente, no sólo del nombre y del verbo, sino también del pronombre y de las clases de palabras invariables, es decir, adverbio (como *antier),* preposición (como *dedentro, acerca, adefuera)* y conjunción (como *porque, por ende).* Además, reproduce en castellano ciertos modelos de composición pronominal que había utilizado para la descripción del latín. Así, a semejanza de las formaciones con *eccum* y *met,* como *egomet, meopte (IL* fol. 23v; *ILC* fol. 39v), el gramático considera que *aqueste, aquesse* y *aquel* son pronombres compuestos y que todos los pronombres castellanos admiten *mesmo* en su composición *(GC* III, 8). Sin embargo, se separa claramente del latín al no analizar como compuestas las formaciones conmigo, contigo, consigo, a pesar de que en las *ILC* las formas *mecum, tecum* y sus correspondientes traducciones castellanas ilustraban la composición de pronombre con preposición (fol. 39v).

Por otra parte, la doctrina latina sobre la *figura compuesta* mediante preposición y nombre o verbo determinó que, desde Nebrija,

---

7. Sólo muy tardíamente, los académicos que elaboraron la edición de 1920 utilizan el término clásico de *parasíntesis* para explicar las formaciones de derivados y compuestos conjuntamente (como *desalmado, endulzar, aprisionar).* Véase Real Academia Española (1920, 146, 169-70).

se admitieran como compuestas (y no como derivadas) las formaciones que hoy suelen denominarse prefijadas. Frente a esta concepción tradicional, basada en la autonomía de los prefijos que funcionan a su vez como preposiciones, la consideración más divulgada desde el estructuralismo, como señala Bustos Gisbert (1986, 57), tiende a clasificar las palabras prefijadas junto a las sufijadas, esto es, en los sistemas de derivación.

Aunque la solución latinizante de Nebrija se acepta hasta fechas muy recientes en las gramáticas españolas, que siguen recurriendo —como en la de 1492— a casos como *compadre, perfil, pordemás, traspié, trascol* para mostrar la composición nominal, no faltaron autores españoles de diferentes épocas que defendieron —sin demasiada fortuna— posiciones teóricas innovadoras. En este sentido, cabría destacar dos aportaciones, la de Correas y la de Capmany. En el *Arte Kastellana* (1984, 185, 187), Correas advierte que los verbos latinos compuestos con preposición 'acá son i deven ser tenidos por simples', basándose acertadamente en la idea de que cada lengua tiene su propia gramática: 'Porque en esto como en otras cosas las lenguas son diversas, i no se corresponden igualmente en las palavras y frases: i lo que en una es preposizión, en otra puede ser adverbio; i la parte allá conpuesta, acá sinple'. Mucho después, Capmany en sus *Observaciones críticas* (1852, 41-42, 47) altera sustancialmente la doctrina clásica de la *especie* y la *figura*, pues, aunque no aporta razones para ello, clasifica las voces en primitivas y derivadas, y dentro de estas últimas distingue entre derivados simples (como *cabecera, aguaza, holganza)* y derivados compuestos, clase que incluye las formas prefijadas (como *entresacar, consuegro, traspié, retaguardia).*

Criterios como estos, notablemente alejados de los tradicionales, llevaron a aceptar una distinción, bastante generalizada desde mediados del siglo XVIII, entre preposición y otro tipo diferente de partícula (llamada por algunos 'compositiva') que deja ya de clasificarse en la categoría general de la preposición.[8] Pero esta reforma, con ser sustancial, pues alteró la definición clásica de la preposición que Nebrija trasladó a la gramática española, no supuso modificación alguna en la doctrina sobre el estatuto gramatical de las formaciones con esas partículas antepuestas (sean o no preposiciones). Aun en la última edición de la *Gramática* académica (1931, 129, 147) se sigue mantenien-

8. Véanse las opiniones de los gramáticos españoles al respecto en Gómez Asencio (1981, 253-55).

do el supuesto tradicional de que las palabras prefijadas (como *abstraer, disentir, monomanía, protonotario)* son palabras compuestas.

5. El tratamiento de la *especie* en la *GC* responde a criterios algo más apartados de los antecedentes latinos subscritos por el propio Nebrija. No obstante, el gramático conserva de esa tradición clásica el supuesto general de que, además del nombre y del verbo, la *especie* también es un accidente del pronombre y del adverbio castellanos. En efecto, siguiendo el modelo de Prisciano, utilizado ya en las *IL* para el análisis de *meus, tuus, suus,* etc., las formas castellanas *mio/mi, tuio/tu, suio/su, nuestro* y *vuestro* pasan a considerarse como derivadas de los genitivos de los pronombres primogénitos correspondientes, es decir, *mio* deriva de *de mí, tuio* de *de ti,* etc. *(GC* III, 8). Por otro lado, Nebrija ilustra la noción de adverbio primogénito mediante *luego* y *mas,* mientras que la especie derivada del adverbio la representa en castellano por *bien* y *mal,* de *bueno* y *malo,* respectivamente *(GC* III, 16), lo cual difícilmente encaja con los procedimientos latinos de derivación adverbial en casos como *nuperrime* de *nuper* o *saepius* de *saepe,* aportados por el mismo gramático para la enseñanza de esa lengua.

A pesar de que la idea de derivación aplicada al pronombre y al adverbio apenas se corresponde con la noción morfológica de nombres y verbos derivados, marcados formalmente por la adición de terminaciones específicas, la doctrina de Nebrija acerca de las especies pronominales (no ya las adverbiales) se admitió casi sin reservas durante el Renacimiento. Y es que en la mayoría de las gramáticas inspiradas en las obras del Nebrisense, la *especie* había llegado a considerarse más bien como un principio heterogéneo de clasificación, independiente del aspecto formal derivativo. Con todo, una corriente innovadora, probablemente de influencia francesa e italiana —según apuntan Kukenheim (1932, 126-128) y C. García (1971, xxxvi)— se abre paso entre el conservadurismo latinizante antes de finalizar el siglo XVI: la clasificación de los pronombres que defiende Miranda para el castellano se basa en criterios semánticos, de tal suerte que —como en la *Grammatichetta* de Trissino (1529)— los pronombres, según el significado, quedan clasificados en personales, posesivos, demostrativos, etc. No obstante, la combinación de los dos criterios, el derivativo y el semántico, todavía se utiliza en el *Arte Kastellana* de Correas (1984, 129) e incluso la 4ª edición de la *Gramática* académica

(1796, 63) mantiene el término clásico *especie* para la clasificación de los pronombres en personales, demostrativos, posesivos y relativos.

6. En los capítulos dedicados a las *especies* del nombre en la *GC* (III, 3, 4, 5), Nebrija rompe más decididamente con los esquemas latinos, de tal suerte que el interés prioritario del autor en esta parte de la obra no consiste tanto en aplicar rígidamente al castellano las nociones válidas para el latín, sino más bien en descubrir los paradigmas de derivación propios de la lengua que describe mostrando que las diferencias formales —esto es, los sufijos— determinan la variación del significado. En este sentido, dos criterios fundamentales, y estrechamente vinculados entre sí, parecen presidir la reelaboración de la doctrina latina sobre derivación nominal para el castellano. Por un lado, Nebrija prescinde de categorías nominales latinas que habían sido definidas exclusivamente en términos semánticos y, por otro, renuncia también a las que no disponen en castellano de terminaciones específicas aunque éstas existieran en latín.

Una consecuencia importante de la aplicación del primer criterio, esto es, de la tendencia a evitar categorías y clasificaciones semánticas latinas, consiste en que Nebrija omite en la *GC* la noción de nombre colectivo. Esta clase de nombres formaba parte en las *IL* (fol. 15) de una extensa casuística sobre las veinticinco diferencias comunes a los nombres primitivos y derivados, que incluía además los homónimos, sinónimos, corporales, incorporales, etc., de acuerdo con las clasificaciones que Donato, Prisciano y otros gramáticos incorporaron al latín a partir de la doctrina griega sobre la 'qualitas nominis'.[9]

Las gramáticas españolas del Renacimiento, acordes con el modelo nebrisense, prescinden igualmente del nombre colectivo y, en general, de las clasificaciones del nombre basadas en caracteres semánticos o nocionales, salvo en las definiciones del nombre propio y común o apelativo, y en las del sustantivo y adjetivo. Una tímida referencia al concepto de nombre colectivo se debe a Correas en el

---

9. Este accidente incluía además —como es sabido— las dos distinciones fundamentales entre nombres propios y apelativos y entre nombres sustantivos y adjetivos, clases que, frente a las restantes *qualitas,* eran consideradas por los autores latinos más propias de la gramática que de la filosofía (Jeep 1893, II:142-44).

Arte de la lengua española castellana, obra que —como es sabido— sólo circuló en ejemplares manuscritos hasta fechas muy recientes.[10] La inclusión de los nombres colectivos entre las *cualidades* del nombre, esto es, junto a los nombres propios y comunes, sean formas primitivas (como *gente)* o derivadas (como *docena)* se plantea, muy tardíamente, en la *Gramática* de Martínez Gómez Gayoso (1743, 52-53) y en el *Arte* de Benito de San Pedro (1769, 136-37), pero no llega a generalizarse ni siquiera en las primeras ediciones de la Gramática académica (1771, 29-30; 1796, 37), que describen esta clase de nombres en relación con las *especies,* junto a los derivados, verbales y compuestos.[11]

Por otra parte, la puesta en práctica del segundo criterio señalado arriba, esto es, la preferencia de Nebrija por la descripción de clases morfológicas, conduce a otra reestructuración no menos trascendente. Con relación a las fuentes latinas, las modificaciones principales consisten en la exclusión de aquellas clases de derivados nominales o verbales latinos que, para Nebrija, carecen en castellano de terminaciones propias. Es lo que sucede con la mayor parte de los nombres comparativos y superlativos. Nebrija considera que sólo pertenecen a la primera de estas categorías los nombres que presentan la terminación *-or* y que además reciben el llamado 'nombre comparativo' *más* en su significación *(mejor, peor, mayor* y *menor).* Por los mismos criterios, el gramático reduce a dos la lista de los superlativos castellanos, *primero* y *postrimero* y, de hecho, excluye esta categoría de la clasificación general que presenta de los nombres derivados. Advierte con claridad el carácter no productivo de tales sufijos, pues señala que 'aunque el latín haga comparativos de todos los nombres adjetivos [...], nuestra lengua no los tiene' *(GC* III, 3).

La clasificación de los verbos derivados también está condicionada por la productividad del sufijo, y no por la posibilidad de traducir el latín mediante alguna perífrasis o circunloquio. Prescinde, por ello, de los conceptos de verbo incoativo, meditativo, desiderativo y frecuentativo, utilizados en las *IL* (fol. 19), y en cambio, la serie de

---

10. Con relación a las particularidades del número, Correas (1954, 229) advierte que algunos nombres se usan 'por singular entendiendo todo el xénero ó espezie en uno colectivamente, diziendo *el trigo, la castaña [...], el vidrio, el vidriado'.*

11. Para los problemas que ocasiona la clasificación del nombre colectivo en las gramáticas de la primera mitad del siglo XIX, véase Gómez Asencio (1985, 49, 57-64).

verbos terminados en —*ecer* que selecciona Nebrija *(blanquecer, ne-grecer, adolecer, GC* III, 10) constituye una nueva categoría de deri-vados aumentativos, sin precedente en los manuales latinos del maes-tro. Pero el modelo clásico, que Nebrija procuró no trasladar servilmente al castellano, fue desarrollándose, al menos en parte, progresivamente en nuestra historia gramatical: Correas (1954, 329) introduce las nociones de verbo frecuentativo y continuativo, y Martínez Gómez Gayoso (1743, 103-04) se ocupa pormenorizada-mente de los verbos incoativos e imitativos u onomatopéyicos cas-tellanos.

Frente a las clases de derivados que rechaza para el castellano, Nebrija observa la correspondencia semántica y funcional entre la terminación latina *-des* y la castellana *-ez,* lo que le permite trasladar a nuestra gramática la noción de nombre patronímico y admitir la productividad de esta clase de derivados: '*Pérez* [...] que en latín se podría dezir *Petrides;* & assí de Álvaro, *Álvarez,* por lo que los lati-nos dirían *Alvarides' (GC* III, 3). Del mismo modo, la noción de nombre diminutivo pasa a la gramática castellana merced a la conti-nuidad de las terminaciones latinas *(-ullus, -illus,* etc.) y castellanas inventariadas por Nebrija *(-illo, -ico, -ito).*

Ciertamente, este es un punto en el que se observa con claridad que Nebrija describe el castellano independientemente de los mode-los gramaticales establecidos para el latín y el griego. Además del reconocimiento de los derivados aumentativos, sean nominales o ver-bales, diferenciados por terminaciones y significados propios, Nebri-ja proporciona un tratamiento original de los nombres 'gentiles' *(GC* III, 4), no ya a la manera latina como subclase semántica 'quod ge-nem significat ut graecus, hispanus' —según recoge en las *IL* (fol. 15r)—, sino como nombre denominativo (esto es, derivado de otro nombre), porque observa que se usan 'por proporción & semejanza' las mismas terminaciones tanto en la formación a partir de nombres propios de lugar (de *Toledo, toledano;* de *Cáceres, cacereño)* como a partir de nombres comunes (de *corte, cortesano;* de *seda, sedeño).* La idea, en fin, de que el infinitivo puede funcionar en castellano como un nombre derivado verbal, pues admite como éste la determinación del artículo y del adjetivo *(GC* III, 5) constituye otra aportación del primer gramático.

7. En resumen y conclusión, hay en la *GC* una reelaboración de la doctrina gramatical que Nebrija heredó de la .tradición grecolatina,

en el sentido de que el autor mantiene las categorías antiguas sobre todo si éstas presentan en castellano caracteres formales (y aun funcionales) específicos. Las clases semánticas latinas tienden a ser sustituidas por clases morfológicas en la lengua vulgar.

Ahora bien, la reforma de Nebrija no alcanza al núcleo central de la teoría clásica. Así, el autor mantiene también en castellano el criterio de que la *especie* y la *figura* son *accidentes,* asimilables al género, al número o al caso. Como consecuencia de esta concepción, aceptada durante siglos, se atribuyen caracteres y propiedades comunes para las desinencias gramaticales y los formantes léxicos de derivación y composición, por lo que muy dificultosamente se intentan establecer paradigmas.

Por último, convendría destacar que el influjo de las *Introductiones latinae* en modo alguno se agota en 1492. Después de Nebrija, conceptos y clasificaciones de sus tratados latinos, especialmente aquellos planteamientos de los que el maestro prescindió para el arte del castellano, siguen alumbrando el desarrollo de otros estudios gramaticales del español.

BIBLIOGRAFÍA

ARENS, H., 1976. *La lingüística: sus textos y su evolución desde la antigüedad hasta nuestros días,* 2ª ed. (Madrid: Gredos).

BONMATÍ, VIRGINIA, 1988. 'Tradición e innovación en las ediciones de las *Introductiones latinae* de Antonio de Nebrija', *Estudios Clásicos,* 93, 73-79.

BUSTOS GISBERT, EUGENIO DE, 1986. *La composición nominal en español* (Salamanca: Univ.).

BUSTOS TOVAR, EUGENIO DE, 1983. 'Nebrija, primer lingüista español', en *Nebrija y la introducción del Renacimiento en España,* ed. Víctor García de la Concha (Salamanca: Univ.), pp. 205-22.

CAPMANY, ANTONIO DE, 1852. *Observaciones críticas sobre la excelencia de la lengua castellana.* Cito por la edición que Francisco Merino Ballesteros hace preceder a Gregorio Garcés, *Fundamento del vigor y elegancia de la lengua castellana,* 2ª ed. (Madrid, Rivadeneyra, 1852). (1ª ed., Madrid: Antonio de Sancha, 1786).

CORREAS, GONZALO, 1954. *Arte de la lengua española castellana,* edición y estudio de E. Alarcos García (Madrid: CSIC) (1ª ed., 1625).

——, 1984. *Arte kastellana,* ed. Manuel Taboada Cid (Santiago de Compostela: Univ.) (1ª ed., 1627).

GARCÍA, CONSTANTINO, 1961. *Contribución a la historia de los conceptos gramaticales: la aportación del Brocense* (Madrid: CSIC).

GÓMEZ ASENCIO, JOSÉ JESÚS, 1981. *Gramática y categorías verbales en la tradición española (1771-1847)* (Salamanca: Univ.).

—, 1985. *Subclases de palabras en la tradición española (1771-1847)* (Salamanca: Univ.).

JEEP, LUDWIG, 1893. *Zur Geschichte der Lehre von den Redetheilen bei den lateinischen Grammatikern* (Leipzig: Teubner).

JIMÉNEZ PATÓN, BARTOLOMÉ, 1965. *Epítome de la ortografía latina y castellana: instituciones de la gramática española,* ed. A. Quilis y J. M. Rozas (Madrid: CSIC).

KEIL, H., 1961. *Grammatici latini* (Hildesheim: Georg Olms, reimpr.).

KUKENHEIM, LOUIS, 1932. *Contributions à l'histoire de la grammaire italienne, espagnole et française à l'époque de la Renaissance* (Amsterdam: Noord-Hollandische Uitgevers-Maatschappij).

MARTÍNEZ GÓMEZ GAYOSO, BENITO, 1743. *Gramática de la lengua castellana, reducida a breves reglas, y fácil método para instrucción de la juventud* (Madrid: Imprenta de Juan de Zúñiga).

NEBRIJA, ELIO ANTONIO DE, ca. 1492. *Introducciones latinas [...] contrapuesto el romance al latín* (Zamora).

—, 1946. *Gramática castellana,* ed. P. Galindo Romeo y L. Ortiz Muñoz (Madrid: Edición de la Junta del Centenario).

—, 1979. *Diccionario latino-español,* estudio preliminar por G. Colón & A. J. Soberanas (Barcelona: Puvill).

—, 1981. *Introductiones latinae,* reproducción facsimilar (Salamanca: [Univ.]).

—, 1989a. *Vocabulario español-latino,* facsímil de la primera ed., patrocinado por la Asociación de Amigos de la Real Academia Española (Madrid: Real Academia Española).

—, 1989b. *Gramática de la lengua castellana,* ed. Antonio Quilis (Madrid: Centro de Estudios Ramón Areces).

ODRIOZOLA, ANTONIO, 1946. 'La caracola del bibliófilo nebrisense', *Revista de Biblografía Nacional,* 7, 3-114.

RAMAJO CAÑO, ANTONIO, 1987. *Las gramáticas de la lengua castellana desde Nebrija a Correas* (Salamanca: Univ.).

Real Academia Española, 1796. *Gramática de la lengua castellana,* 4ª ed., corregida y aumentada (Madrid: Vda. de Ibarra).

—, 1920. *Gramática de la lengua española* (Madrid: Sucesores de Hernando).

—, 1931. *Gramática de la lengua española* (Madrid: Espasa-Calpe).

—, 1984. *Gramática de la lengua castellana 1771,* ed. facsímil y apéndice documental de Ramón Sarmiento (Madrid: Editora Nacional).

RICO, FRANCISCO, 1981. 'Un prólogo al Renacimiento español: la dedicatoria de Nebrija a las *Introducciones latinas*', en *Seis lecciones sobre la España de los Siglos de Oro: homenaje a Marcel Bataillon,* ed. P. Piñero y R. Reyes (Sevilla: Univ.), pp. 59-94.

——, 1986. 'De Nebrija a la Academia', en *Homenaje a Pedro Sáinz Rodríguez,* II (Madrid: Fundación Universitaria Española), pp. 519-25.

SAN PEDRO, BENITO DE, 1769. *Arte del romance castellano* (Valencia: Benito Monfort).

3

LAS LENGUAS HISPÁNICAS
EN SU VARIEDAD SOCIAL

Observaciones sobre las propiedades atribuidas al habla femenina en el dominio hispánico

M.ª ANTONIA MARTÍN ZORRAQUINO

Universidad de Zaragoza

1. EL ESTUDIO DE las relaciones entre el lenguaje y el sexo ha dado lugar a una bibliografía muy extensa, lo que puede apreciarse en varias obras de conjunto (Key 1975; Thorne & Henley 1975, y, sobre todo, Thorne, Kramarae & Henley 1983). Suelen destacarse tres direcciones en esa investigación: a) los trabajos dedicados a determinar la naturaleza y las propiedades del hablar de las mujeres (lo que lo distingue del de los hombres); b) el análisis de la representación o la idea que la gente se hace de las mujeres a través de la lengua que hablan y cómo, por ello, el lenguaje refleja el papel de ellas en la sociedad (el problema del sexismo en el lenguaje); c) la actividad dirigida a evitar y a erradicar los usos lingüísticos que transmiten una imagen que discrimina a la mujer frente al hombre, a través, por ejemplo, de medidas educativas (la política lingüística con aplicaciones específicas). Demonte (1982a, 216) considera que los tres aspectos son de naturaleza epistemológica diferente y tienen, por consiguiente, distintos requisitos metodológicos: el primer grupo de estudios se enmarcaría en la lingüística y en la sociolingüística; los dos siguientes, en cambio, en la sociología del lenguaje. La polémica en torno al objeto, método y límites entre la sociolingüística y la sociología del lenguaje es demasiado compleja como para que nos detengamos en ella en este lugar; debe señalarse, con todo, que un planteamiento metodológico como el propuesto por Grimshaw (1987) —por señalar uno reciente— permitiría incluir dentro de la sociolingüística las tres clases de actividades que hemos distinguido (el objeto de cada una de ellas, en todo caso, puede interrelacionarse, como trataré de mostrar más adelante). De las tres direcciones se han ocupado los estudiosos —los políticos, del último grupo— en el

mundo hispánico. Sin embargo, en la presente contribución, tratamos únicamente de aspectos relacionados con el primer tipo de trabajos indicado.[1]

2. El reconocimiento de las diferencias en el modo de hablar de
las mujeres y de los hombres se documenta ya en los textos de los
clásicos y también se recoge en comentarios de gramáticos, filósofos,
exploradores, etc.: Balmori (1962, 123-124), por ejemplo, aduce el
testimonio de Platón y el de Cicerón;[2] Coates (1986) transmite citas
de textos procedentes de los siglos XVI, XVII y XVIII, referidas, especialmente, a la lengua inglesa (Yaguello 1978, y Kramarae 1981 ofrecen numerosos ejemplos), etc. Muchas de esas observaciones tienen
un valor empírico indudable. Se apoyan, sin embargo, a menudo, en
impresiones subjetivas (lo que podría señalarse también, por otra
parte, para algunas de las propuestas sobre el habla de la mujer que
emiten Jespersen (1922) y Lakoff (1975) —dos autores que, por cierto, coinciden en este asunto con frecuencia y, no obstante, han sido
valorados de manera muy diferente por las feministas).[3] Los antropólogos y numerosos lingüistas del siglo XX, tanto en obras de alcance
general (sería el caso de Jespersen 1922; Vendryes 1929; Meillet

1. Buxó (1978), Crespo Matellán (1982), Demonte (1982a; 1982b), García Meseguer
(1988), López García & Morant (1991) y Suardíaz (1973) se ocupan de aspectos
relacionados con el llamado sexismo en el lenguaje. Puede verse también, al respecto, la n. 16 de López Morales (1989, 128). El Instituto de la Mujer (adscrito
primero al Ministerio de Cultura de España y después al de Asuntos Sociales)
desarrolla, desde 1982, una labor destacable, en el dominio de la política lingüística que trata de evitar y suprimir la discriminación de la mujer (las ediciones del
Instituto radican en su sede: Almagro, 36/ 28010 Madrid; su distribución se realiza
a través de Siglo XXI de España / Calle Plaza, 5 / 28043 Madrid).
2. Cf. *Cratilo* (418, 1): 'αι γυναῖκες, αἵπεϱ μάλιστα τήν ἀϱχαίαν φωνήν σῳζουσι'.
De Oratore (III,12,45): 'facilius enim mulieres incorruptam antiquitatem conser-
vant: cum audio socrum meam Laeliam [...] sic audio ut Plautum mihi aut Nae-
vium videar audire'.
3. Se trata de tópicos muy conocidos: las mujeres usan un vocabulario más efímero,
más educado —menos vulgar que el de los hombres—, más eufemístico; ignoran la
gramática y las reglas de puntuación, y, oralmente, utilizan frases inacabadas y
prefieren la parataxis a la hipotaxis; articulan su discurso de forma más emotiva
que racional; tienen más fluidez verbal, etc. Las interpretaciones de estos datos
son muchas veces contradictorias. Para Coates (1986, 15), muchas de ellas podrían
derivarse de lo que ella llama la 'Androcentric Rule': las mujeres se manifiestan de
forma opuesta a lo que admiran y desean los escritores. La autora incluye este
conjunto de caracterizaciones del habla femenina bajo el título 'Folklinguistics and
the Early Grammarians' (1986, 15-34).

1921-36 o Trubetzkoy 1938) como en monografías o artículos descriptivos de lenguas concretas, aportan datos diferenciadores del habla femenina frente a la masculina, referidos, sobre todo, al plano fónico, pero también a la articulación morfológica y al uso del vocabulario.[4] Con el desarrollo de la sociolingüística cuantitativa las variaciones lingüísticas en relación con la variable 'sexo' han quedado expresadas de forma más precisa y más clara; por otra parte, se han podido poner en relación con la influencia de otros factores sociales, que se conectarían con el sexo (entendido este no como índice biológico sino como 'género' o 'gender', como variable cultural o social): así, la edad, el origen o procedencia de los hablantes, su nivel sociocultural o su estatuto socioeconómico se han analizado en interrelación con el sexo, para intentar explicar mejor las causas de la diferencia en el comportamiento lingüístico de los hombres y de las mujeres, y, sobre todo, las consecuencias que esa diversidad puede tener en la evolución de la lengua (es decir, en la determinación del cambio lingüístico) y en la de las estructuras sociales de las comunidades a las que los hablantes pertenecen. (Se trata, como se sabe, de investigaciones que, en mucha parte, se han inspirado en los trabajos de W. Labov para el habla de varios núcleos estadounidenses.) Hay que advertir, con todo que, como trataré de mostrar, a partir de fenómenos propios del dominio hispánico, los logros de estos trabajos sociolingüísticos siguen siendo fundamentalmente empíricos; arrojan datos muy precisos (a costa de un esfuerzo de cálculo que se me antoja, a veces, excesivo) y dentro de un contexto de relaciones mucho más rico y ajustado, pero no aclaran satisfactoriamente ni las causas ni las consecuencias de lo que numéricamente representan.

3. En el área hispánica el análisis de las propiedades de la actuación lingüística de las mujeres se ha centrado en dos campos de estudio precisos: el discurso literario y el habla oral, producida en situaciones de emisión que no siempre son comparables (en algunos trabajos se analiza el habla espontánea; en otros, una conversación más autocontrolada, etc.). La investigación sobre el discurso literario femenino ha venido impulsada, en buena medida, por la crítica literaria anglosajona, francesa e italiana. (Dado que el texto literario es el

---

4. Para una buena síntesis de trabajos empíricos, véase Berruto 1980, 133-51. Coates (1986, 35-41) valora acertadamente la contribución de los antropólogos. También son muy interesantes las observaciones de Balmori (1962).

resultado de una articulación semiótica muy específica, no juzgamos oportuno tratar de él aquí, junto con los estudios de la actuación oral.)[5] En lo que se refiere al habla oral, las aportaciones se deben, sobre todo, a los dialectólogos y a los sociolingüistas. Es de justicia señalar, en primer término, que la tarea realizada por los primeros (Salvador 1952, Alvar 1956, Alvar 1969) merece una valoración realmente positiva, tanto por lo riguroso de sus observaciones como por la atinada interpretación que hacen de ellas; no puede aplicárseles la descalificación que se hace de la dialectología para el estudio de la variación lingüística condicionada por el sexo en otras lenguas (Coates 1986, 41-53). La sociolingüistica cuantitativa se ha ocupado con exclusividad de la variación lingüística en correlación con el sexo, dentro de la lengua española, en algunos trabajos (por ejemplo, Fontanella de Weinberg 1973; Barrenechea, Wolf & Jiménez 1979; Rissel 1981); lo más frecuente, sin embargo, es que se haya tenido en cuenta dicha co-variación en el seno de trabajos más amplios referidos a comunidades de habla rurales, semiurbanas y urbanas. Las variables fónicas han sido las sometidas a análisis más frecuentemente, seguidas de las léxicas y, a mucha más distancia, de las morfológicas y de las sintácticas (la organización o planificación del discurso se ha tenido en cuenta mucho menos aún). Este orden no debe proyectarse sobre el de las características de las marcas lingüísticas diferenciadoras del habla femenina frente a la masculina, porque es un simple reflejo de las preferencias de los sociolingüistas en el dominio hispánico, aunque es cierto que se corresponde con las clasificaciones que hacen algunos estudiosos sobre la índole de dichas marcas; López Morales (1989, 122) recuerda que, para Bodine, tales marcas son, fundamentalmente, de pronunciación y de forma.[6] El hecho de que las variables lingüísticas condicionadas por el sexo sean de carácter fónico, léxico o sintáctico no parece poder determinarse, a priori, en términos gene-

---

5. La bibliografía es muy abundante y el interés por el tema crece; la editorial Cátedra, por ejemplo, ha publicado en los tres últimos años tres obras que se refieren a él: Ciplijauskaité 1988; Colaizzi 1990, y Moi 1988; las dos últimas son traducciones de originales extranjeros. Véanse: Araujo 1987; Ferreras 1987; Miró 1987; Nichols 1987; Riera 1982; Romero, Alberdi, Martínez & Zauner 1987; Schnaith 1986, etc. Véanse también Oñate 1938 y Simmel 1934.

6. 'La cenicienta en estos estudios es, como de costumbre, la entonación' (López Morales 1989, 122). Silva-Corvalán (1989, 69) puntualiza también, para el dominio hispánico: 'son muy pocos los estudios cuantitativos que han tratado o logrado determinar los patrones de covariación sociosintáctica'.

rales. Depende, entre otros factores, de la propia organización interna de la lengua histórica de que se trate —y de la variedad lingüística, en concreto, que sea objeto de estudio—; de la configuración social de la comunidad que la emplee; del tipo de competencia lingüística de los hablantes que la integren y de las funciones que ellos cumplan. Si las mujeres son analfabetas, por ejemplo, y los hombres, no, la articulación discursiva de aquellas manifestará técnicas características de la oralidad y no de la escritura.

4. Rissel (1981) ofrece una buena síntesis de conjunto sobre el tema que nos ocupa. En su trabajo, distribuye los datos atendiendo a los fenómenos objeto de análisis. Estos son predominantemente fónicos. El estudio permite apreciar que, en el dominio hispánico, los segmentos consonánticos están sometidos a variación sociolingüística con más extensión que los vocálicos. En concreto, en covariación con el sexo, se destacan la /-s/ implosiva; las vibrantes, tensa y floja; el yeísmo; la dental sonora intervocálica; los archifonemas líquido, vibrante y nasal en posición implosiva, y el segmento consonante, palatal, africada, sorda. Las mujeres tenderían a producir, en diversas comunidades hispánicas, variantes diferentes de las producidas por los hombres: conservarían o aspirarían la /-s/ con más frecuencia y llegarían a la solución /ø/ en menos casos (tanto en zonas andaluzas como en Buenos Aires, Panamá, Nuevo México, etc.);[7] propiciarían la asibilación de las vibrantes en México; serían las iniciadoras y propagadoras del ensordecimiento del yeísmo rehilado porteño, y tenderían, también en muchas zonas hispánicas, a variantes más alejadas del debilitamiento o de la desaparición (ø): para /-d-/; para /-L/, /-R/ y /-N/, así como para /č/. Las conclusiones de Rissel (1981, 317-18) pueden resumirse como sigue:

1) En el interior de comunidades muy tradicionales (como las analizadas por Salvador 1952, y Alvar 1956 o 1969), el comportamiento femenino es más conservador (Salvador 1952) o más inestable e irregular (Alvar 1956) que el de los hombres. Ello se debería, como indican los autores, a la menor movilidad de las mujeres como grupo social (Salvador 1952) o a un desconocimiento de la variedad de las normas —estándar nacional, estándar regional y local— en juego (Alvar 1956).

7. Silva-Corvalán (1989, 74) ofrece una larga lista de referencias bibliográficas que se refieren a ese segmento en la n. 36 de la página indicada.

2) En el interior de las comunidades urbanas, las mujeres pueden ser más conservadoras (Fontanella de Weinberg 1973; Cedergren 1973, etc.) o más innovadoras —para la asibilación de vibrantes (Perissinotto 1972) y para el ensordecimiento del yeísmo rehilado porteño (Barrenechea, Wolf & Jiménez, 1979)—; en cualquier caso, parece general que las mujeres tienden a realizar variantes que representan un mayor prestigio.

3) Para Rissel (1981, 317) las diferencias observadas 'no son más que una manera de marcar la masculinidad y la feminidad tal como se marca en muchos otros aspectos del comportamiento', es decir, lo que se produciría es una asociación entre fenómenos lingüísticos y valores socioculturales, que no es fija —inmutable— y que puede cambiar de una comunidad lingüística a otra en el interior de una misma lengua histórica.

4) Rissel (1981, 318) se adheriría a los puntos de vista de autores como William Labov (1966 y 1972) y Peter Trudgill (1972), según los cuales, las diferencias en la actuación lingüística de los hombres y de las mujeres se deberían a diversas actitudes (conscientes o inconscientes) que unos y otras pudieran adoptar en relación con las normas lingüísticas o con ciertos estereotipos sociales vigentes (la masculinidad, por ejemplo) que se manifestarían, además, asociados a conductas lingüísticas diferenciadas.

En las conclusiones de Rissel (1981) se recogen postulaciones sobre las propiedades del habla femenina que pueden considerarse ya tradicionales; alguna la hemos documentado en un texto de Platón. El arcaísmo o conservadurismo, la innovación, la fidelidad a las normas de prestigio, así como una cierta desnivelación en la actuación lingüística femenina son aducidos por muchos de los autores citados en este trabajo para caracterizar el habla de las mujeres.[8] Como señala Borrego (1981, 257), remitiendo, por otra parte, a conclusiones de Alvar y de Granda:

> Lo curioso es que todos los investigadores, por discrepantes que sean sus conclusiones, pueden tener razón. Porque no se debe hablar de la conducta lingüística de la mujer en general, abstrayéndola de la reali-

8. No debe olvidarse que el número 1 de la revista *Orbis,* publicado en 1952 (donde se encuentra la primera versión del trabajo de Gregorio Salvador, incorporado luego en el volumen colectivo editado por Abad Nebot (1977, 143-53)), está dedicado íntegramente a estudios sobre el habla de las mujeres: los dialectólogos señalan las propiedades indicadas para caracterizar el habla femenina según sea la función o papel social de las mujeres en la comunidad analizada.

dad social en que se mueve. El sexo no actúa en este terreno como factor autónomo: sólo pone en marcha otros condicionamientos, que son los que verdaderamente determinan las particularidades del habla femenina.

6. Estas palabras tan prudentes no se ven, sin embargo, reflejadas en todos los trabajos de la sociolingüística cuantitativa hispánica que hemos examinado en relación con la tipificación del habla de las mujeres. Mientras que las conclusiones para las comunidades rurales resultan, en general, convincentes (Borrego 1981, 257-58; López Morales 1989, 128), las que se refieren a las comunidades urbanas no siempre llevan al asentimiento. Se abusa, a mi juicio, en esos casos, de la aserción, tomada de W. Labov y de P. Trudgill, de que la conducta lingüística femenina, en los núcleos urbanos, es siempre favorable a la selección —consciente o inconsciente— de patrones de prestigio (Rissel 1981, 317-318; Silva-Corvalán 1989, 70-71; López Morales 1989, 127-29), independientemente de que, de hecho, la conducta femenina en términos lingüísticos refleje conservadurismo o innovación frente a los hombres.

Tal postulación se manifiesta inadecuada por varias razones. En ciertos casos, la propuesta se convierte en un argumento circular para dar cuenta de datos empíricos que no reciben, por la circularidad de la argumentación, una justificación satisfactoria. Así, por ejemplo, es frecuente interrelacionar la actuación lingüística femenina con el concepto de 'prestigio' cuando se analizan las variantes más frecuentes en las mujeres que en los hombres; es decir, el hecho de que las mujeres usen una determinada variante se acepta como síntoma de que dicha variante está prestigiada en una comunidad lingüística y puede, por ello, en determinadas condiciones, ver favorecido su triunfo en una situación de cambio lingüístico en marcha (Rissel 1981, 317-18 y, sobre todo, Silva-Corvalán 1989, 165-68). Por otra parte, la asociación entre 'variante sociolingüística femenina' y 'forma lingüística prestigiada' resulta especialmente sobreestimada cuando se trata de fenómenos lingüísticos que suponen una innovación en la comunidad en que se usan (p. ej. el ensordecimiento del yeísmo rehilado porteño o la asibilación de las vibrantes mexicanas); el hecho de que ambos procesos partan de las mujeres se suele interpretar como síntoma de que se trata de variantes de prestigio, lo que no siempre queda claro. (Para el análisis del yeísmo rehilado ensordecido bonaerense, Barrenechea, Wolf & Jiménez (1979) son extremadamente cuidadosas y perspicaces pero, si bien es cierto que comprueban realmente que, en las generaciones jóvenes —y aun en ellas, con reservas—, la variante ensordecida resulta prestigiosa porque se asocia con niveles de instrucción altos para ambos sexos, con otras generaciones —la media o madura— no pueden verificar con claridad tal valor. El supuesto prestigio de la asibilación de las vibrantes en México parece, a partir de los datos aducidos, poco convincente). La interpretación de las variantes lingüísticas femeninas, en las comunidades urbanas, consistente en asociarlas con patrones de prestigio, dificulta, en fin, la búsqueda de explicaciones más satisfactorias para la propia conducta lingüística de la mujer; no propicia que se intente encontrar conexiones con factores sociales que pudieran permitir dar cuenta más cabalmente de los hechos. En ese sentido, Coates (1986, 79-95) ha llamado la atención sobre cómo puede aprovecharse el concepto de 'social network' para explicar las diferencias entre el habla femenina y la masculina: los hombres tenderían, en algunas comunidades, a realizar patrones lingüísticos diversos de los de las mujeres porque, en dichas comunidades, se relacionan en grupos más compactos que los de ellas. También ha señalado la autora la importancia que tienen las condiciones de adquisición del lenguaje, a través de la escuela y de la familia, para explicar las causas de algunas de las diferencias en la actuación lingüística de los hombres y de las mujeres (Coates 1986, 121-34). En definitiva, si se quiere traspasar la frontera de la pura constatación de datos, por muy bien cuantificados que estos se hallen, no dejan de ser 'datos', es necesario contar con más factores (sociales, históricos, psicológicos, etc.) que los que actualmente se consideran, para determinar las propiedades del habla femenina. Y, sobre todo, no debe pasarse por alto que hay que ser extremadamente cuidadoso en la valoración de los hechos para cada comunidad lingüística; una organización social análoga, una distribución del trabajo similar, etc., no provocan, necesariamente, correlaciones idénticas en todos los núcleos que las reflejen, pues las actitudes de los hablantes, sus aspiraciones y sus expectativas, pueden verse modificadas por factores aparentemente irrelevantes para el cambio y que, sin embargo, si se analizan con cuidado, se advierten como determinantes de conductas lingüísticas específicas.

7. El sexo, como variable social, no suscita el mismo grado de interés para los sociolingüistas. Es verdaderamente todo un síntoma que no se le reconozca como concepto básico, entre los factores sociales fundamentales en el estudio sociolingüístico (junto con la edad,

la religión, la etnia, el rol social, etc.), en una obra tan extensa y tan documentada como la de Ammon, Dittmar & Mattheier 1987-88. En el seno de la sociolingüística hispana, sin embargo, se postula su relevancia para la variación lingüística, no solo en las obras de síntesis (por ejemplo, Silva-Corvalán 1989, 69-75; 165-69, y López Morales 1989, 118-28) sino en todas las monografías de carácter covariacional. Es cierto que, en algunas de ellas, se concluye que dicha variable no resulta muy productiva (ello suele ocurrir, desde luego, en comunidades lingüísticas con una variedad lingüística fuertemente estandarizada) pero siempre, incluso en los casos aludidos, su análisis arroja indicios interesantes de covariación. Por otra parte, como hemos tratado de mostrar, se trata de un factor social que, en algunas comunidades hispanas, resulta determinante para la iniciación de un cambio lingüístico (p. ej. el ensordecimiento del yeísmo rehilado porteño), aunque no se le haya podido encontrar una explicación satisfactoria a la causa propiamente dicha de la asociación sexo-innovación en esos casos. A algunos estudiosos, la variable social 'sexo' les ha servido, bien para sacar a la luz un comportamiento sociolingüístico atípico en relación con otras comunidades urbanas análogas (p. ej. /-d-/ en Las Palmas: Samper 1990, 271-72; 294), bien para caracterizar como semiurbana —no urbana ni rural— a la población objeto de estudio (sería el caso de la comunidad de habla de Toro, en Zamora: González Ferrero 1991, 274-75).

Quisiera concluir destacando que la dialectología y la sociolingüística hispanas han permitido describir con más objetividad las diferencias en el habla de las mujeres y de los hombres en el área hispánica, contribuyendo a enriquecer y a precisar los estudios de los antropólogos y las observaciones —a menudo puramente impresionistas— de otros investigadores, tanto para el español como para otras lenguas. Los logros de la sociolingüística cuantitativa han permitido sacar a la luz conexiones muy interesantes entre índices de covariación sociolingüística debidos a factores distintos, lo que puede resultar provechoso, en el dominio de la mujer, para aclarar sus condiciones sociales y para mejorarlas. Sin embargo, en esta grandeza (la precisión numérica) puede radicar también una buena dosis de miseria; la obtención de los datos no debe utilizarse, según sucede en algunos trabajos, como un fin en sí misma, lo que ocurre, en el fondo, cuando se prescinde de la justificación de aquéllos, a causa, probablemente, de la fascinación que los propios datos ejercen. A veces,

como solían decirnos nuestros viejos maestros, se corre el peligro de
que 'los árboles no dejen ver el bosque'.

BIBLIOGRAFÍA

ABAD NEBOT, FRANCISCO, ed., 1977. *Lecciones de sociolingüística* (Madrid:
EDAF).

ALVAR, MANUEL, 1956. 'Diferencias en el habla de Puebla de D. Fadrique
(Granada)', *RFE*, 40, 1-32.

——, 1969. 'Hombres y mujeres en las hablas andaluzas', en *Variedad y unidad del español: estudios desde la historia* (Madrid: Prensa Española),
pp. 129-46.

AMMON, ULRICH, NORBERT DITTMAR & KLAUS J. MATTHEIER, 1987-88. *Sociolinguistics, Soziolinguistik: An International Handbook of the Science
of Language and Society*, III, 1 & 2 (Berlín: de Gruyter).

ARAUJO, ELENA, 1987. 'Escritura femenina', *Barcarola*, 24, 139-44.

BALMORI, CLEMENTE HERNANDO, 1962. 'Habla mujeril', *Filología*, 8, 123-28.

BARRENECHEA, ANA MARÍA, CLARA WOLF & ELENA JIMÉNEZ, 1979. 'El ensordecimiento del yeísmo porteño, un cambio fonológico en marcha', en
Estudios lingüísticos y dialectológicos: temas hispánicos (Buenos Aires: Ha-
chette), pp. 115-45.

BERRUTO, GAETANO, 1980. *La variabilità sociale della lingua* (Florencia:
Loescher).

BORREGO NIETO, JULIO, 1981. *Sociolingüística rural: investigación en Villa-
depera de Sayago* (Salamanca: Univ.).

BUXÓ, MARÍA JESÚS, 1978. *Antropología de la mujer* (Barcelona: Promoción
Cultural).

CEDERGREN, HENRIETTA J., 1973. 'Interplay of Social and Linguistic Factors
in Panamá' (tesis doctoral inédita, Cornell University).

CIPLIJAUSKAITÉ, BIRUTÉ, 1988. *La novela femenina contemporánea (1970-
1985): hacia una tipología de la narración en primera persona* (Barcelona: Anthropos).

COATES, JENNIFER, 1986. *Women, Men and Language: A Sociolinguistic Account of Sex Differences in Language*. (Londres: Longman).

COLAIZZI, GIULIA, ed., 1990. *Feminismo y teoría del discurso* (Madrid: Cátedra).

CRESPO MATELLÁN, SALVADOR, 1982. *Lenguaje y sexo* (Salamanca: Univ.).

Demonte, Violeta, 1982a. 'Naturaleza y estereotipo: la polémica sobre un
lenguaje femenino', en *Nuevas perspectivas sobre la mujer: actas de las
Primeras Jornadas de Investigación Interdisciplinaria organizadas por el
Seminario de Estudios de la Mujer de la Universidad Autónoma de Madrid*. (Madrid: Universidad Autónoma), pp. 215-21.

——, 1982b. 'Lenguaje y sexo: notas sobre lingüística, ideología y papeles sociales', en *Liberación y utopía,* ed. M.ª Ángeles Durán (Madrid: Akal), pp. 61-79.

DURÁN, MARÍA ÁNGELES, ed., 1987. *Actas de las Cuartas Jornadas de Investigación Interdisciplinaria: Literatura y vida cotidiana. Seminario de estudios de la Universidad Autónoma de Madrid (abril 1984).* (Zaragoza: Univ.).

FERRERAS, JUAN IGNACIO, 1987. 'Mujer y literatura', en Durán 1987, pp. 39-52.

FONTANELLA DE WEINBERG, M.ª BEATRIZ, 1973. 'Comportamiento ante *-s* de hablantes femeninos y masculinos del español bonaerense', *RPh,* 27, 50-58.

GONZÁLEZ FERRERO, JUAN CARLOS, 1991. *La estratificación sociolingüística de una comunidad semiurbana: Toro (Zamora)* (Salamanca: Univ.).

GARCÍA MESEGUER, ÁLVARO, 1988. *Lenguaje y discriminación sexual* (Barcelona: Montesinos).

GRIMSHAW, ALLEN D., 1987. 'Sociolinguistics versus Sociology of Language: Tempest in a Teapot or Profound Academic Conundrum?' en Ammon, Dittmar & Mattheier, 1987, III, 1, pp. 9-15.

JESPERSEN, OTTO, 1922. *Language: Its Nature, Development and Origin* (Londres: Allen & Unwin).

KEY, MARY RITCHIE, 1975. *Male/Female Language* (Metuchen: Scarecrow).

KRAMARAE, CHERIS, 1981. *Women and Men Speaking: Frameworks for Analysis* (Rowley: Newbury House).

LABOV, WILLIAM, 1966. *The Social Stratification of English in New York City* (Washington: Center for Applied Linguistics).

——, 1972. *Sociolinguistic Patterns* (Philadelphia: Univ. of Pensylvania).

LAKOFF, ROBIN, 1975. *Language and Woman's Place* (Nueva York: Harper & Row).

LÓPEZ GARCÍA, ÁNGEL, & RICARDO MORANT, 1991. *Gramática femenina* (Madrid: Cátedra).

LÓPEZ MORALES, HUMBERTO, 1989. *Sociolingüística* (Madrid: Gredos).

MEILLET, ANTOINE, 1921-36. *Linguistique historique et linguistique générale* (París: Champion & Klincksieck).

MIRÓ, EMILIO, 1987. 'Algunas poetas españolas entre 1926 y 1960', en Durán 1987, pp. 306-21.

MOI, TORIL, 1988. *Teoría literaria feminista* (Madrid: Cátedra).

NICHOLS, GERALDINE C., 'Caída /Re(s)puesta: la narrativa femenina de la posguerra', en Durán 1987, pp. 325-35.

OÑATE, MARÍA DEL PILAR, 1938. *El feminismo en la literatura española* (Madrid: Espasa-Calpe).

PERISSINOTTO, GIORGIO, 1972. 'Distribución demográfica de la asibilación de vibrantes en el habla de la ciudad de México', *NRFH,* 21, 71-79.

RIERA, CARME, 1982. 'Literatura femenina: ¿un lenguaje prestado?', *Quimera,* 18, 9-12.

RISSEL, DOROTHY, 1981. 'Diferencias entre el habla femenina y la masculina en español', *Thesaurus,* 36, 305-22.

ROMERO, ISABEL, ISABEL ALBERDI, ISABEL MARTÍNEZ & RUTH ZAUNER, 1987. 'Feminismo y literatura: la narrativa de los años 70', en Durán 1987, pp. 337-57.

SALVADOR, GREGORIO, 1952. 'Fonética masculina y fonética femenina en el habla de Vertientes y Tarifa (Granada)', en Abad Nebot 1977, pp. 143-53.

SAMPER PADILLA, JOSÉ ANTONIO, 1990. *Estudio sociolingüístico del español de Las Palmas de Gran Canaria* (Las Palmas: La Caja de Canarias).

SCHNAITH, NELLY, 1986. 'Aspectos del feminismo', *Cuadernos Hispanoamericanos,* 429, 168-75.

SILVA-CORVALÁN, CARMEN, 1989. *Sociolingüística: teoría y análisis* (Madrid: Alhambra).

SIMMEL, GEORGE, 1934. *Cultura femenina y otros ensayos* (Madrid: Revista de Occidente).

SUARDÍAZ, DELIA E., 1973. 'Sexism in the Spanish Language' (tesis doctoral inédita, Univ. de Washington, Seattle).

THORNE, BARRIE, & NANCY HENLEY, ed., 1975. *Language and Sex: Difference and Dominance* (Rowley: Newbury House).

THORNE, BARRIE, CHERIS KRAMARAE & NANCY HENLEY, ed., 1983. *Language, Gender and Society* (Rowley: Newbury House).

TROUBETZKOY, NICOLAS S., 1938. *Grundzüge der Phonologie* (Praga: Travaux du Cercle Linguistique de Prague, 7).

TRUDGILL, PETER, 1972. 'Sex, Covert Prestige and Linguistic Change in the Urban British English of Norwich', *Language in Society,* 1, 179-95.

YAGUELLO, M., 1978. *Les Mots et les femmes* (París: Payot).

VENDRYES, JOSEPH, 1929. *Le Langage: introduction linguistique à l'histoire* (París: Albin Michel).

Efectividad comunicativa
v. elegancia estilística:
conflicto de interés sintáctico

LEO HICKEY

University of Salford

EN AÑOS RECIENTES se han elaborado varios y detallados estudios de la relativización, tanto en la lingüística universal como en el castellano peninsular y latinoamericano (véanse sobre todo Keenan 1985, Lope Blanch 1984, Aletá Alcubierre 1990). Las investigaciones tienen en común el hecho de centrarse en los aspectos morfosintácticos del fenómeno, sin apenas tocar cuestiones de estilo o efectividad comunicativa (aunque con alguna excepción; véase Olguín 1980-81). Puesto que el castellano dispone de dos modalidades de oración de relativo, parece que el emisor de un mensaje —escritor o hablante— suele elegir entre ellas guiado por motivos pragmáticos, que su elección conlleva efectos estilísticos, y que las relaciones entre objetivos pragmáticos (efectividad comunicativa) y objetivos estilísticos (elegancia, formalidad, etc) pueden ser de tipo conflictivo.[1]

El emisor ha de barajar, pues, cuatro factores o planos lingüísticos: el semántico, para articular el material semiótico que le interesa; el morfosintáctico, ateniéndose a las reglas de la gramática; el pragmático, que le permitirá comunicarse con eficacia; y el estilístico, al buscar el grado de elegancia y formalidad que estime adecuado para sus circunstancias particulares.

Lo esencial de la oración de relativo desde el punto de vista estructural es que ha de constar de dos cláusulas,[2] en una de las cuales

---

1. Quiero expresar mi profundo agradecimiento a Francisco Ariza, María Jesús Fernández, Flora Klein-Andreu, John Payne, Carmen Silva-Corvalán, Ignacio Vázquez, Robin Warner y Roger Wright por su valiosa ayuda en las primeras etapas de la elaboración de este estudio.
2. En general, utilizo la terminología admitida por Aletá Alcubierre 1990.

(la relativa) figure un elemento correferencial o semánticamente equivalente a un SN de la otra (la principal) (véanse Andrews 1985, Schachter 1973). En castellano, una de las modalidades —a veces denominada 'directa'— contiene un pronombre o adjetivo relativo que puede indicar, sintética o analíticamente, un caso gramatical *(que, a quien, cuyo ...),* mientras que la otra —denominada 'indirecta'— marca el caso mediante un pronombre personal o adjetivo posesivo *(él, a él, su ...).* Me refiero a alternativas como las siguientes:[3]

(1) El SN de la cláusula relativa es sujeto de su verbo:

Tenemos un profesor que, cuando habla, quiere que se le escuche atentamente / Tenemos un profesor que, cuando habla, él quiere que se le escuche atentamente.

(2) El SN de la cláusula relativa es complemento directo de su verbo:

En México hay una estatua que todos nosotros conocemos muy bien / En México hay una estatua que todos nosotros la conocemos muy bien.

(3) El SN de la cláusula relativa es complemento indirecto de su verbo:

Es el señor a quien dieron el premio / Es el señor que le dieron el premio.

(4) El SN de la cláusula relativa va precedido de una preposición:

Se trata de un asunto sobre el que no puedo opinar / Se trata de un asunto que no puedo opinar sobre él.

(5) El SN de la cláusula relativa es un genitivo:

Nos ocuparemos de asuntos cuya existencia no debe ignorarse / Nos ocuparemos de asuntos que no debe ignorarse su existencia.

La correspondencia entre las modalidades no es absoluta, ya que, como ocurre en otras lenguas, en castellano también la modalidad indirecta admite la relativización de una mayor gama de elementos o

---

3. Las fuentes de mis ejemplos, todos auténticos, son: Carlos Alfaro, *Crónica sobre César;* Juan Benet, *El aire de un crimen; Canteras y Explotaciones* no. 52; Alfredo Conde, *Los otros días;* Lope Blanch 1984; Eduardo Mendoza, *Sin noticias de Gurb; La Vanguardia* 16.iv.1991.

'posiciones' de la cláusula principal que la directa. Sin entrar en la cuestión de qué elementos pueden relativizarse, ni en la de su mayor o menor grado de aceptabilidad, sólo quiero observar que, según los resultados de un cuestionario que elaboré, ciertas formas como:

Son delitos que la policía no sabe quién los cometió

tienen un índice de aceptabilidad superior al de otras, como:

Este es el libro que conozco al chico que lo dejó sobre la mesa.

Resulta inaceptable cualquier forma directa correspondiente a estas formas indirectas:

*Son delitos quién los cometió no sabe la policía
*Este es el libro, al chico que lo dejó sobre la mesa conozco.

La discrepancia indica ya una primera ventaja de la modalidad indirecta sobre la directa: a saber, que en algunas circunstancias es la única admisible.

Lo que me interesa son los aspectos pragmaestilísticos de la modalidad indirecta, y concretamente los derivados del rasgo que Lope Blanch, al analizar cómo el relativo se convierte en simple nexo o partícula, denomina su 'desdoblamiento funcional' o 'despronominalización'. Aunque este autor se centra en el español de México, observa que se da el fenómeno también en otros países latinoamericanos y en España, así como en todas las épocas a partir del latín vulgar, a través del *Cantar de mío Cid,* pasando por las cartas de Diego Ordaz, obras de Lope de Rueda o Mateo Alemán y el *Quijote,* para llegar al lenguaje escrito y hablado de nuestros días. Lope Blanch lo califica de pleonasmo o anomalía, atribuyéndolo, en el caso del genitivo, a 'impericia' en el uso de cuyo y a las 'dificultades o peculiaridades de su empleo' (Lope Blanch 1984, 269, 260-61).

Antes de plantear cuestiones pragmaestilísticas, hay dos detalles que aclarar. Primero: el paradigma de la modalidad indirecta está completo desde el punto de vista morfosintáctico. La cláusula relativa es introducida por *que* (aunque se conoce al menos un ejemplo de *quien)* seguido de un pronombre personal o adjetivo posesivo que indica el caso — 'el señor que le dieron el premio', 'un profesor que su voz no llega a los estudiantes'—, y este esquema se hace extensivo al sujeto y complemento directo. En estos últimos casos se utiliza el pronombre personal como si la partícula *que* no se pareciera en absoluto a un pronombre relativo:

> un profesor que, cuando habla, él quiere que se le escuche
> una estatua que todos nosotros la conocemos.

Segundo: puede ser que autoridades como Lope Blanch perciban tan negativamente el fenómeno por fijarse primariamente en el relativo o nexo *que, cuyo,* etc. Parecen dar por supuesto que este elemento está allí por derecho propio y que el intruso es el pronombre personal o adjetivo posesivo cuando aparece en la cláusula relativa. Si nos aproximamos a los hechos desde la otra perspectiva, la del pronombre personal o adjetivo, los datos toman un cariz diferente: entonces se presenta un solo indicador de caso, precedido por una partícula o nexo que por razones históricas es un homónimo de cierto pronombre relativo.

Ya estamos en condiciones de abordar algunas cuestiones de interés pragmaestilístico. A diferencia de la gramática, que analiza la corrección o el funcionamiento morfosintáctico de datos lingüísticos, la estilística estudia la elección de formas de superficie, escritas o habladas, y las reacciones suprasemánticas que estimulan en el receptor. El estilo actúa, pues, en dos planos distintos, el objetivo y el subjetivo, el del lenguaje elegido entre un mínimo de dos posibilidades —cuando no hay libertad de elección, no hay estilo—, y el de la experiencia del receptor. El primero es relativamente fácil de observar: si una forma es utilizada, es que existe, alguien la ha elegido y los dogmatismos prescriptivistas no impiden que la estudiemos.

El plano subjetivo es más problemático. Para investigar las reacciones de receptores ante las dos modalidades, la directa y la indirecta, elaboré una encuesta a base de 17 ejemplos: ocho formas directas y ocho indirectas correspondientes, más una indirecta sin alternativa directa admisible. Pedí a unos sesenta y cinco informantes, todos ellos españoles o mexicanos nativos y titulados universitarios, que, en relación a cada uno de los ejemplos, indicaran en una escala de 1 a 5 su percepción de seis rasgos o criterios estilísticos designados como sigue:

> formal, elegante, lenguaje cuidado, literario, culto, propio de lengua escrita.

Naturalmente, el término 'estilo' no aparece en las instrucciones, formuladas en una breve carta en la cual pido una impresión intuitiva del nivel o grado de cada uno de los rasgos en cuestión, con los números del 1 al 5 reproducidos debajo de cada 'etiqueta' y de cada ejemplo.

Sabía por experiencia derivada de sondeos anteriores (Hickey 1987, 167-77; 1989, 52-70) que, en general, los informantes suelen reaccionar primordialmente ante elementos léxicos, asociando la elegancia y demás rasgos estilísticos, así como sus contrarios, con el vocabulario más que con la morfosintaxis, a menos que ésta se destaque violentamente. Por ello, modifiqué en los ejemplos algunas voces cuya connotación pudiera ser obviamente positiva o negativa. Uno de los ejemplos era:

> Durante las fiestas se van acumulando grasas que, si no se atacan enseguida, luego es más difícil desprenderse de ellas.

Estimé que el vocablo 'grasas' se prestaría a impresiones negativas (sin duda, el motivo de su uso en un anuncio publicitario de un centro de adelgazamiento barcelonés), y el texto quedó así:

> Se acumulan problemas que, si no se atacan en seguida, luego es más difícil desprenderse de ellos.

Los informantes tienden también a reaccionar ante conceptos e imágenes; un concepto o una imagen emotiva puede estimular una experiencia positiva o negativa, que luego se hace extensiva a la oración entera. Por ello desestimé formas como:

> ¿Quién es el muchacho que, queriéndole llevar su madre en brazos, él va gritando?

Aun sin atribuir ningún peso especial a las respuestas que daban a entender que habían sido descalificadas automáticamente todas las formas indirectas por agramaticales, los resultados quedan claros: las formas indirectas son percibidas como menos formales, elegantes, cuidadas, literarias, cultas o propias de la lengua escrita que las directas. Interesa señalar que las diferencias no son excesivas: sin detallar las estadísticas globales derivadas del cuestionario, ni las discrepancias en las diversas evaluaciones de los seis rasgos o criterios, la dife-

rencia numérica varía de las formas directas a las indirectas en un término medio de 2,3 a 3,3, sólo un punto en la escala de 1 a 5. Este resultado
se produce no sólo por la poca elegancia, formalidad, etc., percibida en
las formas indirectas, sino también por cierta falta de las mismas cualidades en las directas. Por ejemplo, las oraciones siguientes:

> Nos ocuparemos de asuntos relacionados con las explosiones y cuya
> existencia, indudablemente, no debe ignorarse / Nos ocuparemos de
> asuntos relacionados con las explosiones y que, indudablemente, no
> debe ignorarse su existencia

obtuvieron valoraciones medias de 3.9 y 3.06 respectivamente en las
seis categorías.

Se habrá notado que, entre los rasgos puestos a prueba, hay algunos que con cierta justicia podrían considerarse positivos: en algún
sentido, la elegancia, el cuidado o lo culto parecen más 'deseables'
que lo feo, el descuido o lo inculto. Otros son estéticamente neutros:
entre la formalidad, la literariedad o lo propio de la lengua escrita y
sus contrarios, apenas hay auténtica diferencia de valor, ya que se
trata de rasgos que serían más o menos apropiados según el contexto,
la situación o el objetivo perseguido.

Sentados estos datos, se plantea la siguiente pregunta: si las formas indirectas son menos elegantes, etc., que las directas, ¿por qué o
para qué se utilizan en aquellas circunstancias —la mayoría— en las
que existen alternativas directas? En otros términos, ¿qué ventaja
aportan al emisor para compensar, por así decirlo, su falta de elegancia?

Quiero esbozar la primera hipótesis que concebí sobre esta cuestión, que es la que más me interesa. Había pensado que, si la cláusula
principal formula un tema, entendido como lo que ha de tratarse y al
cual se añade el tema, de acuerdo con lo ya sabido acerca de la dinámica comunicativa, ese tema cambia o continúa en la cláusula relativa según se utilice la modalidad directa o indirecta, respectivamente.
Más concretamente, pensé que, en una oración como:

> Tenemos un profesor cuya voz no llega a los estudiantes,

'el profesor' es el primer tema, mientras que 'su voz' viene a ser el
tema de la relativa, a diferencia de:

> Tenemos un profesor que su voz no llega a los estudiantes,

que expresaría el tema del profesor y continuaría con el mismo tema a lo largo de la oración entera: es decir, que seguiría hablando del profesor para decir (de él) que su voz no llega a los estudiantes.

A pesar de la aparente lógica de esta hipótesis, se vio contundentemente desestimada por los informantes en un segundo cuestionario en el que reproduje 26 oraciones, de las cuales 12 eran directas y 12 indirectas, más dos formas indirectas sin alternativa. El cuestionario no daba ninguna indicación de la hipótesis a probar: ni siquiera aparecía el vocablo 'tema', a pesar de ser, además del término técnico para designar el fenómeno que investigaba, la palabra más usada para referirse a algo idéntico o muy parecido. Simplemente expliqué que estaba investigando ciertos tipos de expresiones en español, rogando a los informantes que indicaran en una palabra o una frase corta de qué o de quién 'se trataba' o 'se estaba hablando' en la parte de cada oración que iba subrayada, parte que, en efecto, coincidía con la cláusula relativa. Casi el cien por cien de los informantes contestó con la misma frase o palabra ante la forma directa y la indirecta en todos los ejemplos.[4] Estas respuestas dan a entender, sin la menor ambigüedad, que para mis informantes se trata en las dos cláusulas de un mismo tema.

Vuelve a surgir, pues, la misma pregunta desde otra perspectiva: si se mantiene un solo tema a lo largo de la oración entera, ¿qué ventaja aporta la modalidad indirecta sobre la directa para compensar sus 'desventajas' estilísticas? Precisamente la continuación del tema en las dos cláusulas apunta hacia su verdadera ventaja comunicativa. Ésta reside en la articulación de tópico y comentario, utilizándose el término 'tópico' en el sentido de un mecanismo mediante el cual, no sólo se identifica y expresa el tema que ha de tratarse, sino que se lo establece o anuncia antes de ser tratado, seguido de una señal pragmática (normalmente *que*) de que un 'comentario' viene a modificar la información presuntamente poseída por el receptor con relación al tópico. Según este análisis, la cláusula principal funciona, entre otras cosas, a modo de topicalizador, siendo el tópico el SN, al que la relativa añade información que va a cambiar el status o estado informativo del receptor sobre el referente de este SN, afirmando o negando algo acerca de él.

La modalidad directa, en cambio, al carecer de indicador prag-

---

4. Curiosamente, algunos informantes señalaron como tema de ambas cláusulas el que yo había percibido únicamente como el de la relativa.

mático, identifica y expresa lo que se va a tratar, pero sin anunciarlo y sin señalar la estructura pragmática de la oración. Puesto que la oración coordinada consta de dos cláusulas unidas por una conjunción, también presenta algún punto de semejanza con la construcción indirecta. Concretamente, ambas estructuras (a diferencia de la directa), constan de dos oraciones gramaticalmente completas. Sin embargo, en la coordinada no hay correferencia obligatoria; la segunda cláusula no modifica necesariamente ningún elemento de la primera o, en términos pragmáticos, no modifica necesariamente la información del receptor acerca del contenido semántico de la primera.

El término y el concepto de tópico poseen varias acepciones diferentes. Incluyo en ellas la identificación por parte del emisor de algo que el receptor debe situar en el primer plano de su conciencia, para proceder a modificar su información acerca de ello, para establecer una clase de objetos, un dominio o un marco en relación con el cual lo que sigue (el comentario) será informativo, o para señalar un punto de vista desde el cual ese comentario tendrá validez (véanse Keenan 1985, 142 ss, y Chafe 1976). Corroboraría este análisis de la modalidad indirecta como topicalización la hipótesis de que, en la práctica, esta modalidad se elige mayoritariamente con cláusulas principales semánticamente débiles (con verbos existenciales o de lugar), aunque no puedo presentar esta correlación como un hecho probado.

Parece indudable que este tópico se desvía del tópico clásico antes que nada por manifestarse en una oración semántica y sintácticamente completa. Además, figura la partícula *que* en el lugar de la coma/pausa que aparece en el tópico tradicional ('Respecto a las enfermedades, pocas son las que sufre'; 'Ese coronel, resulta que es pariente de Chaflán') o del *wa* que caracteriza al tópico japonés ('Elefantes *wa*, trompas son largas'), aunque también se dan en castellano ejemplos bastante parecidos a estos últimos. Keniston (1937: 294) aporta ejemplos del siglo XVI:

> ... en la tierra de Xauja hay unos árboles que los troncos son de tozino (Lope de Rueda),
> ... una canción arábica, que para quien sabía la lengua eran los acentos claros (Mateo Alemán).

En cambio, es directamente comparable con las 'formas-x' estudiadas por Klein-Andreu (1989) del tipo:

Los cérvidos se les cae todos los años el cuerno,

aunque no parece que el análisis propuesto por Klein-Andreu se pueda aplicar directamente a ella.

Lo cierto es que, en las formas indirectas, a partir del SN de la principal la estructura es igual que en la topicalización clásica o japonesa, con *que* funcionalmente equivalente a la coma/pausa o al *wa*. Keniston (1937, 211) percibe este uso de *que* como 'vago'; sin duda, semánticamente lo es. Su función pragmática, en cambio, está clara: contribuye a la dinámica comunicativa, señalando el tópico, aunque no siempre unívocamente, ya que la señal puede coincidir formalmente con el relativo sujeto o complemento directo.

El 'precio' que se paga por la efectividad comunicativa que resulta de esta distribución y progreso informativo es un nivel estilístico poco elegante, formal o culto. Quedan por exponer algunas explicaciones de estas consecuencias. Tres saltan a la vista. Primera: la gramática tradicional ha consagrado una modalidad de oración de relativo, la directa, que es la autorizada y sancionada, y la enseñanza de la gramática, bajo el título que sea ('Lengua', etc.) condiciona una reacción negativa ante cualquier forma que no coincida con ella. En efecto, muchos de mis informantes apuntaron observaciones como 'Incorrecta' o 'No es español' en relación con las oraciones presentadas.

Segunda: la modalidad indirecta consta de dos oraciones íntegras, unidas por un elemento que no es conjunción *(y, pero ...)*, sino que a primera vista parece ser un pronombre relativo y que, sin embargo, no se comporta como tal. Emite, por lo tanto, señales gramaticalmente ambiguas. En algunas circunstancias la discrepancia se hace particularmente evidente: a saber, cuando el *que* va acompañado de una preposición, con o sin artículo, que no concuerda con el caso gramatical esperado. En:

Era una buena muchacha, una mujer de la que estoy seguro que me quería

la preposición *de,* junto con *la,* no equivale a la construcción 'estoy seguro de ella'. Sin embargo, su empleo tampoco es arbitrario, ya que podría sustituirse por otra preposición semánticamente parecida: una muchacha acerca de / sobre / en relación con la que (puedo afirmar que) estoy seguro que me quería. Ejemplos como éste demuestran que la función pragmática de la primera cláusula es hacer que la segunda sea apropiada y el status pragmático del nexo está notoriamente claro.

Tercera: el nexo *que,* a primera vista, no sólo se presenta como pronombre, sino concretamente como un nominativo o un acusativo; después, el receptor ve que sigue otro pronombre, o bien en el mismo caso (lo que constituiría un pleonasmo, tautología o redundancia), o bien en otro, dando así dos pronombres en conflicto en cuanto a caso y pareciendo producir un anacoluto. Al darse cuenta de que la sintaxis es ambigua, el receptor tiene que volver sobre sus pasos para reprocesar o 'reciclar' los datos sintácticos. Por ejemplo, hasta después del verbo en la oración siguiente:

Este es el señor que él y su hijo fueron a Nueva York ...

el *que* parece ser el complemento directo de algún verbo ('Este es el señor que él y su hijo fueron a ver / a despedir / a matar ...') construyendo así una oración formal directa. Sin embargo, sólo sigue al verbo la frase 'a Nueva York', lo que convierte a *él* en correferencial con *el señor* y a *que* en nexo. En:

Nos ocuparemos de asuntos relacionados con las explosiones y que, indudablemente, no ...

el receptor espera algún verbo como 'deben ignorarse', pero lo que aparece es 'debe ignorarse su existencia'. Estas señales morfosintácticas contradictorias sin duda condicionan el nivel estilístico ya descrito.

La oración de relativo indirecta constituye, pues, una modalidad gramatical en disconformidad con las normas académicas, aunque muy usada, que da lugar a un nivel estilístico poco elegante o formal y que cumple una función pragmática parecida, pero no idéntica, a la de la topicalización clásica. ¿Podría denominarse este fenómeno una 'pseudo-topicalización'?

BIBLIOGRAFÍA

ALETÁ ALCUBIERRE, ENRIQUE, 1990. *Estudios sobre las oraciones de relativo* (Zaragoza: Univ.).

ANDREWS, AVERY D., 1985. *Studies in the Syntax of Relative and Comparative Clauses* (Nueva York: Garland).

CHAFE, WALLACE L., 1976. 'Givenness, Contrastiveness, Definiteness, Subjects, Topics, and Point of View', en *Subject and Topic,* ed. Charles N. Li (Nueva York: Academic Press), pp. 25-55.

HICKEY, LEO, 1987. *Curso de pragmaestilística* (Madrid: Coloquio).

——, 1989. 'The Style of Topicalization, How Formal Is It?', en *The Pragmatics of Style,* ed. Leo Hickey (Londres: Routledge), pp. 52-70.

KEENAN, EDWARD L., 1985. 'Relative Clauses', en *Language Typology and Syntactic Descriptions,* ed. Timothy Shopen (Cambridge: Cambridge Univ. Press), pp. 141-70.

KENISTON, HAYWARD, 1937. *The Syntax of Castilian Prose: The Sixteenth Century* (Chicago: Chicago Univ. Press)

KLEIN-ANDREU, FLORA, 1989. 'Why Speech Seems Ungrammatical', en *From Sign to Text: A Semiotic View of Communication,* ed. Yishai Tobin (Amsterdam: Benjamins), pp. 25-44.

LOPE BLANCH, JUAN M., 1984. 'Despronominalización de los relativos', *Hispanic Linguistics,* 1, 257-72.

OLGUÍN, NELLY, 1980-81. 'Los pronombres relativos en el habla culta de Santiago de Chile', *Boletín de Filología,* 31 *(Homenaje a Ambrosio Rabanales),* 881-905.

SCHACHTER, PAUL, 1973. 'Focus and Relativization', *Language,* 49, 19-46.

Sociolingüística en el *Atlas Lingüístico (y etnográfico) de Castilla-La Mancha*

PILAR GARCÍA MOUTON

Consejo Superior de Investigaciones Científicas

FRANCISCO MORENO FERNÁNDEZ

Universidad de Alcalá de Henares

1. SOCIOLINGÜÍSTICA Y GEOLINGÜÍSTICA

La integración de materiales geolingüísticos y sociolingüísticos ha sido uno de los problemas metodológicos que más ha interesado en la elaboración de atlas lingüísticos durante los últimos años. Los problemas prácticos que se plantean son muchos y las dificultades teóricas que surgen a veces son importantes. A ello hay que añadir las inevitables limitaciones derivadas de la escasez de dinero y los márgenes de tiempo impuestos por la razón, que suelen limitar considerablemente los logros proyectados con planteamientos científicos. Sin embargo, en principio creemos que cualquier esfuerzo encaminado a incluir información sociolingüística en un atlas resulta enriquecedor.

Hoy no se pone en duda que la variación lingüística se manifiesta, al menos, en tres dimensiones, según ha señalado Eugenio Coseriu (1981): una diatópica, una diastrática y una diafásica. La función principal de un atlas lingüístico es dar cuenta de la primera de ellas, lo que no supone negar la existencia o el valor de las otras dos. La sociolingüística, por su parte, se ocupa de analizar cómo funciona la diastrática, sin que por eso se desprecie cualquier elemento de interés que pueda aportar la geografía. En cuanto a la variación diafásica, aún no se ha creado un complejo epistemológico que la investigue en todos sus detalles; sin embargo ha sido objeto de atención —eso sí, algo precaria— por parte de la pragmática o de la misma sociolingüística (Moreno 1990, 61-69).

En la incorporación a los atlas de alguno de estos parámetros debe distinguirse entre la integración de materiales lingüísticos y materiales sociales, por un lado, y la integración de las metodologías geolingüística y sociolingüística, por otro. Hasta el momento, se ha conseguido integrar datos procedentes de la diatopía y de la diastratía. El *Atlas Italo-Suizo* de Jud y Jaberg (1928-40) supuso un precedente que se ha visto continuado en numerosas obras (piénsese, por ejemplo, en los atlas regionales españoles (Alvar 1973, 55-89), en el *Atlas Lingüístico de México* (Lope Blanch 1991), o en el proyecto de un *Atlas Lingüístico Diatópico y Diastrático del Uruguay* (Thun, Forte & Elizaincín 1989).

A pesar del éxito de las empresas que han pretendido cumplir ese objetivo, creemos difícil dudar de que, si los atlas lingüísticos son el medio más adecuado para estudiar la variación geolingüística (en ellos todo está pensado para recoger formas de decir 'lo mismo' en sitios distintos), la sociolingüística está demostrando ser la vía más rigurosa para dar cuenta de la variación diastrática (en ella se confiere a lo social protagonismo teórico), aunque sean muchos todavía los problemas que deban solucionarse.

La integración de dos disciplinas diferentes, como son la geolingüística y la sociolingüística, presenta unas dificultades cuya solución práctica, no tanto teórica, resulta muy complicada.[1] Los objetivos, métodos y técnicas de la geolingüística no son los mismos que los de la sociolingüística, aunque compartan parcialmente el objeto de estudio y aunque los obstáculos que supone 'conseguir información organizada de un hablante' sean similares. Una cosa es integrar dos objetos de estudio, afines y coincidentes en este caso, y otra distinta integrar dos disciplinas. No obstante, siempre cabe la posibilidad de yuxtaponer, coordinar y complementar los resultados que faciliten dos formas diferentes de estudio.

El *Atlas Lingüístico (y etnográfico) de Castilla-La Mancha*, aparte de lo esperado en cualquier obra de estas características, intenta cumplir un doble objetivo: (1) recoger e integrar materiales de naturaleza dialectal y de naturaleza sociolingüística, igual que se ha hecho ya en otros atlas españoles, aunque con fines y técnicas diferentes; y (2) coordinar y complementar una metodología geolingüística con una metodología sociolingüística. La finalidad de las

---

1. No creemos que las aportaciones de P. Trudgill, por ejemplo, supongan una auténtica integración (Trudgill 1983).

páginas siguientes es explicar cómo estamos cumpliendo esos objetivos.

2. EL *ALeCMan*

El proyecto del *ALeCMan* fue presentado en abril de 1987 dentro del I Congreso Internacional de Historia de la Lengua Española (García Mouton & Moreno Fernández 1988a). Pretende ser un atlas que se sume a los atlas regionales españoles ya publicados, una aportación más para llegar a completar la geografía del español de España mediante atlas lingüísticos regionales, enmarcados todos ellos por el *Atlas Lingüístico de España y Portugal* (dirigido por M. Alvar, 1974).

En el *ALeCMan* se recogen materiales fonéticos, morfológicos, sintácticos y léxicos de las cinco provincias españolas que forman la región de Castilla-La Mancha: Albacete, Ciudad Real, Cuenca, Guadalajara y Toledo. La selección de puntos se ha realizado teniendo en cuenta la división del territorio en áreas de dominación socioeconómica y la densidad de población. El número de localidades encuestadas es de 161, lo que supone un punto por cada 492 Km². y por cada 10.112 habitantes, cifras equiparables a las de otros atlas regionales de España, si se valora que Castilla-La Mancha posee una densidad de población de tan sólo 21 habitantes por kilómetro cuadrado.

En cada municipio se encuesta a dos informantes principales, un hombre y una mujer. Sus características sociológicas son las más adecuadas para completar el cuestionario y garantizar la homogeneidad de la información recogida: se trata de personas nacidas en la localidad, que han residido casi siempre allí, con una edad comprendida entre los 55 y 65 años y conocedoras de las actividades laborales del pueblo, así como de sus costumbres, fiestas, etc. Encuestamos dos exploradores, uno a cada uno de los informantes.

El cuestionario está dividido en dos volúmenes (García Mouton & Moreno Fernández 1988b); en el primero de ellos se pregunta al hombre y en el otro a la mujer. En estos cuestionarios, el léxico se ha fragmentado, destinando al hombre el más relacionado con las actividades agrícolas y ganaderas y a la mujer, el del ámbito doméstico y el mundo de las creencias. La fonética, la morfología y la sintaxis se preguntan de idéntica forma a los dos informantes, aunque para la primera estamos presentes, en ambas encuestas, los dos explorado-res. El conjunto de los cuestionarios está formado por 3.714 pregun-tas, cuyas respuestas se anotan, casi en su totalidad, en transcripción fonética.

La encuesta se realiza a lo largo de un día (sin contar el tiempo destinado a los preparativos). Después de rellenar los cuestionarios, se mantiene una conversación de unos 45 minutos con cada informan-te, para recoger así más materiales que permitan enriquecer el apar-tado de sintaxis. La parte del cuestionario destinada al estudio fonéti-co se graba íntegramente.

Por último, aunque subordina cualquier tipo de intereses a lo lin-güístico, el *ALeCMan* no renuncia a todos aquellos aspectos etnográ-ficos que se encuentran tanto al completar las preguntas del cuestio-nario como al realizar las grabaciones. No en vano lo etnográfico está enraizado en la tradición misma de la metodología geolingüística de la que somos continuadores.

3. GENERALIDADES SOBRE LA METODOLOGÍA SOCIOLINGÜÍSTICA

Se ha señalado al principio que el *ALeCMan* pretende cumplir dos objetivos, en cuanto a la incorporación de materiales sociolin-güísticos. El primero de ellos, recoger e integrar materiales de natu-raleza dialectal y de naturaleza sociolingüística. La forma en que in-tentamos cumplirlo ya ha quedado parcialmente apuntada: en cada localidad (161) encuestamos a un hombre y una mujer. En otros atlas lingüísticos se ha atendido también a factores sociales como la edad o el nivel sociocultural, que siempre resultan enriquecedores, pero ha-cerlo así supone plantear unos problemas de polimorfismo o varia-ción lingüística que tienen difícil solución a la hora de cartografiar y, después, para interpretar correctamente los materiales; además sólo un estudio sociolingüístico, con metodología específicamente socio-lingüística, es capaz de revelar una dimensión realista, no aproxima-da, de lo social en una comunidad de habla. Se atenderá, por tanto, a lo social allí donde lo social es más relevante: en los núcleos urbanos. Sin embargo, en este punto y con este fin, somos partidarios de acu-dir a la metodología sociolingüística y de coordinar sus resultados con los que aporta la geografía lingüística. Aquí está nuestro segundo objetivo.

El *ALeCMan* ofrecerá los resultados del estudio sociolingüístico de siete ciudades castellano-manchegas: Albacete, Ciudad Real, Cuenca, Guadalajara, Puertollano, Talavera de la Reina y Toledo. En el año 1987 presentamos las bases metodológicas de la investigación sociolingüística (García Mouton & Moreno Fernández 1988a) y en 1989 anunciamos el inicio de los trabajos (García Mouton & Moreno Fernández en prensa). Las pautas metodológicas que están guiando nuestro trabajo quedan resumidas a continuación.

Las características de los informantes urbanos vienen determinadas por un muestreo no probabilístico, por cuotas proporcionales a la población. Se trabaja con cuatro variables sociales —sexo, edad, nivel de instrucción y barrio —, si bien son las tres primeras las que se manejan en los muestreos iniciales. Los grupos de edad que se tienen en cuenta son cuatro: 1ª generación, menores de 20 años; 2ª generación, entre 21 y 35 años; 3ª generación, entre 36 y 55; 4ª generación, mayores de 56 años. Por otro lado, se distinguen tres niveles de instrucción: 1º, sin estudios o con estudios primarios; 2º, con estudios secundarios; 3º, con estudios superiores. El tamaño de la muestra responde al 1/3.000 del total de la población de cada ciudad, lo que proporciona un número de informantes suficiente y manejable para el posterior análisis de la conducta lingüística.[2]

En el proceso de selección de los informantes de la primera muestra, sólo se considera requisito indispensable el cumplimiento de las características de cada cuota. Accedemos a los informantes a través de contactos personales en la ciudad, procedentes de distintos barrios y extracciones sociales. Esos contactos van llevando a los primeros informantes y esos a otros, en una secuencia similar a la de la 'bola de nieve' (Noelle 1970, 177 ss.). Como es habitual en estos casos, las primeras cuotas se cubren fácilmente, pero, a medida que se va cumpliendo el trabajo, es más difícil localizar a las personas con las características concretas exigidas por la muestra.

2. La experiencia señala que los análisis sobre muestras de un centenar de hablantes, por ejemplo, son realmente dificultosos. Los datos desbordan fácilmente al investigador. En muchos casos se han recogido materiales de docenas de informantes y luego se han utilizado solamente los de una veintena para el análisis de un fenómeno lingüístico determinado. Creemos preferible que el investigador domine los datos a que los datos sean los dominadores. Téngase en cuenta que los hechos fonéticos se cuentan por decenas de miles y no es tan fácil contar con los medios técnicos (generalmente informáticos) que permitan acceder a cualquiera de ellos cuando se desea.

4. LAS ENCUESTAS

Las encuestas sociolingüísticas del *ALeCMan* destinadas al estudio de la fonética, la morfosintaxis y el discurso se realizan en forma de entrevistas.[3] Con cada informante se mantienen tres conversaciones diferentes, para obtener así materiales correspondientes a tres registros: de formalidad máxima, media y mínima. En el momento de redactar el primer proyecto, planteamos la conveniencia de seguir los métodos propuestos en el 'Proyecto de estudio coordinado de la norma lingüística culta de las principales ciudades de Iberoamérica y de la Península Ibérica' (Programa Interamericano de Lingüística y Enseñanza de Idiomas, PILEI) (Lope Blanch 1973, xiv-xv), que, a su vez, tienen como base las investigaciones de la sociolingüística norteamericana. Según esos métodos, los registros más formales se consiguen haciendo leer a los informantes textos y listas de palabras. Ya hemos apuntado en otro lugar que, aunque en general se respetan los principios del PILEI, tal y como se está desarrollando la investigación sociolingüística más reciente, no creemos conveniente seguir considerando los materiales recogidos mediante lectura de textos y listas de palabras como segmentos formales de un contínuum diafásico del que también forman parte los datos allegados en conversaciones (Moreno 1990, 65-66). En el *ALeCMan* cosechamos materiales hablados y leídos, pero estos últimos no se tienen como grados menos espontáneos de una misma escala. Nos servirán para hacer comparaciones con los de otros estudios, pero la escala diafásica atiende exclusivamente a registros hablados, conseguidos a través de conversaciones.

Para el estudio del léxico se ha utilizado la técnica que permite una comparación más fácil con los materiales recogidos en comunidades rurales: se ha redactado un cuestionario reducido (García Mouton & Moreno Fernández 1989), que se completa con ocho informantes, seleccionados entre los que componen la muestra general, atendiendo al sexo y a la edad.

Las encuestas tienen lugar, generalmente, en centros oficiales. Para coordinar el trabajo, se organiza un horario que permita a cada informante mantener las tres entrevistas (una para cada registro) en una sola sesión, de mañana o de tarde, a excepción de aquellas personas seleccionadas también para completar el cuestionario léxico, que dedican una jornada completa de trabajo.

---

3. Para las grabaciones se utilizan cintas cassette BASF Ferro Extra-I.

El orden de las entrevistas es siempre el mismo. En primer lugar, se hace la entrevista destinada a obtener un registro de máxima formalidad: se mantiene una conversación semidirigida acerca de la ciudad y sus problemas, ante un magnetófono bien visible (Philips D6530), con una proxémica de despacho. La conversación va precedida de la anotación de los datos personales, de unas pruebas para el estudio de las actitudes lingüísticas ('matched guise') y de la lectura de un texto y de listas de palabras (lectura rápida y lectura cuidada). Tras la primera entrevista se pasa a otra sala, en la que dos de los informantes, moderados por otro investigador, entablan una conversación, que surge espontáneamente o que es sugerida por el moderador. Ante ellos se pone también un magnetófono, más discreto que el primero (SONY TCS-430). De esta forma se pretende conseguir un registro de formalidad media. En estas dos primeras entrevistas, los investigadores disponen de unos impresos en los que pueden anotar cualquier incidencia lingüística o extralingüística que no sea recogida con el magnetófono. Para el registro de formalidad mínima se utiliza otra sala, en la que el investigador no adopta una actitud formal. Allí se mantiene una entrevista grabada por medio de un magnetófono oculto (SONY, con micrófono miniaturizado SONY ECM-144). La duración media de las conversaciones en cada uno de los registros con cada informante es de 30 minutos, lo que da un promedio de 90 minutos por persona.

Se han debatido mucho en sociolingüística los problemas éticos que suponen las grabaciones secretas (Milroy 1987a, 87-93), aunque es cierto que tales problemas parecen plantearse con más facilidad en las comunidades anglosajonas que en las mediterráneas. En el *ALeCMan*, creemos haber evitado las trabas éticas que pueden presentar las grabaciones secretas amparándonos en cuatro argumentos:

(1)   Las entrevistas no se mantienen en el hogar de los informantes, como en otras investigaciones (Milroy 1987b, 40 ss.; Poplack 1989; Sankoff & Sankoff 1973), sino en un lugar oficial al que acuden voluntariamente.

(2)   Los informantes reciben una gratificación económica por prestar su colaboración, de la que dan fe por escrito.

(3)   Una vez terminada la campaña de encuestas se remite a los informantes una carta poniéndolos al tanto de la grabación secreta que se ha realizado y de los fines de los materiales registrados. Asimis-

mo se les pide que muestren su disconformidad si lo estiman oportuno.

(4)   Garantizamos el anonimato de los encuestados.

5. EL CORPUS SOCIOLINGÜÍSTICO

Todos los materiales recogidos en las ciudades con metodología sociolingüística se transliteran en ortografía ordinaria. Las transliteraciones son hechas por dos personas. Se ha dispuesto un sistema de corrección que creemos suficiente para subsanar los errores y malas interpretaciones: las personas encargadas de transliterar corrigen sus trabajos mutuamente y una tercera los revisa.

Los textos de las entrevistas se escriben en un ordenador Macintosh y se organizan en tres formas diferentes: (1) transliteración íntegra de las grabaciones, incluido el discurso del entrevistador; (2) transliteración del discurso de cada informante exclusivamente (en el caso de las conversaciones entre dos informantes se numeran los turnos de palabra de cada uno); (3) concordancias del discurso de cada informante, que se realizan mediante el programa 'Concordance', preparado para Macintosh por David Rand (Universidad de Montreal).

El corpus sociolingüístico del *ALeCMan* estará dispuesto para su estudio en papel impreso y en disquetes informáticos. Parte de los materiales analizados podrá aparecer en volúmenes suplementarios.

6. CARTOGRAFIADO DE MATERIALES SOCIOLINGÜÍSTICOS

Entre los problemas técnicos que presenta la incorporación de información sociolingüística a los atlas sobresale, sin duda, el del cartografiado de los materiales.[4]

Como se ha explicado, el trabajo sociolingüístico se plantea de dos maneras diferentes: en los núcleos rurales se encuesta a un hombre y a una mujer (cuestionarios y entrevistas); en los núcleos urbanos se utilizan dos técnicas, según el nivel lingüístico: se graban conversaciones para la fonética, la morfosintaxis y el discurso y se llenan cuestionarios para la recogida de información léxica.

---

4. Problema que no responde en sí a un planteamiento sociológico, sino que está en la tradición dialectológica.

Los datos de valor sociolingüístico recogidos con cuestionario en las comunidades rurales aparecerán cartografiados. En los mapas léxicos se reseñarán las respuestas proporcionadas por cada uno de los informantes en sus respectivos ámbitos. Los mapas fonéticos y morfosintácticos incluirán una sola respuesta por punto cuando coincidan las de los dos informantes. Si las respuestas del hombre y la mujer son diferentes, se cartografiarán. Creemos que siguiendo este criterio la calidad representativa del mapa apenas se verá afectada.

En lo que se refiere a los materiales sociolingüísticos de las ciudades, se utilizarán dos criterios diferentes para reproducir los resultados, dependiendo de la técnica de recogida de datos utilizada. Incluiremos los datos recogidos mediante cuestionario en los mapas. Al tratarse solamente de siete ciudades, las respuestas no tienen por qué sobrecargar en exceso el cartografiado, si bien existe la posibilidad, cuando sea necesario, de que esas respuestas sean anotadas en forma marginal.

El *ALeCMan* también ofrecerá información sociolingüística referida a la fonética y a la morfosintaxis urbanas (recogida en entrevistas), pero sólo aquélla que presente un interés mayor. Con ese fin realizaremos análisis cuantitativos, cuyos resultados se ofrecerán en láminas complementarias de los mapas. Los análisis se harán mediante los programas informáticos 'Golvarb'[5] y 'StatView', también para Macintosh.[6]

De esta manera, el lector del atlas dispondrá de un mapa en el que podrá observar la distribución geográfica de un fenómeno (por ejemplo, el debilitamiento de /s/ en posición implosiva) y, junto a él, de una lámina en la que se explicará cuantitativamente la distribución contextual y social de cada una de las variantes encontradas en las ciudades.

7. Conclusiones

En la actualidad son varias las empresas geolingüísticas que están intentando incorporar la sociolingüística. La forma de resolver los

---

5. Programa hecho sobre el modelo de la regla variable. Nosotros sólo nos serviremos de sus virtudes técnicas, pero no asumimos para el atlas las implicaciones teóricas del modelo.
6. Actualmente se están realizando análisis del nivel fonético-fonológico. Esos análisis forman parte de la tesis doctoral de Isabel Molina Martos (1991).

muchos problemas que ello plantea son diferentes y, en líneas generales, puede decirse que todas resultan beneficiosas para la geografía lingüística y para un conocimiento mejor de los territorios estudiados. Sin embargo, es frecuente que las soluciones adoptadas en cada momento vengan impuestas por limitaciones de tiempo o de dinero.

En cualquier caso, sea cual sea el camino que los especialistas sigan para enriquecer sociolingüísticamente los atlas, creemos que existen unos principios objetivos que deben tenerse en cuenta para no suscitar otros problemas de mayor envergadura de los que se pretende resolver. Hay que partir de la idea de que la misión primera de un atlas es ofrecer información fidedigna y rigurosa sobre la variación diatópica en un territorio; los demás intereses son secundarios. Por su parte, sólo la sociolingüística es capaz de proporcionar análisis completos, detallados y rigurosos de la variación diastrática; dicho de manera diferente, la geografía lingüística jamás podrá ofrecer una información comparable a la de un estudio monográfico sobre un solo centro urbano.

En la elaboración de atlas, los factores sociales deben ser manejados con gran seriedad, para garantizar en todo momento la comparabilidad sociológica de los individuos encuestados en cada punto.[7] De no hacerlo así se obtendrá una imagen falseada o deformada del polimorfismo de una comunidad de habla, lejos de las indicaciones de Allières (1954) o de Alvar (1966-67).[8]

BIBLIOGRAFÍA

ALLIÈRES, JACQUES, 1954. 'Le Polymorphisme de l's implosif en gascon garonnais', *Via Domitia*, 1, 70-103.

ALVAR, MANUEL, 1966-67. 'Polimorfismo y otros aspectos fonéticos en el habla de Santo Tomás de Ajusco', *Anuario de Letras*, 6, 11-41.

——, 1973. *Estructuralismo, geografía lingüística y dialectología actual*, 2ª ed. (Madrid: Gredos).

Atlas Lingüístico de España y Portugal. Cuestionario, 1974 (Madrid, Departamento de Geografía Lingüística).

COSERIU, EUGENIO, 1981. 'Los conceptos de "dialecto", "nivel" y "estilo de lengua" y el sentido propio de la dialectología', *LEA,* 3, 1-32.

7. La inclusión de información sociolingüística en un atlas no debería empobrecer su calidad cartográfica.
8. Este trabajo se ha realizado dentro del proyecto de investigación de la CICYT, número PB86-0583.

GARCÍA MOUTON, PILAR, & FRANCISCO MORENO FERNÁNDEZ, 1988a. 'Proyecto de un *Atlas Lingüístico (y etnográfico) de Castilla-La Mancha*', en *Actas del I Congreso Internacional de Historia de la Lengua Española*, ed. Manuel Ariza, Antonio Salvador & Antonio Viudas (Madrid: Arco Libros), pp. 1461-80.

—— & ——, 1988b. *Atlas Lingüístico (y etnográfico) de Castilla-La Mancha. Cuestionario I* y *Atlas Lingüístico (y etnográfico) de Castilla-La Mancha. Cuestionario II* (Madrid).

—— & ——, 1989. *Atlas Lingüístico (y etnográfico) de Castilla-La Mancha. Cuestionario reducido (léxico)* (Alcalá de Henares: Univ.).

—— & ——, en prensa. 'Las encuestas del *Atlas Lingüístico (y etnográfico) de Castilla-La Mancha*', en *Actas del XIX Congreso Internacional de Lingüística y Filología Románicas* (Santiago de Compostela: Univ.).

JUD, JAKOB, & KARL JABERG, 1928-40. *Sprach- und Sachatlas Italiens und der Südschweiz* (Zofingen: Ringier).

LOPE BLANCH, JUAN M., 1973. *Cuestionario para el estudio coordinado de la norma lingüística culta, I: Fonética y fonología* (Madrid: PILEI-CSIC).

——, 1991. *Atlas Lingüístico de México (*México: Colegio de México).

MILROY, LESLEY, 1987a. *Observing and Analysing Natural Language* (Oxford: Blackwell).

——, 1987b. *Language and Social Networks*, 2ª ed. (Oxford: Blackwell).

MOLINA MARTOS, ISABEL, 1991. 'Estudio sociolingüístico del habla de la ciudad de Toledo' (tesis doctoral inédita, Universidad Complutense).

MORENO FERNÁNDEZ, FRANCISCO, 1990. *Metodología sociolingüística* (Madrid: Gredos).

NOELLE, ELISABETH, 1970. *Encuestas en la sociedad de masas* (Madrid: Alianza).

POPLACK, SHANA, 1989. 'The Care and Handling of a Mega-Corpus: The Ottawa-Hull French Project', en *Language Change and Variation*, ed. Ralph Fasold & Deborah Schiffrin (Amsterdam: John Benjamins), pp. 411-51.

SANKOFF, DAVID, & GILLIAN SANKOFF, 1973. 'Sample Survey Methods and Computer-assisted Analysis in the Study of Grammatical Variation', en *Canadian Languages in their Social Context*, ed. R. Darnell (Edmonton: Linguistic Research), pp. 7-64.

THUN, HARALD, CARLOS E. FORTE & ADOLFO ELIZAINCÍN, 1989. 'El Atlas lingüístico diatópico y diastrático del Uruguay (ADDU): presentación de un proyecto', *Iberoromania*, 30, 26-62.

TRUDGILL, PETER, 1983. *On Dialect* (Nueva York: New York Univ. Press).

La cantidad fonológica en el español actual

PALOMA GARCÍA-BELLIDO

University of Oxford

1. Introducción

Quizá uno de los conceptos de mayor arraigambre entre estudiosos del español actual es el de que esta lengua no tiene distinción fonológica de cantidad (Alarcos 1983, 211-12).

Esta generalización está esencialmente basada en dos hipótesis, que a mi juicio son deficientes. Una es que la cantidad vocálica latina puede considerarse como un rasgo inherente de las vocales (Alarcos 1983, 91, 93, 211 n. 2); puesto que el español actual no posee tal rasgo inherente a nivel fonemático, la cantidad se ha desfonologizado en el paso del latín al español actual (Alarcos 1983, 211). La otra hipótesis es que la cantidad es sólo detectable en las oposiciones de rasgos inherentes que se hallan establecidas en el inventario de fonemas. En (1) aparece una representación de rasgo inherente [largo] con su valor binario $\{+, -\}$:

(1)   mālum 'manzana'   malum 'malo'
                  /a:/   /a/
            [+larga]   [−larga]

Es mi intención aquí demostrar que si se describe la cantidad en términos de estructuras prosódicas autosegmentales y no como rasgo inherente y si se toman en cuenta los procesos fonológicos actuales que detectan estas representaciones, llegamos a una conclusión distinta de la arriba mencionada. Esta conclusión sugiere que en español actual la cantidad fonológica está aún presente. En (2) ofrecemos una representación de estructura prosódica, donde V es 'vocoide'. La presencia de dos posiciones prosódicas de vocoides asociadas a una sola melodía /a/ es interpretada fonológicamente como larga, mientras que la misma melodía /a/ asociada solo a una posición vocoide es interpretada como corta.

(2)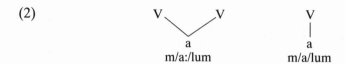

La estructura de este trabajo es la siguiente. En la primera sección expondré muy someramente el tratamiento de la cantidad en la fonología autosegmental y las generalizaciones que ésta puede alcanzar. En las secciones siguientes trataré de los casos en el español actual en los que parece haber una clara indicación de la cantidad como estructura prosódica. Para ello dividiré la discusión en tres casos.

En el primero, demostraré que existen consonantes en español actual cuya estructura prosódica es compleja, habiendo en el sistema una oposición entre estructura simple y compleja, corta y larga respectivamente.

En el segundo, trataré del alargamiento compensatorio cuya estrategia es mantener la cantidad larga y de los diferentes mecanismos para realizarlo.

Finalmente, abordaré el problema del acento cuya sensibilidad para detectar la cantidad fonológica es distinta de la del latín pero aún muy parecida en cuanto a la cantidad fonológica se refiere.

2. LA FONOLOGÍA AUTOSEGMENTAL Y LA CANTIDAD FONOLÓGICA

Es bien sabido que en latín el acento recaía en el margen derecho de la palabra y dentro de éste no más allá de la antepenúltima sílaba. Generalmente en los textos de latín en los que se describe la prosodía latina se pueden encontrar las siguientes observaciones sobre las generalizaciones necesarias para caracterizar la posición del acento en palabras con un mínimo de tres sílabas.

(3) Acento latino clásico
a) Si la penúltima vocal (y por lo tanto la penúltima sílaba) es larga, el acento recae sobre ella.

b) Si la penúltima vocal es corta, pero está seguida por: (1) dos o más consonantes (excepto que la segunda sea /r/ o /l/ y estén precedidas por oclusiva o /f/); (2) una semivocal (AE, OE, AU), entonces el acento recae sobre esa vocal corta.

c) Si la penúltima vocal es corta, y está seguida por: (1) una consonante; (2) por otra vocal con la cual no forma diptongo, entonces el acento recae sobre la vocal anterior.

Claramente para cualquier teoría que enuncie el acento de esta forma, obligada por la definición de cantidad estipulada como rasgo, estas condiciones dadas en (3) resultan arbitrarias. En una palabra, el considerar la cantidad como rasgo inherente en latín no es suficiente para predecir de una forma natural la posición del acento.

Una simplificación obvia es aceptar que el acento en latín, excluyendo la última sílaba, no buscaba vocales largas sino sílabas largas frente a cortas. La simplificación alcanzada en (4) se basa en la distinción en latín entre sílabas cortas y largas.

(4) Acento latino clásico
   a) Si la penúltima sílaba es larga, el acento recae sobre su vocal silábica.
   b) Si la penúltima sílaba es corta, el acento recae sobre la vocal silábica de la antepenúltima.

Una cuestión importante es si la definición de sílaba puede hacerse en términos segmentales. Hay tres problemas con una definición segmental de sílaba para el acento latino. En primer lugar, parece que el acento en latín no tiene en cuenta nada de lo que precede a la vocal silábica dentro de la sílaba. El segundo problema es que para definir una sílaba larga se necesitan cuatro condiciones: (1) que la vocal sea larga; que la vocal corta esté seguida de (2) otra consonante tautosilábica; (3) una consonante larga; o (4) otra vocal tautosilábica. El tercer problema es que para diferenciar vocales cortas y largas necesitamos aún hacerlo por valores intrínsecos de las vocales. Lógicamente se puede dudar de que la cantidad así estipulada, en términos de rasgos y de sílabas, sea la mejor aproximación a la cantidad del latín.

La fonología autosegmental resuelve esos tres problemas de la forma siguiente. Primero la sílaba está formada por dos constituyentes: un Ataque y una Rima.[1]

---

1. Véanse Goldsmith 1990, cap. 3, y Durand 1990, cap. 6, para referencias y una elaborada discusión de su importancia en la métrica.

(5)

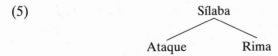

La cantidad silábica se puede definir, pues, sólo en terminos de la cantidad de la Rima: Rimas largas/Rimas cortas. Segundo, tanto las Rimas como los Ataques se asocian a unidades de tiempo expresadas arbitrariamente como X.

(6)

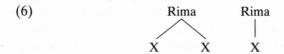

La diferencia entre una Rima larga y otra corta es que la corta está asociada a máximamente una unidad de tiempo X, mientras que la larga se asocia como mínimo a más de un X.[2] Si estas unidades de tiempo se asocian con unidades melódicas, es decir los segmentos, y estas asociaciones no son necesariamente de uno a uno, entonces un segmento largo se diferencia de uno corto en que el corto se asocia a una posición y el largo a más de una.[3] Las cuatro condiciones se reducen a una, que la Rima sea bifurcante (i.e. Rima larga).

(7) Rimas largas: bifurcantes

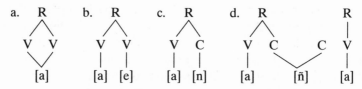

La caracterización de la cantidad en términos de estructuras prosódicas nos permite hacer que el acento en latín sea expresado adecuadamente como en (4), sustituyendo sílaba larga por Rima ramificante y sílaba corta por Rima no ramificante.[4]

---

2. Las Xs dentro de una Rima pueden llamarse *moras* y constituyen las unidades dentro de una teoría moraica. Véase Hayes 1989 para una elaboración dentro de este modelo.
3. Para los principios autosegmentales y el autosegmento de tiempo, véase Goldsmith 1990, caps 1, 2.
4. Para una especificación del acento latino en la teoría métrica autosegmental véase Halle and Kenstowicz 1991.

En conclusión, una lengua que, como el español, no tenga vocales largas como en (7a), pero tenga Rimas bifurcantes como en (7b, c, d) es para efectos de las condiciones del acento latino en (4) indistinguible del latín, de ahí que el acento del español actual no difiera del acento del latín clásico como se verá más adelante.

Parece pues que la desfonologización de la cantidad no estriba tanto en la desaparición de un sistema vocálico largo/corto sino en la desaparición por un lado de Rimas bifurcantes/no bifurcantes y por otro en la desaparición de procesos sensibles a esa diferencia. En teoría hay dos posibilidades para suprimir la cantidad de la Rima: hacer todas bifurcantes o todas no bifurcantes.

(8) Desfonologización de la cantidad de la Rima

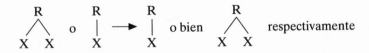

Es mi intención pues aquí demostrar que en español actual no parece haber indicaciones de desfonologización de la cantidad puesto que hay aún Rimas bifurcantes/no bifurcantes y procesos que son sensibles a ellas. Es más, hay procesos cuyo único fin parece ser el de conservar una estructura de Rima bifurcante.

3. LAS CONSONANTES DEL ESPAÑOL

Existen, a mi juicio, dos casos entre las consonantes del español en los que se puede argüir a favor de distinciones entre segmentos largos y segmentos cortos.

3.1. *Las vibrantes*

Quizá uno de los casos donde más audiblemente parece haber una alternancia de corta/larga es en las consonantes vibrantes: [r]/[r̄]. Esencialmente una está formada de una vibración y la otra de más de una. Independientemente de las diferentes realizaciones que aparecen en los dialectos del español, no hay ningún dialecto que haga fonéticamente equivalentes la vibrante simple de *pero* y la vibrante múltiple (fricativizada o velar) de *perro*. Fonológicamente hay distintos argumentos para considerar la vibrante múltiple como una consonante larga.

Primero, no existen palabras que estén acentuadas en la antepenúltima Rima si la penúltima vocal está seguida por [r]. Esto nos hace recordar el caso del acento latino antes discutido. La vibrante múltiple funciona métricamente como una consonante larga en español actual (García-Bellido 1983; Harris 1983). Segundo, en los futuros irregulares la pérdida de la vocal temática en un verbo como *querer* [keréré] —— [kerré] se resuelve en una vibrante múltiple [keré] fonológicamente equivalente a dos consonantes.[5] Tercero, es bien sabido que en español la vibrante múltiple abre la vocal anterior (Navarro Tomás 1968, 35-75; Comisión 1973, 15-30). El cambio de timbre de las vocales silábicas del español tiene los siguientes contextos:[6]

(9)   Las vocales se hacen abiertas: a) seguidas de vibrante múltiple; o b) seguidas de semivocal; o c) seguidas de consonante tautosilábica; o d) por pérdida de consonante siguiente tautosilábica.

Todos estos casos pueden englobarse en un único contexto fonológico:

(10)   Las vocales silábicas se hacen abiertas en Rima bifurcante.

Sólo si la vibrante múltiple es considerada una consonante larga (véase 7d) podemos explicar su influencia en la sílaba anterior. Si no lo hiciéramos el caso de la vibrante múltiple en (9) quedaría sin expli-

---

5. Para el tratamiento de futuros irregulares, véase Harris 1989. En un tratamiento moraico se podría decir que la conservación de la [r] refleja la conservación de la mora de la vocal:

6. La /e/ se cierra sólo en ciertos contextos trabados; estos casos parecen ser fonéticos más que fonológicos. La /x/ parece comportarse como la vibrante múltiple influyendo en el timbre de la vocal anterior, por lo que se podría pensar que es también larga. Métricamente parece que también es larga aunque hay una excepción: *cónyuge* donde esperaríamos acento penúltimo. Quizá comparte con otras palabras como *Frómista* el no tener autosegmento moraico. Véase más adelante sección 5 (pp. 163-66).

cación como un caso arbitrario distinto de los demás en (9). Parece, pues, que tres procesos independientes dentro de los procesos fonológicos del español, nos llevan a concluir que la vibrante múltiple funciona como una consonante larga.[7] La vibrante simple intervocálica no participa en estos procesos; no hace posición métricamente ni abre el timbre de la vocal anterior por lo que no se comporta como una consonante larga.

3.2. *Las palatales*

Métricamente las palatales $\{\widehat{t\int}, \text{ɲ}, \text{ǰ}, \lambda \}$ se comportan como consonantes largas ya que, como en el caso de la vibrante múltiple, no existen palabras que estén acentuadas en la antepenúltima Rima si la penúltima sílaba está constituida por vocal y ésta está seguida de una palatal: *cucáracha, *trámoya, *móntaña, *émbrollo. Palabras como éstas acentuadas antepenúltimamente son fonológicamente imposibles en español.

En García-Bellido 1989 se discute extensamente el caso de las palatales sonoras demostrando que estas palatales ocupan dos posiciones prosódicas siendo la segunda una palatal. Los argumentos esenciales son dos. Primero las palatales sufren despalatalización como consecuencia de no poder silabificar con éxito la palatal dentro de la Rima.

(11)   desdeñar [ɲ]   desdén [n]
             doncella [λ]   doncel [l]
             convoyito [ǰ][8]   convoy [i̯]

En la columna derecha de (11) la Rima del español no acepta dos posiciones después de la vocal, siendo la segunda posición una palatal (Harris 1983).

---

7. Los casos en los que la vibrante múltiple aparece al principio de palabra y al principio de sílaba precedida por consonante parecen ser casos más bien de reforzamiento por tensión articulatoria que por alargamiento prosódico. La vibrante múltiple de principio de palabra no parece cambiar el timbre de la vocal anterior en las transcripciones de Navarro Tomás 1968.
8. Con este símbolo [ǰ] se indica una consonante palatal fricativa.

(12) Despalatalización

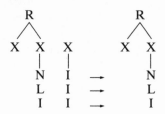

Las mayúsculas representan segmentos parcialmente especificados; N = Nasalidad, L = Lateralidad, I = Palatalidad.

El segundo argumento es que la regla de simplificación de palatales sonoras, que es responsable de la desaparición de palatales /i/ no silábicas en contacto con palatales silábicas o no, como en (13), parece no afectar a las palatales no silábicas largas.

(13) Simplificación de palatales sonoras

igles[j]+[í]t+a   →igles[í]ta
part[í]+[i̯]s   →part[í]s
mu[j]/[λ]+[j]e+nd+o   →mu[j]/[λ]endo

En (13) las semiconsonantes [j] y semivocales [i̯] desaparecen en contacto con una vocal silábica [i] homorgánica o con otra palatal [j]/[λ] no silábica. Sin embargo, encontramos casos en los que la regla de simplificación de palatales no aplica como se esperaría:

(14)   argu[j]o   mu[j]/[λ]o
            argu[ø]ir   mu[j]/[λ]ir

Sólo si estipulamos que los casos de elisión de una palatal sonora en el ataque de la sílaba se deben a que la palatal está asociada a una sola posición prosódica, podemos entonces explicar los ejemplos en (14). Palabras como el verbo *mu[j̃]ir* tienen una palatal asociada a dos posiciones prosódicas por lo que la regla de simplificación de palatales sonoras no podrá aplicar.[9]

9. Para la inalterabilidad de los segmentos multiasociados, véanse Hayes 1986, Schein & Steriade 1986.

(15)
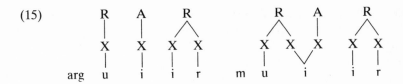

Palabras como *argüir* tienen una palatal asociada a una posición prosódica por lo que la regla de simplificación puede aplicar.[10]

4. PROCESOS DE COMPENSACIÓN

Uno de los casos en donde se pueden ver los efectos de la cantidad fonológica es en los procesos de alargamiento compensatorio (Hayes 1989). Si el español fuera una lengua cuyo último fin fuera desfonologizar la cantidad, esperaríamos una ausencia de procesos de alargamiento compensatorio, puesto que éstos conservan la cantidad larga en las lenguas con cantidad.

En teoría, pues, todo proceso fonológico que tienda a conservar la cantidad larga de la sílaba puede considerarse alargamiento compensatorio. Las estrategias son varias. Aquí discutiré tres. La primera consiste en tomar material articulatorio del segmento vecino. La segunda consiste en introducir nuevo material por medio de epéntesis. La tercera, más sutil, consiste en no suprimir en la posición silábica el indicador que marca la presencia de la posición prosódica, independientemente de la presencia o ausencia de un segmento implosivo.

4.1. *Asimilación*

Quizá el caso más espectacular es el del dialecto de La Habana

---

10. Nótese que en los casos como *argüir* el español normativo no diptonga a pesar de poder construir un diptongo creciente, que es la diptongación preferida (cf. *m[wí], v[jú]da* pero no **m[úi̯], *v[íu]da* inaceptables en español). Lo cual podría interpretarse como si la melodía /i/ desapareciese dejando una posición prosódica vacía de Ataque que impide la diptongación. En concreto, todos los verbos de tercera conjugación con tema acabado en /u/ se comportan de la misma manera, así como sus derivados (Navarro Tomás 1968, 167-69). El argumento del bloqueo de la diptongación parece pues apuntar a un análisis de deleción más que de inserción de palatal en estos casos de alternancia.

de las clases sociales cultas (Guitart 1976, 1978; Zamora & Guitart 1982, Harris 1985a, Ringer Uber 1985). En este sociolecto las líquidas /l/, /r/ al final de sílaba seguidas por otra sílaba desaparecen total o parcialmente. Básicamente, las líquidas pierden todos o casi todos los rasgos de su realización en la Rima.

Ahora bien, si este sociolecto tendiera a simplificar la sílaba para desfonologizar la cantidad silábica, es decir reducir la estructura de la Rima a su forma más sencilla, esperaríamos que la historia se acabara aquí. Contrariamente para una teoría de la desfonologización de la cantidad, este sociolecto evita que esto suceda utilizando el mecanismo de compensación de cantidad. La posición de la Rima total o parcialmente vacía asimila todos o casi todos los rasgos respectivamente de la consonante siguiente.[11]

(16) *Asimilación parcial*   *Asimilación total*

     el coco [egkóko] *[ekkóko]   el fino [effíno]
     por tres [podtré] *[pottré]   comer fino [koméffíno]

Este caso no es aislado. La /s/ al final de palabra en el dialecto andaluz pierde todos sus rasgos de punto de articulación conservando tan sólo el de sordez produciendo [h], como las líquidas de los habaneros cultos. Alarcos (1983, 280-81) aserta que en estos dialectos la vocal /o/ no se alarga sino que produce geminación en la consonante siguiente.

(17)   los ves [loφφé:]

En andaluz, pues, aparece el mismo proceso de asimilación de consonante, si bien en este dialecto la sordez de la implosiva [h] es asimilada por la consonante siguiente (cf. *[loφβé:]: [lohβé:] → [loφβé:] → [loφφé:])

Otros tipos de asimilación parcial aparecen en todos los dialectos del español precisamente en posiciones en que esperaríamos que la consonante tendiera a desaparecer: en posición implosiva. La asimilación de Nasales y Laterales al punto de articulación de la consonante siguiente parece ilustrar el mismo hecho: las Rimas en español no

---

11. En Harris 1985, la asimilación es siempre parcial, excluyendo el rasgo de sonoridad de la líquida. Las estridentes como la /f/, según él, se hacen sordas en todos casos con una regla de redundancia.

se simplifican, más bien se refuerzan por medio de la asimilación con la consonante siguiente, llenando pues la articulación de ese tiempo en la sílaba.[12]

(18)   Asimilación de La Habana: las líquidas en posición implosiva pierden todos sus rasgos articulatorios excepto el de [+sonoro]. Esta posición implosiva asimila todos los rasgos articulatorios de la consonante siguiente excepto el de [+/−sonoro].

4.2. *Epéntesis*

Es bien sabido que la alternancia de diptongación en (19a) parece estar ligada a la presencia o ausencia del acento en ciertas raíces o morfemas del español. En otros casos la presencia de acento no produce los efectos de diptongación (Harris 1985b, García-Bellido 1986).

(19)   a. *Diptongantes*   b. *No diptongantes*

No Acento	*Acento*	*No Acento*	*Acento*
segar	siego	pesar	peso
poder	puedo	comer	como
comería	comiera		comer
abertura	abierto		

Se ha sugerido que las formas en (19a), donde aparece un diptongo originado por el acento, son casos de Rimas crecientes, i.e., con vocal silábica a la derecha, en las que una vocal epentética /e/ rellena la posición vacía silábica de la Rima. (El asterisco sobre la Rima representa aquí Rima acentuada).

(20)

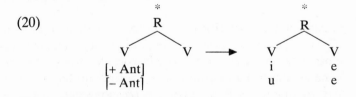

---

12. Parece ser que la percepción de /s/ es más deficiente que la de la /n/ al final de Rima. Eso explicaría la supresión de /s/ y la retención de /n/, que en Puerto Rico se hace por medio de la velarización [ŋ] (Ringer Uber 1984). Para una revisión somera de la geometría del segmento, véase García-Bellido 1988 y las referencias allí dadas.

Para una teoría de la desfonologización de la cantidad, la conservación de estos diptongos por medio de una epéntesis parece contraintuitiva. Sin embargo, es un proceso bastante productivo. En el desarrollo del lenguaje infantil el niño generaliza diptongando en formas como *viengo* o imperativos como *viene*. Si la diptongación no fuera un proceso productivo, no habría razón para que el niño no escogiera la forma más simple *vengo, vene,* etc., sobre todo cuando tiene evidencia positiva.

Más concretamente, el conservar una Rima ramificante en una posición acentuada, aunque sea un proceso léxico, ya que no afecta a ciertas formas, es en sí evidencia de que en español la Rima acentuada es 'preferentemente' larga como se verá más adelante en la sección 5. La diptongación léxica del español es, pues, otro ejemplo de conservación de cantidad larga que alterna con cantidad corta.

4.3. *Alternancia de timbre*

Navarro Tomás (1968, 41-43) observa que 'Las diferencias de timbre que hoy se advierten en la pronunciación de cada una de las vocales españolas, no tienen valor significativo ni obedecen a motivos de carácter histórico o etimológico, sino simplemente a circunstancias fonéticas, entre las cuales figuran como más importantes la diferente estructura que puede presentar la sílaba en que la vocal se halle'. En concreto, la sílaba trabada abre la vocal, mientras que la sílaba libre la cierra. Saporta 1965 observa el mismo proceso en Uruguay. En la diversidad de dialectos, sociolectos e idiolectos en el Sudeste de España hay un hecho aceptado por todos los estudiosos: el timbre de la vocal se abre ante la pérdida de la /s/ final de palabra.[13] También ocurre ante la pérdida de otras consonantes en la misma posición implosiva.

La regla dada en (10) especifica que la presencia de una posición de tiempo, con o sin melodía, es suficiente para producir que la vocal se abra. En otras palabras, la apertura de la vocal se origina a causa de que la Rima es una Rima ramificante; si la Rima no fuera ramificante se esperaría que la vocal fuera cerrada (como es el caso en que la Rima no está trabada); puesto que la vocal no es cerrada, la Rima tiene que ser ramificante.

Los dialectos del andaluz, así como los de Uruguay o el mismo

13. Véase Durand 1990, 136-44 para una discusión de posibles análisis.

castellano comparten la Regla (10) si bien los dialectos andaluces y uruguayos pierden la melodía parcial (cf. [h]) o totalmente.

Éste constituye, pues, otro ejemplo de conservación de la Rima larga, en este caso no por asimilación o epéntesis sino por apertura del timbre vocálico.

5. EL ACENTO DE PALABRA

El acento de palabra en español parece tener necesidad de los siguientes factores (Harris 1983, 1989; Roca 1988, 1990):

— Un factor de orientación: el acento se sitúa en el margen derecho de la palabra.

— Un factor de extrametricalidad donde sílabas o morfemas en la periferia de la palabra pueden estar exentos de recibir acento.

— Un factor de estructura Ramificante/No ramificante de la que el acento puede o no salir.

— Un factor de colocación en la sílaba, según el cual el acento se coloca en el segmento más sonoro dentro de una escala de sonoridad. En caso de haber dos segmentos con la misma sonoridad, se coloca en el derecho.

De estos cuatro factores quizá el primero y el cuarto parecen ser los menos sujetos a controversia. Aquí me centraré en el tercero. En Roca (1989, 1990) se argumenta que en español moderno el algoritmo del acento no tiene en cuenta la cantidad silábica. Básicamente el acento se coloca en la última Rima del margen derecho de la palabra una vez excluido el material extramétrico representado aquí entre paréntesis. Los datos cruciales son que en español hay pares mínimos como (21) y (22). El asterisco representa acento de intensidad.

(21)

	*	*
	sutil	útil
	*	*
	sartén	joven
	*	*
	mare(o)	áure(o)

En la columna izquierda de (21) el acento recae en la última Rima, sea ésta ramificante o no, mientras que en la columna derecha el acento recae en la penúltima, sea la final ramificante o no. Si el acento fuera sensible a la cantidad, como en latín (excluyendo la extrametricalidad), sería siempre final en las dos primeras líneas de (21) y sería penúltimo en la última línea de (21) si la *e* es breve.

Roca arguye que en español es necesario marcar morfemas que permitan la aplicación de Retracción del acento. En suma, el español acentúa la última Rima y ese acento se retrae una sílaba si la palabra está marcada para ello. En (22) un par mínimo ilustra la idiosincrasia de esta marca.

(22)   *   *
        saban(a)   sában(a)
                      [+R]

En conclusión, según este autor, el acento español no es sensible a la cantidad (pero véanse Solé Sabater 1984 y Hochberg 1988 para una conclusión diferente derivada de experimentos psicolingüísticos; pero véase Roca 1990, n. 27). La pregunta crucial es: ¿por qué sistemáticamente las palabras en las que la penúltima Rima es ramificante (por diptongo, sílaba trabada, o sílaba abierta seguida de palatal, vibrante múltiple) o en las que la última Rima de la palabra tiene un diptongo creciente (i.e., como *Alicia)* se resisten a retraer el acento? Formalmente puesto, ¿por qué las estructuras de (23) se resisten a dejar que el acento se retraiga?

(23)

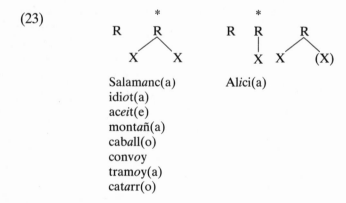

Salam*a*nc(a)   Al*i*ci(a)
idi*o*t(a)
ac*ei*t(e)
monta*ñ*(a)
cab*a*ll(o)
conv*o*y
tram*o*y(a)
cat*a*rr(o)

Roca (1990) sugiere que las palabras como las de la columna izquierda en (23) están marcadas por reglas de redundancia que las hacen [-R]. Nada se dice ahí de los casos como los de *Alicia.* Claramente los casos de (23) tienen algo en común y ésa es la generalización que vamos a descubrir. Para ello es necesario introducir el concepto de mora (Hayes 1989). No todos los segmentos son moras en una lengua. Así las moras en español son las siguientes:

(24)   a. Todas las [−consonantes].

        b. Cualquier consonante que esté seguida por un ataque.

Ahora supongamos que en español en los nombres, adjetivos y adverbios hay moras pero en los verbos no. Una vez establecida la extrametricalidad, las reglas del acento son las siguientes:

(25)   Posición: acentúese la última mora/Rima.
        Cantidad: retráigase el acento a la mora/Rima anterior.
        Condiciones: a) si el acento está en un morfema marcado [+R];
        b) a no ser que la mora acentuada sea una mora ligada.
        Silabicidad: póngase el acento en el segmento silábico.

El algoritmo de (25) establece como restricción de cantidad que el acento no puede salir de una Rima con dos moras. Es ésta la generalización que encontramos en (23).

(26)
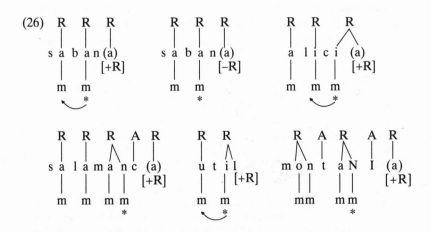

Nótese que en *Alicia* la última mora no está ligada puesto que el acento no puede ver la vocal silábica extramétrica de la Rima, por lo que el acento puede retraerse. Esto contrasta con una forma como *sacristí(a)* que tiene que estar marcada [-R] para poder contrastar léxicamente con casos como *áure(o)*. Lo importante aquí es que en *Alicia* no habrá nunca posibilidad de que el acento se retraiga a la sílaba antepenúltima, porque la retracción es no recursiva.

Si el acento retraído cae en una mora que no es silábica, el acento, por razones no de cantidad sino silábicas, recaerá en la vocal silábica. En suma, el acento español no es distinto del latino más que en tres respectos: su extrametricalidad no es siempre de la última sílaba en la palabra; sus condiciones de cantidad incluyen una más: la de retraer o no retraer, por razones de arbitrariedad (cf. *săbana/sabăna; ŭtil/sutĭl; ăureo/sacristĭa*) y tercero, la de acentuar Rimas cuando no existen moras. Aparte de los casos arbitrarios mencionados antes, los otros casos del léxico no tienen que ser marcados más que por defecto como morfemas de retracción (García-Bellido inédito). Los extranjerismos introducidos en el léxico español *(Wáshington, Mánchester)* son claramente palabras que están marcadas con [+R] pero no tienen autosegmentos moraicos. Véase también nota 6, p. 156, para otros casos.

En conclusión se ha argüido aquí que en español actual no hay razones para pensar que la cantidad fonológica haya desaparecido si se entiende por ello cantidad prosódica y métrica. Más concretamente una lengua que necesita cantidad métrica, como el español, necesita cantidad prosódica (la Rima). Ahora bien, aunque la cantidad métrica desapareciera del español, los procesos de compensación, si permanecen, serían prueba de que el español sigue siendo una lengua con cantidad fonológica.[14]

BIBLIOGRAFÍA

ALARCOS LLORACH, EMILIO, 1983. *Fonología española,* 4ª ed. (Madrid: Gredos).
Comisión de Lingüística Iberoamericana, 1973. *Cuestionario para el estudio*

14. Agradezco a Jacques Durand, Jim Harris, Iggy Roca y Nigel Vincent los comentarios que me han brindado a una versión más extensa de este trabajo. Por razones de espacio no he podido discutir aquí sus observaciones. A Ralph Penny le estoy inmensamente agradecida por su cuidadosa labor como editor. Como es lógico, no hago responsable a ninguno de ellos de los errores que puedan aparecer en él.

coordinado de la norma lingüística culta de las principales ciudades de Iberoamérica y de la Península Ibérica, I, Fonética y Fonología.

DURAND, JACQUES, 1990. *Generative and Non-Linear Phonology* (Londres: Longman).

GARCÍA-BELLIDO, PALOMA, 1983. 'Restricciones proparoxítonas: un análisis no extramétrico', *Revista Española de Lingüística*, 13, 249-65.

—, 1986. 'Lexical Diphthongization and High-Mid Alternations in Spanish: an Autosegmental Account', *Linguistic Analysis*, 16, 61-92.

—, 1988. 'El concepto de segmento en la fonología no lineal', en *Actas del III Congreso de Lenguajes Naturales y Lenguajes Formales,* ed. Carlos Martín Vide, II (Barcelona: Univ.), pp. 514-27.

—, 1989. 'Aspectos recientes de la fonología autosegmental: las palatales en español', en *Actas del IV Congreso de Lenguajes Naturales y Lenguajes Formales,* ed. Carlos Martín Vide, IV (Barcelona: Univ.), pp. 309-28.

—, inédito. 'Constraints on Spanish Stress', comunicación presentada al Congreso de Otoño de la Linguistics Association of Great Britain, Oxford.

GUITART, JORGE M., 1976. *Markedness and a Cuban Dialect of Spanish* (Washington: Georgetown Univ. Press).

—, 1978. 'Aspectos del consonantismo habanero: reexamen descriptivo', *Boletín de la Academia Puertorriqueña de la Lengua Española,* 6, 95-114.

GOLDSMITH, JOHN A., 1990. *Autosegmental and Metrical Phonology* (Oxford: Blackwell).

HALLE, MORRIS, & MICHAEL KENSTOWICZ, 1991. 'The Free Element Condition and Cyclic versus Noncyclic Stress', *Linguistic Inquiry,* 22, 457-501.

HARRIS, JAMES W., 1983. *Syllable Structure and Stress in Spanish,* Linguistic Inquiry Monograph, 8 (Boston: MIT Press).

—, 1985a. 'Autosegmental Phonology and Liquid Assimilation in Havana Spanish', en *Selected Papers from the XIIIth Linguistics Symposium on Romance Languages,* ed. Larry D. King & Catherine A. Maley (Amsterdam: Benjamins), pp. 127-48.

—, 1985b. 'Spanish Diphthongisation and Stress: A Paradox Resolved', *Phonology Book,* 2, 31-45.

—, 1989. 'How Different is Verb Stress in Spanish?', *Probus,* 1, 241-58.

HAYES, BRUCE, 1986. 'Inalterability in CV Phonology', *Language,* 62, 321-51.

—, 1989. 'Compensatory Lengthening in Moraic Phonology', *Linguistic Inquiry,* 20, 253-306.

HOCHBERG, JUDITH, 1988. 'Learning Spanish Stress: Developmental and Theoretical Perspectives', *Language,* 46, 683-706.

NAVARRO TOMÁS, TOMÁS, 1968. *Manual de pronunciación española* (Madrid: CSIC).

PALOMA GARCÍA-BELLIDO

RINGER UBER, DIANE, 1984. 'Phonological Implications of the Perception of -s and -n in Puerto Rican Spanish', en *Papers from the XIIth Linguistic Symposium on Romance Languages,* ed. Philip Baldi (Amsterdam: Benjamins), pp. 287-99.

—, 1985. 'Neutralization of Liquids in Syllable Rhymes: Recent Cuban Arrivals in the United States', en *On Spanish Portuguese and Catalan Linguistics,* ed. John J. Staczek (Washington: Georgetown Univ. Press), pp. 36-46.

ROCA, IGNACIO, 1988. 'Theoretical Implications of Spanish Word-Stress', *Linguistic Inquiry,* 19, 393-423.

—, 1990. 'Diachrony and Synchrony in Word-Stress', *Journal of Linguistics,* 26, 133-64.

SAPORTA, SOL., 1965. 'Ordered Rules, Dialect Differences and Historical Processes', *Language,* 41, 218-24.

SCHEIN, BARRY & DONCA STERIADE, 1986. 'On Geminates', *Linguistic Inquiry,* 17, 691-744.

SOLÉ SABATER, M. J., 1984. 'Experimentos sobre la percepción del acento', *Estudios de Fonética Experimental,* 1, 135-242.

ZAMORA MUNNÉ, JUAN, & JORGE M. GUITART, 1982. *Dialectología hispanoamericana: teoría, descripción, historia* (Salamanca: Almar).

168

4

LAS LENGUAS HISPÁNICAS
EN SU DESARROLLO HISTÓRICO

La nasalización vocálica
en las hablas iberorromances

RODNEY SAMPSON

University of Bristol

EN LOS ESTUDIOS de lingüistas románicos y generales sobre los procesos diacrónicos de la nasalización vocálica, las hablas peninsulares no ocupan una posición importante —a diferencia del francés que sigue representando para muchos la lengua paradigmática en este contexto. Sin embargo, el examen de las hablas peninsulares es de muy gran interés. Por un lado está la lengua portuguesa en la que se desarrollaban fonemas nasales vocales ya en el siglo XV, o quizás antes. Y por otro, se nos presenta la curiosa paradoja de que, al parecer, en las otras hablas de la Península la nasalidad no ha tenido casi ningún efecto sobre la evolución de las vocales.

Sorprende tal diversidad en una zona bastante compacta dentro de la Romania, y nos incita a explorar las circunstancias históricas para así determinar qué mecanismos han desempeñado un papel en la creación de vocales nasales, y también qué factores han bloqueado el juego de estos mecanismos en el centro y en el este de esta zona.

A modo de prólogo de este análisis, será útil considerar brevemente las hipótesis generalmente aceptadas sobre la nasalización vocálica y su implementación en el lenguaje.[1]

En primer lugar, se cree que la nasalización vocálica se produce normalmente por la asimilación de una consonante nasal adyacente, la cual sigue a la vocal en cuestión. Se trata pues de una asimilación regresiva que se puede esquematizar como VN > ṼN, donde 'V'

---

1. Para discusiones generales de las vocales nasales, véanse Ruhlen 1978, Schourup 1973.

representa una vocal, 'Ṽ' una vocal nasalizada y 'N' una consonante nasal.

Más tarde, al establecerse vocales nasales alofónicas, puede desaparecer el elemento condicionante, la consonante nasal adyacente. El resultado es la creación de fonemas vocales nasales. Se reconoce que una variedad de factores pueden entrar en juego para determinar las condiciones en que tiene lugar esta deleción crucial. Pero el contexto de la consonante nasal constituye sin duda el factor de mayor importancia. A la luz de investigaciones extensas de centenares de lenguas, se ha identificado una serie de tipos de contextos en que la caída de la nasal sería más o menos normal. Es decir, tenemos un parámetro o jerarquía implicativa que gobierna la eliminación de la nasal. Según Ruhlen (1978, 226) el parámetro apropiado es el siguiente: (más normal) V ___ C , V ___ # C, V ___ # V, V ___ V (menos normal). Eso es, las nasales serán eliminadas, y por ahí se crearán vocales nasales fonemáticas, primero en posición pre-consonántica, después al fin de la palabra (inicialmente cuando la palabra siguiente empezaba por una consonante, luego cuando empezaba por una vocal) y finalmente en posición pre-vocálica.

Para simplificar nuestra discusión, podemos combinar el segundo y el tercer contexto. Quedan pues los tres contextos siguientes: contexto (i) V N C, contexto (ii) V N #, y contexto (iii) V N V, los cuales siguen reflejando el parámetro postulado por Ruhlen.

Consideremos ahora las circunstancias del iberorromance. Ya en el periodo preliterario, se sabe que cada uno de los tres tipos de contextos nasalizantes existían en la Península. Los tipos (i) y (iii) se presentaban ya en el latín, p.ej. en CAMPUS, VENDERE y en LUNA, PONERE, respectivamente. En cuanto al tipo (ii), una fuente temprana pero muy restringida de /n/ final de palabra la proporcionó la deleción de la oclusiva /t/ de la inflexión verbal -NT. Según Carnoy (1983, 177), este cambio se remonta hasta el siglo III de nuestra era. Pero en el medioevo, la acción de la apócope efectuó un aumento enorme en la frecuencia de formas que contenían el contexto (ii): CANE > [kan(e)], PONE > [pon], etc. Operó la apócope en todas las hablas iberorromances. Fue más intensa en el este, donde todas las vocales no bajas subieron su efecto, pero su fuerza disminuyó a medida que se fue propagando al oeste. En portugués, la única vocal apocopada regularmente es -E, y esto ocurre tan sólo después de una consonante coronal simple.[2] Así, en el estado primitivo de cada una de las hablas iberorromances se daban los tres tipos de contextos nasalizantes, aunque el contexto (ii) gozaba de una frecuencia más grande en el este. Esbozamos la evolución ulterior de las vocales en estos contextos.

1. CASTELLANO

En el castellano, pocos indicios hay de que las vocales hayan conocido en ninguna época una influencia significativa de la nasalidad. Incluso faltan los dos indicios probatorios clásicos de la presencia de nasalización alofónica en romance.

El primero es la neutralización de la oposición entre las vocales medias /ɛ/:/e/ y /ɔ/:/o/ en el contexto (i) con resultado /e/ y /o/, respectivamente. Esto se observa en casi todas las variedades romances que experimentan una fuerte nasalización. Pero en castellano no ocurre, como lo indican los ejemplos TĚNDA > *tienda,* frente a VĒNDIT > *vende,* PŎNTE > *puente* frente a ROTŬNDU > *redondo.*[3]

Por otro lado, hay el debilitamiento característico de /n/ final en [ŋ] en el contexto (ii), evolución que aparece con gran frecuencia en las hablas romances donde se ha producido una fuerte nasalización vocálica. Tampoco este cambio tiene lugar en castellano; al menos en las variedades castellanas del norte y del centro (Navarro Tomás 1968, §110). En Andalucía, y en las zonas laterales del oeste, sí encontramos normalmente formas con [ŋ] final de palabra. Pero se trata de un desarrollo ulterior en el sur, y en el oeste de la zona castellana la velarización se debería a influencias occidentales. Finalmente, faltan totalmente indicios de nasalización en el contexto (iii).

---

2. Las circunstancias de la apócope castellana son algo más complejas: las vocales no bajas son eliminadas progresivamente hasta el siglo XIII, pero empieza, a partir del siglo XIV, un movimiento contrario que resulta en la conservación e incluso la restauración de muchas vocales, de suerte que las condiciones en castellano se parecen a las del portugués (véanse Lapesa 1951 y 1975; Catalán 1989).
3. A veces se encuentran casos en que hay ascensión debida a una influencia nasal, p. ej. MONTE > ['monte], sin la diptongación esperada de la /ɔ/. Pero es impresionante la regularidad de la conservación de la oposición entre vocales medias en castellano. Se presentan muchos más casos de neutralización, por ejemplo, en italiano, donde la nasalización vocálica ha sido también de poca importancia.

2. Catalán

A primera vista, la nasalidad parece haber ejercido una influencia tan mínima como la que hemos constatado en castellano. En el contexto (i), se nota otra vez que no hubo la neutralización de vocales medias. Así, hallamos EXTĚNDERE > *est[e]ndre,* DĚNTE > *d[e]nt* frente a VĒNDERE > *v[ɛ]ndre* (téngase presente que de /e/ y /ɛ/ protorromances resultan normalmente en catalán /ɛ/ y /e/, respectivamente); y a PŎNTE > *p[ɔ]nt,* RESPONDENT > *resp[ɔ]nen* se oponen SŬNT > *s[o]n,* ROTŬNDA > *rod[o]na.*

En el contexto (ii), la acción mucho más intensa de la apócope creó palabras en las que figuran al fin de la palabra todos los tipos de consonantes nasales, y no sólo la coronal /n/ como en castellano. Existía, pues, la posibilidad de una explotación más significativa de este tipo de contexto para generalizar la extensión de vocales nasales. Sin embargo, tal no fue el caso en realidad. Después de la apócope de vocales no bajas, la coronal /n/ cayó a partir del siglo X, o quizás ya del siglo IX, posiblemente a través de la etapa [ŋ] (Rasico 1982, 227-28).[4]

Es concebible que la deleción de la /n/ final tuviera el efecto compensador de nasalizar la vocal precedente. Sin embargo, aunque ciertos investigadores afirman que hubo tal nasalización (Duarte & Alsina 1984, 206), faltan pruebas concluyentes. Lo cierto es que, en los dialectos modernos, encontramos siempre vocales orales en formas como *vi, pa, bo* (< VĪNU, PĀNE, BŎNU). Finalmente, en el contexto (iii) no se presenta ningún indicio de la influencia de nasalización vocálica.

La situación del catalán, pues, se parece mucho a la del centro de la Península. La nasalización no ha desempeñado un papel notable en la evolución de las vocales. Y si aparecieron vocales nasales en el contexto (ii) al caer la /n/ final, esta nasalidad fue abandonada rápidamente.

3. Gallego-portugués

En el oeste, el efecto de la nasalización vocálica ha sido enorme.

---

4. Pero la pérdida total de la /n/ final de palabra no fue llevada a cabo en todas las variedades del catalán antes de finales del medioevo (Rasico 1985).

Ya los primeros textos romances, de comienzos del siglo XIII, parecen señalar la presencia de vocales con altos niveles de nasalidad.

Si consideramos las circunstancias en los tres tipos de contextos, se presenta un cuadro bastante variado. En el contexto (i), han evolucionado vocales fuertemente nasalizadas. Además, el indicio revelador de la neutralización entre las vocales medias comprueba la antigüedad del fenómeno; así, tanto *tenda, vende* (< TĔNDA, VĒNDIT) como *ponte, redondo* (< PŎNTE, ROTŬNDU) tienen vocales nasales idénticas. Sin embargo, se ha de tener en cuenta que la nasalización aquí ha quedado tan sólo alofónica en ciertos entornos. Según nos afirman los fonéticos, se da un elemento consonántico nasal entre la vocal nasal y una oclusiva. Si sigue una consonante continua, no se presenta ningún elemento nasal y la nasalidad vocálica es incondicionada.

En cuanto al contexto (ii), su frecuencia es escasa a causa de la acción muy limitada de la apócope, que toca tan sólo la vocal -E cuando sigue una coronal simple. La única nasal implicada, /n/, se debilitó y por fin desapareció a fines del medioevo. Así, surgieron vocales nasales incondicionadas en formas como *fim, bem, cão, razão* (< FĪNE, BĔNE, CĂNE, RATIŌNE). No hubo deleción de la nasal en gallego, de manera que aquí no tenemos más que formas con nasalización alofónica [fĩŋ, bẽŋ, kãŋ, řaˈθõŋ].

En el oeste de la Península, entra en juego el contexto (iii) que implicaba las vocales que precedían a una /n/ simple intervócalica, p.ej. *mão, lã* (< MĂNU, LĀNA). El gran interés del contexto (iii) consiste en que la consonante nasal crucial es heterosilábica en relación con la vocal que queda nasalizada. En los otros contextos, es tautosilábica. Volveremos a esta diferencia más tarde.

Se nos plantea el problema de explicar los resultados tan diferentes de la nasalización vocálica en las distintas hablas de la Península. Nuestro propósito será de identificar ciertos factores que han podido contribuir a crear tal diversidad.

Consideremos en primer lugar la situación en el oeste. Si comparamos los hechos lingüísticos ya presentados, se revela en seguida que el portugués se destaca de las otras hablas por haber explotado el contexto (iii). Ahora bien, según la concepción general de la implementación de la nasalización (véase arriba), ésta procede del contexto (i) al (ii) y finalmente al (iii). Pero otra interpretación parece legítima en el caso presente. A saber, que la creación de vocales fuertemente nasalizadas ocurrió inicialmente en el contexto (iii) y que las vocales que se encontraban en otros tipos de contexto nasalizante fueron asociadas después con las vocales fuertemente nasales del contexto (iii) y su nasalidad habría aumentado. En tal interpretación, pues, el contexto (iii) habría constituido un contexto nasalizante independiente, más bien que una etapa subalterna en el parámetro de la nasalización, y él sería capaz de iniciar la formación de vocales nasales condicionadas e incluso incondicionadas.

Una prueba sugestiva inicial en pro de nuestra hipótesis la representa el hecho de que aún en el portugués de hoy la nasalización vocálica en el contexto (i) queda parcialmente alofónica. Esto implica que la nasalización en el (iii) puede haber precedido la ocurrida en el (i).

Otra prueba nos la proporciona la historia de las otras hablas románicas que han experimentado la misma nasalización vocálica en el contexto (iii) con la deleción de la -N- intervocálica. En muchos dialectos del centro-sur de Cerdeña, en ciertos dialectos del noroeste de Italia y en gascón, se han creado vocales nasales incondicionadas en este contexto. Pero llama la atención que en los dos primeros casos el grado de nasalidad vocálica permanezca siempre bajo en los otros contextos nasalizantes (para el sardo, véase Contini 1987, 133-51). En gascón, las condiciones son un poco más complejas; en el contexto (i) no hay nunca más que nasalidad vocálica alofónica, pero en el contexto (ii), como en portugués, se dan vocales nasales incondicionadas en los dialectos más conservadores.

A mi parecer, la evidencia aboga por la necesidad de reconocer no uno sino dos parámetros para la creación de vocales nasales. Por un lado, habría un parámetro que abarcaría los contextos donde la vocal implicada y la consonante nasal condicionante son tautosilábicas. Y por otro, tendríamos un parámetro en que figuraría nuestro contexto (iii), donde la vocal y la consonante nasal son heterosilábicas. Claro está que la nasalización vocálica puede efectuarse por uno u otro parámetro. El francés, por ejemplo, y los dialectos italianos de la Romagna y Lombardía han formado sus vocales nasales explotando sólo el primero. En cambio, los dialectos sardos ya mencionados se han aprovechado únicamente del segundo.

El portugués (como el gascón) se destaca porque parece haber explotado ambos parámetros. De hecho, en las dos hablas el contexto (i) no está implicado directamente, visto que no ha actuado más que una nasalización incompleta, a la que podemos atribuir una importancia menor. Queda pues el contexto (ii), en el cual el portugués y el gascón llevaron a cabo la nasalización vocálica para formar vocales nasales fonemáticas. Frente a la identidad de los resultados en los contextos (ii) y (iii), hemos de plantear la cuestión de la naturaleza precisa de las relaciones entre ellos en portugués y gascón.

En primer lugar, será útil considerar más detalladamente la evolución del contexto (iii). En uno de una serie de artículos recientes, Carvalho (1989) toma y afina una idea propuesta hace mucho tiempo por Jungemann (1955, 190-204) según la cual el debilitamiento y, finalmente, la desaparición de -N- simple intervocálica se debe a la presión paradigmática de simplificar la geminada -NN-. Pero Carvalho opina que esto se efectuó merced a una resilabificación, de modo que LU-NA > *lun-a*. Así, la simple intervocálica resultó identificada con la /n/ implosiva, y en particular con la /n/ final de palabra. Más tarde, con el movimiento general que favoreció la creación de sílabas libres, la /n/ implosiva fue eliminada.

La hipótesis de Carvalho es atrayente, pero sufre de ciertos defectos. El más notable es que postula la existencia de formas del tipo *lun-a* cuya estructura silábica es contraria a las normas de silabificación en latín o romance.[5] Resultaría difícil, pues, explicar cómo y por qué las reglas silábicas originales fueran modificadas y luego reestablecidas un poco más tarde en portugués antiguo.

Ahora bien, se notará que esta hipótesis se conforma con el parámetro de nasalización ya presentado. Implica que el contexto (ii) es prioritario con respecto al contexto (iii), puesto que la estructura y la evolución de éste se conforman con las de aquél. Sin embargo, es significativo que si esa concepción del proceso de nasalización es abandonada, desaparecen las dificultades que hemos visto. A mi parecer, el debilitamiento y finalmente la deleción de -N- se debería a la acción de la lenición, según opinan otros muchos lingüistas. Así, se habría producido la evolución V-nV > V- ŋV > V- ^{ŋ}V > Ṽ-V. Pero el proceso de debilitamiento estaba ya sin duda muy avanzado antes de que empezase a efectuarse la apócope. Podría, pues, permitirse postular evoluciones del tipo siguiente: PANE > [pãŋe] > [pã^{ŋ}].

Existen ciertas pruebas en pro de la hipótesis del debilitamiento temprano de -N- por la acción de la lenición. Basándose en la evidencia de documentos notariales, Menéndez Pidal (1964, 256-59) consta-

---

5. Es muy significativo que en gallego, donde /ŋ/ queda conservada como fonema, esta consonante funciona en posición intervocálica no como implosiva sino como explosiva, es decir como V- ŋV. Véase Álvarez (1986, 33).

ta que durante los primeros siglos del medioevo la lenición fue mucho más fuerte en el oeste que en el centro-este. Existe pues la posibilidad de que en esa zona la tendencia a debilitar las consonantes intervocálicas se extendiera por razones estructurales desde las obstruentes a las sonorantes.

Pero, mientras la lenición parece ser un factor dinámico en el oeste, la apócope, propagándose desde el este, se establece lentamente. De ahí que la lenición de la -N-, con su contrapartida la nasalización fuerte de la vocal precedente, estuviese según toda probabilidad ya muy avanzada antes que actuara la apócope en el oeste.

Si tenemos razón, el empuje hacia la nasalización vocálica lo inició claramente el contexto (iii), y la nasalización en los otros contextos se produjo como efecto secundario. Así, el portugués pondría en duda el valor del parámetro 'clásico' de la nasalización.

En las hablas del centro y este, se nos plantea el problema de la no creación de vocales nasales. El hecho de que no ocurriera la lenición de -N-, y por eso no fuera pertinente el contexto (iii), es un factor clave. Pero bastan los contextos (i) y (ii) para crear nasales vocales, como indica el francés. Que ellos no lograran hacerlo es atribuible a la fuerza de las nasales implosivas; hay correlación directa entre aumento de nasalización vocálica y debilitamiento de la nasal condicionante.

En castellano, una consideración importante es la acción limitada de la apócope, que, por lo que toca a las nasales, se efectuó únicamente después de la /n/ simple. La nasalización vocálica en el contexto (ii) habría tenido una frecuencia muy baja, y además habría sido transparente, en el sentido de que una secuencia final $-\tilde{V}$ se dejaría analizar automáticamente como /-Vn/. En cuanto al contexto (i), incluso con niveles altos de nasalización vocálica, la identidad de la nasal implosiva se reconocería fácilmente de la identidad de la consonante oral siguiente, merced a la presencia casi ininterrumpida de una regla de homorganicidad en todos los grupos de *nasal + consonante oral*. Así, las secuencias $-\tilde{V}b$-, $-\tilde{V}d$-, etc. podrían ser interpretadas directamente como /-Vmb-, -Vnd-/. En realidad, el contexto (i) por sí mismo no parece ser capaz de generar vocales nasales incondicionadas en ninguna de las hablas románicas.

En catalán, la acción de la apócope fue más intensa, de manera que la serie completa de consonantes nasales apareció al fin de la palabra (nuestro contexto ii) a finales del siglo XIII, al menos en los dialectos de Barcelona y del norte. La implementación de la nasalización vocálica parece, pues, muy posible. Pero otros cambios fonéticos independientes tuvieron por efecto el establecimiento de nasales implosivas fuertes. En primer lugar la asimilación de -MB-, -ND- > -m(m)-, -n(m)- desde el siglo IX creó -m, -n fuertes en formas apocopadas: *llom, mon* (< LUMBU, MUNDU). Además, empezó quizá también en el siglo IX otro cambio, la deleción de las oclusivas entre consonantes, p. ej. CAMPOS > [kams]. La acción de este cambio se extendió a partir del siglo XIII al contexto / sonorante — #. Así, CAMPU > [kam], BLANK > [blaŋ]. En consecuencia, las cuatro nasales [m n ɲ ŋ] empezaban a darse, distintivamente, en posición final de palabra en una multitud de voces. Y ayudaban a conservar la identidad fonológica de cada nasal factores morfológicos; por ejemplo en *prim : prima, estrany : estranya, bla[ŋ] : blanca,* etc. la conservación de la nasal impedía la creación de alternancias temáticas.

De este modo, vemos que varios factores han intervenido para determinar las circunstancias de la nasalización vocálica en iberorromance. En el oeste, la acción del mecanismo independiente que proporciona el contexto (iii) ha sido de importancia decisiva. Las hablas del centro-este no disponían más que de mecanismos en que actúan nasales implosivas. Pero factores especiales han conspirado a bloquear su explotación definitiva.

BIBLIOGRAFÍA

ÁLVAREZ, ROSARIO, X. L. REGUEIRA, H. MONTEAGUDO, 1986. *Gramática galega* (Vigo: Galaxia).

CARNOY, ALBERT JOSEPH, 1983. *Le Latin d'Espagne d'après les inscriptions* (Hildesheim: Georg Olms).

CARVALHO, JOAQUIM BRANDÃO DE, 1989. 'L'Évolution des sonantes ibéro-romanes et la chute de -N-, -L- en gallaïco-portugais', *RLiR*, 53, 159-88.

CATALÁN, DIEGO, 1989. 'En torno a la estructura silábica del español de ayer y del español de mañana', en *El español: orígenes de su diversidad* (Madrid : Paraninfo), pp. 77-104.

CONTINI, MICHEL, 1987. *Étude de géographie phonétique et de phonétique instrumentale du sarde,* I (Alessandria: dell'Orso).

DUARTE I MONTSERRAT, CARLES, & ALEX ALSINA I KEITH, 1984. *Gramàtica històrica del català* (Barcelona: Curial).

JUNGEMANN, FREDRICK H., 1955. *La teoría del sustrato y los dialectos hispano-romances y gascones* (Madrid: Gredos).

LAPESA, RAFAEL, 1951. 'La apócope de la vocal en castellano antiguo: intento de explicación histórica', en *Estudios dedicados a Menéndez Pidal,* II (Madrid: CSIC), pp. 185-226.

—, 1975. 'De nuevo sobre la apócope vocálica en castellano medieval', *NRFH,* 24, 13-23.

MENÉNDEZ PIDAL, RAMÓN, 1964. *Orígenes del español,* 5.ª ed. (Madrid: Espasa-Calpe).

NAVARRO TOMÁS, TOMÁS, 1968. *Manual de pronunciación española* (Madrid: CSIC).

RASICO, PHILIP D., 1982. *Estudis sobre la fonologia del català preliterari* (Montserrat: Curial-Abadia).

—, 1985. 'La conservació de la -N' etimològica a l'antiga diòcesi de Girona', en *Actes del Quart Col·loqui d'Estudis Catalans a Nord-Amèrica* (Montserrat: Abadia), pp. 41-56.

RUHLEN, MERRITT, 1978. 'Nasal Vowels', en *Universals of Human Language,* ed. Joseph Greenberg (Stanford: Stanford Univ. Press), pp. 203-41.

SCHOURUP, LAWRENCE C., 1973. 'A Cross-Language Study of Vowel Nasalization', *Working Papers in Linguistics* (Ohio State University), 15, 190-217.

Algunos aspectos de la variación ortográfica en los textos alfonsíes

RAY HARRIS-NORTHALL

University of Wisconsin—Madison

EN AÑOS RECIENTES, hemos venido presenciando un resurgimiento del interés demostrado por los investigadores de la lingüística histórica en volver a los documentos medievales en busca de testimonios directos de formas atestiguadas. Esto no quiere decir, por supuesto, que todos los investigadores hubieran abandonado esta labor para dedicarse exclusivamente a las especulaciones teóricas, pero sí es verdad, como apunta Yakov Malkiel en su reseña de la *Cronología relativa del castellano* de la profesora Pensado Ruiz, que la recogida de datos pasó durante algún tiempo a ser 'slightly old-fashioned, but irreplaceable'; de la labor de la autora, alaba precisamente 'the unceasing quest for recklessly dispersed raw data, including medieval and dialectal forms' (Malkiel 1988-89, 419).

Aparte de la recogida de datos anteriormente desconocidos, existe otra faceta de este renovado interés: la comprobación de datos ya publicados, basada en la revisión de documentos y la consiguiente reinterpretación de sus características lingüísticas. Torreblanca (1988-89), por ejemplo, ha señalado la manera algo parcial en que Menéndez Pidal utilizaba en sus *Orígenes del español* datos lingüísticos recogidos de colecciones diplomáticas, dando lugar a conclusiones sobre las características lingüísticas de los documentos que quizás no fueran todo lo precisas que sería de desear. Craddock (1988) señala algunos problemas aparentes en el análisis que hace Galmés de Fuentes (1983) del mozárabe toledano, originados en parte por interpretaciones hechas por el autor, y en parte porque Galmés no cotejó las transcripciones de sus fuentes inmediatas con los documentos originales.

Dentro de esta corriente dedicada a poner al día una de las herramientas más básicas de la lingüística histórica, cabe mencionar la edición, bajo los auspicios del Hispanic Seminary of Medieval Studies, de una amplia gama de documentos medievales, principalmente los alfonsíes, transcritos y copiados a formato de soporte electrónico.[1] La combinación de tres circunstancias (el que las transcripciones sean absolutamente fieles a los manuscritos originales, la coherencia y sistematización de la transcripción en todos los casos, y la posibilidad de aplicarles métodos electrónicos de análisis de textos) hace que estos documentos proporcionen a la lingüística histórica una fuente de información de gran fiabilidad (véase, por ejemplo, Craddock 1985-86). Algunos especialistas ya han sabido aprovechar la ocasión ofrecida por estas ediciones. En cuestiones léxicas, sirva de ejemplo el artículo de Hartman (1984); dentro del campo de la fonética y la fonología está el espléndido estudio de Penny (1988).

Quizá convenga en primer lugar señalar el carácter absolutamente excepcional del corpus alfonsí en cuanto testimonio del castellano hablado. Hay que tener presente la intención consciente que existía en el *scriptorium* real de estandarizar no sólo el lenguaje empleado en los textos, sino también su ortografía; como indica Blake, 'In the context of the Scriptorium's goal of standardizing language usage, spelling experimentations should have been held to a minimum' (1987-88, 270). Es decir, es evidente que los escribas acercaron en la medida de lo posible la ortografía a la pronunciación, modelando así una ortografía cuasi-fonológica. Como señala Penny (1988, 337), existen dificultades en la representación ortográfica de las consonantes palatales, y a veces aparecen elementos no castellanos, como en *CRZ*; pero por lo general, la ortografía alfonsí es un reflejo muy fidedigno de la estructura fonológica que pretende representar.

Por otra parte, el mismo corpus se ha utilizado en varios intentos de despejar la enmarañada cuestión de las grafías <f>, <ff>, <h> en el español medieval (véanse, por ejemplo, Penny 1990 y, en parte, Blake 1987-88), encontrándose siempre estos especialistas con un alto

1. Véanse Kasten & Nitti (1978) y Nitti & Kasten (1982). Las referencias son a estas ediciones, y las abreviaturas utilizadas las siguientes: *CRZ: Libro de las cruzes, LEY: Libro de las leyes, EE1: Estoria de España I, EE2: Estoria de España II, GE1: General estoria I, GE4: General estoria IV, YMG: Libro de las formas & de las ymagenes, ACE: Libros de ajedrez, dados y tablas, AST: Libros del saber de astronomía, LAP: Lapidario.*

grado de correspondencia entre la estructura fonológica de la lengua medieval y su representación ortográfica en este corpus de documentos. Parece lícito, por lo tanto, una vez establecida la gran fiabilidad de esta representación, estudiarla desde otros puntos de vista con el deseo de que estos valiosos documentos nos deparen todavía más oportunidades de ampliar nuestros actuales conocimientos del castellano medieval.

El corpus ofrece, a mi modo de ver, una fuente de información sobre dos aspectos de la fonética histórica: la oportunidad de comprobar la fecha de ciertos cambios fonéticos que han operado en la evolución del español medieval; y la posibilidad de poner a prueba la interpretación de la expansión de estos cambios, junto con su estatus fonotáctico y, tal vez, sociolingüístico. En este estudio, por lo tanto, me ocuparé de detallar con algunos ejemplos estos dos aspectos de la investigación.

En el primer caso, pueden ser la misma ortografía y sus aparentes incongruencias las que llaman la atención sobre un aspecto insospechado de la estructura fónica, ya que, como se ha señalado anteriormente, las irregularidades ortográficas en este corpus son muy pocas y por lo tanto dignas de investigación. Uno de los fenómenos históricos con efectos más profundos sobre el carácter del español medieval fue sin duda la apócope de la [-e] final de palabra, no sólo por la pérdida de la vocal en sí, sino también por las consonantes que después quedaban en posición final de palabra. Una de las supuestas irregularidades más destacadas de la ortografía alfonsí es la presencia casi constante de la -z en posición final de palabra, excluyéndose, salvo en poquísimos casos, la -ç.

Esta representación gráfica es aun más sorprendente cuando se observa que en posición interna los escribas distinguen con una regularidad casi perfecta entre -ç-, que representa la africada sorda /t^s/, y -z-, que representa la africada sonora /d^z/. ¿Por qué, si los escribas distinguían sin problemas entre las consonantes internas de *fazer* (< FACERE) y *naçer* (< NASCI), o entre *vezes* (< VICES) y *caça* (*caçar* < *CAPTIARE), se empeñaban en transcribir las dos consonantes, cuando aparecían en posición final, con la misma letra -z? Esta ortografía es tan abrumadoramente preponderante que no podemos dudar en calificarla de absolutamente regular; en todo el corpus alfonsí, más el texto de *Moamyn: Libro de las animalias* (cuya procedencia es algo dudosa; véase Cárdenas 1987), el 98,24% de las formas relevantes aparece escrito con -z, y tan sólo un 1,76% con -ç.[2] En las formas más frecuentes, como *faz ~ haz* o *vez*, la cantidad de representaciones en -*z* sobrepasa ampliamente el 99%; y, por si fuera poco, vemos que en algunos de los textos individuales (por ejemplo, el *LEY* o *EE1*, la grafía -ç sencillamente no existe.

Ahora bien, esta extraña regularidad ortográfica que aparece en los textos alfonsíes (y, generalmente, en los documentos castellanos a partir de 1250, aproximadamente), resulta precisamente ser la piedra con la que han tropezado los historiadores de la lengua desde hace casi un siglo. Menéndez Pidal, en su edición del *Cid*, interpretaba como sonoro el sonido representado por la -*z* final (1908, 193-94, n. 2), y llegó a comentar la 'imposibilidad del castellano para pronunciar la ç final' (1908, 194, nota); comentario muy acertado, aunque indudablemente no en el sentido en que lo apuntó Menéndez Pidal, como intentaré demostrar. Más tarde, en la séptima edición de su *Manual*, insistía todavía en su carácter sonoro: 'Hoy esta *z* es sorda [...] pero antiguamente no lo solía ser en castellano; dialectalmente aparece escrita en antiguo aragonés y leonés: *dieç, paç, Pelayeç*' (1944, 168).

Evidentemente, el uso de la -*z* hizo que muchos estudiosos se resistieran a creer que hubiese tenido lugar el proceso más corriente en casos de apócope en el castellano medieval: el ensordecimiento de la obstruyente que quedaba en posición final de palabra. Según el testimonio de los mismos textos alfonsíes, este proceso de ensordecimiento, aunque no perfectamente regular, sí ocurría en gran número de casos; es probable que la alternancia observable entre obstruyentes finales sordas y sonoras resultara del contexto fonético.[3] De manera que en el corpus, encontramos numerosas formas, como *enfermedat, bondat, uirtut, cipdat, quantidat, meatat, salut, grant, amuchiguat* (como imperativo plural), *naf, nief*, etc., que demuestran el ensordecimiento de la consonante que permanecía en posición final de la palabra después de la apócope. Ahora cabe preguntarnos: si la consonante final de formas como *paz* y *voz* alternaba entre sorda y

---

2. Las formas son las siguientes, con su ortografía moderna: *andaluz, asaz, cruz, emperatriz, estonz (= entonces), grandez (= grandeza), haz, luz, niñez, nuez, ofrez (=ofrece), paz, pez, prez, raíz, sobrefaz, solaz, vez, vejez* y *voz*. Obsérvese que se han excluido tanto los nombres personales (específicamente los patronímicos en *-ez, -az, -oz*) como los topónimos (*Cádiz, Badajoz*, etc.). Para la distribución de las formas en el corpus, el análisis estadístico y demás pormenores, véase Harris-Northall en prensa.
3. Espero volver a discutir esta posibilidad en futuras investigaciones.

sonora, ¿por qué no se observa en los documentos una variación entre -z y -ç como la que existe, por ejemplo, entre -t y -d? O si ya no había variación, y el ensordecimiento había ocurrido en todos los casos, ¿por qué representar el resultado sordo por -z, en vez de -ç? La mera existencia de lo que parece ser una incongruencia ortográfica debe alertarnos sobre la posibilidad de que la interpretación tradicional no sea la más adecuada.

Convendría ahora comparar esta situación ortográfica con lo que sabemos de las características fonotácticas del castellano medieval; la más pertinente aquí (pueden verse otros aspectos de la cuestión en Harris-Northall, en prensa) es la restricción sobre la aparición de consonantes africadas en posición final. Si tomamos como ejemplo el comportamiento del único fonema africado de la lengua medieval que sigue siéndolo en la lengua moderna, /tʃ/, vemos que no se admite nunca en posición final de palabra, ni tampoco en posición final de sílaba interna (Alarcos Llorach 1971, 189-93). Esta restricción ha permanecido inalterada desde los orígenes del idioma, salvo durante el breve período de la apócope 'extrema', que dio lugar a formas como *noch* y *lech*.[4] Sin embargo, la vida de estas formas fue más bien efímera. En el texto de *Moamyn*, por ejemplo, *noch* ~ *noche, lech* ~ *leche* aparecen alternándose de una manera que parece ser completamente arbitraria; en cambio, en un texto alfonsí como *EE1*, encontramos *leche* exclusivamente en su forma no apocopada, mientras que *noch* se documenta sólo siete veces y *noche* más de sesenta. Además, la forma apocopada aparece únicamente seguida de vocal; en este contexto, como es evidente, podía volver a ser inicial de sílaba, y por lo tanto no infringir la norma fonotáctica castellana.

Resulta claro que el lenguaje alfonsí, lo mismo que el moderno, rechazaba el sonido africado en posición final de palabra, e incluso de sílaba. La propia extinción de la apócope extrema nos lo confirma: al sustituirse formas como *fezist, mont, part, dix, naf, princep, Enrric* por las correspondientes formas no apocopadas, el idioma volvía a eliminar de la posición final los grupos consonánticos, las consonantes oclusivas, y las fricativas que no compartiesen el mismo punto de articulación coronal y anterior de las nasales y líquidas. Dada esta

---

4. Obsérvese que la [tʃ] tampoco logró desarrollarse históricamente cuando había de aparecer en dicho contexto; compárense los varios resultados de MULTU: *mucho*, donde el africado está en posición inicial de sílaba, pero *muy(t)*, donde no aparece en posición final. Para más detalles, v. Harris-Northall 1990, 63-65.

situación, sería totalmente contradictorio que admitiera consonantes africadas en posición final. Por ello, hemos de concluir que lo que representaba la -z no era un sonido africado, sino que ya había perdido el elemento oclusivo de su articulación, y se había convertido en fricativo. A pesar de ser fricativa, esta articulación no podría representarse mediante la -s, puesto que ésta representaba una sibilante apicoalveolar, y el resultado de la desafricación de /tˢ/ era una sibilante predorsal. La situación que encontramos en el corpus alfonsí, por lo tanto, es que la z representa, sin ambigüedad alguna, dos sonidos: uno fricativo, en posición final de sílaba, y otro africado, en los demás contextos.

Naturalmente, la desafricación es un proceso muy conocido en la historia del castellano, pero por lo general, se ha venido manteniendo la opinión de Alonso (por ejemplo, 1976, ch. III) de que no ocurrió hasta el siglo XVI. Alonso, apóyandose en las declaraciones y descripciones de gramáticos y pedagogos, no contempla la posibilidad de que mediara un período bastante largo entre la desafricación en posición final y en posición intervocálica interna; pero este tipo de difusión del cambio desde un contexto fonético a otro se ha observado en muchos casos y estaría perfectamente en consonancia con la reducción de un sonido africado a fricativo. Pocos han discrepado de la opinión de Alonso, aunque hay que mencionar a Lloyd (1987, 333), quien, por otros motivos, llega a la conclusión de que 'in popular speech deaffrication had occurred as early as the thirteenth century', y a Pensado (1984, 329), quien afirma que 'el siglo XIV [...] sería la fecha en que se pudiera asegurar que la -z final de sílaba ya no era africada, y habría indicios anteriores de la tendencia'. Creo que un análisis detenido de la ortografía del corpus alfonsí, en combinación con nuestros conocimientos del sistema fonotáctico del español medieval, nos proporcionan precisamente esos indicios.

El segundo caso del que me ocuparé aquí se refiere a un cambio lingüístico cuya presencia en los textos es mucho más evidente que un cambio puramente alofónico: la apócope. Este fenómeno ha sido tratado en gran profundidad y con gran perspicacia especialmente por Lapesa a lo largo de muchos años (véase Lapesa 1951, 1975, 1982), aunque otros especialistas también han contribuido de una manera importante a su explicación desde distintas perspectivas (por ejemplo, Allen 1976, Montgomery 1975).

En sus primeros trabajos sobre el fenómeno, Lapesa marca un paralelo entre la decadencia de la apócope extrema, decadencia que él sitúa en la segunda mitad del siglo XIII (1951, 185), y la evolución de una política nacional castellana menos dependiente del apoyo ultrapirenaico. Atribuye, además, gran importancia a la intervención del mismo Alfonso X, quien 'decide la contienda [entre formas apocopadas y no apocopadas] al escoger como tipo de lenguaje literario el "castellano drecho", sin apócope extrema' (1951, 226), aunque en su artículo publicado en 1975, parece reconocer que la decadencia de la apócope extrema no coincidió exactamente con la época alfonsí: 'los esfuerzos de Alfonso X para combatir [la apócope extrema] obtuvieron como resultado póstumo excluir del modelo de buen lenguaje los finales consonánticos duros' (1975, 14).

Un estudio detallado de las formas apocopadas y no apocopadas del corpus alfonsí podrá proporcionarnos una respuesta a varias cuestiones que la tesis de Lapesa deja todavía pendientes: ¿existe uniformidad en el uso de las formas en los textos alfonsíes?; ¿se puede detectar, por el contrario, una disminución en las formas apocopadas entre los textos más tempranos y los más tardíos?; ¿existe algún cambio notable o discrepancia entre los textos?

Tras haber realizado un estudio exploratorio, creo que es posible proponer una solución a estos interrogantes, aunque haya que expresarla en términos provisionales hasta que se lleve a cabo un estudio mucho más profundo. El estudio aludido (Harris-Northall 1991) toma *(a)delant(e)* como muestra de las formas patrimoniales del castellano (es decir, que de ninguna manera pueden ser préstamos, ni del latín, ni del galorromance) susceptibles de sufrir la acción de la apócope extrema, y estudia la relativa frecuencia de las variantes apocopada y plena, y sus contextos fonéticos, en los textos más extensos del corpus alfonsí.

La relativa frecuencia de las dos variantes en las dos partes de la *General estoria* no demuestra tendencia alguna a sustituir formas apocopadas por formas plenas:[5] de hecho, existe una clara preferencia por las formas apocopadas, preferencia más acentuada en *GE4* que en *GE1*. Entre los textos más extensos, solamente en la *Estoria de España* aparecen siempre las formas plenas en mayoría, sobre todo en la segunda parte. La fecha de *EE1* (se completó en 1284) no la separa notablemente de *GE1* (1272-75), ni de *GE4* (1280), pero en el caso de *EE2*, sabemos que la composición del texto duró hasta bien entrado el siglo XIV.

5. La estadística puede verse en Harris-Northall 1991.

Curiosamente, sin embargo, el texto de *LEY* no muestra casi ninguna vacilación: *adelant* no ocurre nunca (frente a 52 casos de *adelante*) y *delant* sólo dos veces (frente a 40 casos de *delante*). Esta falta de variación puede obedecer a dos motivos: que el texto sea de una época algo posterior a la alfonsí, como propone Ruiz Asencio (1975, xliv-xlv); o que, precisamente por su carácter de texto legal, haya sufrido un proceso de corrección minuciosa que eliminara las formas apocopadas. En cualquier caso, la situación de *LEY* no es típica de los textos alfonsíes.

En resumen, podemos afirmar que las formas plenas de *(a)delante* no pasan a ser mayoritarias hasta finales del siglo XIII, ya que la disminución en el efecto de la apócope extrema predicha por la tesis de Lapesa no se confirma en los textos alfonsíes, por lo menos en el caso específico de *(a)delant(e)*. La supresión de la apócope extrema no parece haber sido un aspecto importante del proceso de estandarización llevado a cabo en el *scriptorium* real. Sin embargo, es evidente que más tarde tiene lugar, de forma progresiva, el restablecimiento de la forma con vocal final. Este proceso, no obstante, no creo que resulte de ninguna intervención prescriptivista, sino de una generalización de una de las dos formas existentes que podemos ver más claramente en algún caso particular.

El latín MULTU ha dado, como se sabe, dos resultados en el castellano moderno: *mucho* y *muy*; en la lengua medieval existían más variantes: la forma apocopada aparecía también como *much* y *muyt*. Esta última variante es rara en el corpus alfonsí: aparece solamente dos veces en *CRZ*; *much* y *muy* (~*mui* ~ *muj* ~ *mvy*) son las formas apocopadas normales. La fonética histórica nos demuestra que *much* sólo pudo evolucionar en situación prevocálica (el castellano no ha desarrollado sonidos africados en posición final o preconsonántica, ni los ha permitido, salvo durante la breve vida de la apócope extrema; véase arriba y n. 4), y *muy* y sus variantes en posición preconsonántica. (Una posición final absoluta no sería posible dada la naturaleza sintáctica del adverbio.)

Ahora bien, los textos alfonsíes indican claramente que esta distribución morfofonémica seguía vigente por lo menos en un sentido: con rarísimas excepciones, *much* aparece exclusivamente en posición prevocálica:

> serie grand & fermoso & omne muy uiuo & *much* acucioso (*GE4* 4v100-101)

pora seer feminino fermoso & *much* apuesto (*YMG* 8v41-42)

ouieron dichas sus razones *much* affincadas (*ACE* 2r8-9)

de fierro serie [...] muy pesada. & aurien le *much* a menudo de toller la orin (*AST* 25v18-20)

mato al toro de Creta q[ue] era muy brauo e *much* espauentable (*EE1* 4v59-60)

touieron los *much* aq[ue]xados (*EE2* 343v12)

las sus mineras son en cima dun monte *much* alto (*LAP* 65v1-2)

Como puede apreciarse en las citas primera y cuarta, la alternancia *much* ~ *muy* obedecía a motivos fonéticos. El uso de *muy* y sus variantes, sin embargo, no sigue tan rigurosamente la norma fonética, encontrándose algunos casos de *muy* en posición prevocálica:

diremos agora [...] mas & mayores. & dellas *muy* estrannas (*GE4* 3r19-20)

pora semeiar qual logar quiere monte *muy* alto (*YMG* 3r62-63)

muy noble & *muy* estranno & *muy* apuesto (*ACE* 95r22-23)

Si esto quisieres saber. & fuer la sierra *muy* alta (*AST* 65r3-4)

era *muy* atreuudo en sos fechos (*EE1* 36r55)

Recibieron lo bien & fueron *muy* alegres con el (*EE2* 18v55-56)

es buena para los enfermos que an las fiebres *muy* agudas (*LAP* 36v27-28)

Esta distribución de variantes indica que estamos presenciando el momento en que la variante preconsonántica, *muy*, se estaba extendiendo a posiciones prevocálicas, desplazando así la variante *much*. Este proceso de reducción de las alternancias morfofonémicas triunfaría muy poco después con la eliminación de todas las formas reducidas de *mucho* salvo *muy* (compárese la situación en portugués, donde ni siquiera *mui* ha sobrevivido la tendencia niveladora, al haber sido desplazado incluso en el uso adverbial por *muito*). Vemos, pues, que es la variante preconsonántica la que tiende a imponerse en castellano en los procesos de eliminación de alternancias.

Ahora, si volvemos a aplicar los conocimientos que ya tenemos de la estructura del castellano medieval a lo que encontramos en los textos alfonsíes, resulta más fácil arrojar luz sobre el comportamiento de las formas apocopadas y no apocopadas. Como ha señalado Lapesa repetidamente (1951, 208; 1975, 22), es probable que la apócope extrema nunca fue una característica de la lengua hablada, sino que su carácter extranjerizante la limitaba al estilo escrito de algunos escribas. En todo caso, está claro que el castellano medieval no admitía con facilidad grupos consonánticos en posición final de sílaba, así que la apócope extrema sólo se admitiría normalmente en la lengua hablada en posición prevocálica.

Sin embargo, la situación en los textos alfonsíes, y particularmente en el caso de *(a)delant(e)*, no demuestra una alternancia clara entre las formas apocopadas y plenas según el segmento siguiente, aunque lo que sí vemos después de la época alfonsí es el desplazamiento de las formas apocopadas por las terminadas en *-e*: precisamente, una vez más, la variante originalmente preconsonántica.

Todo ello sugiere que ante la inestabilidad fonotáctica de las formas con apócope extrema, fue la misma tendencia del idioma a extender las variantes preconsonánticas la que provocó la paulatina desaparición de estas formas, y no una intervención de tipo prescriptivo, como Lapesa da a entender.

Con estos pocos ejemplos de trabajos realizados, en fase de preparación, o todavía apenas empezados, he querido resaltar la importancia que tiene volver constantemente a los textos en busca de testimonios que apoyen o refuten hipótesis basadas en los conocimientos teóricos que tenemos de la lengua medieval. Los textos cuidadosamente editados todavía nos pueden proporcionar datos valiosos.

BIBLIOGRAFÍA

ALARCOS LLORACH, EMILIO, 1971. *Fonología española*, 4ª ed. (Madrid: Gredos).

ALLEN, J. H. D., Jr, 1976. 'Apocope in Old Spanish', en *Estudios ofrecidos a Emilio Alarcos Llorach*, I (Oviedo: Univ.), pp. 15-30.

ALONSO, AMADO, 1976. *De la pronunciación medieval a la moderna en español*, I, 2ª ed. (Madrid: Gredos).

BLAKE, ROBERT, 1987-88. '*Ffaro, Faro* or *Haro*? F Doubling as a Source of Linguistic Information for the Early Middle Ages', *RPh*, 41, 267-89.

CÁRDENAS, ANTHONY J., ed., 1987. *The Text and Concordance of Biblioteca Nacional Manuscript RES. 270-217: 'Libro que es fecho de las animalias que caçan', The Book of Moamin* (Madison: Hispanic Seminary of Medieval Studies).

CRADDOCK, JERRY R, 1985-86. 'A New Medium for Lexical and Textual Research: The HSMS Microfiche', *RPh*, 39, 463-72.

—, 1988. 'The Diphthong /ay/ - /ey/ in Toledan Mozarabic', *VR*, 47, 175-79.

GALMÉS DE FUENTES, ÁLVARO, 1983. *Dialectología mozárabe* (Madrid: Gredos).

HARRIS-NORTHALL, RAY, 1990. *Weakening Processes in the History of Spanish Consonants* (Londres: Routledge).

——, 1991. 'Apocope in Alfonsine Texts: A Case Study', en *Linguistic Studies in Medieval Spanish*, ed. Ray Harris-Northall & Thomas D. Cravens (Madison: Hispanic Seminary of Medieval Studies), pp. 29-38.

——, en prensa. 'Deaffrication, Devoicing, and Word-Final *-z* in Medieval Spanish'.

HARTMAN, STEVEN LEE, 1984. 'On the History of Spanish *macho*', *Hispanic Linguistics*, 1, 97-114.

KASTEN, LLOYD, & JOHN NITTI, ed., 1978. *Concordances and Texts of the Royal Scriptorium Manuscripts of Alfonso X, el Sabio* (Madison: Hispanic Seminary of Medieval Studies).

LAPESA, RAFAEL, 1951. 'La apócope de la vocal en castellano antiguo: intento de explicación histórica', en *Estudios dedicados a Menéndez Pidal,* II (Madrid: CSIC), pp. 185-226.

——, 1975. 'De nuevo sobre la apócope vocálica en castellano medieval', *NRFH*, 24, 13-23.

——, 1982. 'Contienda de normas lingüísticas en el castellano alfonsí', en *Actas del Coloquio Hispano-alemán Ramón Menéndez Pidal*, ed. Wido Hempel & Dietrich Briesemeister (Tubinga: Niemeyer), pp. 172-90.

LLOYD, PAUL M., 1987. *From Latin to Spanish* (Philadelphia: American Philosophical Society).

MALKIEL, YAKOV, 1988-89. 'An Experimental Connubium between Modernity and Traditionalism in Spanish Phonology', *RPh*, 42, 408-22.

MENÉNDEZ PIDAL, RAMÓN, 1908. *Cantar de mio Cid: Texto, gramática y vocabulario,* I (Madrid: Bailly-Baillière).

——, 1944. *Manual de gramática histórica española,* 7ª ed. (Madrid: Espasa-Calpe).

——, 1950. *Orígenes del español: estado lingüístico de la Península Ibérica hasta el siglo XI,* 3ª ed. (Madrid: Espasa-Calpe).

MONTGOMERY, THOMAS, 1975. 'La apócope en español antiguo y la Ī final latina', en *Studia hispanica in honorem R. Lapesa*, III (Madrid: Gredos), pp. 351-61.

NITTI, JOHN, & LLOYD KASTEN, ed., 1982. *Concordances and Texts of the Fourteenth-Century Manuscripts of Juan Fernández de Heredia* (Madison: Hispanic Seminary of Medieval Studies).

PENNY, RALPH, 1988. 'The Old Spanish Graphs 'i', 'j', 'g' and 'y' and the Development of Latin $G^{e,i}$- and J-', *BHS*, 65, 337-51.

——, 1990. 'Labiodental /f/, Aspiration and /h/-dropping in Spanish: The Evolving Phonemic Value of the Graphs *f* and *h*', en *Cultures in Contact in*

Medieval Spain: Historical and Literary Essays Presented to L. P. Harvey (Londres: King's College), pp. 157-82.

PENSADO RUIZ, CARMEN, 1984. *Cronología relativa del castellano* (Salamanca: Univ.)

RUIZ ASENCIO, JOSÉ MANUEL, 1975. 'El manuscrito del British Museum Add.20.787: estudio paleográfico', en *Primera partida, según el manuscrito Add.20.787 del British Museum*, ed. Juan Antonio Arias Bonet (Valladolid: Univ.), pp. xxxv-xlv.

TORREBLANCA, MÁXIMO, 1988-89. 'Dos observaciones sobre *Orígenes del español*', *RPh*, 42, 396-403.

Consonantes geminadas
en la evolución histórica del español

CARMEN PENSADO

Universidad de Salamanca

QUE LAS GEMINADAS latinas se redujeron en la Romania Occidental es un lugar común de la Lingüística Románica. A este principio general, sin embargo, hay que hacerle ciertos recortes. Es evidente la conservación de /rr/ en la Península Ibérica —por falta de espacio, no entraremos aquí en los problemas de su análisis fonológico (véase recientemente Lipski 1990, para el español)— y son conocidos los islotes de Bielsa (véanse Badía 1950, 87-88, Allières 1986, Cravens 1988) y los dialectos réticos (véase Lüdtke 1954-55), donde también se conservan /nn, ll/. Ya el propio Martinet (1955, cap. 11) y, especialmente, Weinrich (1958), Muljačić (1969), Sala (1976) y Zamboni (1976) muestran que la reducción de las sonantes no se produjo hasta una época relativamente tardía.

Por otra parte, las lenguas que no tienen geminadas en sus inventarios fonológicos, pueden tolerarlas de hecho en ciertas circunstancias. Naturalmente, esto no implica que haya que analizarlas como una clase de segmentos más; pueden interpretarse como simples secuencias de segmentos idénticos. Así en francés normativo actual hay geminadas con valor morfológico *(mourait/mourrait, croyons/croyions)*, por la pérdida de la 'e muda' *(éclaira/éclairera, la dent/la dedans)*, en una frontera de prefijo *(irréel, illisible)*, o en cultismos, por el influjo de la ortografía *(collègue, biennal, guttural;* Straka 1990, 21-22) o por geminación expresiva *(c'est éppouvantable!)*. Existe incluso un proceso [l] > [ll] en el pronombre de tercera persona: *je l'ai vu, il va l'arranger* (Straka 1990, 22, Picard 1990). También en el catalán normativo —además de en el tipo barcelonés *doble* [dópplə]— hay geminadas en cultismos y préstamos: *xarel·lo* 'variedad de uva', *commoure, Anna, addició* (Fabra 1912, 20).

La situación del español actual es en esencia la misma. Pese a que el inventario fonológico del español no incluya geminadas, cuando dos consonantes (o dos vocales) idénticas aparecen juntas, existe la posibilidad de una realización más prolongada (Navarro Tomás 1918, Quilis 1965, Lorenzo 1972). Las geminadas son típicas del estilo lento y cuidado. Aparecen en sandhi externo *(el lecho/el hecho, sin nubes/sin uves, los silos/los hilos, dennos/denos)*, o interno *(innato, obvio, subvertir)*, e incluso, en contadas ocasiones, sin la presencia de una frontera morfológica, en préstamos y cultismos *(connato/ conato, perenne, pinnípedos)*, por geminación expresiva: *(¡(qué) passa contigo, tío!)*. También por asimilación en grupos: *Atlético* [allétiko].[1] Una estrategia que señala la presencia de geminadas, evitando tener que articularlas, es la de transformarlas en secuencias no idénticas, ya sea por algún proceso fonético productivo *(i[ŋ]nato,* en los dialectos occidentales), o por simple sustitución (vulg. *peremne* 'perenne', hipercorrección de *mn > nn,* como en *ginnasia* 'gimnasia').

Todo esto no quiere decir que los hispanohablantes hayan superado las dificultades que solían tener para pronunciar las geminadas. Su actualización en español corresponde plenamente al intrigante fenómeno estudiado por Sapir y en nuestros días por la Fonología Natural: el bloqueo que el sistema fonológico de una lengua ejerce sobre las capacidades de sus hablantes se produce a un nivel abstracto, de fonema, no de superficie. Los mismos hablantes, que son incapaces de pronunciar geminadas en it. *Gianni, Lella, tutti frutti,* pronuncian, sin la menor dificultad, *dennos.*

En lo que sigue pasaremos revista a una serie de fenómenos que nos permitirán bosquejar la historia de las nuevas geminadas del español y su conexión con las latinas.

Aparentemente todavía después de la invasión árabe [ll, nn] y [λ, ɲ] < -LL-, -NN- podían coexistir.[2] En mozárabe (con '< >' señalo las grafías, transliteradas en este caso) son mayoritarias <ll>, <nn>, pero aparece esporádicamente <ly> y, a la inversa, <ll>

---

1. Según Navarro Tomás (1918, 390), [nn] en *innoble* dura 19'7 cs. frente a las 8 cs. de [n] en *enojo*, [ss] en *las sombras* 16'7 cs. frente a las 10'7 de [s] en *la sombra*, [θθ] en *haz cinco* 22'2 frente a las 11'7 de [θ] en *da cinco*.
2. Véase Galmés (1983, 255-301), en contra de la interpretación como geminadas en mozárabe, pero Torreblanca (1982-83), a favor. Peñarroja (1990) no aporta nada nuevo.

para -K'L-, -LJ-.[3] Torreblanca (1982-83) da tres argumentos a favor de la conservación de geminadas: <ll> funcionaba como geminada en la versificación árabe (Armistead & Monroe 1982-83, 183); Pedro de Alcalá escribe <ñ> para el castellano *(piña),* siguiendo a Nebrija, pero <nn> para el hispanoárabe y el mozárabe *(yennayr, pinna)* y la conocida evolución -ELLAS > *-iles* en la toponimia *(Campaniles, Caniles, Siles).*[4] El indicio más claro de que /ll/ y /nn/ tampoco eran totalmente extrañas al castellano es que, en los arabismos, sufren la misma palatalización que en las palabras patrimoniales:[5] *argolla, bellota, alloza, albañil, gañán, alcarceña, añagaza.*

Pero es la creación de tratamientos alternativos la que más claramente demuestra la existencia fonética de [ll, nn] en el período medieval. A partir de BULLA, REBELLE, PILLULA, APPELLARE, CELLA, LIBELLU, ALLEGARE aparecen resultados con disimilación de [ll] en [ld]:[6] *bulda, rebelde, píldora,* salm. *apeldarse* 'juntarse, avenirse (unos animales con otros)', *apeldar* 'medrar el ganado', *celda, libeldo,* ast. *aldegar* (s. XIV, J. L. Pensado 1962, 13-15).[7] La disimilación alterna con la simplificación: *bula, rebele* (s. XIII, Fuero Juzgo), y con grafías <ll> que parecen atestiguar la pronunciación etimológi-

3. No es impensable una evolución de estos dos grupos a [ll], como la que se da en sardo y en corso (Torreblanca, 1982-83, 302, y en el dalmático de Ragusa, Muljačić 1969).

4. Otros argumentos de Torreblanca son dudosos; las oclusivas geminadas *(qutta* 'gota', *bākka* 'vaca', *mattālla* 'matilla') del *Botánico Anónimo* pueden ser simples transliteraciones del latín.

5. Con la posible excepción del árabe *ḥatta;* véase Corominas (1980-91a, s.v. *hasta)* quien postula una diferenciación de /tt/ pasando por *adta* (945, Cardeña). A pesar de los inconvenientes señalados por Malkiel (1978) y Corriente (1983), hay que tener en cuenta la disimilación de geminadas a través de frontera de morfema (véase *infra)* y el que las dentales finales de sílaba, a diferencia de otras obstruyentes, no se asimilaban totalmente a la consonante siguiente; cf. la evolución inversa de esp. med. *adtor* y todavía la ortografía del Maestro Correas (1630, passim): *advertir,* frente a *perfeto.*

6. Malkiel (1950, 108, n. 6), Corominas (1980-91a, s.vv). Véase Rohlfs (1966, §329) para paralelos italianos de esta disimilación.

7. También se encuentra la evolución inversa, que puede interpretarse como ultracorrección: *malito, maljcto* 'maldito' (1211, 121; Staaff 1907, 9, 10), *mallito* (1252, Eslonza, 240), gall. port. *malliçon* < MALEDICTIONE (1291, Oseira) —agradezco estos datos a J. L. Pensado—, *alcalde, alcalle* < ár. *al-qaḍî.* Para Menéndez Pidal (1908, 445-47, 1950, §§54 y pp. 312, 317-18) se trataría de un proceso [ld] > [ll], comparable a otras asimilaciones progresivas *(mb > mm, nd > nn)* que, según él, se habrían extendido por toda la Península en el período de orígenes. Faltan argumentos para saber si <ll> < ld ha de leerse [ll] o [λ] (como piensa Menéndez

ca: *bulla* (1328, 1491),[8] *rebelles* (Fernández de Heredia), *rebellía,
apellar (Canc. Baena)*. No es necesario interpretar estas grafías como
palatales, pues era práctica habitual mantener <ll>, a pesar de su
ambigüedad, incluso en época clásica, según afirma, por ejemplo, la
Gramática de la lengua española de Jerónimo de Texeda (1979, 8-10):

> Sacanse de esta Regla [sc. <ll> = [λ], C. P.] los siguientes nombres,
> los quales aunque se hallan escritos con dos ll, el Español no los pro-
> nuncia sino como si estuvieran escritos con una sola *l. Jullio, Jullian,
> Illustrados, Illegitimo, Illicito, Illusion, Illustre* y todos los tiempos de
> los verbos *illustrar, ylluminar* se pronuncian de la misma manera.
> *Illustro, Illuminas.*

Existió un proceso paralelo, pero menos frecuente, para [nn]:
PINNULA > *péndola, pendolista, mandarria* 'martillo de calafate' <
it. dial. *mannaia* (Corominas, 1980-91a, s.v.).[9] También se atestigua
la vacilación [nn], [n] en *cannudo, canudo* (s. XIII, 'canuto para enro-
llar hilo de oro y plata'; A. Castro 1921). Es indudable que el conflicto entre el nuevo valor palatal y el valor original de <ll> y <nn, ñ>
favoreció las pronunciaciones etimológicas, pero también las alternancias morfofonológicas en posición final *(el/ella, Don/Doña)* y en
sandhi *(cogello,* véase abajo) darían transparencia a las conexiones /l/
- /λ/ y /n/ - /ɲ/.

La apócope proporciona otros indicios de la presencia de geminadas. Pese a la tremenda vacilación en los resultados, el comportamiento de *-rre, -sse* ante la apócope es comparable al de los grupos
consonánticos (Menéndez Pidal, 1950, 187, 1940, §§63,2 y 107, 4):
mies alternó siempre con *miesse* (véase Corominas, 1980-91a, s.v.).
Finalmente se impuso la conservación de la vocal: *amase* < AMAVIS-
SET, *ese* < IPSE, *torre* < TURRE. Otro tanto sucede tras la primitiva

---

Pidal y muestran algunos resultados modernos, p.ej. HERMENEGILDU > *Ermi-
llo, Armillo)*. Sólo la grafía *Hermegilgus* 'Hermegildus' (922, Sahagún; 1950, §54)
parece indicar palatalización, pero puede ser un simple error (repetición de la
<g> anterior).

8. Corominas (1980-91a, s.v. *bola*) documenta una forma *ból·la* 'pilota, botxa' en
Castalla (Valencia) cuya geminada atribuye al mozárabe.
9. La asimilación progresiva -ND- > -*nn*-, a diferencia de -LD- > -*ll*-, es un cambio
fonético inequívoco, localizado en Aragón y Cataluña. Los escasísimos ejemplos
en otros lugares (cf. top. *Respenna* 'Respenda' 1060, Sahagún; Menéndez Pidal,
1950, §53, 2) sí podrían explicarse como ultracorrecciones.

geminada [ddz] de *tredze, dodze* < TREDECIM, DUODECIM, conservada aún en el judeoespañol de Marruecos. El mismo contraste se observa en los arabismos. Para *-b* final simple, junto a la conservación de *xarabe, árabe,* se registran otras adaptaciones a los finales canónicos del romance, como sustitución de la labial final por una dental o alveolar *(alacrán, almotacén, Calatayud);* en cambio, estas sustituciones no tienen lugar para *-bb,* que se mantiene, *(al-dʒubb >* *algib(e), ʃabb > (a)jebe* 'alumbre'). Como es esperable, se diferencian los resultados de *-rr (al- ḥurr > horro, (ṭair)al-ḥurr > alforre* ('halcón de caza', Alfonso el Sabio, D. Juan Manuel) y los de *-r* *(ajuar, alcázar, aljófar, quintal, añafil).*[10] La actuación selectiva de la apócope es la única explicación para la conservación inesperada de *-e.*[11] La conservación de *-e* se explica fonéticamente por la presencia de una geminada anterior y, a la vez, como recurso para impedir que la neutralización final acabara con el contraste simple/geminada.

Este último argumento hace más plausible la pronunciación como [ss] geminada para un caso controvertido: el del intercambio entre *ss* y *ns, rs, ls.* Existen variaciones *osso, onso, orso* < URSU, *assí, ansí* < AD SIC, *passa,* arag. *pansa* < PANSA, *assa,* arag. *ansa* < ANSA, *Valdivielso* (top. Burgos, Ciudad Real) < DIVERSU, *bolsa* < BURSA, *sielso, siesso* < SESSU y las grafías medievales *celsum* < CESSUM (1043, San Pelayo de Oviedo), *exelso* < EX CESSU (1126, 1127, Carrizo), *abilsos* (1354, San Bartolomé de Nava). Estos casos se suelen considerar efectos directos o indirectos de una mezcla de factores: transmisión semiculta de -NS-, -RS- (Corominas 1980-91a, s.v. *oso),* vacilación producida por la nasalización progresiva *(nasa > nansa, mazana > manzana, macilla > mancilla,* and. *menseguero)* y 'l leonesa' (sustancialmente, una hipercorrección, véase C. Pensado 1991). Pese a la tajante negativa de Corominas (1980-91a, s.v. *oso),* no parece descabellado pensar en una base [ss] en palabras de evolución retrasada. Este es el único camino para explicar la vacilación a partir de -SS- latina. Un resultado [ss] procedente de -NS-, -RS- está

10. Aunque existen casos de confusión: hisp.ár. *ṭáfar > ataharre* 'correa que rodea las ancas de una caballería'. También, en posición interior, ár. *kītâra > guitarra.*
11. No es convincente la idea de Corominas (1980-91a, s.v. *miesse)* de que la *-e* se habría conservado para evitar la atracción del patrón más frecuente sing. *-s* / pl. *-zes* ([mes]/[mezes]). No parece probable que la apócope fuera sensible a factores morfológicos ya que afectaba por igual a una *-e* etimológica /mez+e/ y, de manera vacilante, /mies+e/ y a una *-e* paragógica tras -S latina /mas#e /< MAGIS.

bien atestiguado en el norte de Italia (véase Tuttle, en prensa). Para [ll] se detecta una vacilación comparable en cat. *bitlla, birla,* esp. ant. *birlo* 'bolo' < fr. *bille;* cast. *chirla* > SQUILLA contaminado con SCILLA (Corominas 1980-91a, s.v.). También parece más que probable que la <ss> procedente de -STR- *(vuesso, nuesso, Maesso, -e, mossar)* fuera fonéticamente más larga.

Los grupos de obstruyente seguida de nasal, procedentes de la síncopa, sufren distintos tipos de acomodación, entre ellos en una nasal geminada (Corominas, 1980-91a, s.vv, Menéndez Pidal (1908, I: 226, II: §57, III: 843): ANTENATU> *andrado, andado, adnado, alnado, annado, anado* (s. xv), CATENATU> *cadenado* (1275), *candado, cadnato* (1050), *calnado* (Alex.), *cannado (Cid,* Berceo), *canado* (1606),[12] SEPTIMANA> *sedmana,* astur. *selmana* (Felechosa), *semmana, senmana* (1271, AHSta. *Cruz* de Jaca 109P). Estas geminadas son comparables a las del catalán: PATINA> ros. ant. *panna,* CUTINA> cat. *cotna* [kónna]. Un conjunto de resultados muy similares son los del grupo -GN- en cultismos, donde alternan la palatalización, la asimilación y la reducción. Para COGNOSCENTIA Bustos Tovar (1974) cita *connyosçençia (Apolonio* 165c), *connoçençia (Fuero de Soria* 33.7, Berceo *Duelo* 205d), *conocencia (Bonium* 280.21, *Poridat de las Poridades* 66.23, *Buenos Proverbios* 60.18, c); para DIGNU, DIGNITATE, *dinno (Cid* 2363), *denytat (Sta. María Egipcíaca* 1167); para la familia de SIGNU, *signar, sinar (Conde Lucanor* 20.12, *sinnalar (Alex* O 124a), *sinjficar (Alex* P 782c), *sinal* (Berceo *Sac.* 50b).

Pero, como en el español actual, es a través de una frontera de prefijo o de palabra donde más clara resulta la existencia de geminadas. Un primer indicio son las grafías latinizantes de la época medieval que atestiguan la presencia de procesos de asimilación, fundamentalmente a través de la frontera de prefijo: *abdominare* 'addominare' (1136, S.Vic.Oviedo), *obprobium* (1145, S.Vic.Oviedo), *zeptionis* 'cessionis' y los doblemente ultracorrectos: *admorem* (1086, S.Vic.Oviedo), *adput* 'apud' (1097, Bravo), *satlutem* (1073, 1103, Liber Fidei). Idéntica asimilación se producía en sandhi externo: *af fundamina* (938, Sahg.), *sub Cchristi* (938, Sahg.). También se detectan vacilaciones en la 'asimilación solar' del artículo árabe (Coromi-

---

12. Según Menéndez Pidal (1908, 531, II: §57) la forma *cannados,* que reconstruye para el *Cantar,* tendría una pronunciación palatal, aunque reconoce no haber encontrado ningún resultado de *-d'n-* en rima para demostrarlo.

nas, 1980-91a, s.v. *enjeco*, a propósito del a*. leon. *enxelco)* que pueden dar lugar a geminadas en contextos ajenos al fenómeno árabe:
abbuelbola 'albuérbola'.

En las asimilaciones entre verbo y clíticos o preposición y artículo, de las que el castellano sólo mantuvo el tipo *comello, cogello* (A.
Alonso 1953, 301-10, Lázaro Mora 1978-80), el leonés medieval presenta grafías <nn>, <ll> al lado de <n>, <l> (Staaff 1907, §47): *en
+ lo(s) > enno(s), eno(s); por + lo(s) > pollo(s), polo(s); -s + l > ll,
l (ayadella, damoles)* lo que parece un indicio de la conservación de
las geminadas (aunque subsisten restos de palatalización: Cabrera
Baja *pu lla, cu ña* 'por la, con la' (véase Teruelo Núñez 1979, 193-96),
frente al leonés general *pola*).[13]

Llegó a existir un auténtico proceso de geminación muy similar al
mencionado más arriba para el francés. Junto a los casos anteriores
en que la asimilación de un prefijo a la consonante inicial produce
una geminada y al proceso de reducción en sandhi externo *(ma les
'mal les' Cid 572, 1165, firme son 'firmes son' 755, fuero notados
'fueron notados' 1734 (Menéndez Pidal, 1908, II: §46); mal + lograr
> malograr)*, hay ejemplos de geminación antietimológica: INADDE-
RE > *eñadir; añadir, annochesciere (Iª Cron. Gral 511 a 4)*.[14] La actuación de la geminación en sandhi externo se comprueba en la *Biblia
Escurialense* I-1-6 (Montgomery & Baldwin 1970, 449): *contrall aer,
ell angel*.[15] El mecanismo que ha originado estas geminaciones no
siempre está claro. Un primer factor es la etimología popular, que
intenta clarificar los prefijos sincrónicamente opacos: esp. vulg. *en-
numerar*. Pero en muchos casos la geminación parece ser simplemente una marca fonética del límite de palabra o de prefijo. La pronunciación normal [enaðir] borraría la frontera: cf. esp. mod. *en aguas* =

13. *Pace* Amado Alonso (1953, 303), es muy dudoso que, cuando el leonés Antonio
de Torquemada (1970, 111) afirma: 'todas las veces que se pone *r* ante de la *l*
mudan la *r* en *l*, y ponen dos *ll;* y así dicen: "besalle las manos,..."', se refiera a
una pronunciación [ll] y no simplemente a la grafía <ll>.
14. Cf. it. *innamorare, innacquare, innestare,* (Rohlfs 1966, §321), tosc. ant. *inn +
vocal, nonn + vocal* (Schiaffini 1954, 274); cat. *ennartar < artar* (Corominas
1980-91a, s.v. *añadir)*. La alteración de la duración es un recurso demarcativo
muy frecuente en las lenguas (en español no es igual la duración de la consonante
en VC#V́ que en V#CV́), pero no es necesario que se trate de un alargamiento.
En toscano actual (al contrario que en el antiguo), la duración es menor, y no
mayor, en VC#V́ [noneléttriko] 'non elettrico' (véase Korzen 1980, 378).
15. No parece probable una palatalización (véase Montgomery & Baldwin, 1970, la
grafía *vos lo > uollo)*.

enaguas.[16] Para evitarlo se recurrió a geminar la consonante para señalar la presencia de un límite: [ennaðir]. A pesar de que esta pronunciación crea un nuevo conflicto al confundir la secuencia /n#V/ con /n#nV/ preserva al menos la transparencia del prefijo.[17] Esta geminación, sumada al deseo de preservar la transparencia, explica la frecuente falta de palatalización en /n#n/ y /l#l/: *anudar/añudar, anublar/añublar,* ar. *an-naʃq > anascar/añascar,* frente a la regularidad de *-nn- >ɲ* (Corominas, 1980-91a, s.v. *añadir)* y en *allongando (Cron. Gral* 487 a 21, 511 a 14), junto a *alongosse* (511 a 44).[18]

Lo que se deduce indirectamente de los fenómenos fonéticos medievales, nos lo confirman directamente, ya en el Siglo de Oro, los gramáticos. Es significativo que para ejemplificar la grafía <ss> se repitan sistemáticamente los mismos ejemplos (véase A. Alonso 1955-69, I: 342, II: 234): los superlativos *(boníssimo, Santíssimo, Yllustríssimo,* en Torquemada 1970, Cascales 1604-¿20?, Correas 1630, 73), el subjuntivo en *-sse (fuesse, tuviesse,* Cascales 1604-¿20?) y las 'diciones compuestas' *(dessangrar, apressurar, assolar,* Pedro de Madariaga 1565, cap. 28). Estos autores habían perdido ya la conciencia del primitivo valor de la oposición gráfica <s> /<ss> e intentan justificarla atribuyéndole un valor fonético. Así afirma Juan López de Velasco (1578, 198; *apud* A. Alonso 1955-69, II: 234-35 y n. 7): 'Ay palabras que se pronuncian claramente con dos *ss,* cuyo sonido es y debe ser más lleno y detenido que el de una sola' y menciona los casos de *viniesse, tornasse,* los superlativos como *boníssimo* y además: 'por composición *dessabrido* [...] Por conversión de otras letras en la *s* tienen dos muchas palabras compuestas de las preposiciones latinas *ab, ad, ob: assolver* o *absolver, sossaca,* [...] *assaz* de *ad* y *satis* Latino'. A. Alonso (1955-69, II: 235, n. 7) comenta: 'ese sonido "más lleno y detenido" de la *ss* no denuncia más que una *s* (sorda)

16. Salvo en los dialectos que tienen un proceso demarcativo de velarización de *n: e*[ŋ]*aguas / enaguas;* cf. INADDERE > gall. *engader, engadir, a + noite* > gall.-ast. *anhoite, angoites, angweite* (a través de [ŋ], frente al tratamiento fonético INIMICO > port. ant. *eimigo,* AD NOCTEM > port. *ontem,* gall. estándar *onte,* sin huellas de #).

17. La suposición de Corominas (1980-91a, s.v. *añadir)* de que la geminación se explica por un falso análisis IN+*NADDERE, aunque es posible (cf. port. *namorar),* es innecesaria. La evolución se produce también en derivados transparentes (it. *innamorare, innacquare* o los casos de sandhi externo) donde no se ha producido tal reanálisis.

18. Según Menéndez Pidal (1908, II: 229) *allongando* se pronunciaría palatal, pero eso no explica la simplificación.

reforzada y alargada; un prejuicio pedagógico'. Lo mismo dice Mateo Alemán (1609, *apud* A. Alonso 1955-69, I: 310) criticando la costumbre: 'i si en el superlativo la voz no hiere más que una *s*, ¿para qué tengo que poner dos, *ni dezir boníssimo,* siendo durísimo al oido sufrir tan arrogantes eses?' [subrayado mío, C.P.].[19]

También existe un testimonio de la geminada [ll] en sandhi externo. Hablando de lo superfluo de dar representación gráfica a las variaciones en sandhi, dice Correas (1630, 27): 'la *r*, y la *s*, finales se eskurezen, ó enmudezen, sigiendose la fuerte, ó doble, pronunziandose apriesa las palavras, komo es ordinario, si no darian pena, *Enperador Rromano, poder rreir, los rrobles, las rramas, los sabados.* La *l* final *sigiendose otra detiene un poko para apartarlas'* [subrayado mío, C.P.]. Aparentemente, Correas reducía (o creía reducir) /s s/, pero mantenía (o creía mantener) /l#l/.

De todos estos indicios se deduce que las geminadas existían —aunque fuera marginalmente— en época medieval y clásica. Una y otra vez las geminadas romances son sobre todo sonantes. La causa puede ser simplemente fonética. Las diferencias de duración entre simples y geminadas no son iguales para todas las consonantes: la mayor diferenciación se produce en las sonantes, intrínsecamente más prolongables.[20] Es esperable que éstas sean las geminadas primeras en aparecer y las últimas en reducirse. La conservación tardía de /ll, nn, rr/ lejos de ser un mecanismo fonológico —una conservación preventiva de las sonantes geminadas para evitar la confusión con las simples, como defiende Martinet (1955)— es efecto de la pura fonética.

Sin solución de continuidad los últimos restos de -NN-, -LL-, -SS-, reforzados por el influjo de la grafía, se incrementan con las geminadas romances procedentes de la sucesión de dos segmentos

19. Probablemente en la geminación del superlativo no influía únicamente la grafía, sino el valor icónico de la geminación en un sufijo cuyo valor es precisamente el de intensificar el significado. Actualmente, pese a que ya no exista el mòtivo ortográfico, no es raro oír *muchí*[ss]*imo* o *buení*[ss]*imo.*

20. Según las mediciones de Metz (1914, 259) el toscano contemporáneo sigue una jerarquía: *fricativas sordas* (diferencia mínima 1 / 1'6) — *oclusivas sordas* — *fricativas sonoras* — *nasales* — *oclusivas sonoras* — *líquidas* (diferencia máxima 1 / 3). Para la posición de las nasales hay que tener en cuenta el punto de articulación: la diferencia entre *m / mm* es de las más bajas (9 cs.), pero entre *n / nn* es la máxima para cualquier pareja de consonantes (18 cs.). Esto explica la confusión panromance de /m/ y /mm/ latinas.

idénticos en la cadena hablada o de la asimilación en posición interior o en sandhi. En el paso del latín (con cantidad fonológica) al castellano (sin cantidad fonológica) nunca se dio una eliminación total de las geminadas en el nivel superficial, sino simplemente un cambio de estatus: de segmentos en el inventario a simples secuencias.

Pero lo más sorprendente de las geminadas en lenguas sin geminadas (!) es que, a pesar de su valor exclusivamente fonético y de que no suelen tener realidad psicológica para los hablantes, no sólo llegan a actualizarse, sino que incluso pueden ser el origen de cambios nuevos (cf. el caso de *bulda, sielso*). Esta es una manifestación más de la complejidad intrínseca de la fonología, el único componente del lenguaje que juega con el imposible salto de la realidad física (los sonidos) a su representación mental (los fonemas).

BIBLIOGRAFÍA

ALLIÈRES, JACQUES, 1986. 'La conservation des sonantes géminées latines -LL- et -NN- dans Bielsa,' en *Actes du 17 Congrès International de Linguistique et Philologie Romanes,* VI (Aix-en-Provence: Université de Provence), pp. 95-109.

ALONSO, AMADO, 1953. '-r y -l en España y América', en *Estudios lingüísticos: temas hispanoamericanos* (Madrid: Gredos), pp. 263-324.

—, 1955-69. *De la pronunciación medieval a la moderna en español,* 2 tomos ultimados y dispuestos para la imprenta por Rafael Lapesa (Madrid: Gredos).

ARMISTEAD, SAMUEL G., & JAMES T. MONROE, 1982-83. '*Albas, Mammas,* and Code-Switching in the *Kharjas*: A Reply to Keith Whinnom', *La Corónica,* 11, 174-207.

BADÍA MARGARIT, ANTONIO M., 1950. *El habla del Valle de Bielsa (Pirineo Aragonés)* (Barcelona: Instituto de Estudios Pirenaicos).

BUSTOS TOVAR, JOSÉ JESÚS, 1974. *Contribución al estudio del cultismo en la Edad Media* (Madrid: CSIC).

CASTRO, AMÉRICO, 1921. 'Unos aranceles de aduanas del siglo XIII', *RFE,* 8, 325-56.

COROMINAS, JOAN, & J. A. PASCUAL, 1980-91a. *Diccionario crítico-etimológico castellano e hispánico,* 6 tomos (Madrid: Gredos).

—, 1980-91b. *Diccionari etimològic i complementari de la llengua catalana* (Barcelona: Edicions Catalanes Caixa de Pensions 'La Caixa').

CORREAS, GONZALO, 1630. *Ortografía kastellana* (Salamanca: Xazinto Tabernier), ed. facsímil (Madrid: Espasa Calpe, 1971).

CORRIENTE, FEDERICO, 1983. 'La serie mozárabe-hispanoárabe *aḍālah, aḍāqal, aḍašš*, [...], y la preposición castellana *hasta*', *Zeitschrift für romanische Philologie*, 99, 29-32.

CRAVENS, THOMAS D., 1988. 'Consonant Strength in the Romance Dialects of the Pyrenees', en *Advances in Romance Linguistics,* ed. David Birdsong & J.P. Montreuil (Dordrecht: Foris), pp. 67-88.

FABRA, POMPEYO, 1912. *Gramática de la lengua catalana* (Barcelona: L''Avenç).

GALMÉS DE FUENTES, ÁLVARO, 1983. *Dialectología mozárabe* (Madrid: Gredos).

KORZEN, IØRN, 1980. 'Il raddoppiamento sintattico e la geminata nella variante toscana dell'italiano-standard: risultati di un'indagine sperimentale', *Studi Italiani di Linguistica Teorica ed Applicata*, 9, 333-84.

LÁZARO MORA, FERNANDO A., 1978-80. 'RL > LL en la lengua literaria', *RFE,* 60, 267-83.

LIPSKI, JOHN M., 1990. 'Spanish Taps and Trills: Phonological Structure of an Isolated Opposition', *Folia Linguistica,* 24, 153-74.

LORENZO, EMILIO, 1972. 'Vocales y consonantes geminadas', en *Studia hispanica in honorem R. Lapesa,* I (Madrid: Gredos), pp. 401-12.

LÜDTKE, HELMUT, 1954-55. 'Zur Lautlehre des Bündnerromanischen', *VR,* 14, 223-42.

MALKIEL, YAKOV, 1950. 'La derivación de *rebelde, rebeldía* y las fuentes del grupo de consonantes -LD- en iberorrománico', en *Estudios dedicados a Menéndez Pidal,* I (Madrid: CSIC), pp. 91-124.

—, 1978. 'Español antiguo *des(de), fa(s)ta, fazia* y *fascas*', en *Homenaje a Julio Caro Baroja* (Madrid: Centro de Investigaciones Sociológicas), pp. 717-33.

MARTINET, ANDRÉ, 1955. *Économie des changements phonétiques* (Berna: Francke).

MENÉNDEZ PIDAL, RAMÓN, ed., 1908. *Poema del Cid: Texto, gramática y vocabulario* (Madrid: Bailly-Baillière).

—, 1940. *Manual de gramática histórica española,* 6ª ed. (Madrid: Espasa-Calpe).

—, 1950. *Orígenes del español,* 3ª ed. (Madrid: Espasa-Calpe).

METZ, CLARA, 1914. 'Ein experimentell-phonetischer Beitrag zur Untersuchung der italienischen Konsonanten-Gemination', *Vox,* 24, 201-71.

MONTGOMERY, THOMAS, & S.W. BALDWIN, 1970. *El Nuevo Testamento según el ms. Escurialense I-1-6, BRAE* Anejo 22 (Madrid: Real Academia Española).

MULJAČIĆ, ŽARKO, 1969. 'Le Traitement des groupes -nn-, -ll-, -rr- dans le ragusain', *Revue Roumaine de Linguistique,* 14, 155-61.

NAVARRO TOMÁS, TOMÁS, 1918. 'Diferencias de duración entre las consonantes españolas', *RFE,* 5, 367-93.

PENSADO, CARMEN, 1991. 'Un reanálisis de la "l leonesa"' en *Linguistic Stu-*

dies in Medieval Spanish, ed. Ray Harris-Northall & Thomas D. Cravens (Madison: Hispanic Seminary of Medieval Studies), pp. 63-87.

PENSADO, J. L., 1962. 'Estudios de lexicografía asturiana (segunda serie)', *Archivum,* 11, 7-64.

PEÑARROJA TORREJÓN, LEOPOLDO, 1990. *El mozárabe de Valencia* (Madrid: Gredos).

PICARD, MARC, 1990. 'On Morphologically-Conditioned Sound Change: The Deletion and Gemination of *l* in Canadian French', *Probus,* 2, 103-12.

QUILIS, ANTONIO, 1965. 'Phonologie de la quantité en espagnol', *Phonetica,* 13, 82-85.

ROHLFS, GERHARD, 1966. *Grammatica storica della lingua italiana e dei suoi dialetti,* I (Torino: Einaudi).

SALA, MARIUS, 1976. *Contributions à la phonétique historique du roumain* (París: Klincksieck).

SCHIAFFINI, A., 1954. *Testi fiorentini del Ducento e dei primi del Trecento* (Florencia: Sansoni).

STRAKA, GEORGES, 1990. 'Le Français: phonétique et phonématique', en *Lexikon der romanistischen Linguistik,* ed. Günter Holtus, Michael Metzeltin & Christian Schmitt, V, 1 (Tubinga: Niemeyer), pp. 1-33.

TERUELO NÚÑEZ, MARÍA SOL, 1979. 'Resultados palatales de "L-", "N-", "-LL-", "-NN-" en la Cabrera Baja (León)', en *XIV Congresso Internazionale de Linguistica e Filologia Romanza, Napoli 15-20 aprile, 1974,* III (Napoli: Macchiaroli & Benjamins), pp. 187-96.

TEXEDA, JERÓNIMO DE, 1979. *Gramática de la lengua española* (París: Nicolas Bourdin, 1619), ed. Juan M. Lope Blanch (México: UNAM).

TORQUEMADA, ANTONIO DE, 1970. *Manual de escribientes,* ed. María Josefa Canellada de Zamora & A. Zamora Vicente, Anejo 21 *BRAE* (Madrid: Real Academia Española) (1ª ed., 1552).

TORREBLANCA, MÁXIMO, 1982-83. 'La geminación de *l* y *n* latinas en el dialecto mozárabe', *La Corónica,* 11, 300-06.

TUTTLE, EDWARD F., en prensa. 'Nasalization in Northern Italy: Syllabic Constraints and Strength Scales as Developmental Parameters', *Rivista di Linguistica.*

WEINRICH, HARALD, 1958. *Phonologische Studien zur romanischen Sprachgeschichte* (Munich: Äschendorffsche Verlagsbuchhandlung).

ZAMBONI, ALBERTO, 1976. 'Alcune osservazioni sull'evoluzione delle geminate romanze', en *Studi di fonetica e fonologia,* Società di Linguistica Italiana, IX (Roma: Bulzoni), pp. 325-36.

Colón, colonización, cocacolonización: 500 años de historia de la lengua española

CHRIS PRATT

Madrid

Prólogo

Vayan por delante mis disculpas por este título algo escandaloso, y entremos directamente en materia. El propósito de esta intervención es el de abordar una amplia temática de aquellas facetas del pasado, presente y futuro del español[1] que nos obliguen a evaluar, y más bien revaluar, los propios principios básicos sobre los que asentamos nuestras teorías filológicas y lingüísticas.[2] Para ello, me voy a permitir el lujo de adoptar un formato bastante esquemático y fraccionado, casi de 'mosaico', como decía y lo hacía McLuhan. Me centraré sobre todo en aspectos léxicos.

1. Etiología del neologismo

¿Por qué se acuña tal o cual palabra, y otra no? La renovación léxica parece obedecer a dos principios fundamentales.[3] En primer

1. Para evitar equívocos y controversias indeseados, empleo el término *español* para referirme a la lengua común de los países de habla hispana. Cualquier otra variante se especificará con el calificativo o sustantivo correspondiente.
2. Huelga citar (por archiconocidos, y por falta material de espacio) los autores y obras claves referidos al desarrollo histórico del español, y la teoría del neologismo y el préstamo, por lo que no aporto la bibliografía correspondiente.
3. Se ha hablado en relación con la renovación lingüística de *capitalización* (término felicísimo de Chris Pountain, a quien agradezco una ayuda bibliográfica inestimable sobre dicho tema), *iconización* (de John Haiman) y *reiconización,* adaptación del término inglés de Bolinger, empleado por Lorenzo 1989.

lugar, existe la necesidad de lexicalizar conceptos, ideas, inventos, etc., que constituyen novedades; es decir, se trata de motivos *extralingüísticos,* a nivel del *significans.* En segundo lugar, el propio sistema lingüístico se muestra deficiente a la hora de responder adecuadamente a las necesidades que se le exigen; es decir, son motivos propiamente *lingüísticos,* a nivel del *significatum*).

2. EL PROCESO NEOLÓGICO: 1492-2000

Se examinarán algunos aspectos de los cambios del proceso neológico a lo largo de 500 años, y concretamente los factores que han significado un rumbo nuevo del mismo.

2.1. *Factores socioculturales*

2.1.1. El analfabetismo

Si se considera el proceso neológico de hace 500 años, conviene destacar un hecho fundamental: el analfabetismo. En 1492, la sociedad española (europea, y hasta mundial) era masivamente analfabeta, circunstancia que seguía vigente hasta bien entrado este siglo. Por eso, en los tiempos de Colón, a la mayoría analfabeta no le fue asequible ninguna clase de vocabulario neológico, como no fuera resultado del contacto directo y personal con personas de otras lenguas o dialectos, normalmente en épocas de hegemonía militar o cultural.[4] De ahí la importancia de dos hechos fundamentales: la relativa lentitud del cambio lingüístico desde la época de Colón hasta principios de este siglo; y la falta de movilidad de la población.

Hay que destacar también que, naturalmente, la minoría culta recibía la misma influencia. Pero, para la minoría culta, existía además el contacto indirecto e impersonal, mediante la lectura. Desde los orígenes del español, ha habido una corriente culta que lo ha enriquecido con préstamos de distintas lenguas. Conviene insistir, sin embargo, en que dichas influencias no tocaban en absoluto al vulgo.

---

4. Es el caso de los arabismos en español, fruto de más de 700 años de una coexistencia mayoritariamente pacífica.

2.1.2. Transculturación

La falta de espacio no permite detallar este fenómeno en la época actual, pero afecta el *modus vivendi* español en todas sus manifestaciones.[5] El resultado no puede ser otro: la vida española se va asemejando cada vez más a la europea, sobre todo en su vertiente septentrional. De ahí que la lengua española se vaya asemejando cada vez más a las pautas de las dos lenguas europeas de vanguardia: el inglés y el francés.

2.1.3. Lengua como producto

En España, al igual que los EE.UU., Japón y Europa, la lengua ya se ha convertido en un producto; los jóvenes imitan el estilo cada vez más exagerado de los comentaristas deportivos, y los *disc-jockeys*. A cada locutor le resulta imprescindible inventar una serie de muletillas y tics característicos, consistentes en la infracción más descarada de las normas de pronunciación: acentuación de palabras átonas tales como artículos y preposiciones, tonillos y cadencias anormales, pronunciaciones extrañas, con la exageración de la /r̄/, arrastre de la /s/, etc. Todo ello ayuda a desestabilizar la lengua.

2.2. *Tecnología y neologismo*

Las características del proceso neológico español, fijos durante siglos (lentitud, analfabetismo, monolitismo político y social, falta de movilidad) cambiaron bruscamente a principios de este siglo con la llegada de tres factores nuevos: la enseñanza masiva; una mayor movilidad gracias a las nuevas redes de transporte por ferrocarril, carretera, y después por vía aérea; y las telecomunicaciones (primero, la radio, después la TV, y finalmente el satélite, el fax, etc.). Los cuarenta años de la dictadura causaron un desfase entre España y el mundo desarrollado, pero en los veinte últimos años, España se ha puesto a un nivel europeo en casi todos los campos.

Todo ello conlleva otros cambios radicales de índole lingüística: (1) Ya no hace falta el contacto lingüístico personal y humano para que la gente inculta tenga acceso a neologismos de todo tipo. (2) El neologismo producido por el contacto impersonal viene no de la lec-

---

5. Para un análisis detallado de la «American Way of Life» sobre la España de la posguerra a finales de los años 70, véase Pratt 1980, 62-75.

tura, como antaño, sino de la televisión. (3) La llamada 'cultura tele-visiva', la cual sustituye las culturas escritas del pasado, junto con el declive de la lectura, hace que la fuente principal de influencia lin-güística sea la televisión y el vídeo. (4) Se incrementará cada vez más la dicotomía, ya muy acusada, entre lo formal/escrito y lo coloquial. (5) Parecen muy fundados los temores de la escuela 'diversificacionis-ta', pero no por los motivos que ellos aducen; ocurrirá por la influen-cia omnipresente de la televisión, y los futuros avances tecnoló-gicos, los cuales afectarán de forma muy desigual al mundo hispa-nohablante (véase por ejemplo, Alonso 1974).

2.3. *Neologismo y política*

Hasta hace muy pocos años, la lengua española actuaba autonó-micamente en su propio desarrollo. Pero existe una fuerte tendencia política irreversible que ha cambiado totalmente dicho equilibrio: la institución de la CE.[6] Ahora, toda la documentación de dicho organismo tiene que traducirse a las lenguas de los países miem-bros. De ahí que conceptos pensados originalmente en francés o inglés (los casos más frecuentes) necesiten una traducción al espa-ñol. Esta situación es radicalmente nueva para el español, y literal-mente obliga al español a encontrar traducciones o equivalencias para términos anteriormente inexistentes correspondientes a con-ceptos incluso desconocidos por no haberse identificado ni sentido en España.[7]

Las repercusiones están siendo, y seguirán siendo revoluciona-rias. En general, hay y habrá una aceleración sociocultural y política quizá no deseada ni por el pueblo ni los políticos. No cabe la menor duda que España lleva un gran atraso en cuestiones de sensibilidad sociopolítica. Ahora, ya no se puede esquivar esta problemática, por-

6. No sólo se trata de la CE, sino otros muchos organismos de los cuales España es miembro de pleno derecho, o consignatario (por ejemplo, la Unión de Europa Occidental, el Consejo de Europa, la propia OTAN *inter alia*).
7. Esta situación llega a revestir un carácter casi surrealista en el caso del latín. Se anuncia que la Iglesia Católica está a punto de sacar (a finales de 1991) la primera parte de un nuevo diccionario (*Latinitas Nova et Vera*), en el que tienen cabida todo tipo de expresiones actuales, incluyendo *sphaerludium electricum numismate actum* 'máquina tragaperras', *campus civibus segregandis* 'campo de concentra-ción', y *aeronavis abstractio* 'secuestro aéreo'; agradezco estos datos a la amabili-dad de David Pattison, de la Universidad de Oxford.

que las nuevas voces que lexicalizan los nuevos movimientos llegan a la atención del público en cuanto se produzcan en la aldea global.[8]

3. CARACTERÍSTICAS NEOLOGIZANTES DEL ESPAÑOL ACTUAL

3.1. *Preámbulo*

Como ya queda dicho, resulta una pieza clave para este estudio la influencia del inglés sobre el español, es decir, la influencia de la lengua analítica por antonomasia, sobre otra basada en la flexión y la concordancia.

3.2. *El adjetivo neológico*

Una característica notoria del español contemporáneo es el aumento del número de adjetivos neológicos derivados de voces tradicionales y no técnicas con el significado genérico de 'relativo a'.[9] A primera vista, no parecen anglicismos, por no tener el inglés dichos adjetivos, pero sí lo son a nivel estructural.[10] En primer lugar, el inglés no necesita adjetivos genéricos puesto que, al no marcar morfológicamente las clases de palabra, emplea el propio sustantivo antepuesto a otro con una función adjetival (por ejemplo *road safety);* es el clásico compuesto bisustantival inglés. La presión estructural ejercida por la presencia masiva de tales construcciones (muy productivas en inglés) hace que el español necesite acuñar adjetivos nuevos (por ejemplo, *seguridad vial;* también existe *viario).*

3.3. *El compuesto bisustantival*

El tipo tradicional español era el de la aposición, en una construcción de binomio irreversible; en *buque escuela,* la *escuela* es el *buque,* y el *buque* es la *escuela.* También había compuestos tipo *Reina ma-*

---

8. Al redactar estas líneas (octubre de 1991), el mundo acaba de asistir boquiabierto al *affaire* sonado del juez norteamericano acusado de acoso sexual (figura jurídica prácticamente desconocida en España), a la vez que Gran Bretaña acaba de crear el delito de la violación matrimonial.
9. No examinaré aquí los adjetivos neológicos absolutos basados en raíces clásicas, anglicismos o galicismos todos; véase Pratt 1980, 178-85.
10. Para una discusión más detallada de este tema, véase Pratt 1986.

dre, y en el Siglo de Oro, *nariz escriba* de Góngora, con elisión de *de.*[11]

Ahora bien, ya he identificado en otro estudio tipos de *subordinación* en el compuesto bisustantival español (Pratt 1980, 202-06). Dichas estructuras son totalmente nuevas en español, y demuestran un grado de asimilación de pautas analíticas sorprendente, ya que no existe en el original la concordancia, pieza clave del español. Además, surge el problema del plural: *¿precios tope,* o *precios topes? ¿pesos mosca,* o *pesos moscas?*

3.4. *Cambio de género*

El hecho de no marcar el inglés el género del sustantivo, salvo en raras ocasiones, permite que la voz correspondiente a la persona encargada de algo se emplee para personas de uno y otro sexo. Por ello, el hecho de que una mujer ejerza un cargo tradicionalmente reservado al hombre no ha tenido una gran repercusión lingüística en inglés.[12]

Para palabras españolas no marcadas en cuanto al género, como *juez,* nunca hubo problema: bastaba con decir la juez.[13] Las palabras sí marcadas con morfema de género —en todos los casos voces masculinas— no debieron causar problemas, pero sí lo han hecho. Hace años, después de una larga resistencia, se permitió decir *la catedrática* y *la abogada* aunque el cambio de género no resulta nada problemático por ser ambas voces formas sufijadas; es decir, es construcción habitual en el español el que los sufijos adjetivo-sustantivales (como *-ático* o *-ado*) posean o bien *de facto* o bien *in potentia* la forma femenina correspondiente terminada en *-ática* y *-ada*).

Sin embargo, en el caso de una forma simple consistente en una

11. Véase Pratt 1986, 357, n. 23 para mi deuda con D. Emilio Lorenzo, quien me asegura, además, que la situación nada clara de los compuestos bisustantivales en español se debe, en gran parte, a la definición defectuosa de *aposición* hecha por la Real Academia.
12. El feminismo ha pretendido causar grandes estragos en la estructura del inglés, y alguna repercusión ha habido (el uso cada vez más frecuente, sobre todo en EE.UU., de formas acabadas en *-person,* (p. ej., *chairperson*) en vez de *-man,* y *Ms* por *Miss,* entre otros).
13. Obviamente no sería solución aceptable el recurrir al vulgarismo *jueza,* u otras formas incultas tales como las acabadas en *-anta/enta* para referirse a la mujer del hombre que posee el cargo (por ejemplo el título irónico de la obra de Alas *La regenta*). Por eso, se sigue diciendo *La presidente.*

base o tema simple más morfema de género, como la voz *ministro* (el caso de Margaret Thatcher surgió en 1979), existe un mayor problema. Quizás por analogía con *abogada,* 'mujer que ejerce la abogacía' (voz femenina aunque derivada) parecía ridículo hablar de *el ministro,* tratándose de una mujer; otro adjetivo masculino *primer* exacerbaba la cuestión; tampoco gustaba la solución de *la primer ministro,* forma híbrida muy torpe. La forma usada por *El País* (que parece haber cuajado definitivamente) es la de *la primera ministra,* todavía criticada por muchos.

Son cambios muy profundos en español, ya que siempre se ha considerado que una voz determinada tiene un género determinado, sea cual sea el sexo de la persona aludida. De ahí que las repercusiones pudiesen ser importantísimas. Emplear *el ministro,* referido a una mujer, es totalmente correcta. Es más: si se permite *la primera ministra,* se puede defender asimismo **la médica,* tratándose de una mujer médico; no sólo eso, sino que también sería legítimo hablar de **el víctimo* incluso **el persono,* tratándose de una persona del sexo masculino. Son ejemplos del tipo de problemas que surgen cuando una lengua no marcada empieza a influir en otra en la que sí se marca el género. Si miramos hacia el futuro, podremos vaticinar una mayor inestabilidad en cuestiones de género y concordancia.

3.5. *Neologismos in potentia*

Los argumentos esgrimidos en 2.3 arriba nos obligan a postular la pregunta siguiente: ¿cuáles son los neologismos que indefectiblemente van a tener que acuñarse en español dentro de un plazo muy breve? Y más aún: ¿cuáles son las pautas inglesas típicamente analíticas que a la lengua española resultan especialmente problemáticas? Las distintas modalidades de formación de palabras son de los más difíciles. Consideremos términos como *workaholic, sexploitation, drug-addict, palimony, Reagonomics, chunnel,* y muchos otros. El español exige siempre que permanezca intacto el morfema desinencial del primer elemento, como *drogodependiente.*[14] Por eso, formas ocasio-

---

14. Forma bastante infeliz, por otra parte. Es voz sustitutoria de la vapuleadísima *drogadicto,* que padece precisamente la falta de marcador desinencial —siempre que se supone que la *a* pertenece a *adicto,* y no a *droga*—; resultaría aceptable **drogaadicto* (como en *portaaviones,* por ejemplo), si se puede forzar así el significado de *adicto.* Ahora bien, *drogodependiente* falla por la /o/, que hay que suponer de enlace, siendo aceptable tan sólo **drogadependiente.*

nales como *trabajalcohólico/trabajalcólico* resultan muy forzadas en español, que haría mejor en capitalizar sus propios rasgos lexicalizadores.[15]

Incluso sufijos españoles muy corrientes (de los que a menudo hasta se abusa) como *-ismo* se pueden ver afectados por el uso de *-ism* en inglés con raíces germánicas (tipo *ag(e)ism)*. Hasta ahora, no he observado ninguna forma que pretenda traducir este concepto, pero habrá que pronosticar la pronta acuñación de algo como **edadismo, *v(i)ejismo.*[16]

3.6. *Otros aspectos neológicos*

Finalmente señalaré brevemente otros cambios 'en ebullición' (E. Lorenzo) de interés en el español actual.

(1) Paralelamente a la creciente tecnificación de la sociedad española va la de la lengua misma (véase Calvo 1980), tendencia que sin duda aumentará en el futuro. Amén de los usos de sufijos típicos tales como *-izar/-ización, -ificar/-ificación,* se intensifica el uso del adverbio compuesto tipo *en el día de ayer,* y el pseudo-culto, latinizante, más 'tecnificado', como *previamente* (por *antes).*

(2) Hace años que se comenta la falta creciente de la preposición *de* en nombres de calles, avenidas, plazas, etc. (por ejemplo, *La Calle Serrano,* la *Torre Picasso),* fenómeno cada vez más frecuente, que muchos señalan como rasgo más fonético que realmente léxico, o sintáctico.

(3) Siguen empleándose indistintamente las dos formas del subjuntivo terminadas en *-ara* y *-ase,* incluso el empleo 'incorrecto' de

---

15. En el compuesto, se pueden identificar normalmente dos componentes semánticos. El punto de partida para la composición inglesa tipo *workaholic* es el análisis (¡vive todavía la etimología popular!) de la voz *alcoholic* como si constara de dos morfemas: *al[co]-,* 'alcohol' + *-holic,* 'quien hace algo en exceso'. Por analogía 'quien trabaja demasiado' será *workaholic.* Por el mismo procedimiento (mediante la capitalización de recursos morfológicos propios), se podría acuñar **hipertrabajador,* por ejemplo.

16. Conviene destacar el hecho de que, en el proceso neológico, no sirven soluciones fonéticas de etapas anteriores de la lengua, por lo que no sorprendería **viejismo,* ya que abundan ejemplos como *presupuestar* (de *presupuesto)* en vez de **presupostar* por analogía con la pauta histórica (como en *poner/puesto).*

-ase en la apódosis condicional (tipo *eso hubiese sido muy interesante.*[17]

(4) El tratamiento pasa por una etapa muy interesante. Las reacciones contra cuarenta años de dictadura, la implantación de la democracia, el incremento de las ideas igualitarias, socialistas y hasta marxistas constituyen un entramado sociolingüístico complejísimo. Baste con decir que crece el empleo de *tú* en todas las órdenes, en detrimento de *Usted;* como corolario lógico, está en las últimas el empleo de *Don* y *Doña,* sobre todo en las grandes ciudades.

(5) El binomio Madrid/Sevilla cobra una creciente importancia. La inmigración sureña a las grandes ciudades, sobre todo Barcelona y Madrid, hace que el habla andaluza y agitanada cobre una presencia cada vez más grande entre los jóvenes de los suburbios. Por motivos similares a los aducidos en (4) arriba, esta habla tiene una aceptación, y hasta un cierto prestigio entre los jóvenes de capas sociales más altas.[18]

(6) El habla de las chicas de las grandes ciudades se asemeja cada vez más a la de los chicos. Como observó (¡u observaba!) Manuel Seco hace unos años en un discurso magistral leído ante nosotros sobre el español actual, es normal escuchar tacos y obscenidades a chicas de una educación impecable.

(7) La innovación sintáctica (o error en términos prescriptivos) es abundante. Aparte del anglicismo sintáctico (Pratt 1980, 202-09), el estilo periodístico, seguramente en aras de un protagonismo a ultranza (véase 2.1.3.), se destaca por su idiosincrasia sintáctica:

a) en el uso del imperfecto por el pretérito;

b) en el uso del subjuntivo en *-ra* por el pluscuamperfecto indicativo (su valor etimológico, claro está);

c) en el uso del infinitivo con valor de imperativo;

d) en la jerga deportiva, el empleo de la preposición *sobre (una falta sobre..., pasar sobre...),* y *de (España gana de 8 puntos),* y el adverbio *arriba,* crudo anglicismo de la jerga del baloncesto *(El Madrid, 10 puntos arriba).*

17. Véase Real Academia Española 1973, 3.14.10.b) para la prohibición, y Butt & Benjamín 1988, 14.5.2, 16.1.1., y 23.3.2 para el uso actual.
18. No es nada raro escuchar palabras de origen sureño en boca de 'niños bien' (por ejemplo *gicho* 'gitano', *gichar* 'robar', *guay, cha(n)chi* 'bueno', etc. El apelativo *tío/tía* es ya universal entre los jóvenes de toda España.

(8) Finalmente, se destaca el empleo de enlace de *que* sin antecedente específico, y con el significado de 'de tal modo que', como en *Da una blancura que da gusto verla,* frase de un anuncio en la que sobra el complemento pronominal. Este empleo sigue cobrando vigor y vigencia, como en la frase adjetival vulgar, pero universal entre los jóvenes *que te cagas,* sin mención previa alguna de un adjetivo como *tal* o *tanto*.

4. CONCLUSIÓN

El español contemporáneo está en un momento 'álgido', como diría el estilo periodístico más cotizado. He pretendido en este trabajo aportar algunos datos de interés sobre los cambios más representativos en la esperanza de que, con otras intervenciones, podamos saber más sobre el pasado, presente, y tal vez el futuro de la lengua española.

BIBLIOGRAFÍA

ALONSO, DÁMASO, 1964. 'Para evitar la diversificación de nuestra lengua', en *Presente y futuro de la lengua española,* II (Madrid: Ofines), pp. 259-68.

BUTT, J., & C. BENJAMIN, 1988. *A New Reference Grammar of Modern Spanish* (Londres: Edward Arnold).

LORENZO, EMILIO, 1989. 'Ambigüedad y remozamiento del idioma: la reiconización en español', *BRAE,* 69, 176-94.

PRATT, C. J., 1980. *El anglicismo en el español peninsular contemporáneo* (Madrid: Gredos).

——, 1986. 'Anglicisms in Contemporary European Spanish', en *English in Contact with Other Languages,* ed. W. Viereck & W.-D. Bald (Budapest: Akadémiai Kaidó), pp. 354-55.

RAMOS CALVO, LUISA, 1980. *Introducción al estudio del lenguaje administrativo* (Madrid: Gredos).

Real Academia Española, 1973. *Esbozo de una gramática de la lengua española* (Madrid: Real Academia Española).

El desarrollo de las estructuras posesivas en el español temprano

CHRISTOPHER LYONS

University of Salford

EN EL ESPAÑOL, tanto moderno como antiguo, el sistema de posesión pronominal presenta complejidad morfológica y sintáctica: se distinguen dos series morfológicas de posesivos, la tónica (*mío*, etc) y la átona (*mi*, etc), y estas dos series corresponden (en parte en la lengua antigua, plenamente en la lengua moderna) a diferentes estructuras y posiciones sintácticas (*un amigo, mío, mi amigo*, etc).[1] Mi propósito en el presente estudio es ofrecer un enfoque de los orígenes de este sistema complejo, sirviéndome de algunas observaciones y propuestas hechas en investigaciones recientes de la estructura de la SNs con argumento posesivo y de la historia y prehistoria del sistema doble de los posesivos romances.

Wright (1983) pone de relieve la unidad lingüística de las regiones de habla romance durante la mayor parte del primer milenio después de Cristo; la Romania, aunque lejos de ser totalmente homogénea (como cualquier comunidad lingüística de gran extensión geográfica —la castellana o la inglesa de hoy, por ejemplo), tenía un sistema gramatical y léxico esencialmente común. Lyons (1986) examina las formas y estructuras posesivas del francés antiguo, y razona que el sistema doble de esta lengua, con formas plenas acentuadas y formas reducidas inacentuadas, la selección de cada serie siendo determinada en gran parte por su posición en el SN, no es innovación bastante tardía del galorromance (suposición de muchos escritores), sino que se hereda del latín hablado del período imperial. Aplicando las conclusiones de Wright y apoyándose en textos latinos escritos lejos de

---

1. Me limito a las formas del singular. Las del plural presentan complicaciones que están fuera del alcance de este estudio.

Galia, Lyons sugiere que el sistema de formas dobles y de complejidad posicional caracterizaba la Romania entera al menos desde la reestructuración del sistema sintáctico nominal que debe de haber sucedido en la época en que surgió el artículo definido.

La hipótesis que defiendo aquí es que los textos españoles tempranos (aproximadamente siglos X-XIII) presentan un sistema posesivo que se está transformando en el plano morfológico, pero que, en el plano sintáctico, retiene con poco cambio las estructuras del romance temprano, es decir, del latín hablado.

Empiezo con la morfología de los posesivos. El español medieval ofrece una gama desconcertante de formas, y es claro que el sistema está en un estado de flujo; Méndez García de Paredes (1988) describe la situación y traza, con estadísticas muy valiosas, el desarrollo de las formas y de su uso hasta el siglo XIV. Las formas tónicas, *mio/mia, tuo/tua, suo/sua*, se derivan de manera bastante directa del latín MEUM/MEAM, TUUM/TUAM, SUUM/SUAM, aunque hay complicaciones: se lee una forma *myo*, con cambio de la posición del acento; en el femenino, *mia, tua, sua* alternan con *mie, tue, sue*, formas minoritarias, surgidas, según Méndez García de Paredes y Menéndez Pidal (1973), de las anteriores por relajación de la vocal final, debido a su carácter proclítico —explicación poco convincente, dado que /e/ no es resultado normal de la relajación de vocales; y las formas masculinas *tuo* y *suo* son consideradas por los mismos autores como analógicas respecto de las formas femeninas, porque conviven con otras formas, más frecuentes, *to* y *so*; estas últimas formas implican, para Menéndez Pidal, diferenciación en la vocal original del radical según el género, siendo la U del masculino TUUM; SUUM abierta, y la del femenino TUA, SUA cerrada, resultando **too, *soo* (>*to, so*) y *tua, sua*. *Tuo/tua, suo/sua* se transforman progresivamente en *tuyo/tuya, suyo/suya*, formas modeladas probablemente sobre *cuyo*.

En cuanto a la serie átona, las formas modernas *mi, tu, su* aparecen con frecuencia sólo a partir del siglo XIII, y al principio predominantemente en el femenino. Son consideradas generalmente como innovadoras, procedentes de *mie, tue, sue* con apócope. El masculino prefiere *mio* monosilábico *(myo), to* y *so*, los dos últimos sirviendo, pues, de tónicos y átonos. Pero si este reparto, masculino *mio, to, so*, femenino *mi, tu, su*, es la norma, se atestigua mucha confusión; las formas *mi, tu, su* se encuentran a menudo referidas a masculino, y se registran no pocos ejemplos de *to, so* (y aun algunos de *mio*) femeninos. Es evidente que se trata de un período de reorganización morfológica, con abundante incertidumbre e inestabilidad, terminando con el sistema que conocemos hoy: tónicos *mío/-a, tuyo/-a, suyo/-a,* y átonos *mi, tu, su.* Según Méndez García de Paredes, es el período en el que el sistema doble se creó y se estableció.

Es indudable que los posesivos átonos modernos, *mi, tu, su* tienen su origen en la reducción de las formas tónicas *mio/-a, tuo/-a, suo/-a,* quizás por medio de formas intermediadas *mie, tue, sue.* Pero sería erróneo suponer que esta reducción sólo tuviera lugar en el siglo XIII. Las formas reducidas se observan en textos muy tempranos, aunque con menor frecuencia que en textos más tardíos. Las primeras atestaciones parecen encontrarse en títulos o fórmulas compuestos con elemento posesivo: *miuida, tumercede* en un texto de Burgos de 1100 (Menéndez Pidal 1919, 196). Hay que añadir que la segunda documentación de *su,* a fines del siglo XII, va referida al masculino: *su vasallo* (Menéndez Pidal 1965, 79; Méndez García de Paredes 1988, 534-35) —de modo que el empleo masculino de los posesivos reducidos modernos también empieza muy temprano. Se debe concluir que el sistema doble que conocemos hoy ya entraba en vigor al comienzo de la época de los textos españoles. Se estableció dicho sistema como la norma al fin de un período prolongado, después de mucha vacilación.

Mi propuesta es que los documentos españoles medievales testimonian la fase final de una reestructuración morfológica. Pero ésta no consiste en la creación de un sistema doble, sino en la sustitución de un sistema doble antiguo por otro nuevo. Lo que atestiguamos en los siglos X-XIII es el arraigo y la clarificación de dicho nuevo sistema. ¿Cuál era el sistema antiguo que este reemplazó?

El sistema doble del francés antiguo (y del catalán) se deriva de un sistema doble que ya existía en el latín hablado: formas fuertes tónicas MEUS/-A, TUUS/-A, SUUS/-A, y formas reducidas átonas MUS/-A, TUS/-A, SUS/-A, éstas resultando de la pérdida de la vocal de radical (contraste interesante con las reducciones españolas posteriores, donde el radical queda intacto y la apócope toca la flexión). La serie átona latina está documentada en textos de principios del siglo II en Egipto así como en textos occidentales posteriores, incluso en algunos textos españoles de los siglos VI-VII (Menéndez Pidal 1973, 257); es razonable suponer que esta serie era panlatina, utilizada en Iberia entera así como en Galia. Sugiero que, mientras la mayor parte de los posesivos del español antiguo deriva de MEUS/-A,

TUUS/-A, SUUS/-A, algunos son vestigios de una serie átona muy antigua, en la cual las formas acusativas pertinentes son MUM/MAM, TUM/TAM, SUM/SAM. Estos vestigios son *to* y *so*. Estas formas serían derivados naturales de TUM y SUM (como lo serían los plurales *tos, sos* de TOS, SOS). Tal hipótesis evita la necesidad de proponer una diferenciación de la vocal del radical en las formas latinas según el género.

En los documentos españoles medievales se observa la conclusión del abandono lento de la serie átona antigua, y su sustitución paulatina y vacilante por nuevas formas reducidas. *To* y *so* son integrados en el sistema que se va desenvolviendo, porque la semejanza fonética entre /o/ y /u/ posibilita la reinterpretación de estas formas como reducciones de *tuo, suo* por pérdida de la desinencia. Esto explica su uso como femeninos, alternando con *tu, su*. Pero su empleo con referencia a masculino predomina, sin duda a causa de la -*o*. Además, *to* y *so* sirven, con reacentuación, de posesivos tónicos —es decir que se reanalizan como variantes de *tuo, suo*, y desaparecen con estos de los contextos acentuados al surgir las formas rehechas *tuyo, suyo*. Las formas femeninas cuya existencia en España implica mi hipótesis, *ta* y *sa*, así como las de primera persona, *mo/ma*, se abandonaron primitivamente a causa de la imposibilidad de reinterpretarlas como formas reducidas de *tua, sua, mio/mia*, ya que la manera de reducción ya vigente era por apócope de la desinencia. Este nuevo modelo de reducción de las formas plenas reorientaba el sistema en el plano morfológico, creando una nueva serie de formas átonas, en la cual integró temporalmente, y con reanálisis, dos vocablos de la serie átona abandonada.

La hipótesis que he esbozado de la procedencia de *to* y *so* me parece admisible, desde el punto de vista de los cambios fonéticos, en comparación con la explicación generalmente aceptada. Además, al contrario que ésta, tiene la ventaja de ser compatible con la hipótesis más general de la existencia de una dicotomía tónico-átono en el sistema posesivo del latín tardío. Pero recibe confirmación textual directa en la forma de reliquias esporádicas de las formas átonas que, según mi hipótesis, existían antes del siglo X pero que desaparecieron tempranamente con el nacimiento de un nuevo modelo de reducción de formas acentuadas. Varios documentos de Navarra o de Aragón ofrecen ejemplos de formas femeninas y de primera persona, algunos con consonante nasal final en el masculino (como en el francés y catalán *mon, ton, son*). En ciertos casos es posible atribuir estas ocurrencias a influencia extranjera (francesa, occitana o catalana), tal como en un texto aragonés de mediados del siglo XIII: *totas sas fazendas* (Gifford & Hodcroft 1966, 182), y en un documento navarro de fines del mismo siglo: *aquel que son loguar tendra en Navarra* (Gifford & Hodcroft 145). Pero otras ocurrencias antedatan el período de fuerte influencia extranjera en Aragón y Navarra, por ejemplo en un documento aragonés de 1148: *uos don Alaman mon gendre [...] ke preste ama [= a ma] sogra [...] quando lo comte de Bazalana & prinzebs Aragon mena sas ostes super Tortosa* (Gifford & Hodcroft 179).

No se puede excluir la posibilidad de influencia catalana en esta documentación, pero es posible igualmente que el abandono del antiguo sistema siguiese más despacio en las regiones orientales. La prueba más fuerte de la existencia anterior de tal sistema en el hispanorromance es que las formas en cuestión se atestiguan también en escritos tempranos castellanos; en el *Auto de los reyes magos* del siglo XII se lee: *en mos dias no ui atal* (Menéndez Pidal 1965, 72).

A pesar del trastorno morfológico expuesto, me parece probable que las estructuras sintácticas en las que los posesivos pronominales ocurrían cambiaron poco. En el español moderno, los posesivos átonos se hallan en distribución complementaria con los artículos *(el/un amigo, mi amigo; *el/un mi amigo, *mi el/un amigo)*, y, de hecho, imponen al SN la misma interpretación definida como lo hace el artículo *el/la*.[2] Muchos lingüistas los analizan, razonablemente, como determinantes posesivos. Los tónicos, por otra parte, cuando son atributivos, van pospuestos al nombre, en posición de adjetivo típico *(el/un amigo mío)*. Sirven también en el uso substantivo *(el/un mío)*, que no se diferencia en estructura del uso paralelo de adjetivo en SNs que carecen de núcleo nominal *(el bueno, un grande)*. Y se emplean en posición predicativa *(Es mío, Son tuyos)* —también como lo hacen los adjetivos *(Es bueno, Son grandes)*. Puesto que la flexión de los posesivos plenos, además, es la misma que la de los adjetivos, se puede asumir que pertenecen a esta categoría. En el francés antiguo se halla el mismo reparto de formas y posiciones, salvo que el adjetivo posesivo (el tónico) iba con frecuencia antepuesto al nombre *(li miens amis)*. Según Lyons (1986), los átonos, en francés antiguo y en español moderno, ocupan la posición de especificador, y los tónicos

2. Véase Lyons (1990) para una discusión de la relación entre los posesivos y la definición.

una posición de modificante. Dada esta diferencia de posición, no es preciso distinguir las dos series morfológicas por categoría. Es probable que los posesivos en general sean adjetivos, y que la posición de especificador requiera la forma átona.

La situación en el español antiguo es menos clara. En primer lugar, se notan posesivos plenos sin artículo *(mio padre, sua madre)*. El mismo fenómeno se encuentra esporádicamente en el francés antiguo, y una explicación verosímil es que el romance primitivo permitía formas plenas además de formas reducidas en el especificador, una expresión en esta posición estando acentuada o inacentuada según el deseo y la intención comunicativa del hablante. Tal es la situación en inglés; este idioma tiene formas tónicas y formas átonas que no se distinguen ortográficamente: *my* /maɪ/, *your* /joə/, *his* /hɪz/, *her* /hɜ:/ se reducen con frecuencia a *my* /mɪ/, *your* /jə/, *his* /ɪz/, *her* /ə/. Esta reducción es opcional. Mi hipótesis es que una situación semejante regía en latín tardío (o sea romance primitivo), el especificador permitiendo ambas series de formas, y toda otra posición exigiendo la forma tónica. Después, una correspondencia rígida entre formas y posiciones se impuso, el especificador aceptando sólo los posesivos átonos, y este desarrollo tuvo lugar más tarde en español que en francés.

La segunda complicación es que los posesivos átonos, antepuestos al nombre, pueden ir precedidos de artículo en español antiguo. La estructura con posesivo átono en posición de determinante *(mi casa, so libro)* convive con locuciones como *la mi casa, un so libro*. El problema planteado por esta alternativa es que parece presentar formas átonas en posición de modificante, lo que iría en contra de la hipótesis de que los posesivos átonos sean condicionados por la posición de especificador.

Ciertas propuestas recientes de la teoría sintáctica ofrecen una solución —solución que hace los datos expuestos aun más interesantes para la lingüística, y que aclara la naturaleza de la supresión posterior (en la lengua estándar) de la alternativa *la mi casa*. La teoría actual sostiene que los sintagmas léxicos con núcleo léxico (como por ejemplo los SNs, cuyo núcleo es de la categoría léxica de nombre) se hallan normalmente subordinados, en calidad de complemento, a otros núcleos 'funcionales' (es decir, gramaticales, no léxicos). El SN ocurre en posición de complemento de una categoría funcional denominada 'D', porque se identifica con el determinante —es decir que muchos lingüistas consideran hoy día que el determinante es el núcleo del sintagma que antes se llamaba 'SN' (y que en esta teoría se denomina 'SD'). Lyons (1991) afirma que es un error identificar el núcleo funcional que domina el SN con el determinante, pero este debate no tiene importancia para la presente discusión. Lo importante es que las expresiones nominales tienen dos núcleos, D y N —lo que implica dos especificadores, el del SD y, más baja en la estructura, el del SN. Se ha sostenido (Fukui 1986, Radford 1991, Lyons 1991) que, en inglés y en español moderno, las expresiones posesivas nacen típicamente en el especificador del SN, de donde se elevan al del SD para satisfacer ciertos requisitos de la teoría. En español, según Lyons, tal origen en el especificador inferior es pertinente solamente a los posesivos pronominales, a diferencia del inglés.[3] Así, en la estructura profunda los posesivos átonos se hallan en el especificador del SN (de acuerdo con mi propuesta de que esta posición exige la forma reducida) y se trasladan, por la razón que sea, al especificador del SD; las formas tónicas, por otra parte, ocupan una posición de modificante en el SN, tal como lo hace normalmente todo adjetivo, y no tienen motivo de moverse de esta posición. Ahora bien, la posibilidad que ofrece el español antiguo de que un posesivo átono vaya precedido por artículo lleva a suponer que la elevación transformacional de dicho átono del especificador inferior es opcional.

El carácter opcional de la elevación de los posesivos en el español medieval se atestigua en documentos muy tempranos. En las Glosas Emilianenses (Menéndez Pidal 1950, 7) se lee *ela sua face* (con posesivo pleno, que, según la postura que he defendido, alternaba con la forma reducida en posición de especificador), y un texto de Palencia de mediados del siglo XII (Gifford & Hodcroft, 28) presenta *del so binal.* De modo que la construcción *la/una mi casa,* en la que el posesivo ocurre en el especificador del SN en la estructura superficial, no parece ser innovación del período que consideramos, y se permite creer que era propiedad del latín tardío hablado, de carácter panromance.[4] La única reestructuración sintáctica notable se produjo a fi-

---

3. En inglés D asigna caso genitivo a su especificador, lo que permite a todo posesivo, tanto nominal como pronominal, ocupar esta posición después de elevarse del especificador del SN (*my car* 'mi coche', *the teacher's car* 'el coche del profesor'). El español no tiene caso genitivo, y la posesión nominal se expresa mediante la preposición *de.* Pero los posesivos pronominales son adjetivos, y como tales no requieren caso, de modo que no necesitan preposición y pueden ocupar el especificador.

4. En francés antiguo también se encuentran ejemplos esporádicos de dicha estructura —reliquias quizás de un sistema suplantado.

nes del período medieval, con la pérdida de esta construcción. Con este cambio, la elevación del posesivo átono al especificador del SD resulta obligatorio.

Para resumir, he sostenido que el sistema sintáctico relativo a los posesivos cambió poco en el paso del romance temprano al español antiguo, mientras que el sistema morfológico sí cambió, pero con resultados no completamente innovativos. El español heredó las estructuras sintácticas del romance temprano, en las que posesivos pronominales, de categoría adjetiva, ocurrían en calidad de modificante o de especificador de SN. En el segundo caso tenían la posibilidad de moverse al especificador superior —posibilidad que se convirtió en requisito mucho más tarde. En el plano morfológico, el latín tardío y el español primitivo tenían dos series, la átona que ocurría en posición de especificador, y la tónica que ocurría en cualquier posición. La tendencia de hacer corresponder forma y posición de manera fija se estableció progresivamente en el curso del período medieval, pero antes de esto sucedió una transformación importante de formas. El idioma abandonó la serie átona romance, incorporando unas pocas formas de ésta al sistema sustitutivo, y estableció un nuevo modelo de reducción por apócope de la desinencia, que aplicó a las formas tónicas existentes para crear una nueva serie átona.

BIBLIOGRAFÍA

FUKUI, NAOKI, 1986. 'A Theory of Category Projection and its Applications' (tesis doctoral inédita, MIT).

GIFFORD, D. J., & F. W. HODCROFT, ed., 1966. *Textos lingüísticos del medioevo español*, 2.ª ed. (Oxford: Dolphin).

LYONS, CHRISTOPHER, 1986. 'On the Origin of the Old French Strong-Weak Possessive Distinction', *TPS*, 1-41.

—, 1990. 'Phrase Structure, Possessives and Definiteness', *York Papers in Linguistics* 14, 221-228.

—, 1991. 'Movement in "NP" and the DP Hypothesis' (ponencia leída en el congreso de otoño de la Linguistic Association of Great Britain, York).

MÉNDEZ GARCÍA DE PAREDES, ELENA, 1988. 'Pronombres posesivos: constitución de sus formas en castellano medieval', en *Actas del I Congreso de Historia de la Lengua Española*, I, ed. M. Ariza, A. Salvador, A. Viudas (Madrid: Arco), 533-40.

MENÉNDEZ PIDAL, RAMÓN, 1919. *Documentos lingüísticos de España* (Madrid: Centro de Estudios Históricos).

—, 1950. *Orígenes del español,* 3.ª ed. (Madrid: Espasa-Calpe).

—, 1965. *Crestomatía del español medieval* (Madrid: Universidad de Madrid).

—, 1973. *Manual de gramática histórica española,* 14.ª ed. (Madrid: Espasa-Calpe).

RADFORD, ANDREW, 1991. 'Head-Hunting: On the Trail of the Nominal Cerberus' (ponencia leída en el congreso Talking Heads, Universidad de Surrey).

WRIGHT, ROGER, 1983. 'Unity and Diversity among the Romance Languages', *TPS*, 1-22.

La escritura: ¿foto o disfraz?

ROGER WRIGHT

University of Liverpool

TODOS LOS TESTIMONIOS que tenemos de los estados lingüísticos de antes de este siglo, están escritos. Es una tentación llevar a cabo nuestras investigaciones como si estos testimonios fueran representaciones más o menos fotográficas del habla de sus autores; pero antes de usarlos así, hace falta que averigüemos cómo los escritores de la época veían la conexión entre el habla y la escritura que usaban.

Se ha descubierto que siempre hay diferencias de muchos tipos entre las dos modalidades. Sea cual sea la lengua usada, la escritura necesita mayor preparación, ofrece más posibilidades de autocorrección y suele emplear sintaxis y morfología de mayor complejidad; el habla suele ser más complicada en cuanto a los contextos interactivos y sociolingüísticos (p.ej. en el uso de los deícticos y expresiones elípticas) y abarcar más variación y versatilidad (véase Klein-Andreu 1989). Pero estas diferencias han resultado mayores en algunos países y en algunas épocas que en otros, y los especialistas de la lingüística histórica tenemos que entender el papel que les tocaba al alfabetismo y a los textos escritos dentro de la sociedad de que provienen antes de que podamos siquiera intentar deducir detalles del habla de los que escribieron estos textos.

La grafemática —el estudio de la escritura— es por eso una parte esencial de la lingüística histórica románica, a menos que nos fiemos únicamente de reconstrucciones (y los hay que sí se fían). La morfosintaxis hablada se puede representar exactamente si lo queremos así, aunque muy raras veces lo hacemos; pero vale la pena subrayar el hecho universal de que no se ha inventado nunca el sistema de escritura que represente exactamente la fonética sin ambigüedad ni omisión. Aunque los fonetistas y sociolingüistas de hoy traten con toda seriedad de transcribir en papel todos los detalles de las conversaciones que tienen grabadas, no han conseguido nunca representar exactamente, mediante unidades escritas, todos los fenómenos de los tonos, de la entonación suprasegmental, de las frecuencias acústicas, de la velocidad relativa, del ritmo, etc., que surgen cada vez que se habla. Sería posible, desde luego, imprimir los espectrogramas (que representan de manera gráfica todos los elementos acústicos del habla), pero así nos encontraríamos con otro problema; que estos espectrogramas no comunicarían nada en absoluto al lector, ni siquiera, creo, a los especialistas de la acústica fonética. Tal representación exacta del sonido mismo no ha sido buscada nunca por los que inventan los sistemas de escritura, ni por los que los enseñan luego a los aprendices, porque en la práctica lo que necesitan los lectores no consiste en tales detalles fonéticos sino en indicaciones inmediatas y claras de lo que son los morfemas y las palabras, sea cual sea su naturaleza fonética. Porque la escritura no es nunca mera transcripción fotográfica; tiene el fin práctico de comunicar el sentido, y esto sólo se consigue si los lectores logran reconocer las unidades léxicas. El fin de la lectura es el de reconocer éstas, sean cuales sean los fonemas y los símbolos usados.

Los especialistas modernos de la enseñanza pedagógica de la escritura y lectura de las lenguas contemporáneas suelen hacer hincapié en el hecho de que leemos con los ojos aunque, por así decir, escribimos en parte con los oídos (véase, p.ej., Frith 1980). Por eso, para que el lector se entere de las palabras, no hay ninguna necesidad en absoluto de que los detalles fonéticos se indiquen a través de la forma escrita, y muchos idiomas usan otras maneras de indicar los morfemas. Como se sabe, hay dos tipos básicos de sistemas de escritura: los sistemas logográficos, que resultan de la intención original de señalar las unidades morfémicas enteras sin análisis fonético, y los sistemas fonográficos, que resultan de la intención original de señalar las unidades fonéticas. Los sistemas logográficos, tales como el del chino, suelen ser los más fáciles en cuanto a la lectura —es éste un hecho que sorprende a los europeos, pero parece ser cierto— mientras que los sistemas fonográficos suelen ser los más fáciles en cuanto a la escritura, al menos cuando la aprendemos (el chino cursivo también se puede escribir con mucha fluidez). Así que no debemos concluir que uno de los dos tipos sea en sí mejor que el otro (Coulmas 1989). En la práctica, la mayoría de los sistemas obran en los dos niveles a la vez, o sea tanto en el semántico como en el fonético. El sistema chino, por ejemplo, se ha dotado de varias indicaciones de índole fonética. Y a la inversa, los sistemas inicialmente fonográficos suelen con el tiempo adquirir características de índole logográfica; esto es, que en la práctica tanto el lector como el escritor obran más bien mediante unidades léxicas que fonéticas. Esto es lo que le ha pasado a nuestra escritura 'romana', usada para representar muchos idiomas europeos modernos tales como el inglés o el francés, en que los cambios fonéticos han dado lugar a que la ortografía tradicional sea bastante distinta de la transcripción fonética de la misma palabra. Por eso la unidad escrita que se enseña a los niños suele ser la palabra entera; la ortografía entera de las palabras individuales se enseña a la par que las generalidades de las correspondencias entre letra y sonido. Es también probable que pasara lo mismo en los siglos del temprano medioevo español, cuando usaban tanto la ortografía tradicional como la fonética evolucionada, antes de lo que venimos llamando el renacimiento del siglo XII. Como dijo Sampson (1985, 203), 'el hecho de que las letras romanas representaban inicialmente a fonemas segmentales no impide en principio que se construya una escritura logográfica con ellas'. Tanto en el siglo X como hoy hace falta reconocer las letras individuales, desde luego, para que reconozcamos la palabra apropiada, pero sin que al leer pasemos por ninguna etapa intermedia en la que asignemos un sonido a cada letra escrita. Al leer en voz alta, en cuanto reconocemos la palabra entera, sabemos pronunciarla de manera normal. En el inglés, en el francés, y en el romance español de esta y de otras épocas, no sería nada más que un obstáculo innecesario si tuviéramos que asignar un sonido a cada letra escrita y luego posteriormente seguir reglas de adaptación subsecuente. La unidad con que obramos al leer es la unidad léxica.

La ortografía oficial que se usaba en España antes del siglo XIII se elaboró en su mayor parte antes de Jesucristo. Parece que los romanos solían escribir sin separar las palabras. A nosotros nos parece difícil leer los textos viejos que evidencian esta falta de separación. Los inventores iniciales de la escritura romana habían ido adaptando el sistema de los griegos, adecuando las grafías a los sonidos de su propia habla, y desde luego no hay pausas dentro del grupo fonético que correspondan a tales espacios entre palabras escritas. Por esta razón histórica podemos suponer que los textos del viejo latín se escribieron con una ortografía más o menos isomórfica con la fonología. Sin embargo, no podemos presuponer que las letras que usaban tenían exactamente el mismo valor representativo que el que tienen

227

ni en la ortografía de ninguna lengua moderna, ni en el alfabeto fonético, ni en el latín medieval, y si, por ejemplo, queremos por otras razones reconstruir la posibilidad de que en el antiguo latín no había fricativas labiodentales, el hecho de que usaban la letra *F* no impide que lo reconstruyamos así. Pero el latín del Imperio Romano evolucionaba, naturalmente, hasta el punto de que el isomorfismo entre habla y escritura se veía en gran parte disminuido. San Agustín, en el siglo IV, todavía consideraba que las letras representaban los sonidos *(De Trinitate* X.19); San Isidoro, en cambio, consideraba que las letras eran imágenes sin sonido que representaban las cosas mismas *(Etymologiae* I.3.i.: 'Litterae autem sunt indices rerum, signa verborum, quibus tanta vis est, ut nobis dicta absentium sine voce loquantur. Verba enim per oculos non per aures introducunt').

Así que el relativo isomorfismo entre el texto al parecer fonográfico y el habla de su autor depende más que nada de la cronología. Inmediatamente después de reformas intencionadamente fonográficas, les daremos más crédito en este respecto que el que daríamos a textos de otras épocas. Aunque parece que los textos del siglo II antes de Jesucristo usaban el mismo sistema ortográfico que los del siglo VII después, sólo aquéllos, los más antiguos, representan de una manera más o menos fiel la fonética de los autores; éstos, los textos más tardíos, representan en cambio la corrección tradicional que querían conseguir, una tradición definitivamente fijada a finales del imperio romano y que para el siglo VII tenía la función efectiva de disfrazar su fonética más bien que representarla.

Los textos de la época que sigue, de los siglos VIII al XII, época bautizada por Menéndez Pidal (1926) como la de 'Orígenes', nos suelen dejar algo perplejos. Por las razones ya expuestas, tenemos que averiguar si los escribas querían, como los muy antiguos, representar detalladamente su propia fonética, o si, en cambio, querían seguir lo tradicionalmente correcto, como querían los visigodos; pero los testimonios parecen apuntar en las dos direcciones a la vez. En verdad, casi siempre querían los escritores seguir correctamente la tradición ortográfica más bien que dar una representación fotográfica de sus propios hábitos fonéticos. Sin embargo, muchas veces no podían conseguir la corrección tradicional, tanto en lo que se refiere a la corrección ortográfica como en lo referente a la morfología nominal anticuada que se les enseñaba al aprender a escribir. (Tenían más éxito con la morfología verbal antigua, porque es probable que rastros de ésta hayan seguido identificables en el habla y comprensibles al encontrarse; véanse los estudios de Green, Stengaard, García Leal, etc.). Parece bien posible que la ortografía de muchas palabras debió haberse enseñado a los aprendices del siglo X español más o menos mediante los métodos logográficos que se usan hoy en día en el mundo anglosajón, esto es, como entidades enteras, sin ningún análisis fonético. Sin embargo, para escribir las otras palabras menos reconocibles cuya forma no se había enseñado en la formación inicial, tenían algunas reglas aproximadas de correspondencias entre letra y sonido (que no coincidían exactamente con las nuestras, desde luego). Carmen Pensado llegó a casi las mismas conclusiones en su importante estudio (1991); señala, por ejemplo, que la forma escrita *eglesia* era tan frecuente en León que a lo mejor se enseñaba así como norma, aun siendo incorrecta. (En la Irlanda del siglo IX se enseñaba como *aeclessia;* Breatnach 1988, 60.)

En aquella época de hace mil años, incluso tratando de conseguir la corrección ansiada se encontraban los escribas a veces con palabras, sobre todo toponímicas o antroponímicas, que no tenían en absoluto forma que se pudiera llamar correcta. Por eso, inventaron algo que se aproximaba más fonográficamente al habla en estas palabras que en las otras. El papel que juegan los topónimos dentro de la invención ortográfica se ha notado en muchas culturas diversas, y Menéndez Pidal, está claro, lo notó también aquí. Después, las novedades ortográficas que se usaban para aproximarse a la pronunciación de estos topónimos que encontramos en textos del siglo X, parecen extenderse poco a poco a otras secciones del léxico, en algunos textos de los siglos XI y XII, a medida que en algunos estilos textuales el disfraz tradicional se usaba cada vez menos intensivamente. Por eso podemos utilizar las grafías evolucionadas de estos textos como testimonios de la fonética evolucionada (al menos si obramos con cuidado), pero en cambio no podemos atribuir las grafías tradicionales a fonética retrasada. Entre los notarios, la decisión de escribir cada vez más sin el disfraz, de volver a algo menos logográfico y más fonográfico, se tomó poco a poco, como ha mostrado Emiliano (p.ej. 1991); en otros estilos, la transición se hizo de manera más brusca, al parecer hacia principios del siglo XIII. Así que hay continuidad tanto cultural como lingüística entre la vernácula del siglo XI (escrita más o menos de la manera tradicional) y la del siglo XIII (que a nosotros nos parece nueva), y en Castilla la escritura de este siglo XIII se basaba otra vez, pero por primera vez en catorce siglos, en el habla. (Los leoneses seguían teniendo que disfrazar, pero ya de otra manera).

Las estandarizaciones intencionadamente isomórficas del siglo XIII (del castellano, del catalán y del portugués) nos aseguran que otra vez los lingüistas históricos podemos usar la mayoría de los detalles de la ortografía como si fueran representaciones fotográficas del habla. Pero incluso aquí hay que andar con cuidado. Como ha mostrado Penny (1988, 1991), no podemos concluir que las correspondencias que usaban hayan coincidido con las de los alfabetos fonéticos modernos ni con las de ninguna lengua moderna: el sonido [h] se escribía con la letra *f,* el sonido [ǰ] se escribía con la letra *y,* por ejemplo.

Los siglos finales de la Edad Media no conocían la misma intensa ansia pedagógica de corrección ortográfica que vemos en el siglo VII y también vemos hoy, de manera que sigue siendo posible a veces deducir detalles fonéticos de los detalles ortográficos de los siglos XIV y XV (en cuanto al habla imaginaria de las serranas de Juan Ruiz, por ejemplo), sin que podamos quedar totalmente seguros de casi nada. En los siglos XVI y XVII había actitudes muy diversas para con el isomorfismo, pero también en estos siglos, por primera vez, encontramos observaciones explícitas de varios lingüistas, las que nos pueden ayudar. E incluso en los tiempos modernos, nos podemos fiar muchas veces de las transcripciones cuidadosas de algunos especialistas de la fonética, y para la sintaxis hablada también nos podemos fiar de los especialistas de la sociolingüística (Klein, Silva-Corvalán, etc.); y a veces hasta los textos de los dramaturgos o de los novelistas que tratan de reproducir el español no estándar nos pueden dar datos valiosos, aunque en la práctica las falsas ideas que abrigan nos podrán tanto despistar como iluminar.

La gran mayoría de los textos producidos en la Península Ibérica, por consecuencia, no se han preparado durante una época en que se estuviera renovando el sistema ortográfico. Casi todos los escritores, pues, han ansiado, de manera consciente, alcanzar la corrección escrita; ésta se basaba en el habla de una época pasada, y sentían que era un deber moral disfrazar su habla si ésta no coincidía con la ortografía que se llamaba correcta. Además, aunque parezca evidente a los especialistas modernos tales como Jesús Mosterín (1981) que la escritura debe basarse fonográficamente en el habla, también se han visto reformas dedicadas específicamente a alejar más la forma escrita de la forma hablada. El latín medieval estandarizado se basó en esta intención; y las decisiones ortográficas tomadas en el siglo XVIII por la nueva Real Academia tuvieron también esta consecuencia. Durante los dos siglos precedentes se había visto una discusión, a veces muy animada, entre los que preferían en general usar una ortografía que se basaba en la ortografía etimológica latina, y al otro lado los que preferían en general usar una ortografía basada en la pronunciación contemporánea (véase p.ej. Salvador Plans 1980). La Academia optó por la versión etimológica (de palabras como *digno* con g, *haber* con h, *aceptar* con p, etc); en efecto, escogían así para la conveniencia logográfica de los lectores, la cual les parecía más importante que la conveniencia fonográfica de los que aprendían a escribir. Sabemos ahora lo que pasó entonces en las discusiones de los académicos, pero, si no tuviéramos testimonios de las deliberaciones que tenían ellos, podríamos quedarnos muy despistados por los desarrollos ortográficos que vemos en los textos subsecuentes. Incluso nos sentiríamos tentados a postular cambios fonéticos regresivos que no se efectuaron. Esta reforma se destinó a sabiendas a hacer que la escritura representara menos directamente a la fonética, y tuvo en sí la consecuencia de hacer que el sistema ortográfico se volviera un poco más logográfico en su manera de indicar la palabra al lector. Una vez que sepamos leer el español, al leer en alta voz, si vemos la unidad escrita *haber* automáticamente proferimos los sonidos [aßer], sin preocuparnos por el hecho, al parecer anómalo, de que la letra *h* no corresponda a nada fonético. En la práctica, la escritura estrictamente fonográfica sólo ayuda a los que no conocen bien el idioma. La consecuencia es que las pronunciaciones leídas erróneamente que se basan equivocadamente en proferir un sonido específico que corresponde a cada letra de la forma ortográfica, son síntomas de insuficiencia y de falta de experiencia (por ejemplo, si se leyera *haber* con [h]).

Desafortunadamente, algunos especialistas de la filología románica no han entendido esto, y siguen enseñando a los estudiantes que tales errores, que se encuentran en la historia de la evolución del español, serían síntomas de influencias cultas y eruditas (se suelen llamar 'cultismos'), más bien que de la falta de competencia que atestiguan en verdad.

La conclusión puede parecer obvia. Se me dice que lo es. Hace falta entender cómo la escritura y la lectura se enseñaban y se practicaban dentro de una comunidad dada antes de deducir detalles del habla basándonos en la escritura. Sin embargo, algunos hispanistas no pueden aceptar la conclusión, sobre todo al tratar de los textos de la época dicha de Orígenes. Lo que sí es cierto es que a veces no tenemos conocimientos históricos muy explícitos de estos detalles;

por eso vale la pena intentar deducirlos del análisis interno de los mismos textos, comparando pronunciaciones verdaderamente reconstruibles con las formas escritas (no enmendadas) por si así entendemos los razonamientos que les conducían a sus hábitos ortográficos. Es lo que yo (p.ej. 1991b, 1991c) y otros venimos haciendo; y los filólogos del año 3000 tendrán que hacer lo mismo al estudiar nuestros textos, porque el ansia moral de la corrección escrita es más prevalente hoy que nunca, aun más obsesionante de lo que era en el siglo X.

BIBLIOGRAFÍA

BREATNACH, PÁDRAIG A., 1988. 'The Pronunciation of Latin in Early Medieval Ireland', en *Scire Litteras,* ed. Sigrid Krämer & Michael Bernhard (Munich: Akademie), pp. 59-72.

COULMAS, FLORIAN, 1989. *The Writing Systems of the World* (Oxford: Blackwell).

EMILIANO, ANTÓNIO, 1991. 'Latin or Romance?: Graphemic Variation and Scripto-Linguistic Change in Medieval Spain', en Wright 1991a, pp. 233-47.

FRITH, UTA, ed., 1980. *Cognitive Processes in Spelling* (Londres: Academic Press).

GARCÍA LEAL, ALFONSO, en prensa. *El latín de la diplomática asturleonesa (775-1032)* (Oviedo: Univ.).

GREEN, JOHN N., 1991. 'The Collapse and Replacement of Verbal Inflection in Late Latin/Early Romance: How Would One Know?', en Wright 1991a, pp. 83-99.

KLEIN-ANDREU, FLORA, 1989. 'Speech Priorities', en *The Pragmatics of Style,* ed. Leo Hickey (Londres: Routledge), pp. 73-86.

MENÉNDEZ PIDAL, RAMÓN, 1926. *Orígenes del español* (Madrid: Espasa-Calpe).

MOSTERÍN, JESÚS, 1981. *La ortografía fonémica del español* (Madrid: Alianza).

PENNY, RALPH, 1988. 'The Old Spanish graphs 'i', 'j', 'g' and 'y' and the development of Latin $G^{e,i}$- and J-', *BHS,* 65, 337-54.

—, 1991. 'Labiodental /f/, Aspiration and /h/-dropping in Spanish: The Evolving Phonemic Value of the Graphs *f* and *h'*, en *Cultures in Contact in Medieval Spain: Historical and Literary Essays Presented to L. P. Harvey* (Londres: King's College), pp. 157-82.

PENSADO, CARMEN, 1991. 'How was Leonese Vulgar Latin Read?', en Wright 1991a, pp. 190-204.

SALVADOR PLANS, ANTONIO, 1980. 'La adecuación entre grafía y fonema en los ortógrafos del Siglo de Oro', *Anuario de Estudios Filológicos,* 3, 215-27.

SAMPSON, GEOFFREY, 1985. *Writing Systems: A Linguistic Introduction* (Londres: Hutchinson).

SILVA-CORVALÁN, CARMEN, 1988. *Sociolingüística: teoría y análisis* (Madrid: Alhambra).

STENGAARD, BIRTE, 1991. *Vida y muerte de un campo semántico* (Tubinga: Niemeyer).

WRIGHT, ROGER, ed., 1991a. *Latin and the Romance Languages in the Early Middle Ages* (Londres: Routledge).

——, 1991b. 'Textos asturianos de los siglos IX y X: ¿latín bárbaro o romance escrito?', *Lletres Asturianes,* 41, 21-34.

——, 1991c. 'La enseñanza de la ortografía en la Galicia de hace mil años', *Verba,* 18, 5-25.

Latín y *romance* y las glosas de San Millán y de Silos: apuntes para un planteamiento grafémico

ANTÓNIO EMILIANO

Universidade Nova de Lisboa

1. INTRODUCCIÓN

Antes del final del siglo XI (más precisamente antes del concilio de Burgos que en 1080 introdujo oficialmente en la Península Ibérica la liturgia romana y con ella el latín medieval reformado) no hay ninguna razón para postular la existencia de una distinción conceptual generalizada y operante entre latín y romance como realidades lingüísticas distintas en las comunidades hablantes y escribientes hispánicas. No obstante la introducción y divulgación de las *litterae* al final del siglo XI, la oposición entre latín y romance como códigos distintos dotados de escrituras distintas sólo se estableció duraderamente cerca de dos siglos después, como consecuencia de un proceso dilatado de cambio metalingüístico que instauró la noción de que el latín y las lenguas vernáculas hispánicas eran objetivamente cosas distintas.

El surgimiento y establecimiento de la distinción conceptual entre latín y las lenguas vernáculas de las varias comunidades románicas de la Europa Occidental forman el objeto de la obra de Roger Wright *Late Latin and Early Romance in Spain and Carolingian France* (Wright 1982), obra que ha revitalizado y reformulado decisivamente la discusión del problema latín-romance. En una sección de la misma obra, específicamente dedicada a las glosas romances de San Millán y de Santo Domingo de Silos, Roger Wright argumenta, cuestionando convincentemente la perspectiva de la filología tradicional, que las glosas no pueden ser tomadas como prueba de la existencia de esa oposición lingüística, y que su origen no puede ser apoyado en hipotéticos glosarios latín-romance (véase también Wright 1986).

El objetivo de esta comunicación es proponer un planteamiento grafémico general de estas cuestiones. La perspectiva que yo quisiera aquí exponer, partiendo de los presupuestos explicitados por Wright (1982), es que el proceso de conversión implicado en la redacción de las glosas romances es puramente ortográfico, como se puede mostrar comparando el proceso de glosación con las tendencias de romanceamiento de la lengua notarial y haciendo notar las semejanzas formales y estructurales. Se pretende así contribuir a una interpretación más correcta de las glosas en el contexto del 'debate latín-romance'.

Me gustaría subrayar en este respecto dos puntos.

1.1. *Innovación y tradición en las glosas romances*

Las glosas romances de San Millán y de Silos son una tentativa consciente y deliberada de crear una nueva ortografía para representar formas vernáculas romances de una manera más transparente. Aunque las glosas constituyan una innovación en el ambiente scriptolingüístico de la época, no se puede decir que hayan sido una verdadera creación *ex nihilo* ya que no se puede en absoluto disociarlas de las antiguas tendencias de romanceamiento presentes en la tradición del latín notarial no reformado.

La novedad de las glosas no está en que presentan formas con una apariencia gráfica que podemos clasificar de distintivamente romance. Formas de este tipo aparecían ya frecuentemente en documentos notariales. Lo que es verdaderamente nuevo es que los glosadores (1) hayan redactado formas ortográficas romances aislándolas de un contexto sintáctico latino, y (2) que hayan confrontado deliberadamente esas formas gráficas romances con formas gráficas latinas.

Una comparación superficial entre las glosas y las formas romances de los textos notariales y forales revela semejanzas flagrantes, hecho que debe ser debidamente notado y explicado. Las glosas, si son una empresa *sui generis* para la época en que fueron redactadas, no dejan por eso de ser un lazo más en la cadena ininterrumpida de romanceamiento que va desde los documentos más antiguos hasta los primeros textos verdaderamente romances del siglo XIII; las glosas romances son también parte de una larga tendencia de cambio scripto-lingüístico que resultó en la completa deslatinización de las *scriptae* notariales hispánicas y en la consecuente emergencia de ortografías romances autónomas.

1.2. *La función de las glosas y la distinción latín-romance*

Las glosas no reflejan necesariamente una distinción conceptual entre latín y romance en la Hispania del siglo XI, aunque los individuos que con ingenio las redactaron tuvieran consciencia de las profundas diferencias que existían entre la lengua escrita y la hablada. No es difícil concebir que para esos individuos, en contacto con las experiencias ortográficas transpirenaicas y con la nueva pronunciación del latín litúrgico y literario (basada en nuevas reglas de correspondencia grafo-fonémica), la distinción se presentara de forma particularmente palpable. Pero lo que cuenta aquí no es la dimensión fenomenológica de la consciencia de esas diferencias, sino el valor conceptual de esa consciencia. Lo importante es la interpretación, y no sólo la percepción, que los hablantes y escribientes hacían de esas diferencias. Nada permite suponer que esa interpretación fuera en el sentido de la distinción entre dos lenguas en lugar de dos registros del contínuum sociolingüístico y estilístico de la comunidad.

Lo que yo quiero sugerir es que la aparente conversión léxica que las glosas muestran no es verdaderamente traducción interlingüística (pues no había dos lenguas distintas en presencia), sino de conversión léxico-ortográfica, o mejor dicho, conversión grafo-lexémica, proceso grafémico complejo que hace corresponder directamente lexemas a secuencias de grafos sin la intervención de un nivel de descodificación fónica intermedio. Esto resulta del carácter parcialmente logográfico que la escritura latina tenía antes del advenimiento y generalización de las convenciones fonéticas del latín medieval reformado. Las glosas servían para facilitar la oralización correcta del texto latino glosado de acuerdo no solamente con la fonética romance, sino también con la morfología, el léxico y aun la sintaxis romances (véanse Stengard 1991 y Blake 1991).

El proceso de glosación, por lo menos en las glosas no contextuales simples, consistió, de acuerdo con esta perspectiva, en hacer corresponder a las formas fonémicamente opacas de la escritura latina formas ortográficas alternativas, equivalentes pero estructuralmente más transparentes.

2. Las glosas romances y la lengua notarial

Las correspondencias que las glosas presentan deben ser estudiadas bajo la perspectiva alargada de una tradición ortográfica compleja y antigua que perduró hasta el siglo XIII. El análisis de los textos forales y notariales alatinados anteriores a ese siglo muestra una equivalencia representacional entre grafías latinas y romances que alternan según el fenómeno de la variación gráfica. La existencia de la variación gráfica, que es una de las características más sobresalientes de los documentos notariales y forales permite concluir que las formas gráficas latinas eran transpuestas sin grandes problemas al romance.

Este hecho es ampliamente confirmado por los fueros romances de fines del siglo XIII en cuya redacción hubo literalmente una depuración del elemento latino de las versiones anteriores en 'latín bárbaro', conservándose solamente el elemento romance ya existente en esas versiones más antiguas: las formas romances y los principios ortográficos que regían esas formas no fueron creados o inventados en el siglo XIII expresamente para traducir las formas arcaicas de los fueros latinos puesto que dichas formas y dichos principios existían ya en alternancia con esas mismas formas latinas en los textos de los siglos anteriores (véase Emiliano 1991 para una discusión más pormenorizada).

Las tesis scripto-lingüísticas de Wright, que forman el punto de partida de estas reflexiones, están ejemplificadas en las controversiales transcripciones fonéticas que él presenta en su libro. En una sección dedicada al 'latín vulgar leonés' (1982, cap. 4), Wright ofrece la transcripción fonética integral de un documento notarial leonés del principio del siglo X. El problema que desde luego plantea esa transcripción, en cuanto modelo de la representación oral del texto, es el de su inteligibilidad para un hablante/oyente iletrado del leonés antiguo. Es cosa conocida que documentos de este tipo eran leídos en voz alta y que su comprensión por todos los interesados era esperada y necesaria para la validación del acto jurídico.[1] La perspectiva de Wright sobre esto es casi exclusivamente fonética, y por consiguiente, peligrosamente reductora. En sus palabras:

---

1. 'Despite the fact that all documents were composed in Latin in the earlier period, we find constant references to them being read aloud to the witnesses and parties. [...] Obviously, if all parties were to understand what was read out to them, the documents must have been recited in some form of Romance, even though they were written in Latin' (Dutton 1980, 16).

   'As these documents were read out to the witnesses and parties, the reader probably did not think he was 'translating', but merely reexpressing learned language in vernacular, popular speech' (Dutton 1980, 19).

the reading aloud of a tenth-century document was in a sociolinguistic and stylistic variety of tenth-century vernacular phonetics (Wright 1982, 166).

Y más adelante:

reading aloud could have used Old Leonese phonetics even for such apparently Latinate material as a legal document, in the same way as readers of Modern English documents can read legal language aloud with their own phonetic habits (1982, 167).

Ahora, si la lectura en voz alta con fonética vernácula es necesaria para la inteligibilidad de un texto, no es sin embargo suficiente. Si un anglófono puede leer y comprender un texto legal en inglés moderno eso no depende sólo de la fonética empleada. Del mismo modo, un documento notarial inglés del siglo X u XI no es comprensible para un anglófono moderno que no haya estudiado el inglés antiguo, aunque sea leído con fonética moderna (o hasta con morfología moderna).

Véase un extracto de la transcripción que Wright propone para ese documento notarial; se trata de la cláusula final del documento:

et quidquid exinde agere facere uel iudigare uuolueris
[e kékeʃénde adʒére fadzére vel ʒulgáre voljéres
lliueram in Dei nomine abeas potestatem. Et si quis tamen,
λίßra en díe nwémne áßjas podestáde e se kítamne
cod fieri minime non credo, aliquis tiui contra anc uindicionen
ke fjére ménme no kréo alkí tíe kwéntr aŋk vendzóne
mea at inrumpendum uenerit uel uenire conauero
mía a enrompjéndo vinjére vel veníre konáro]

(Wright 1982, 167)

Me parece obvio que formas como [támne, alkí, aŋk, vel, voljéres, konáro] o expresiones como [kékeʃénde, en díe nwemne, a enrompjéndo] difícilmente resultarían comprensibles para un oyente iletrado leonés del siglo XI. El problema es que la oralización de un texto en latín no reformado por medio de simples reglas de correspondencia grafo-fonémica conduce a resultados ininteligibles desde el punto de vista de la lengua hablada.

El romanista norteamericano Thomas Walsh, que tiene una posición crítica con respecto a las tesis de Wright (véase Walsh 1986-87), percibió la dificultad de un planteamiento estrictamente fonético o fonémico de la escritura latina, y argumenta en un artículo reciente (Walsh 1991) que la lectura de ciertas secciones de documentos notariales con fonética romance no basta para hacerlos inteligibles para oyentes sin formación literaria. Él da como ejemplo una simple frase sacada de un documento del mismo cartulario de S. Millán que contiene las glosas: 'Ingrediamur, inquid, domum'. Y cito:

> Even if one conjectures —as seems altogether probable— that such a sentence were read [eŋgreðjámor, íŋkid, dómu], it would still have been unfathomable to the untrained listener. If, on the other hand, 'Ingrediamur, inquid, domum' was rendered orally as [entrémoz en (e)la káza, díʃo], then we shall have to admit that *the reader simply translated Latin into vernacular, an act which itself presupposes the awareness of distinct codes* (Walsh 1991, 206; el énfasis es mío).

Si no puedo dejar de estar de acuerdo con su afirmación de que las correspondencias de Wright son insuficientes para garantizar la inteligibilidad de la frase, y si tampoco pongo en duda la realización fonética romance que propone, me parece excesiva y cuestionable sin embargo la conclusión de Walsh sobre traducción a la lengua vernácula y sobre la existencia de una oposición lingüística latín-romance.

Si se observan atentamente los varios tipos de fórmulas condicionales que ocurren en las cláusulas finales de los documentos tabeliónicos, más concretamente en la *sanctio*, se comprueba que son frecuentes fórmulas con los verbos *uelle* y *conari* (éste menos frecuente), con terminaciones de futuro perfecto del indicativo latino pero con valor sintáctico-semántico de futuro del subjuntivo románico. Van en general en la tercera persona del singular: *uoluerit* y *conauerit* (este último con forma de voz activa en lugar de la forma deponente transitiva antigua *conatus fuerit)*.

Lo que importa considerar es si los documentos nos dan indicación alguna sobre la manera en que estas formas podrían ser leídas, puesto que las formas fonéticas [*voljére, *konáre] derivadas de la aplicación de las correspondencias de Wright no serían inteligibles, y de acuerdo con el argumento de Walsh habría que traducirlas. Ahora bien, lo que ocurre es que en muchísimos documentos las formas *uoluerit* y *conauerit* son sustituidas por *quesierit* y *temptauerit,* sin ningún cambio de significado en las fórmulas. Esto ocurre igual en textos castellanos, leoneses y gallego-portugueses, tempranos y tardíos. Nótese que *quesierit* en esos contextos es sinónimo exacto de *uoluerit,* lo que muestra que tiene el significado románico de volición, ya no el significado latino original de búsqueda o petición. Nótese que los textos más tardíos muestran una preferencia indudable por *quesierit*.

Las formas *uoluerit /quesierit, conauerit / temptauerit* son perfectamente conmutables, o sea que están en variación no contextual. Esto significa que tienen el mismo valor representacional y que la selección de una u otra no tiene valor lingüístico: *uoluerit* y *quesierit* se leerían ambos como [kizjére], *conauerit* y *temptauerit* como [tentáre].

En los fueros latinos hay alternancia libre de *uoluerit* con variantes de *quesierit (quisieret, quisiere, quisier, quiser,* etc.). En los fueros romances, como sería de esperar, sólo hay formas de *querer;* las formas de *uelle* desaparecen.

En las glosas silenses también encontramos correspondencia entre *uelle* y *querer:* Sil 287 *secum retinere uoluerit ~ consico kisieret tenere.* Esto indicaba que a la forma escrita *uoluerit* se debía dar la pronunciación grafo-fonémicamente sugerida por *kisieret.*

Otras correspondencias de las glosas son idénticas o semejantes a alternancias y sustituciones que ocurren frecuentemente en los fueros (dejo su enumeración exhaustiva y un análisis más detallado para otra ocasión).

Estos hechos, que aquí he presentado de forma muy resumida y que pueden ser fácilmente verificados, permiten algunas conclusiones importantes:

(1) Las partes formulaicas de los documentos, que a priori plantearían mayores problemas de comprensión por su lenguaje arcaizante, evidencian elementos de vernacularización,[2] hecho que atestigua la posibilidad de una lectura oral comprensible para todos los oyentes, letrados o no.

(2) La variación en la lengua notarial, con sus alternancias y sustituciones, indica equivalencia léxica y semántica, y por lo tanto equivalencia representacional de las formas latinas y romances alternantes.

(3) Las correspondencias léxicas de las glosas tienen el mismo valor scripto-lingüístico que las alternancias y sustituciones de la lengua notarial, hecho que confirma la idea de que dichas

---

2. 'It does seem that the practice of reading aloud documents to witnesses in a form that they could understand (clearly not the Latin in which they were actually drafted), made this vernacularized legal phraseology generally available and usually quite intelligible' (Dutton 1980, 26).

correspondencias no son ejemplos de traducción sino de transposición ortográfica.

La contradicción aparente entre el argumento de Walsh, por un lado, y las correspondencias de Wright y la necesidad de comprensión de los textos, por otro, se resuelve por lo tanto fácilmente con el principio de conversión grafo-lexémica.

La posibilidad de conversión léxica directa de ciertas representaciones grafémicas en la oralización de un texto explica cómo un texto gráficamente alatinado podría ser leído con léxico vernáculo sin traducirlo verdaderamente, y esclarece el estatuto lingüístico y ortográfico de las correspondencias léxicas que ofrecen las glosas romances, que no son más que 'traslaciones' de un sistema ortográfico a otro. Este principio también explica en parte la razón de la longevidad a través de tantos siglos de la tradición ortográfica latina, a pesar de los cambios que iban continuamente ocurriendo en la lengua hablada y que contribuían a su alejamiento gradual de la estructura de la escritura.[3]

Resulta claro que el acto de leer en la Edad Media no significaba ciertamente lo mismo que significa hoy para nosotros que vivimos en sociedades altamente urbanizadas, alfabetizadas y textualizadas. En el proceso de la lectura intervenían además de la conversión oral de los grafemas, actividades de conversión semántica, como la paráfrasis y la amplificación. La oralidad (aquí entendida como categoría lingüística), aún no dominada por la textualización (proceso que contiene tendencias normativas y totalizantes), suponía además un cierto grado inherente de improvisación, interpolación y reformulación:[4] en

3. 'Both linguistics and psychology are asked to explain, in my opinion, why later generations so tenaciously conserve traditional spelling patterns and would rather reinterpret a sequence of letters for pronunciation than change the spelling. It is possible that writing in its material manifestation, transcending the limitations of time and space, impresses itself more deeply on the brain than the transiently, often consciously produced phonic structures. [...] If we analyse maps of the functional areas of the brain, we find that large areas of the neocortex are devoted to the precessing of visual information; in fact these regions are far greater than those processing acoustic information' (Augst 1986, 33-34).
4. 'A text does not cease to be structured discourse, obedient to the laws of grammar and syntax, simply because it is spoken aloud. And oral exchange, if recorded, may still preserve many of its original features, for instance, formulae, repetition, and encyclopedism. Written texts are continuously being re-performed, offering continuities to human behaviour over time. Oral interpolation may derive from improvisation or from texts' (Stock 1983, 13). Examínense en este respecto la famosa glosa extensa Em 89, y la 'glosa de los elementos' Sil 113.

muchos casos la lectura estaba estrechamente asociada a la interpretación, con el resultado probable de que la lectura de ciertos textos no resultaría siempre igual en todas las circunstancias, dadas las evidentes dificultades de descodificación de una escritura con elevado grado de logografía y con patrones sintácticos distintos del lenguaje hablado.

Así se puede comprender mejor el *por qué* y el *para qué* de las glosas. Se puede comprender mejor la función de las glosas simples, como indicaciones ortográficas para fijar una versión oral correcta y accesible del léxico de un texto léxicamente oscuro o complejo. También así se comprende mejor la necesidad creciente de reforma de la ortografía tradicional, por un lado, y la inercia de ese sistema por otro, y las tensiones que ahí se oponían, manifiestas en las 'oscilaciones' gráficas y en los frecuentes desvíos de la lengua notarial con respecto a la norma ortográfica latina.

BIBLIOGRAFÍA

AUGST, GERHARD, 1986. 'Descriptively and Explanatorily Adequate Models of Orthography', en *New Trends in Graphemics and Orthography*, ed. Gerhard Augst (Berlín: de Gruyter), pp. 25-42.

BLAKE, ROBERT, 1991. 'Syntactic Aspects of Latinate Texts of the Early Middle Ages' en Wright 1991, pp. 219-32.

DUTTON, BRIAN, 1980. 'The Popularization of Legal Formulae in Medieval Spanish Literature', en *Medieval, Renaissance and Folklore Studies in Honor of John Esten Keller* (Newark, DE: Juan de la Cuesta), pp. 13-28.

EMILIANO, ANTÓNIO, 1991. 'Latin or Romance?: Graphemic Variation and Scripto-Linguistic Change in Medieval Spain', en Wright 1991, pp. 233-47.

STENGAARD, BIRTE, 1991. 'The Combination of Glosses in the *Códice Emilianense 60 (Glosas Emilianenses)*', en Wright 1991, pp. 177-89.

STOCK, BRIAN, 1983. *The Implications of Literacy: Written Language and Models of Interpretation in the Eleventh and Twelfth Centuries* (Princeton: Princeton Univ. Press).

WALSH, THOMAS, 1986-87. 'Latin and Romance in the Early Middle Ages', *RPh*, 40, 199-214.

——, 1991. 'Spelling Lapses in Early Medieval Latin Documents and the Reconstruction of Primitive Romance Phonology', en Wright 1991, pp. 205-18.

WRIGHT, ROGER, 1982. *Late Latin and Early Romance in Spain and Carolingian France* (Liverpool: Francis Cairns).

——, 1986. 'La función de las glosas de San Millán y de Silos', en *Critique et édition de textes: Actes du XVIIe Congrès International de Linguistique et Philologie Romanes (Aix-en-Provence, 29 Août — 3 Septembre 1983)* (Marsella: Université de Provence), pp. 211-19.

——, ed., 1991. *Late Latin and the Romance Languages in the Early Middle Ages* (Londres: Routledge).

En torno a Baltasar de Echave y su *Discursos de la antigüedad de la lengua cántabra vascongada* (México, 1607): ¿una cuestión de política lingüística?

M.ª TERESA ECHENIQUE ELIZONDO

Universitat de València

ESCRIBÍA ANGEL ROSENBLAT (1977, 136): 'No sólo está profundamente hispanizada América, sino que se está convirtiendo hoy en el más poderoso campo de hispanización del mundo', tras haber afirmado que 'Y aun gallegos, catalanes y vascos han terminado por castellanizarse definitivamente en tierras americanas'. Es posible que Baltasar de Echave fuese uno de ellos, aunque, aun siendo esto así, tales hechos no se habrían consumado de manera simple y quizá tampoco definitiva.

Baltasar de Echave, insigne figura de las humanidades, nacido en Zumaya (Guipúzcoa) y afincado hasta su muerte en México, escribe en 1607 sus *Discursos de la antigüedad cántabra bascongada*.[1] En él hace mención de un edicto octaviano (*edito otauiano* lo llama él) que, en época romana, habría prohibido el uso de la lengua vasca, hecho que estaría —en su opinión— en el origen de los males que la afligen en esos primeros años del siglo XVII. (No podía imaginar Echave que hoy, cuatro siglos más tarde, continúa su curso vivo y vigoroso). El texto dice así:

> Finalmente, concluyendo con mi lastimosa historia, aunque se acauò, la guerra tan sangrienta que â nuestros hijos se hazia, no cesso de continuarse mi agrauio y persecucion; por que en el mismo tiempo en que ellos empeçaron â gozar de algun consuelo, y descanso de sus largos trabajos, se ordenaua en Roma, mi total destruicion, y la vltima ruina que me pudo venir: con vn edito que el Emperador Otauiano mandò, se dibulgase en España, aunque, â lo que despues pareciò, no

---

1. Citaré siempre por la edición facsímil de la edición príncipe (Echave 1971).

> tuuo efecto hasta su subcessor Adriano, artos años despues, y fue, que
> no se hablase en general ni en particular en toda España, ninguna de
> las lenguas, que hasta entonces se auia husado hablar, ni nadie es-
> criuiese en otra que en romance, ò Latin (p. 58a).

La existencia de tal edicto octaviano es un puro dislate. No sólo no
tenemos noticia de que existiera; antes al contrario, podemos estar
seguros de que jamás se promulgó, pues es bien conocida la ausencia
de prohibiciones semejantes en el ordenamiento jurídico del mundo
romano.

Los *Discursos* de Echave se publican en México. La obra es un
continuo paralelo entre la colonización romana en Hispania y la española en América, lo que no es nuevo. Aparece también en autores
como Bernardo de Aldrete o el Licenciado Poza,[2] si bien en ninguno
de ellos hay una referencia tan concreta como la que encontramos en
Echave. (Sí la habrá, más tarde, en otros autores, como es el caso de
Juan Antonio de Estrada, cuando se refiere a un decreto promulgado
por el emperador Antonino Pío).[3] Era lógico parangonar una y otra
conquista, pues en ambas se producía una expansión impresionante

---

2. Aldrete (1972) nos dice que, a los antiguos españoles, 'la necessidad los hizo mui
   diestros en la [lengua] Romana, para hazer lisonja, i grangear las voluntades'
   (p. 137). Añade más adelante: 'Cuando los Romanos no vuieran tenido tanto cuidado de dilatar, i ilustrar su lengua, los Españoles como vencidos i rendidos auian
   de dexar la lengua propria, i tomar la delos vencedores' (p. 138); y dice, por fin, en
   la p. 146, refiriéndose a América: 'De parte de los nuestros no a auido diligencia
   para la introducción de la lengua, por que si la vuiera auido, como la pusieron los
   Romanos, o Guainacapa sin duda en todas ellas se hablara'. Por su parte, Poza,
   escribiendo en 1587, había dicho en el folio 51r: 'Confírmase esto con algunos
   indicios algo aparentes, y el primero, que por acá tenemos dos villas del mismo
   nombre que allá tuvieron unas ciertas comarcas en la Etolia, de donde salieron
   estas dichas naciones pelasgas, que, como es muy ordinario, si por acá poblaron
   algo, es de creer que sería haciendo memoria de las tierras de donde salieron,
   como lo han hecho y hacen nuestros españoles en las Indias, llamando Nueva
   España a una provincia, y Nueva Granada a otra, y Cartagena a otra ciudad, y así
   por consiguiente' (Poza 1959), y añadía en 67r: 'Huius rei fortissimum argumen-
   tum est, quod Romana dominatio una cum imperio semper apud victos linguam
   quoque invexit suam legibus etiam [...]'.
3. Estrada (1748) dice lo siguiente al referirse al territorio vasco: 'Hablan sus Nacionales, segun afirma Garibay y con otros parciales, la primitiva lengua, derivada de
   los primeros Pobladores Armenios, y Caldèos, que traxo Tubàl; pero alterada, y
   corrupta, de la que son observantissimos, pues no quisieron admitir el Decreto del
   Emperador Antonio Pìo, quando introduxo el Romano Idioma en España año 150
   de nuestra Redempcion'.

de una cultura a territorios foráneos. Y no sólo eso; en realidad, el paralelismo tendría como finalidad analizar la situación americana a la luz de los hechos antiguos, para, de este modo, extraer alguna enseñanza de su comparación.

No debió ser fácil encontrar el modo racional de integrar la cultura hispánica en aquel universo nuevo, a cuya primera contemplación evocó Rosenblat (1977, 160) como 'la visión de un sueño'. Sumido en una realidad nueva, que intentaba reinterpretar mediante el recurso al mundo que había conocido antes y que le era familiar, el español afincado en el nuevo continente encontraba en la colonización romana de Hispania un contrapunto para la reflexión. Otro tanto sucedía en la propia Península, sólo que, desde América, los hechos debían tener una proximidad y viveza mayores.

Por la época en la que escribe Echave, la presencia vasca en México tenía larga tradición (Alzugaray 1988, 196-98). Y que esa presencia vasca tenía alguna ligazón con el euskera lo sabemos bien porque Fray Juan de Zumárraga, años atrás, había escrito desde allí en vascuence un fragmento —extenso— de una carta que dirigió a su familia en relación con asuntos privados (Tovar, Otte & Michelena 1981).[4] Hasta América llegaban los ecos de la polémica entre apologistas y detractores de la lengua vasca, que son mejor conocidos para la Península. Casi inmediatamente después de la publicación de los *Discursos* de Echave, encontramos cierta reticencia en Mateo Alemán (como ya advirtió Anselmo Legarda (1953, 148)) en relación con la lengua de los que él llama cántabros, adjetivo que el propio Echave acababa de aplicar a la lengua vasca. Y, aún años más tarde, Sor Juana Inés de la Cruz se erigiría en defensora de la lengua de sus ancestros (véase más adelante), lo que testimonia la existencia de cierta tensión en tierras americanas.

De modo que, mientras otros coetáneos se dedican a la aventura en sentido estricto (Ispizua 1979, *passim),* Baltasar de Echave se entrega a tareas humanísticas e intelectuales, al tiempo, claro está, que ejerce como magistrado en la ciudad de México. No nos extraña la faceta humanística de Echave. México había conocido un florecimiento literario vigoroso; el propio Zumárraga hizo posible la tem-

4. De hecho, este texto es el primero de cierta extensión escrito intencionadamente en lengua vasca, pues, excepción hecha de las referencias aisladas de época anterior, el primer texto completo en lengua vasca (*Linguae Vasconum Primitiae*, de Bernart Dechepare) no se publicará sino en 1545 en Burdeos.

prana existencia de la imprenta allí (1535) y su Universidad se fundó en 1553.

El último de los discursos de la obra de Echave está dedicado a inculcar a los vascos la importancia de su lengua y el amor que a ella deben profesar. En él se lamenta del descubrimiento de América, pues considera que, debido a la codicia, los vascos 'destruyen sus solares y casas'; sólo unos pocos de los que van a América vuelven a su tierra y éstos no reconocen ya la lengua que dejaron al salir. No creo que sea ocioso señalar que hay en esta queja ciertas resonancias de carácter más o menos erasmista; es sabido que del erasmismo español derivó hacia América una corriente animada por la esperanza de fundar una cristiandad renovada (Bataillon 1966, 819-31), y hay en Echave un mensaje claro en ese sentido.[5] No puede ser casual que Fr. Jerónimo de Mendieta terminara de escribir en México su *Historia eclesiástica indiana* en 1596, que no llegó a publicarse pese a haber sido enviada a España con ese fin;[6] en ella se perfila el estado social de México y se dibuja en tonos nada favorables la codicia desenfrenada de la población blanca, que no cejaba en oprimir al indio para saciar así su avaricia, que es lo que Echave atribuye a vascos y españoles en general en su obra.[7] Tampoco debe ser casual que Mendieta muriese en 1604 en México, sin haber visto publicada su obra, precisamente un par de años antes de la publicación de los *Discursos* de Echave.

Termina el último discurso de Echave con un parangón entre el vascuence y el castellano. Y creo que aquí está la clave, porque, en la nota inicial al libro, dice Echave que ofrece en su obra 'el pensamiento mas nueuo que en las indias se à explicado', para añadir en el prólogo al lector que la lengua bascongada ha sido 'no sólo primera lengua de España, sino universal y muy vulgar en toda ella' (obsérve-

5. Dice Echave en la p. 83a: 'y que nó parece nuestra Europa si no esquadron desbaratado, donde nadie ay que conosca su lugar y puesto? (no es â mi proposito, y no os quiero enfadar con ello,) solo quiero que sepais, que la cobdicia de sus riquezas sin auer quien lo resista, destierra, asuela y mata: a quien la crueldad de los Cartagineses, ni la astucia de los Griegos, ni la potencia de los Romanos, ni la fiereza de los Godos, ni la baruariedad de los Moros, ni el impetu continuo de los Franceses pudieron jamas sojuzgar. Esto llorò, y vuestro poco sentimiento siento: y la continua ausencia de mis hijos suspiro, y el ver que no tiene remedio este mal tan grande, me atierra y consume'.

6. La publicaría Joaquín García de Icazbalceta en México, casi tres siglos después.

7. En Bataillon (1966, 824 n. 72), se puede ver cierta filiación entre Zumárraga y Mendieta.

se el valor del adjetivo *vulgar)*, a la que califica más abajo como 'la antigua lengua española'; Fray Hernando de Ojea escribe después unas líneas 'en loor de esta obra', donde dice: 'Vi los Discursos que V.M. hizo y me embiò de la lengua Cantabra y de su antiguedad, y hallolos tan conformes à la razon y à la naturaleza de las cosas, *tan concertados y de buen lenguaje;* que ningun hombre de entendimiento dexara de estimarlos en mucho' (la cursiva es mía), y Don Juan de Mendoza y Luna, Marqués de Montesclaros, dice al extender la licencia para la publicación del libro que 'es muy vtil y necessario'. Pero, en el capítulo final, cuyo título reza: 'Concluye la lengua Bascongada su razonamiento, y aduierte à Vizcaya y Guipuzcoa lo que les importa el conseruarla; y el daño que reciuen *por la demasiada cobdicia'* (la cursiva es mía), dice Echave: 'No quiero ni digo, que nò admitais con toda eminencia posible, la Estrangera Castellana: sabedla, entendedla, y conocedla, que harto os importa para mejor conocerme, amarme y estimarme' (p. 84a). De manera que no hay enfrentamiento entre ambas, sino conjunción necesaria. Sólo que el verdadero mensaje de este último capítulo no es, creo, lingüístico, sino moral. Ya veíamos el añadido al epígrafe de este último capítulo ('el daño que reciuen por la demasiada cobdicia'); pues bien, a lo largo de todo él hay un planto por los efectos que produce la codicia, 'mortal enemiga', 'raíz y origen de todos los males'.[8] Termina el discurso con una exaltación de la virtud (que es, en realidad, lo que encarna la lengua vasca en la obra de Echave), parangonándola con una anciana 'sin mucho adorno ni atauio, simple, llana, noble, ligitima y conuiniente, y sin mezcla de varias, y estrañas naciones. Constante, firme, y de buenas y loables costumbres y partes; bien criada, de buen coraçon, y sangre limpia, y singular en el mundo, Y finalmente, libre, hidalga, y generosa, y sin deuda alguna a nadie, y de particular don y gracia, entre todas las del mundo, que es ser amable, amorosa, y afable a todas las naciones: *aunque sean enemigas de nuestros hijos'* (la cursiva es mía). Esta exaltación de la virtud necesita un contrapunto al que oponerse, que aparece encarnado en la lengua castellana, adjetivada como 'estranjera', que es 'moça, atauiada, adornada y hermoseada'.

A fines del siglo XVI la yuxtaposición de una mujer desnuda (que

---

8. Dice textualmente en la p. 83a: 'O codicia cruel, falsa y fementida: raíz y origen de todos los males, deten, repara, acorta el paso: que no es posible dure mucho el que lleuas'.

generalmente portaba una llama, atributo de la fe y la cristiana Cari-
tas) y una dama ricamente vestida era considerada como una antítesis
entre los valores eternos y los temporales. La condición de pintor de
Echave asoma en el final de sus Discursos, pues nos presenta dos
figuras alegóricas simbolizando y defendiendo dos principios morales
o teológicos divergentes (Panofsky 1980, 209). Unamos a todo ello lo
que advierte Bataillon (1966, 692-94):

> Pasaríamos por alto una consecuencia del erasmismo importante
> para los destinos de la literatura española si no dijéramos nada de su
> influencia sobre la evolución de la lengua. Una paradoja del movi-
> miento humanístico del renacimiento consiste, de manera general, en
> el notable papel que este movimiento, consagrado a *la gloria de las
> lenguas antiguas,* desempeñó en el nacimiento de las literaturas mo-
> dernas. [...] El erasmismo haría nacer, por añadidura, una corriente
> de reflexiones sobre la lengua, sobre su dignidad, su genio propio, sus
> recursos. [...] A un erasmista, Juan de Valdés, le estaba destinado dar
> a España su primer examen reflexivo de la lengua castellana [la cursi-
> va es mía].

Esta es la razón, me parece evidente, del elogio que Echave hace
de cierto obispo de Pamplona, que, por 'acuerdo divino' (dice textualmente), dispuso enseñar la doctrina en vasco. Por ello mismo,
dice también, según veíamos al principio, que la lengua vasca había
sido *vulgar* en toda España; es, claro está, una constatación no exen-
ta de ponderación.

La pérdida de la lengua vasca es, creo, para Echave, la pérdida de
la inocencia y la bondad. De ahí el canto a sus excelencias, reclaman-
do el paraíso perdido, pero todo ello hecho en castellano y diciendo,
en el último discurso, que está bien aprender y usar el castellano. En
definitiva, el conocimiento de la lengua vasca es aprehensión del pasado revestido de una cierta utopía, y la recuperación de ese conocimiento implicaría el retorno a los valores morales imaginados en el
paraíso perdido, que es lo que realmente preocupa a Echave.

Pero la alegoría es también un corsé rígido y aquí se nota la ausencia de calidad literaria del autor, que no era, a todas luces, un gran
escritor. Creo que lo que Echave dice en el fondo es que llegarían a
derivarse grandes males para España y el ser humano en general si no
se fomentase en ella el sentido de la justicia. Creo que, más que dar
rienda suelta con ello a un entusiasmo individual de exaltación de la
lengua vasca (cosa que, desde luego, también está presente en primer

plano), quería reforzar el empleo del castellano español en América, justificando el respeto a las lenguas indígenas, pero seguramente atacando el uso del latín, que, en su labor paralela en la romanización de Hispania, representó la ruina de la lengua vasca y el comienzo de los males. La raíz de todos los males está, pues, en el latín, y la lengua castellana se quiere mantener ahora como seña de identidad cultural. Por esta razón debía ser la obra de Echave una apología contra el uso del latín en América. Y por ello mismo, su pensamiento entronca con figuras como Zumárraga o Mendieta, que aprendieron y predicaron en lengua indígena *(mexicana)*. Fue el latín el causante de la ruina del vasco, a través de un edicto, y puede serlo ahora otra vez en América por el mismo procedimiento. Mejor es utilizar el castellano y respetar la cultura indígena. No me parece gratuita esta conclusión. Echave era magistrado y esta actividad constituía el sustento principal de su existencia. Es bien conocida la tenacidad con la que juristas eminentes, además de otras autoridades del poder civil y eclesiástico, reclamaban el uso de la lengua castellana en la labor evangelizadora (Rosenblat 1977, 119); también sabemos que en 1533 se imprimían en Alcalá 12.000 cartillas en español que debían ser entregadas a Zumárraga 'para la instrucción de los indios de la Nueva España' (Torres Rebello 1960, 215). La primera obra que publica el obispo de México es precisamente una *Doctrina cristiana en lengua mexicana y castellana.* No son menos conocidas las insistentes peticiones de Zumárraga para separar las funciones del juez de las puramente civiles y políticas, lo que le acarreó graves problemas de imagen personal. Esto sucedía hacia 1530. Y Echave, en sus *Discursos*, nos dice que la codicia, la riqueza y su hija la soberbia han causado grandes daños 'de ochenta años â esta parte' (p. 84a), en referencia que me parece clara a lo sucedido en tiempo de Zumárraga y a las repercusiones posteriores de unos hechos en permanente conflicto. En definitiva, creo que la lengua vasca, así como las lenguas indígenas, representan para Echave un estado de ingenuidad al que hay que volver. La evangelización en vulgar, esto es, castellano o español, puede contribuir a ello; no así el latín. Todo ello es, creo, política lingüística (Rosenblat 1977, 121-22, n. 13), porque, además, Echave justifica el dirigismo político en materia de lengua, trayendo a colación la existencia de un edicto octaviano en época romana, que sirve para legitimar actuaciones similares.

Ha dicho Maravall (1975, 133) que 'el siglo XVI es una época utópica por excelencia'. El paso al siglo XVII supone un afán de estudio y perfección de la acción humana. Echave está en la encrucijada de ambos mundos. Se da en él lo que Maravall ha denominado 'el paso de un dirigismo estático por la presencia a un dirigismo dinámico por la acción' (1975, 153). Hay que mover al hombre, actuando calculadamente sobre los resortes extrarracionales de sus fuerzas afectivas. 'La eficacia en afectar, esto es, en despertar y mover los afectos, es la gran razón del Barroco' (Maravall 1975, 168). Todo ello como resultado de la conciencia de crisis social que pesa en la primera mitad del siglo XVII, que trae como consecuencia un hombre embargado por el pesimismo. En el caso de América no existe la peste con sus sucesivas epidemias, como en Europa, que sirve de agente motor a ese pesimismo, pero es posible contemplar otros horrores provocados por el propio ser humano, productos de la codicia y la avaricia. Contra ellas va dirigida la obra de Echave; no hay en él el menor rastro de puritanismo, de preocupación por otro tipo de vicios; tan sólo la codicia, a la que sigue la riqueza y 'su hija la soberbia', son causa de todos los males. No hay duda de que Echave pretendió exhortar a sus lectores, conduciéndoles por el camino de una vida más edificante, a una actuación libre de codicia.

Barroca es la idea misma de presentar a la lengua vasca como una venerable matrona que no cesa de lamentarse. Barroca es la alegoría misma que hay en toda su obra, más propia de un espíritu deseoso por transmitir un programa de acción que de un escritor preocupado por cuestiones de estilo. El resultado no fue feliz en su calidad literaria, pero debió dejar alguna huella en la sociedad mexicana, hasta el punto de que, aún años más tarde, Sor Juana Inés de la Cruz la recordaría al erigirse en defensora de la lengua de sus ancestros: 'Nadie el vascuence mormure / que juras a Dios eterno / que aquesta es la mesma lengua / *cortada* de mis abuelos' (Echenique 1990, 125; la cursiva es mía). Seguramente desconocemos aún mucho de esta parte de la historia americana.

BIBLIOGRAFÍA

ALDRETE, BERNARDO JOSÉ DE, 1972. *Del origen y principio de la lengua castellana ò romance que oi se usa en España,* ed. Lidio Nieto, I (Madrid: CSIC) (1ª ed., 1606).

ALZUGARAY, JUAN JOSÉ, 1988. *Vascos universales del siglo XVI* (Madrid: Encuentro).

BATAILLON, MARCEL, 1966. *Erasmo y España,* 2ª ed. (México: FCE).

ECHAVE, BALTASAR DE, 1971. *Discursos de la antiguedad de la lengua cantabra bascongada* (Bilbao: La Gran Enciclopedia Vasca) (1ª ed., 1607).

ECHENIQUE, Mª TERESA, 1990. 'Vascos y vascuence en textos romances', en *Homenaje al Profesor Lapesa* (Murcia: Univ.), pp. 121-26.

ESTRADA, JUAN ANTONIO DE, 1748. *Población general de España,* II (Madrid: Imprenta de Mercurio).

ISPIZUA, SEGUNDO DE, 1979. *Los Vascos en América: México,* II, 2ª ed. (Bilbao: Ediciones Vascas).

LEGARDA, ANSELMO DE, 1953. *Lo 'vizcaíno' en la literatura castellana* (San Sebastián: Biblioteca Vascongada de los Amigos del País).

MARAVALL, JOSÉ ANTONIO, 1975. *La cultura del barroco* (Madrid: Ariel).

MENDIETA, JERÓNIMO DE, 1870. *Historia eclesiástica indiana* (México: Antigua Librería) (1ª ed., 1596).

PANOFSKY, ERWIN, 1980. *Estudios sobre iconología,* 4ª ed. (Madrid: Alianza Universidad).

POZA, ANDRÉS DE, 1959. *Antigua lengua de las Españas* (Madrid: Minotauro) (1ª ed., 1587).

ROSENBLAT, ANGEL, 1977. *Los conquistadores y su lengua* (Caracas: Univ. Central de Venezuela).

TORRES REBELLO, JOSÉ, 1960. 'Las cartillas para enseñar a leer a los niños en América Española', *Thesaurus,* 15, 213-20.

TOVAR, ANTONIO, ENRIQUE OTTE & LUIS MICHELENA, 1981. 'Nuevo y más extenso texto arcaico vasco: de una carta del primer obispo de México, Fray Juan de Zumárraga', *Euskera,* 26, 5-14.

5

LAS LENGUAS HISPÁNICAS EN SU VARIEDAD GEOGRÁFICA

El ideal de lengua
y los países hispanohablantes

JUAN M. LOPE BLANCH

Universidad Nacional Autónoma de México y El Colegio de México

¿EXISTE, EN REALIDAD, un *ideal de lengua?* Y en el caso particular del español, ¿existe, en verdad, un *ideal de lengua hispánica?* No dudo en dar respuesta afirmativa a ambas preguntas. Creo que en el seno de cualquier sociedad humana late —con mayor o menor fuerza— un ideal de lengua superior, una aspiración hacia un idioma perfecto, ejemplar, paradigmático;[1] y ese ideal, esa aspiración, responden al afán general de superación, al ansia de perfeccionamiento que ha llevado al hombre desde las ramas de los árboles o desde las penumbras de las cavernas hasta la superficie de la luna. Y dentro de ese afán general de progreso y de superación, ocupa un lugar destacado el ideal de perfeccionamiento lingüístico, evidente no sólo en los grandes escritores o en quienes de la lengua viven o se ocupan, sino en todos los hombres que sean verdaderamente humanos, esto es, que posean ese impulso de superación general, distintivo de la especie humana.[2] Si no todos, la mayor parte de los seres humanos aspira a alcanzar un conocimiento amplio, un empleo adecuado de su idioma. Todos o casi todos se han visto obligados en diversos momentos de su existencia a hacer uso de formas de expresión superiores a las que emplean habitualmente en la vida cotidiana. Y saben que 'no hablan bien' o que, al menos, podrían 'hablar mejor'. Es decir, tienen consciencia de que existe un nivel superior de lengua,

---

1. Recuérdese lo dicho por Antoine Meillet (1950, 2; el subrayado es mío): 'Abstraction faite de toutes les différences dues à des circonstances spéciales ou à l'âge des sujets, il y a donc dans chaque localité *un type linguistique idéal* dont toutes les réalisations de fait ne sont que des approximations'.
2. 'El ansia humana de inmortalidad se proyecta también sobre la lengua, que anhelamos ver siempre engrandecida y eternal' (Rosenblat 1971, 203).

aunque no todos lo conozcan o sean capaces de emplear. Pero desearían conocerlo y dominarlo; porque perfeccionar el conocimiento lingüístico implica perfeccionar el propio espíritu. Que el lenguaje es la única facultad —o el único don— *privativo* del género humano y, por consiguiente, el único que lo define y lo distingue de todos los demás animales, como bien indicaba ya Elio Antonio de Nebrija.[3] Es, acaso, lo que generalmente se ha llamado *alma* humana. Como lo implican no pocas y diversas religiones: dentro del ámbito hispánico, la judeocristiana —el *Verbo,* principio divino de todo lo existente— y algunas americanas, como la de los mayas, para quienes la palabra constituye la esencia del hombre, frente a todas las demás criaturas.[4]

Abundan los testimonios históricos de que ese afán de superación lingüística fue propio de la sociedad castellana desde época muy remota y de que, durante algún tiempo, fue el habla toledana el paradigma de la norma ideal. Y abundan asimismo las pruebas de que esa aspiración perfeccionista se transplantó al Nuevo Mundo con la lengua misma. Ángel Rosenblat (1977, 66*ss*) ha mostrado con abundantes testimonios cómo en las Indias Occidentales se produjo, desde el principio mismo de su castellanización, un vigoroso proceso de *hidalguización*. No es que los conquistadores y primeros colonizadores castellanos de América fueran *todos* hidalgos —aunque sí lo eran muchos, en elevada proporción— sino que todos —o casi todos—, si no lo eran, trataron de serlo, de *hidalguizarse.*[5] Y ello les obligaba a actuar como hidalgos; una de cuyas obligaciones sería, lógicamente, la de hablar como verdaderos hidalgos, con propiedad, corrección y aun elegancia. Abundan también las pruebas de esa 'hidalguización lingüística' de la sociedad hispanoamericana; baste recordar el tan conocido testimonio del Doctor Juan de Cárdenas, cuando aseguraba que los nacidos en Indias aventajaban sobradamente, en cuestiones

3. 'La lengua [...] nos aparta de todos los otros animales, i es propia del ombre' (1946, 9).
4. 'Y habiendo creado todos los pájaros y animales, les dijo el Creador: "Hablad y gritad según vuestra especie y diferencia; decid y alabad nuestro nombre; decid que somos vuestras Madres y Padres, pues lo somos. ¡Hablad, invocadnos y saludadnos!" Pero, aunque les fue mandado esto, no pudieron *hablar como los hombres,* sino que chillaron, cacarearon y gritaron. Probaron a juntar las palabras y saludar al Creador, pero no pudieron' (Saravia 1965, 8-9).
5. A los testimonios reunidos por Rosenblat (1977) cabe añadir el conciso —y preciso— que proporciona Baltasar Dorantes de Carranza, refiriéndose a la Nueva España, cuando escribe: 'Que los conquistadores son hidalgos [...] Que la gente que después fue viniendo ennobleció el Reino y le illustró' (1902, 12).

de expresión idiomática, 'a los que de España venimos' (1945, 176*ss*), y el no menos famoso del también chapetón Bernardo de Balbuena, cuando sostenía que México era ciudad 'donde se habla el español lenguaje / más puro y con mayor cortesanía, / vestido de un bellísimo ropaje, / que le da propiedad, gracia, agudeza, / en casto, limpio, liso y grave traje' (1954, 129). ¿Subsiste hoy en América esa misma aspiración a la propiedad expresiva, ese 'ideal de lengua'? Creo sinceramente que sí, al menos en un importante sector de su población. He reunido personalmente frecuentes pruebas de ello, que no podría exponer aquí por falta de tiempo. Pero no me cabe duda alguna de que los hispanoamericanos —de que *muchos* hispanoamericanos, de mente lúcida y espíritu elevado— tienen, sienten, ese ideal de perfección lingüística.

Ahora bien, en el caso particular y concreto de la lengua española, la actual complejidad de su situación geográfica e histórica complica gravemente la cuestión. Ideal de superación lingüística, indudable; pero ¿cuál podrá ser el ideal de *lengua hispánica,* de sistema válido para la expresión de veinte naciones soberanas? Que tal ideal exista, no lo pongo en duda; que sean pocos los que lo posean, parece probable.[6] Despertar y fomentar tal ideal entre quienes no lo conocen sería muestra de fraternidad humana. Pero —repito— ¿cuál podría ser ese ideal de lengua hispánica o —más precisamente— cómo sería esa norma hispánica ideal? No podría yo, obviamente, ni por el tiempo de que aquí dispongo ni, sobre todo, por mis limitadas fuerzas, delinear la estructura de esa norma lingüística; pero sí quisiera hacer algunas consideraciones en torno al asunto.[7]

Acabo de decir que el problema de la definición o delimitación de una *norma lingüística ideal* se complica enormemente en el caso particular de la lengua española por el hecho de ser ella el idioma propio

6. La misma impresión tiene, a este respecto, Eugenio Coseriu, cuando se refiere a la necesidad de que, para alcanzar una *ejemplaridad* idiomática panhispánica, exista una firme voluntad lingüística en tal sentido por parte de los hablantes, pero —añade— 'lamentablemente, parece que precisamente esta última falta o es, por el momento, muy escasa en el mundo hispánico' (1990, 72).

7. Más modestas, sin duda, que las hechas por Coseriu en el ensayo citado en la nota anterior (1990), donde sostiene la posibilidad de proponer 'una lengua ejemplar unitaria de segundo grado, por encima de las ejemplaridades existentes' (70) [...] 'ejemplaridad que podría integrar en un todo único rasgos españoles y rasgos americanos' (71), cosa en que coincide plenamente con lo que —como en seguida veremos— habían recomendado los más ilustres filólogos hispanoamericanos y españoles.

de veinte naciones, cada una de las cuales cuenta con un foco presti-
gioso de irradiación lingüística —cuando no con dos o más—, lo cual
supone, como es obvio, un serio inconveniente para la conservación
de la uniformidad expresiva. Idiomas regidos —o dirigidos— por un
centro único de propiedad expresiva, por un modelo único de corrección, tienen lógicamente muchas más probabilidades de mantener su
cohesión y homogeneidad, que los idiomas impulsados por varios y
diferentes focos de creación e irradiación lingüística, como es el caso
de la lengua española de nuestro tiempo, lo cual permite imaginar,
inclusive, una catastrófica diversificación y fragmentación.

Bien conocido y ampliamente comentado ha sido durante décadas
el pesimista vaticinio de Rufino José Cuervo en torno a la inevitable
fragmentación de la lengua española para dar origen al surgimiento
de diversos idiomas nacionales. Los grandes hombres, las mentes privilegiadas, revelan afinidades que ni la distancia ni el tiempo alcan-
zan a quebrantar. Así Cuervo sintió gran afinidad con el pensamiento
gramatical de Andrés Bello, cuya *Gramática* —por admirable y por
ser de él muy admirada— anotó y enriqueció, como es bien sabido.
En el Prólogo de ella se había referido ya Bello, en 1847, a la posible
fragmentación del idioma 'en una multitud de dialectos irregulares,
licenciosos, bárbaros; embriones de idiomas futuros, que durante
una larga elaboración reproducirían en América lo que fue la Europa
en el tenebroso período de la corrupción del latín'.[8]

En nuestro tiempo se dan dos posiciones antagónicas en lo que a
esa posibilidad se refiere. La mayor parte de los que a ella han atendido considera —con Menéndez Pidal a la cabeza— que la unidad de
la lengua española está firmemente asegurada, y que no cabe temer
una fragmentación previsible. Pero no faltan quienes —como Dámaso Alonso— siguen dando la voz de alarma y señalando los peligros
que corre nuestro idioma en su inevitable evolución. Ambas actitudes se hicieron públicas en una misma ocasión: el Segundo Congreso
de Academias de la Lengua Española (Madrid, 1950). Allí, don Ramón, atendiendo a las condiciones culturales imperantes en la actualidad frente a las existentes a la caída del Imperio Romano, así como
a las facilidades de comunicación hoy prevalecientes frente a la inco-
municación en que quedaron las diversas provincias del Imperio, hacía ver la impertinencia de la comparación entre lo sucedido a la len-

8. Y tan terrible posibilidad fue precisamente —explica Bello— lo 'que me ha induci-
do a componer esta obra' (Bello 1951, 12).

gua latina durante la Edad Media y lo que cabe prever para el porvenir de la lengua española.[9] Y llegaba inclusive a la optimista predic-
ción de que la lengua castellana, regida por la norma culta que la
radiofonía habrá de divulgar, irá limando las diferencias ahora existentes en ella hasta convertirse en un sistema totalmente uniforme,
homogéneo, en todos los países en que hoy se emplea: 'las variedades
dialectales se extinguirán por completo'.[10]

Visión excesivamente optimista ésta —en mi opinión— por cuanto que la modalidad lingüística radiofónica no ha alcanzado la importancia ni el prestigio necesarios para imponerse a las realizaciones
sociales —cotidianas y espontáneas— de los hispanohablantes, y por
cuanto que 'la palabra radiodifundida' no sería —no es— la misma en
todos los países de habla española, sino que en cada uno de ellos se
difunde una norma que tiene mucho de regional y aun de local. Pero
ello no invalida la creencia de Menéndez Pidal en torno al venturoso
futuro que cabe imaginar para la lengua española en cuanto sistema
lingüístico fundamentalmente homogéneo, no obstante su rica variedad dialectal.

Así lo consideran otros autorizados filólogos, como Ángel Rosenblat o Vicente García de Diego. El destino de la lengua tiende, según
el primero, hacia la *universalidad,* sobreponiéndose al estrecho *espíritu de campanario* que a aquélla se enfrenta, el cual sí podría ser
causa de fragmentación idiomática.[11] La unidad de la lengua culta es
sólida y firme en todo el mundo hispanohablante, sin que ello impida

9. Los pueblos neolatinos 'cayeron, con la invasión de los pueblos germánicos, en un
   aislamiento extremo [...]; el analfabetismo se hizo general', en tanto que 'después de
   fragmentado el imperio español, los pueblos de habla española se comunican hoy y
   mantienen una vida literaria con actividad infinitamente mayor que antes. *No se
   hable más de esta famosa comparación'.* (Menéndez Pidal 1956, 487-88).
10. 'La pronunciación de un idioma [...] se formará mañana con acento universal; el
    trato material inmediato [entre individuos] será lo de menos, ante las repeticiones
    de la radio en cada hogar y en cada hora; el influjo ejemplar de la palabra radiodi-
    fundida, con fines tanto recreativos como educativos o didácticos, pesará más
    sobre el habla local de cada región; las variedades dialectales se extinguirán por
    completo' (Menéndez Pidal 1956, 494).
11. 'El signo de nuestro tiempo parece más bien el universalismo. El destino de la
    lengua responde —salvo contingencias catastróficas— al *ideal* de sus hablantes. Y
    el ideal de los hablantes oscila entre dos fuerzas antagónicas: el espíritu de cam-
    panario y el *espíritu de universalidad* [...]. [Si triunfase aquél] tendríamos, no
    veinte lenguas neoespañolas, sino cuarenta o cincuenta. No parece ése el ideal de
    ningún hispano hablante, que tiene el privilegio de formar parte de una comuni-
    dad lingüística de ciento ochenta millones de hablantes' (Rosenblat 1971, 36-37).

la inevitable diversidad de cada región (Rosenblat 1971, 202). Porque, a fin de cuentas, la lengua culta se impondrá, según García de Diego, a la popular, más disgregadora.[12]

Para alcanzar y mantener esa unidad fundamental de la lengua 'es preciso —señala Rafael Lapesa— que los hispanohablantes de unos y otros países nos oigamos mutuamente hasta que el uso normal de cada país sea familiar para los otros'.[13] Conocimiento recíproco que cada día es más fácil e intenso —gracias a los modernos medios de comunicación— en todo el ancho mundo hispánico.

Frente a esta visión optimista, se alzó —en el mismo congreso en que Menéndez Pidal expresaba su confianza en el excelente destino de la lengua— la voz alarmada de Dámaso Alonso ante el peligro de fragmentación que corría nuestro idioma. Frente al optimismo —algo excesivo, como he indicado— de Menéndez Pidal, el pesimismo —también exagerado— de Dámaso Alonso: 'En resumen: por todas partes dentro del organismo idiomático hispánico se están produciendo resquebrajaduras: éstas afectan tanto a lo fonético como a lo sintáctico, a lo morfológico o al léxico [...] El edificio de nuestra comunidad idiomática está cuarteado' (Alonso 1956, 43). Y, ante el peligro de un derrumbe catastrófico, exhortaba a las Academias no a 'dar esplendor' a la lengua, sino a esforzarse por evitar que, en un futuro próximo, los hispanohablantes dejaran de entenderse entre sí, y a 'impedir que nuestra lengua se nos haga pedazos'.[14] Cierto es

12. 'Los peligros de una disgregación tópica son remotos e imprevisibles para América [...] No sólo no es previsible que el habla rústica de América suplante a la oficial y literaria, sino al contrario: las señales son de que el habla culta vaya reduciendo a la rural. En esto, como en todo, la ciudad vencerá al campo' (García de Diego 1964, 14). Coincide en ello Rosenblat: 'Frente a la diversidad inevitable del habla popular y familiar, el habla culta de Hispanoamérica presenta una asombrosa unidad con la de España, una unidad sin duda mejor que la del inglés de los Estados Unidos o el portugués del Brasil con respecto a la antigua metrópoli' (1971, 33).

13. Y concluía: 'Con este *intelletto d'amore* se provocarán influencias mutuas que conduzcan a la formación de una *koiné*. Es lo que se nos impone en tiempos de progresiva uniformidad en todos los órdenes de la vida. Esa *koiné* garantizaría por unos siglos más —quién sabe si muchos— la pervivencia de un español sin fracturas'.

14. 'Nuestro mismo lema puede estar equivocado: "limpia, fija y da esplendor". ¿Qué esplendor? Señores, no se trata de esplendor alguno, sino de evitar que dentro de pocas generaciones los hispanohablantes no se puedan entender los unos a los otros. El problema que tenemos delante no es el de dar "esplendor", sino el de impedir que nuestra lengua se nos haga pedazos' (Alonso 1956, 34).

que, tiempo después, el propio Dámaso Alonso fue moderando su catastrófica visión del porvenir del idioma, pero sin dejar de señalar los peligros —evidentes e indiscutibles— que corría y sigue corriendo.[15] Y no cabe duda de que el peligro, aunque remoto —en cuanto perteneciente a lo que el propio Alonso llamó la posthistoria—[16] existe y existirá siempre. Importa —mucho— la actitud que los hispanohablantes adopten ante esa inquietante situación en que se halla la lengua. Claramente reconocibles, por antagónicas, son dos actitudes que han sido asumidas por personalidades de valía incuestionable: de un lado, la de quienes —como Sarmiento y Unamuno, por ejemplo— preconizan la más absoluta libertad en la vida —y en el uso— de la lengua; de otro lado, la de quienes —como Bello, Cuervo, Menéndez Pidal, Dámaso Alonso, Rosenblat— insisten en la necesidad de vigilar cuidadosamente la evolución de la lengua, esforzándose por evitar su diversificación.

No dispongo del tiempo necesario para mostrar la profunda afinidad que sintió Unamuno para con Domingo Faustino Sarmiento; ni sería preciso hacer tal cosa, por bien conocida.[17] Ambos proclamaban la libertad e independencia lingüística como un principio y un derecho intocables. Llegó Unamuno a extremos sorprendentes, si es posible que sus extremos puedan llegar ya a sorprendernos. En su defensa de 'la libertad en el lenguaje' y su censura de 'la tiranía casticista', sostenía sin rubor: 'es en cuestión de lengua donde más pernicioso resulta el proteccionismo y donde el "dejar hacer, dejar pasar" rinde más beneficios', por lo cual llegaba a la conclusión de que 'la anarquía en el lenguaje es la menos de temer' (1951, 324). Me limitaré a recordar algunas 'extremosidades' más, que sólo pueden explicarse considerando el furor con que Unamuno trataba de sacudir y despertar las adormecidas buenas conciencias de sus contemporáneos: '¡Viva la libertad!, la libertad, que es la conciencia de

15. 'Como ya he dicho en otra ocasión, no veo peligros graves para el castellano en el período que llamo "futuro histórico" aunque en lo que llamo posthistoria haya que llegar a su desaparición como tal lengua, probablemente por evolución diversificadora' (Alonso 1964, 259).

16. 'Lo que he llamado varias veces *posthistoria,* es decir, época tan alejada de nuestra vida y cultura en el futuro como la prehistoria lo es en el pasado' (Alonso 1981, 422).

17. 'Unamuno conocía muy bien la obra de Sarmiento, "el gran Sarmiento —como lo llamaba—, gran héroe americano, el más grande acaso de sus héroes por el pensamiento", "aquel genio a quien tantas veces la canalla trató de loco"', (Rosenblat 1971, 167).

la necesidad. Escribe como te dé la real gana' (1951, 328). Un par de años después, insistía: 'Gracias a ese desarrollo del neologismo, del barbarismo y del solecismo en el bajo latín, pudieron brotar los romances; del antiguo latín clásico jamás habrían surgido. La causa de todo este proceso fue la corrupción del latín en boca de extranjeros; la invasión en él, como en el pueblo que lo hablaba, del elemento bárbaro. ¡Qué falta nos hace hoy en España una invasión como aquélla'.[18] ¿Para que también —me pregunto— la lengua española se *corrompiera* hasta hacer brotar varios idiomas neohispánicos? Sí, al parecer, sobre todo si se tiene en cuenta que, en su violenta —aunque probablemente necesaria— arremetida *contra el purismo,* concluía diciendo: '¿Que esto es predicar la anarquía en el lenguaje y en el estilo? Justo y cabal; exacto, absolutamente exacto, eso es, y eso quiere ser. Sí, es defender y predicar el anarquismo lingüístico, como el barbarismo antes' (1951, 420).

Indispensable me parece superar hoy tan paradójica actitud y tornar a la prudente y lógica posición de don Andrés Bello, quien juzgaba sumamente 'importante la conservación de la lengua de nuestros padres en su posible *pureza,* como un medio providencial de comunicación y un vínculo de fraternidad entre las varias naciones de origen español derramadas sobre los dos continentes' (1951, 11). Es actitud vieja —muy vieja— en la lingüística española: todos los hombres debemos sentirnos 'obligados a ilustrar y enriquecer la lengua que nos es natural y que mamamos en las tetas de nuestras madres'. Aunque ello nos orille a actuar autoritariamente, para prescindir, para corregir, para sancionar. Nuestra atención no deberá estar sólo encaminada a encauzar y dirigir la inevitable evolución de la lengua, con el propósito de mantener su homogeneidad fundamental en todos los países donde se habla;[19] habrá que esforzarse también por mejorar esa uniformidad esencial, corrigiendo sus resquebrajaduras cuando sea necesario.[20] Porque el gramático, el filólogo verdadera-

---

18. Véase 1951, 142. Un análisis mucho más *comprensivo,* amplio, profundo y generoso de las ideas de Unamuno sobre la lengua hace Guillermo L. Guitarte en el excelente ensayo dedicado a 'Unamuno y el porvenir del español en América' (Guitarte 1980-81).
19. 'Todo es que los hablantes sientan la necesidad de emplear trabajo y esfuerzo en guiar la evolución del idioma, en favorecer una u otra tendencia, en contener la propensión vulgar simplificadora' (Menéndez Pidal 1956, 493).
20. 'La unidad, pues, del castellano hispanoamericano existe, pero puede ser aún *mejorada'* (García de Diego, 1964, 15). —Y *debe* ser mejorada por cuanto que las

mente interesado por su idioma, no debe limitarse a conocer y describir, sino que debe también juzgar, evaluar y corregir,[21] por antipático que nos parezca hacer tal cosa en nuestros días, en época en que se rinde justo culto a la democracia, pero a una democracia extrañamente —por no decir que torpemente— concebida.

Cierto es que no resulta nada fácil obtener buenos resultados cuando de criticar y de *corregir* se trata. Tarea ésta tan difícil, que indujo a Dámaso Alonso a considerar inútil su intento y a aceptar como irremediables o intocables las diferencias ya arraigadas en las diversas normas hispánicas: 'Creo —decía— desatentado cualquier intento de sustituir por el *tú* el *vos,* absolutamente general en la República Argentina [entre otros sitios], como creería inútil y perjudicial cualquier conato de reprimir el *-ao* de nuestra pronunciación española, que a los hablantes cultos de Buenos Aires les suena a vulgarismo' (Alonso 1964, 261). Quiero ser más optimista que mi admirado maestro: ni inútil ni mucho menos perjudicial me parece el afán de corregir todas las anomalías y divergencias que sea factible corregir. Difícil, sí; muy difícil. Pero imposible, no. Como el propio Dámaso Alonso recuerda, fue bien posible que el intenso *laísmo* del Siglo de Oro cediera en gran medida ante una reacción culta en favor de la forma *le* (Alonso 1981, 423). Y no ha sido éste, ni mucho menos, el único caso de corrección triunfante. 'Bien conocidos son [otros] notables casos en que una evolución fonética o morfológica, consumada en los siglos XVI y XVII y admitida en la lengua literaria, fue después corregida y eliminada por actos reflexivos en que intervi-

---

diferencias ya existentes, si bien no impiden la comunicación entre todos los hispanohablantes ni mucho menos vaticinan una pronta fragmentación del idioma, sí distinguen a unos de otros, los separan y alejan entre sí al marcarlos como seres pertenecientes a sociedades o nacionalidades diferentes, en tanto que la coincidencia lingüística une, agrupa, identifica, hermana a unos hablantes con otros, estableciendo entre ellos lazos de sólida fraternidad. La comunidad hispanoamericana, cuyo fundamento, cuyo carácter es esencialmente lingüístico, fortalecerá su cohesión si logra superar diferencias idiomáticas injustificables o innecesarias, para reforzar así la actual hermandad lingüística de nuestros veinte pueblos. (Un caso mínimo, pero ejemplificador: ¿Por qué, si en todos los países hispanoamericanos se habla hoy de *computadoras,* en España se obstinan en hablar de *ordenadores* —muy a la francesa—, no obstante que en España, durante los primeros momentos de vida de esas máquinas, también se las llamaba —en masculino— *computadores?).*

21. Según fue el propósito de Bello al escribir su *Gramática:* 'En las notas al pie de página llamo la atención a ciertas prácticas viciosas del habla popular de los americanos, para que se conozcan y *eviten*' (1951, 10).

no la analogía estructural o *la ejemplaridad* de modelos históricos. La pérdida de la -*d* final en los imperativos *andá, tené, vení;* la simplificación de los grupos consonánticos doctos, *coluna, solene* o *solén, manífico, perfeto,* etc.; la fusión de la consonante final del verbo con la inicial del pronombre, *tenello* por *tenerlo, teneldo* por *tenedlo, sufrillo, sufrildo,* etc.; la pérdida de la *r* en *quiés* por 'quieres', y otros rasgos vulgares usados por Cervantes, Tirso, Calderón, son hoy inadmisibles en la lengua culta', según bien ha señalado Menéndez Pidal (1956, 492). Y aun creo que la pérdida de la -*d*- intervocálica en la terminación -*ado,* tan decididamente defendida por Dámaso Alonso hace un cuarto de siglo, está cediendo últimamente terreno en la norma culta castellana, en beneficio de la forma plena, preferible —en mi opinión— por las razones que dentro de poco expondré.

Si en siglos pasados, cuando la instrucción pública era aún relativamente débil y la escuela beneficiaba sólo a una pequeña parte de la población, fue posible —como acabamos de ver— que se corrigieran anomalías ampliamente extendidas y que alcanzaban inclusive a la lengua literaria, ¿por qué hemos de pensar que en nuestro tiempo, cuando la escolaridad de la población hispanohablante ha mejorado notoriamente, haya de ser imposible corregir anomalías y —sobre todo— mantener la homogeneidad fundamental de nuestra lengua? Porque para ello está la escuela en todos sus niveles, desde el primario al universitario: para enseñar, para corregir, para colaborar en el proceso de superación a que debe aspirar todo hombre que tenga aspiraciones de serlo verdaderamente. De todo hombre que se enorgullezca de pertenecer a una especie que ha abandonado las cavernas para llegar, por ahora, hasta la luna. En esa labor docente, correctiva y de difusión de las normas lingüísticas ejemplares podrían desempeñar un buen papel la radio y la televisión, conforme han señalado Menéndez Pidal y Rafael Lapesa.[22]

Me parece preciso, indispensable, que nos convenzamos de que existe una norma de corrección, de ejemplaridad, a la cual debemos tratar de aproximarnos todos, según observaba Antoine Meillet. Afán de superación, de corrección, que no hay por qué confundir con

22. 'Ojalá este previsible rechazo de peculiaridades disgregadoras se contagie a la radio y a la televisión. Además de frenarlas, estos eficacísimos medios de difundir la palabra pueden llevar a cabo la tarea urgente de fomentar el intercambio' (Lapesa 1966, 310). Véase también Menéndez Pidal 1956, 495.

un purismo trasnochado y empobrecedor.[23] Pero sí afán de propiedad expresiva, de *corrección* idiomática. Ya que, defendiendo lo correcto, será más fácil mantener la unidad del idioma. Me parece, en efecto, más factible que los hablantes cultos de cualquier país hispánico estén dispuestos a aceptar formas lingüísticas ajenas que puedan justificarse histórica, gramatical o científicamente como correctas dentro del sistema español, que imaginar tal aceptación en el caso de formas anómalas o caprichosas nacidas en región hispanohablante diferente de la suya propia. Porque lo que creo que hay que corregir básicamente son los casos de anomalías *divergentes*, fragmentadoras; de desviaciones particulares que puedan poner en verdadero peligro la unidad del idioma. Así, por ejemplo, me parecen dignos de corrección —de que nos esforcemos por corregir— fenómenos tan fragmentadores —e innecesarios— como los siguientes:

El rehilamiento —ya ensordecido— de la palatal sonora /ǰ/, convertida en /ʃ/ en las hablas del Río de la Plata, inclusive en la norma culta de profesores universitarios: [ʃó ʃéβo la ʃáβe]. O la diptongación de hiatos frecuente en el habla mexicana: [pjór], [ljón], [pwéta], [tjoría]. O la pérdida de la *-d-* de la terminación *-ado* en amplios y variados territorios hispánicos: [soldáo], [kansáo]. O la trasposición del morfema *-s* del plural inaceptable por el pronombre indirecto *se* cuando va antepuesto al directo *lo* singular, en casos como *Eso ya se los dije a ustedes,* común en varias hablas americanas, entre ellas la de México. O el *laísmo* aún sobreviviente en hablantes cultos —y aun en escritores— castellanos. O el empleo mexicano de la preposición *hasta* como indicadora no del final de una acción imperfectiva, sino del comienzo o del momento de realización de una acción momentánea: *Me ocuparé de ello hasta el domingo* (= 'el domingo comenzaré a ocuparme', o sea, '*no* me ocuparé de ello hasta el domingo') o *Lo entierran hasta mañana.* O el empleo del adverbio *recién* con formas verbales diferentes del participio pasado: *Recién llego ahora.* En fin, usos propios de una región hispanohablante particular, difícilmente justificables y que —sobre todo— se apartan de los usos generales, *normales,* de las demás hablas hispánicas. En la dilucidación de la propiedad y superioridad de unas formas sobre otras debe intervenir

23. 'Pero no es un purismo supersticioso lo que me atrevo a recomendarles [a los hispanoamericanos]', (Bello 1951, 11). 'La visión del purismo es estrecha y falsa' (Rosenblat 1971, 23). 'Ya en el siglo XVIII el P. Feijoo exclamaba: ¡*Pureza!* Antes se debería llamar pobreza, desnudez, miseria, sequedad', (Rosenblat 1971, 23).

—me parece— la consideración de la norma escrita, de cuya importancia en la vida y en la historia de la lengua resultaría impertinente decir nada aquí, ante tan ilustres hispanistas.[24] Norma escrita según la cual debe decirse [peór] y no [pjór], porque se sigue escribiendo *-eó-* con todo lo que ello implica; y es preferible *soldado,* en vez de *soldao,* porque se sigue escribiendo *-ado* y no *-ao.* Razón ésta firmemente arraigada en la lingüística hispánica desde hace muchos siglos: desde la época en que la lengua que habría de llegar a ser castellana era todavía latina. En palabras de Quintiliano: 'Yo creo que, si la costumbre no lo rechaza, se debe escribir como se pronuncia; porque ésta es la utilidad de las letras: *conservar* las palabras, así como restituir al que lee lo depositado en ellas'.[25] Principio reafirmado por el fundador de la gramática y de la ortografía españolas, Antonio de Nebrija: 'assi tenemos de escrivir como pronunciamos i pronunciar como escribimos'.[26] Razón semejante aconseja pronunciar /jábe/ o /ʎábe/,[27] pero no /ʃábe/, por ser ésta innovación innecesaria —difícilmente justificable— y fragmentadora de la unidad idiomática de veinte pueblos. Y esto —evitar o retrasar la fragmentación lingüística de la lengua española— es lo que debe importarnos a todos, no sólo a los académicos, lingüistas, literatos y maestros de gramática, sino a

24. Sólo recordaré un par de opiniones al respecto: la de Rosenblat, cuando sostenía que 'la lengua escrita es, efectivamente, una norma del habla general' y cuando, ante el ascenso social de las capas incultas de la población, se preguntaba: '¿No hay ahí un peligro inminente de ruptura de nuestras viejas normas, de *relajamiento del ideal expresivo?* [...] La República del castellano está gobernada, no por los más, sino por los mejores escritores y pensadores de la lengua' (1971, 39-40). Sea la otra la de Rafael Lapesa: 'La regularidad ortográfica hace que una misma imagen ideal del idioma actúe en la mente de cuantos en él escriben, y reduce a común denominador las variedades regionales del habla' (1966, 308). Recordaré también la del contradictorio y paradójico Unamuno, quien, habiendo sostenido que los hispanohablantes de diferentes dialectos podían escribir de acuerdo con la modalidad fonética de sus hablas respectivas (escribiendo 'los unos *señor* y los otros *zeñó;* éstos *pollo* y aquéllos *poyo;* unos *piedá,* otros *piedat* y *piedaz* otros' (1951, 216), elogiaba el conservadurismo inglés en cuestiones ortográficas, como factor propicio para la homogeneidad de esa lengua: 'Gracias a su ortografía, enrevesadísima como es, mantiene su unidad el inglés; *su ortografía es en él el principio conservador,* en lengua tan hondamente progresiva' (1951, 216).
25. 'Ego, nisi quod consuetudo optinuerit, sic scribendo quidque iudico, quomodo sonat, hic enim est usus litterarum, ut custodiant voces et velut depositum reddant legentibus' (Quintiliano 1972, Lib. I, 7, 30-31; p. 144).
26. Nebrija 1946, 21. Lo mismo en Nebrija 1977, 121.
27. Sobre los casos de doble norma de prestigio o ejemplaridad algo he dicho en otra ocasión (Lope Blanch en prensa).

todos los que hablamos esta lengua (hispanistas de todo el mundo incluidos). Si algún lingüista defendiera la legitimidad de formas como *pueta* o *tioría,* o como *los soldaos,* o como *Puelto Jico,* o como [ʃó ʃéβo la ʃáβe], por el simple hecho de que sean usuales, o aun normales, en su dialecto, demostraría con ello carecer de todo sentido histórico y cultural en su concepción de lo que es una lengua, y poseer, en cambio, ese estrecho 'espíritu de campanario' a que se refería Ángel Rosenblat (1971, 36-37). Sería lo primero carencia inexplicable en estudiosos de una lengua como la española, que tiene ya una vida milenaria, que ha sido codificada gramaticalmente hace quinientos años, que se ha extendido por anchos y muy diversos mundos, y en la cual se han escrito libros como el *Quijote* o versos como los que culminan el amoroso soneto —en que todo, alma, venas, huesos, 'su cuerpo dejarán, no su cuidado; serán ceniza, mas tendrán sentido; polvo serán, mas polvo enamorado'—, y lengua en la cual el pueblo ha entonado a través de los siglos romances o cancioncillas como la de *La malcasada:* 'Que miraba la mar la malmaridada / que miraba la mar cómo es ancha y larga'. Pobre y mutilado lingüista sería el que sólo viese en el lenguaje un medio de comunicación integrado por un conjunto de elementos fónicos, morfológicos y léxicos, gobernados por una serie de reglas combinatorias más o menos complejas y universales, dejando en el olvido todo lo que en la lengua es creación, arte, historia, cultura y palpitante vida humana.

Decía que mantener la unidad fundamental del idioma debe ser empeño de *todos* los hispanohablantes, tanto españoles cuanto hispanoamericanos, puesto que todos, unos y otros, somos 'amos' de la lengua[28] —no sólo los españoles, como suponía Leopoldo Alas— o, más precisamente, todos somos sus 'servidores', según aconsejaba

---

28. Como tan ponderada y razonablemente había explicado don Andrés Bello: 'No creo que recomendando la conservación del castellano sea mi ánimo tachar de vicioso y espurio todo lo que es peculiar de los americanos. Hay locuciones castizas que en la Península pasan hoy por anticuadas y que subsisten tradicionalmente en Hispano-América; ¿por qué proscribirlas? Si según la práctica general de los americanos es más analógica la conjugación de algún verbo, ¿por qué razón hemos de preferir la que caprichosamente haya prevalecido en Castilla? Si de raíces castellanas hemos formado vocablos nuevos, según los procedentes ordinarios de derivación que el castellano reconoce, y de que se ha servido y sirve continuamente para aumentar su caudal, ¿qué motivos hay para que nos avergoncemos de usarlos? *Chile y Venezuela tienen tanto derecho como Aragón y Andalucía* para que se toleren sus accidentales divergencias, cuando las patrocina la costumbre uniforme y auténtica de la gente educada' (1951, 13).

Menéndez Pidal.[29] La lengua es un bien común y, en cuanto tal, propiedad de todos —colectivamente— y *de nadie* —individualmente. Razonaba —ahora sí— Unamuno muy sensatamente: 'Derrámase hoy la lengua castellana por muy dilatadas tierras. [...] Y ¿por qué ha de pretender una de esas tierras ser la que dé forma y tono al lenguaje de todas ellas? ¿Con qué derecho se ha de arrogar Castilla o España el cacicato lingüístico? [...] El instrumento arranca de Castilla; pero ¿ha de ser por eso el castellano quien sepa manejarlo mejor?' (1951, 325 y 328). Y reclamaba Rosenblat justamente el derecho de propiedad de los americanos: 'Es indudable que los españoles que nos cedieron el idioma son los que pasaron a América. ¿Acaso los conquistadores y sus hijos y descendientes tienen menos derecho que los del solar nativo a considerar *propia* su lengua? Evidentemente que los hispanoamericanos somos tan amos de la lengua como los españoles' (1971, 38-39). Como tan dueños del latín fueron Séneca, Quintiliano, Marcial o Trajano, cuanto Horacio, Varrón o Marco Aurelio. Sin embargo, no son pocos los castellanos que todavía hoy se consideran propietarios exclusivos —o, al menos, privilegiados— del idioma español. Idea contra la cual luchó valientemente Dámaso Alonso: 'Quitar esa idea, o los restos de ella, de la cabeza de los españoles ha sido empeño mío a lo largo de tantos años de mi vida adulta'.[30] Muy recientemente ha insistido Eugenio Coseriu en la idea de la común responsabilidad de todos los hispanohablantes: 'Esa ejemplaridad [ideal panhispánica] debería también ser tarea y objetivo de la educa-

29. '¡Qué vamos a ser los amos! Seremos los servidores más adictos de ese idioma que a nosotros [los españoles] y a los otros [los americanos] señorea por igual, y espera, de cada uno por igual, acrecimiento de señorío' (citado por Rosenblat 1971, 38).
30. 1981, 420-21. Reproduzco íntegro el pasaje, en beneficio de los lingüistas de flaca memoria: 'En el siglo XIX era idea general la de que los españoles éramos los amos de nuestra lengua. En el momento del siglo XX en que vivimos, quizá ya esa idea no sea tan general, pero me parece que quedan muchos restos de ella. En los que escriben sobre el idioma en los periódicos (articulistas o personas que dirigen cartas al Director), salvo contadas excepciones, no hay referencia ni precaución alguna respecto al hecho de la enorme plurinacionalidad de la lengua española [...] Hace algunos [años] publiqué un artículo cuyo título era precisamente 'Los españoles no somos los amos de nuestra lengua'. No lo somos. Los amos de nuestra lengua formamos una inmensa multitud de varios cientos de millones de hombres que hablamos español; todos somos los amos conjuntamente; pero por ser los amos de nuestra lengua todos tenemos deberes ineludibles para con ella, especialmente los millones y millones de hispanohablantes que hemos pasado por una educación de cultura'.

ción idiomática y lingüística en todas sus formas. Y su primera condición es que todo hispanohablante culto, en España como en América, asuma o vuelva a asumir la responsabilidad de la lengua española (de *toda* la lengua española) como lengua propia, como forma primera y esencial de su cultura, no como hecho ajeno, ni como mero instrumento de la vida práctica; en una palabra: como idioma en cada caso *nacional* y, al mismo tiempo, *común* de toda nación hispánica' (1990, 75).

Claro está que, si todos tenemos los mismos derechos de propiedad, también tendremos todos los mismos deberes de servidumbre leal. Ésta nos obliga a sacrificar nuestras peculiaridades lingüísticas, locales o aun nacionales, en aras de la unidad panhispánica. 'Cuando los españoles conservan fielmente el tipo tradicional, su autoridad es la razón misma; cuando los americanos lo conservamos y los españoles se apartan de él, bien podemos llamarlos al orden y no mudar nuestros usos. *Si el beneficio es común, común ha de ser el esfuerzo'*, en palabras de Rufino José Cuervo (1954, 44). O, en palabras de Ángel Rosenblat, esa unidad idiomática 'no puede estar dictada desde un lugar, sino que es y debe ser obra de amplia colaboración de todos los escritores, pensadores y científicos de nuestra lengua'.[31]

Pero es indudable que la responsabilidad mayor corresponde —o debería corresponder— a los lingüistas. Mas es el caso que no todos ellos parecen advertir la trascendencia de su responsabilidad. Durante las últimas décadas se ha producido un desgajamiento, dentro de la Filología, que ha dado origen a una distinción, una dicotomía, entre *lingüistas* y *filólogos*. Creo que sería bueno volver a conducir a aquéllos al redil filológico, y hacerles ver que deben interesarse más por la *lengua* que por la *lingüística*. Celebramos ahora los quinientos años del nacimiento de la *lingüística* española, por obra y gracia de Elio Antonio de Nebrija, sí; pero hace ya unos años que conmemoramos el milenario del nacimiento 'oficial' de la *lengua* castellana. Mas no es esta mayor antigüedad de nuestra lengua respecto de nuestra lingüística lo que verdaderamente importa, sino el hecho de que la lengua es el *objeto* de estudio, y la lingüística es sólo el *instrumento* de trabajo; la lengua, un fin, y la lingüística, un medio de conocimiento de la lengua —lo cual no es, en verdad, poco. De igual manera que,

31. 1971, 202. Y añadía: 'Cada generación es responsable de la vida de su lengua. ¿No es ella el legado más precioso de los siglos y la gran empresa que nos puede unir a todos?' (203).

en el dominio de la literatura, lo que en verdad importa es el poema, la obra literaria, y no el método de estudio que se utilice para su mejor comprensión.[32] La lengua es el reflejo del espíritu del pueblo que la habla; no sólo un medio de comunicación —aunque sea el medio de comunicación por excelencia—, sino también un sistema de creación, de conocimiento y ordenación del mundo, de construcción de la cultura.[33] A ella, en sí misma, debemos dedicar nuestra atención y cuidado, en cuanto portadora de una cultura tan compleja y tan rica como la hispánica. La conservación de su unidad estructural me parece ser tarea de máxima importancia para todos. Yo, al menos, no me considero ni pretendo ser lingüista, sino sencillamente aprendiz de filólogo, porque me interesa más, muchísimo más, la lengua que la lingüística.

Pero mi voz es débil y carente de autoridad. Por ello, he rememorado aquí las voces firmes y bien autorizadas de quienes trabajaron seria y rigurosamente en beneficio de la lengua española: Bello, Cuervo, Menéndez Pidal, Dámaso Alonso, Rosenblat, Lapesa, Coseriu. A ellos ofrendo mi lealtad filológica. Y a ustedes agradezco sinceramente la atención que me han prestado.

BIBLIOGRAFÍA

AGREDA y SÁNCHEZ, JOSÉ M.ª, ed., 1902. *Sumaria relación de las cosas de la Nueva España* (México).

ALONSO, DÁMASO, 1956. 'Unidad y defensa del idioma', en *Memoria del II Congreso de Academias de la Lengua* (Madrid: Real Academia Española), pp. 33-48.

——, 1964. 'Para evitar la diversificación de nuestra lengua', en *Presente y futuro de la lengua española* [Actas de la Asamblea de Filología del I Congreso de Instituciones Hispánicas], II (Madrid: Cultura Hispánica), pp. 259-68.

32. Algunos de ellos en gran medida confusos, como ciertos enfoques semióticos, que más que aclarar el alcance de la obra literaria, complican y dificultan su comprensión. (Véase a este respecto, Ontañón 1964).
33. Antes que Humboldt, ya lo había dicho Hervás: 'Todos los hombres al empezar a hablar una lengua, empiezan a dar a sus ideas el orden que a las palabras de ellas se da según su propio artificio gramatical [...] y según ella los hombres en su respectiva lengua hablan y también piensan [...] El orden de ideas en cada hombre es según el de las palabras en su lengua, o es según el orden que el artificio gramatical de ésta da a las palabras' (Hervás 1800, 24-25).

—, 1981. 'El español, lengua de centenares de millones de hablantes', en *I Simposio de Lengua Española* (Las Palmas de Gran Canaria: Excmo. Cabildo Insular de Gran Canaria), pp. 419-28.

BALBUENA, BERNARDO DE, 1954. *Grandeza mexicana* (México: UNAM) (1.ª ed., México, 1604).

BELLO, ANDRÉS, 1951. *Obras completas,* IV (Caracas: Ministerio de Educación).

CÁRDENAS, JUAN DE, 1945. *Problemas y secretos maravillosos de las Indias* (Madrid: Cultura Hispánica) (1.ª ed., México, 1591).

COSERIU, EUGENIO, 1990. 'El español de América y la unidad del idioma', en *Actas del I Simposio de Filología Iberoamericana* (Sevilla, 26 a 30 de marzo de 1990), en prensa.

CUERVO, RUFINO JOSÉ, 1954. *Apuntaciones críticas sobre el lenguaje bogotano,* 7.ª ed. (= *Obras,* I) (Bogotá: Instituto Caro y Cuervo).

GARCÍA DE DIEGO, VICENTE, 1964. 'Los buenos y malos conceptos de la *unidad* del castellano', en *Presente y futuro de la lengua española* [Actas de la Asamblea de Filología del I Congreso de Instituciones Hispánicas], II (Madrid: Cultura Hispánica), pp. 5-16.

GUITARTE, GUILLERMO L., 1980-81. 'Unamuno y el porvenir del español en América', *BFUCh,* 31, 145-80.

HERVÁS, LORENZO, 1800. *Catálogo de las lenguas de las naciones conocidas,* I (Madrid: Librería de Ranz).

LAPESA, RAFAEL, 1966. 'América y la unidad de la lengua española', *Revista de Occidente,* 4, no. 38, 300-10.

LOPE BLANCH, JUAN M., en prensa. 'El español de América y la norma lingüística hispánica', comunicación leída en el III Congreso Internacional sobre el Español de América, Universidad de Valladolid, 3-8 julio 1989).

MEILLET, ANTOINE, 1950. *Les Dialectes indo-européens,* 2.ª ed. (París: Champion).

MENÉNDEZ PIDAL, RAMÓN, 1956. 'Nuevo valor de la palabra hablada y la unidad del idioma', en *Memoria del Segundo Congreso de Academias de la Lengua Española* (Madrid: Real Academia Española).

NEBRIJA, ELIO ANTONIO DE, 1946. *Gramática castellana,* ed. Pascual Galindo Romero & Luis Ortiz Muñoz (Madrid: Junta del Centenario).

—, 1977. *Reglas de Orthographia,* ed. Antonio Quilis (Bogotá: Instituto Caro y Cuervo) (1.ª ed., Alcalá de Henares, 1517).

ONTAÑÓN, PACIENCIA, 1964. Reseña de Carlos Reis, *Fundamentos y técnicas del análisis literario,* en *Anuario de Letras* (México), 22, 314-28.

QUINTILIANO, 1972. *Institutionis Oratoriae Libri XII* (Darmstadt: Wissenschaftliche Buchgesellschaft).

ROSENBLAT, ÁNGEL, 1971. *Nuestra lengua en ambos mundos* (Estadella: Salvat).

——, 1977. 'Nivel social y cultural de los conquistadores y pobladores', en *La lengua de los conquistadores* (Caracas: Univ. Central de Venezuela).

SARAVIA, ALBERTINA, ed., 1965. *Popol Vuh: antiguas historias de los indios quichés de Guatemala* (México: Porrúa).

UNAMUNO, MIGUEL DE, 1951. 'Sobre la lengua española', en *Ensayos,* I (Madrid: Aguilar) (1.ª ed., 1901).

La desaparición de la concordancia entre participio de pasado y objeto directo en castellano y catalán: aspectos geográficos e históricos

JOHN CHARLES SMITH

University of Manchester

EXISTE EN LATÍN una construcción en que el verbo HABERE ('tener') aparece con un objeto directo y un participio de pasado modificando a este objeto y concordando con él. A partir del latín tardío, esta construcción experimenta un cambio semántico progresivo: así, por ejemplo, HABEO SCRIPTUM LIBRUM, que significa literalmente 'tengo el libro que está escrito', adquiere el sentido 'logré escribir el libro', antes de ser gramaticalizado e incorporado al sistema verbal como tiempo compuesto, con el valor de 'he escrito el libro'. Este desarrollo, que parece afectar a todas las lenguas románicas, constituye un ejemplo de lo que Timberlake (1977, 141) llama 'reanálisis', es decir 'la formulación de un nuevo grupo de relaciones y reglas'.

Como consecuencia de la gramaticalización de HABERE + participio de pasado, el sustantivo que en la construcción original era el objeto directo del verbo 'tener' se hace objeto directo del participio de pasado, de modo que el participio ya no tiene una relación adjetiva con este sustantivo. Esta desvinculación subyacente se traduce a nivel de la estructura superficial en una restricción (que a veces alcanza la desaparición total) de la concordancia del participio de pasado con el objeto directo (compárese, por ejemplo, el latín HABEO SCRIPTOS LIBROS, con concordancia, con el castellano moderno he escrito los libros, sin concordancia). La motivación de este desarrollo se intuye fácilmente: es un ejemplo del proceso que el mismo Timberlake (1977, 141) define como 'actualización', es decir 'la realización progresiva de las consecuencias del reanálisis', que se manifiesta en 'cambios concretos de normas y de salida'.

La desaparición de la concordancia del participio de pasado es sólo uno de varios 'cambios concretos de normas y de salida' que afectan a los tiempos compuestos del pasado en las lenguas románicas modernas, como he demostrado en Smith (1989). Ya he discutido algunos aspectos generales de la suerte que ha corrido esta concordancia (Smith en prensa a), así como la situación en italiano (Smith 1991). En el presente artículo (cuyo alcance no permite, desafortunadamente, ofrecer una presentación exhaustiva de los datos), me propongo examinar el mismo fenómeno en castellano y en catalán. La situación en estos idiomas se puede resumir así. Respecto del castellano, comprobamos que la desaparición de la concordancia del participio de pasado (total a partir del siglo XVI; véase Keniston 1937, 452; Bolaño e Isla 1959, 144; Company 1983) es diferencial. Macpherson (1967, 250) observa que, en textos en prosa del siglo XIII, la propensión a la falta de concordancia del participio es menos evidente cuando do el objeto le precede. Para Pountain (1985, 344), la desaparición de la concordancia con objetos directos siguientes data de mediados del siglo XIV, mientras que señala casos de concordancia entre un participio y un objeto precedente que permanecen hasta mediados del siglo XV. (También se encuentran ejemplos esporádicos posteriores; véase Keniston 1937, 452.) Respecto del catalán, vemos que, al contrario del castellano, la concordancia del participio de pasado no ha desaparecido totalmente aún hoy. Es cierto que algunos dialectos presentan la falta de concordancia en todos los casos (sobre todo el dialecto barcelonés; véase Badía Margarit 1962, §227); pero, en muchos lugares, la variabilidad del participio se ha mantenido. En muchas hablas mallorquinas, el participio continúa concordando con cualquier objeto directo (véase Amengual 1872, 84; Alcover 1908, 126; Moll 1952, §484; 1968, §160). Al igual que en castellano, la concordancia desapareció más temprano cuando el objeto seguía al participio (véase Alcover 1908, 126, y el estudio minucioso de obras de Bernat Metge (fin del siglo XIV) emprendido por Par (1923, §855)). Todavía en nuestro siglo encontramos, en ciertas variedades del catalán literario, la concordancia con los objetos precedentes y la no concordancia con los objetos siguientes (véase Fabra 1912, §105). En otros dialectos, la concordancia se manifiesta sólo con pronombres clíticos de objeto, pero es mucho menos frecuente con formas de primera y segunda persona y con pronombres reflexivos. Finalmente, en el catalán literario estándar, así como en algunos dialectos, el participio concuerda sólo con un pronombre clítico no reflexivo de tercera persona, salvo cuando éste es una forma del masculino plural (véase, para la lengua estándar, Fabra 1912, §105; 1954-1956, §593; Badía Margarit 1962, §227; Yates 1975, 167; para el valenciano, Pérez 1894, 118, y Fullana Mira 1915, 179; para el dialecto de Cadaqués, Sala 1983, 67). Mis propias investigaciones en los archivos del *Atlas lingüístic del domini català* de Barcelona confirman los informes de las fuentes secundarias que he citado. Para más detalles, véase Smith (en prensa b).

Cabe hacer notar que tanto a nivel diacrónico como a nivel sincrónico existen las siguientes jerarquías implicativas, en el sentido de Greenberg (1966).

(1) Si hay concordancia con un objeto directo que sigue al verbo, también hay concordancia con un objeto directo que precede al verbo (es decir, si encontramos frases del tipo *he escritos los libros,* encontraremos necesariamente frases del tipo *los libros que he escritos...,* pero no viceversa).[1]

(2) Si en lo que se refiere a objetos precedentes hay concordancia con un objeto topicalizado, interrogativo, exclamativo o relativo, también hay concordancia con pronombres clíticos de objeto (vale decir, si encontramos frases del tipo *los libros que he escritos...,* encontraremos necesariamente frases del tipo *los he escritos,* pero no viceversa).

(3) Si hay concordancia con pronombres clíticos de primera y segunda persona, también hay concordancia con pronombres clíticos de tercera persona (es decir, si encontramos frases del tipo *nos ha vistos* o *os ha vistos,* encontraremos necesariamente frases del tipo *los ha vistos,* pero no viceversa).

(4) Si hay concordancia con pronombres clíticos de tercera persona en masculino plural, también hay concordancia con pronombres clíticos de otros géneros y números (o sea, si encontramos frases del tipo *los he escritos,* encontraremos necesariamente frases del tipo *las he escritas,* pero no viceversa).

Las explicaciones que ya se han propuesto para estos fenómenos no son satisfactorias. Para Macpherson (1967, 250), la tendencia a la

---

1. En esta descripción de las jerarquías implicativas, hay que interpretar las frases con participio concordado, aunque no son gramaticales en el castellano moderno, como traducciones morfológicas literales de frases que fueron gramaticales en una época anterior en los idiomas que estoy examinando, y que existen aún hoy en día en ciertos dialectos del catalán.

desaparición de la concordancia con un objeto directo que sigue al participio sería el resultado de un proceso según el cual el hablante no sería consciente de la identidad de una palabra antes de pronunciarla. Así, cuando el objeto precede al verbo, el hablante conocería su género y número en el momento de seleccionar la forma del participio, mientras que cuando el objeto sigue al verbo, el hablante desconocería aún su identidad en el momento de pronunciar el participio, razón por la cual será incapaz de hacerlo concordar. En esto, Macpherson se hace eco de numerosos gramáticos franceses que desde el siglo XVIII han estado proponiendo una tesis semejante (Smith (en prensa a) proporciona una lista de ellos). Tales explicaciones, sin embargo, se fundan en una premisa falsa, a saber, que el orden lineal de los elementos de la estructura superficial de la frase corresponde a un orden lineal de conceptualización por parte del hablante. Además, no se aplican estas explicaciones sino a una sola de las jerarquías.

Existen también algunos intentos de análisis generativo de este tipo de concordancia (nuevamente, véase la discusión en Smith (en prensa a)). Ninguno de estos análisis menciona la desaparición de la concordancia en castellano, y los poquísimos que tratan la situación en catalán dan informes inexactos (como Brown (1987, 61), para quien la concordancia con casi todo tipo de objeto es normal), o incompletos (como Kayne (1989, 94), que sostiene que hay concordancia con los pronombres clíticos, sin precisar cuáles). Por esto, tales informes no se pueden considerar satisfactorios, ni siquiera a nivel de observación.

La mayor pervivencia del participio concordado cuando el objeto precede al verbo podría deberse a factores perceptuales, y, más específicamente, a problemas de tratamiento de la frase. En todas las lenguas románicas, la posición canónica, no marcada, del objeto directo es después del verbo. Se puede pensar que todo objeto directo se halla en esta posición a un cierto nivel de estructura, y que los objetos que preceden al verbo están relacionados con esta posición canónica, en el sentido que están coindexados con un elemento vacío que se encuentra en posición posverbal, con el que constituyen una cadena (en el sentido de Chomsky (1981, 45); véase también Chomsky 1982, 64-65, 88).

En estas circunstancias, es necesario establecer la relación entre los elementos de la cadena para llegar a una interpretación de la frase. De este modo, el tratamiento de una frase en la que el objeto precede al verbo es más difícil que el de una frase con el objeto en posición no marcada después del verbo. La limitación de la concordancia del participio de pasado a frases donde el objeto precede al verbo permitirá señalar la presencia de un sintagma nominal vacío que ocupa la posición del objeto directo, así como la identidad del elemento con el que está ligado.

Esta argumentación puede parecer débil. Es verdad que hay frases en las cuales el objeto precede a un verbo en tiempo no compuesto, el cual evidentemente no puede mostrar este tipo de señalización; pero tales frases no plantean en general problemas de tratamiento. Así pues, se podría objetar que la funcionalidad de la concordancia del participio de pasado es mínima. Pero no sostengo que la concordancia haya sido introducida para facilitar la interpretación de la frase, sino que el rendimiento funcional, aunque sea muy marginal, de la concordancia del participio de pasado en ciertos contextos ha sido un factor que ha favorecido su desaparición diferencial; es decir que, dada la tendencia a la desaparición de la concordancia, este proceso será no obstante más rápido cuando el objeto sigue al verbo, ya que en este caso la concordancia tiene un valor funcional inferior.

Ciertamente se puede trazar un paralelo entre este razonamiento y el análisis tradicional que he criticado previamente, según el cual el participio concordaría más a menudo con un objeto precedente porque en este caso el hablante ya conoce el género y número de éste, mientras que correría el riesgo de ignorar los de un objeto siguiente. Pero hay también una diferencia crucial. El análisis tradicional se fundamenta en la producción de la frase, es decir que se formula a partir del hablante; en cambio, la hipótesis que mantengo se fundamenta en el tratamiento de la frase, es decir que se formula a partir del interlocutor. Al intentar explicar un fenómeno sintáctico a base de la incertidumbre del hablante sobre el desarrollo de su frase, nos adentramos en terreno peligroso; sin embargo, parece más admisible relacionar las estructuras sintácticas con problemas de percepción y de tratamiento. La presente hipótesis se acerca a las ideas de Fodor (1981) sobre la relación entre performance y competencia. Fodor sostiene que las necesidades del tratamiento, y especialmente la necesidad de relacionar elementos plenos y elementos vacíos, pueden constreñir la sintaxis de una lengua.

También se puede recurrir a estrategias de tratamiento de la frase para explicar la mayor resistencia del participio concordado en catalán (y en otros idiomas, como el italiano) cuando el objeto directo es un pronombre clítico, así como la desaparición precoz de la concordancia del participio de pasado en castellano, incluso con los pronombres clíticos. Los objetos precedentes que no son pronombres no plantean en general problemas significativos de tratamiento. Los tópicos y los sintagmas nominales interrogativos y exclamativos, siendo sintagmas nominales plenos, ya presentan, en la misma frase que el participio, toda la información necesaria para determinar el referente del objeto directo; asimismo, un relativo necesita un antecedente, que se halla generalmente en la misma frase matriz. Por contra, los pronombres pueden ser exofóricos, referidos a un elemento que no figura en la frase que los contiene, o que no figura ni siquiera en el texto o el discurso, exigiendo una interpretación pragmática. Incluso los pronombres endofóricos (a saber, anafóricos o catafóricos) pueden presentar dificultades de interpretación. Sampson (1983, 88-89), al analizar ejemplos en inglés, concluye que a menudo es difícil y a veces imposible resolver la referencia del pronombre inanimado *it;* sus conclusiones se pueden trasladar, *mutatis mutandis*, a otros idiomas. Es claro que, cuando hay ambigüedad, puede resultar valioso contar con unos indicios suplementarios del referente de un pronombre; y la concordancia del participio de pasado, indicando género y número del objeto precedente, puede proporcionar datos útiles en ciertos casos.

En los tiempos compuestos del castellano, como en catalán (y en italiano), los pronombres clíticos son proclíticos al auxiliar, que siempre comienza fonéticamente con una vocal. Sin embargo, en castellano, al contrario de estos idiomas, los cuatro pronombres clíticos acusativos muestran, en todas circunstancias, cuatro formas distintas, gracias a la no elisión de su vocal final en el singular (a pesar de que, eventualmente, se pueda producir una sinalefa) y la presencia de una 's' en el plural. Basta cotejar las formas castellanas *lo, la, los, las* con las formas italianas correspondientes delante de vocal *l', l', l(i), l(e)* (la elisión es facultativa en el plural) para darse cuenta de que, en un tiempo compuesto, el pronombre castellano ya ofrece toda la información necesaria para su resolución (al menos morfosintáctica), mientras que en italiano no es posible recuperar esta información sólo por medio del pronombre. Está claro que, en estas circunstancias, la concordancia del participio de pasado tiene en italiano un papel que no tiene en castellano, permitiendo la recuperación del género y número del pronombre objeto. La funcionalidad de la concordancia en italiano favorece su mantenimiento; su no funcionalidad en castellano fomenta su desaparición total.

En catalán, como ya he hecho notar, la concordancia del participio de pasado con un pronombre clítico de tercera persona es menos frecuente cuando se trata del pronombre masculino plural. Aquí también podemos recurrir a factores perceptuales para explicar la distribución de la concordancia. En catalán, la elisión de la vocal final hace que, delante del auxiliar del tiempo compuesto, los pronombres clíticos de tercera persona tengan una sola forma en el singular (*l'* para ambos géneros), al tiempo que presentan dos formas distintas en el plural (*els* en masculino y *les* en femenino). Por lo tanto, en el singular, el género del pronombre no se puede recuperar sino por la flexión del participio, mientras que en el plural se manifiesta en la forma misma del pronombre. Por consiguiente, la concordancia del participio es funcional en el singular, pero no en el plural, y no debería sorprendernos que prevalezca más en el singular. Resulta menos fácil dar cuenta de la resistencia de la concordancia con pronombres clíticos en el femenino plural; es posible que la concordancia se haya mantenido en este caso bajo la influencia de la concordancia con el pronombre femenino singular. Señalemos que Fabra (1956, §73) preconiza la concordancia sobre todo con el pronombre femenino singular; se sobreentiende que la concordancia con el femenino plural es más marginal.

A primera vista, la teoría de la funcionalidad de la concordancia que acabo de elaborar supondría que la concordancia del participio es más funcional cuando el objeto es un pronombre clítico de primera o segunda persona, porque éstos son siempre exofóricos; pero, como ya hemos visto, es precisamente con estos pronombres con los que la concordancia resiste menos. A pesar de eso, no hay contradicción. Aunque los pronombres de primera y segunda persona son siempre exofóricos, igualmente tienen una referencia inequívoca: la forma de primera persona designa al hablante, y la de segunda persona al interlocutor. Dada esta circunstancia, el referente del pronombre se puede recuperar automáticamente por medio del contexto pragmático, de modo que la funcionalidad de la concordancia en estos casos es mínima. El mismo razonamiento vale para los pronombres clíticos reflexivos de tercera persona, con los que no encontramos concordancia del participio, ni siquiera en la mayoría de los dialectos del catalán actual. El referente de un pronombre reflexivo es por definición idéntico al sujeto del verbo, y por lo tanto es siempre recuperable por medio del contexto; la concordancia en este caso tampoco es funcional.

El propósito de este breve artículo ha sido doble: en primer lugar, hacer un resumen de los datos sobre la concordancia del participio de pasado con un objeto directo en castellano y en catalán, capítulo bastante oscuro de la sintaxis iberorrománica; en segundo lugar, propugnar la teoría según la cual la desaparición progresiva y diferencial de este tipo de concordancia se debería a factores perceptuales. El papel que tienen tales factores en el cambio lingüístico es discutido por Vincent (1976). Él afirma que una estrategia perceptual puede iniciar o catalizar un cambio, mientras que en el caso presente yo sostengo que una estrategia perceptual puede impedir o trabar un cambio de motivación independiente una vez que está en marcha. No obstante, los comentarios de Vincent son pertinentes aquí. Al tiempo que señala que la importancia de factores perceptuales variará de frase en frase, concluye que inevitablemente su influencia producirá su efecto de manera gradual y confusa, engendrando estados de lengua intermedios e híbridos. Es precisamente la situación que encontramos en lo que se refiere a la concordancia del participio de pasado en los idiomas iberorrománicos, sobre todo durante la época medieval; la progresión es gradual, y la distribución de la concordancia no es siempre transparente, mostrando variaciones y aparente opcionalidad, pero hay una tendencia clarísima (la que he descrito) que emerge de los datos.

Si la funcionalidad de la concordancia del participio de pasado con el objeto directo es un factor determinante en su supervivencia en un contexto determinado, los datos que he examinado constituyen un contraejemplo a la afirmación de Martinet (1962, 55), para quien 'la concordancia es redundancia'. Otra consecuencia de mis argumentos es que la distribución de la concordancia del participio de pasado en un idioma románico determinado en un momento determinado de su historia, aun siendo un hecho sincrónico, y por ende descriptible en términos sincrónicos, no se puede explicar sino desde un punto de vista diacrónico. En este sentido, este tipo de concordancia se debe considerar como un 'residuo sincrónico' de un proceso diacrónico en marcha, como lo ha sugerido, hablando de otros fenómenos, Gross (1975; 1979), acercándose al parecer de Posner (1976, 75), para quien, justamente, los datos sincrónicos pueden no prestarse a una explicación meramente sincrónica, sino más bien pueden necesitar una explicación que tome en cuenta factores diacrónicos. Además, los datos y el análisis que he presentado apoyan la hipótesis según la cual el cambio sintáctico es un proceso progresivo, y al mismo tiempo demuestran que la actualización puede quedar rezagada respecto al reanálisis, a veces de manera espectacular, y que existen factores perceptuales que pueden influir sobre el desarrollo de un cambio lingüístico.[2]

BIBLIOGRAFÍA

ALCOVER, ANTONI M., 1908. 'Concordansa del participi amb el terme d'acció', en *Primer Congrés Internacional de la Llengua Catalana,* Barcelona, octubre de 1906 (Barcelona: Horta), pp. 124-28.

AMENGUAL, J. J., 1872. *Gramática de la lengua mallorquina* (Palma de Mallorca: Gelabert).

BADÍA MARGARIT, ANTONIO M., 1962. *Gramática catalana* (Madrid: Gredos).

BOLAÑO E ISLA, A., 1959. *Manual de historia de la lengua española* (México: Porrúa).

BROWN, BECKY, 1987. 'Problems with Past Participles [*sic*] Agreement in French and Italian Dialects', en *Advances in Romance Linguistics,* ed. David Birdsong & Jean-Pierre Montreuil (Dordrecht: Foris), pp. 51-66.

CHOMSKY, NOAM, 1981. *Lectures on Government and Binding* (Dordrecht: Foris).

——, 1982. *Some Concepts and Consequences of the Theory of Government and Binding* (Cambridge, MA: MIT Press).

COMPANY, CONCEPCIÓN, 1983. 'Sintaxis y valores de los tiempos compuestos en el español medieval', *NRFH,* 32, 235-57.

FABRA, POMPEU, 1912. *Gramática de la lengua catalana* (Barcelona: L'Avenç).

——, 1954-56. *Converses filològiques* (Barcelona: Barcino).

——, 1956. *Gramàtica catalana* (Barcelona: Teide).

FODOR, JANET D., 1981. 'Does Performance Shape Competence?', *Philosophical Transactions of the Royal Society of London,* B295 (no. 1077), 285-95.

FULLANA MIRA, L., 1915. *Gramàtica elemental de la llengua valenciana* (Valencia: Domenech).

GREENBERG, JOSEPH H., 1963. 'Some Universals of Grammar with Particular Reference to the Order of Meaningful Elements', en *Universals of Language (report of a conference held at Dobbs Ferry, New York, April*

2. Agradezco a Santiago Fernández-Corugedo, Reyes Ferreras, Martin Maiden, Héctor Ortiz-Lira, Nigel Vincent, Jean-Philippe Watbled, y Roger Wright la colaboración y el estímulo que me prestaron para la elaboración de este trabajo.

13-15, 1961), ed. Joseph H. Greenberg (Cambridge, MA: MIT Press), pp. 58-90.

GROSS, MAURICE, 1975. *Méthodes en syntaxe: régime des constructions complétives* (París: Hermann).

——, 1979. 'On the Failure of Generative Grammar', *Language,* 55, 859-85.

KAYNE, RICHARD S., 1989. 'Facets of Romance Past Participle Agreement', en *Dialect Variation and the Theory of Grammar,* ed. Paola Benincà (Dordrecht: Foris), pp. 85-103.

KENISTON, HAYWARD, 1937. *The Syntax of Castilian Prose: The Sixteenth Century* (Chicago: Chicago Univ. Press).

MACPHERSON, IAN R., 1967. 'Past Participle Agreement in Old Spanish: Transitive Verbs', *BHS,* 44, 241-54.

MARTINET, ANDRÉ, 1962. *A Functional View of Language* (Oxford: Clarendon Press).

MOLL, FRANCISCO DE B., 1952. *Gramática histórica catalana* (Madrid: Gredos).

——, 1968. *Gramàtica catalana, referida especialment a les Illes Balears* (Palma de Mallorca: Moll).

PAR, ANFÓS, 1923. *Sintaxi catalana segons los escrits en prosa de Bernat Metge (1398)* (Halle (Saale): Niemeyer).

POSNER, REBECCA, 1976. 'The Relevance of Comparative and Historical Data for the Description and Definition of a Language', *York Papers in Linguistics,* 6, 75-87.

POUNTAIN, CHRISTOPHER J., 1985. 'Copulas, Verbs of Possession and Auxiliaries in Old Spanish: The Evidence for Structurally Interdependent Changes', *BHS,* 62, 337-55.

SALA E., 1983. *El parlar de Cadaqués* (Girona: Diputació Provincial)

SAMPSON, GEOFFREY R., 1983. 'Fallible Rationalism and Machine Translation', en *Proceedings of the First Conference of the European Chapter of the Association for Computational Linguistics, Pisa, 1-2 September 1983* (Pisa: European Chapter of the Association for Computational Linguistics), pp. 86-89.

SMITH, JOHN CHARLES, 1989. 'Actualization Reanalyzed: Evidence from the Romance Compound Past Tenses', en *Synchronic and Diachronic Approaches to Linguistic Variation and Change* [Georgetown University Round Table on Languages and Linguistics, 1988], ed. Thomas J. Walsh (Washington: Georgetown Univ. Press), pp. 310-25.

——, 1991. 'Problemi dell'accordo del participio passato coll'oggetto diretto nei tempi composti coniugati con avere in italiano, con speciale riferimento ai dialetti', en *Tra Renascimento e strutture attuali: Saggi di linguistica italiana (Atti del Primo Convegno Internazionale della Società Internazionale di Linguistica e Filologia Italiana Siena, 28-31 marzo 1989,* I), ed. Luciano Giannelli, Nicoletta Maraschio, Teresa Poggi Salani & Massimo Vedovelli (Turín: Posenberg & Sellier), pp. 365-71.

——, en prensa a. 'Further Thoughts on Processing Strategies and Object-Participle Agreement in Romance', ponencia presentada al Congreso 'The Romance Languages and Current Linguistic Theory', Manoir de Brion, Francia, mayo de 1989, a aparecer en *The Romance Languages and Current Linguistic Theory,* ed. John Charles Smith & Martin Maiden (Amsterdam: Benjamins).

——, en prensa b. 'Agreement between Past Participle and Direct Object in Catalan: the Hypothesis of Castilian Influence Revisited', ponencia presentada al Congreso 'Language Contact and Linguistic Change', Rydzyna, Polonia, junio de 1991, a aparecer en *Language Contact and Linguistic Change,* ed. Jacek Fisiak (Berlín: Mouton de Gruyter).

TIMBERLAKE, ALAN, 1977. 'Reanalysis and Actualization in Syntactic Change', en *Mechanisms of Syntactic Change,* ed. Charles N. Li (Austin: Univ. of Texas Press), pp. 141-77.

VINCENT, NIGEL, 1976. 'Perceptual Factors and Word Order Change in Latin', en *Romance Syntax: Synchronic and Diachronic Perspectives,* ed. Martin Harris (Salford: Univ.), pp. 54-68.

YATES, ALAN, 1975. *Catalan* (Londres: Hodder & Stoughton).

Las principales variedades
de la pronunciación brasileña culta

ROBERT CLIVE WILLIS

University of Manchester

LO QUE ME propongo hacer en esta ponencia es examinar la pronunciación urbana culta del Brasil desde el punto de vista fonético. En general, cuando se aprende un idioma europeo es posible establecer cuáles son las reglas básicas de la pronunciación culta. Es posible asimismo indicar las pocas variantes regionales que existen en el nivel culto y, por lo menos en el sentido amplio, indicar las diferencias esenciales en la pronunciación del inglés norteamericano y del español de las Américas. Sin embargo el portugués americano, idioma de unos 180 millones que viven en el Brasil, con mucho el país más vasto y más poblado del mundo hispánico, nos plantea un desafío muy distinto. A pesar del factor creciente de nivelación lingüística, el habla culta varía bastante de una capital de estado a otra, de modo que los brasileños todavía no han alcanzado el ideal anhelado de una pronunciación estándar.

La existencia de diferencias fonéticas nos lleva por otra parte a preguntar si, en vez de una pronunciación nacional culta, es posible adoptar la postura contraria y redactar normas respecto de la pronunciación urbana culta de ciudades individuales, sobre todo de las grandes capitales de estado. Por ese motivo organicé entrevistas en escuelas de idiomas y en universidades en ocho grandes ciudades brasileñas. Esta estrategia aseguró virtualmente un nivel de pronunciación culta o casi culta. Las ocho ciudades fueron, de norte a sur, João Pessoa, Recife, Salvador, Río de Janeiro, Belo Horizonte, São Paulo, Curitiba y Porto Alegre.

El *modus operandi* (y hay que reconocer sus limitaciones) consistía en hacer grabaciones. Se entrevistó a una media de siete personas en cada centro, con representantes de los dos sexos. Las entrevistas constaban de la lectura de un texto no preparado, recitación automática (por ejemplo, contar de uno a treinta, rezar el Padre Nuestro, etcétera) y una autobiografía hablada, vagamente estructurada mediante el uso de una tarjeta con 'palabras-guía'.

Cabe decir aquí que, dentro de lo posible, los individuos a entrevistar debían haber pasado prácticamente toda la vida en la ciudad en cuestión y sus padres debían ser por lo menos naturales del mismo estado federal.

Si empezamos con las vocales brasileñas, se nos plantean tres problemas concretos. En primer lugar hay la /e/ y la /o/ pretónicas (por ejemplo, en *preferir* y *colega*) y el grado de su abertura, sobre todo en el nordeste del Brasil. En segundo lugar hay la cuestión de la /a/ pretónica ante /m/ o /n/ intervocálicas (como en *amor* y *canal*) y el grado de su cerrazón. Finalmente nos enfrentamos al problema de lo que voy a llamar la yod epentética o intrusiva, que se introduce entre una vocal tónica final y una *s* o *z* siguiente (como en *atrás* y *luz*), creando así toda una serie de diptongos.

Suele afirmarse con frecuencia que la /e/ y la /o/ pretónicas (como en *preferir* y *colega*) están caracterizadas en el Nordeste, y sobre todo en João Pessoa y en Recife, por un valor abierto fácilmente reconocible (*pr[ɛ]ferir*, *c[ɔ]lega*). Pero en todos los casos posibles se notó en las grabaciones una incidencia de sólo un 18 por ciento en dichas ciudades, mientras que en Salvador el porcentaje fue aun más insignificante. En el nivel de la pronunciación urbana culta —sea lo que fuere la pronunciación popular— la /e/ y la /o/ pretónicas abiertas, aunque existentes, no parecen ser fenómenos muy frecuentes.

Pasemos ahora a considerar el caso de la /a/ pretónica ante /m/ o /n/ intervocálicas, como en *amor* y *canal*. Muchas autoridades nos aseguran que, así como en el caso de /a/ tónica ante /m/ o /n/ intervocálicas, la vocal pretónica también es cerrada. Según ciertas autoridades, tanto las vocales átonas como las tónicas ante /m/ o /n/ intervocálicas también sufren nasalización en el portugués del Brasil.[1] Aun así, en la práctica, desde João Pessoa hasta Porto Alegre, la pronunciación invariable de la /a/ pretónica en dichas circunstancias tomó la forma de una [a] abierta (y por lo tanto oral, no nasal): *[a]mor*,

---

1. Un caso típico serían las *Normas para a língua falada no teatro* (Ministerio de Educación 1958). A pesar del título hoy día tan risible y de diversos defectos de interpretación fonética, este opúsculo constituye tal vez la única tentativa de establecer o de definir una pronunciación nacional culta.

c[a]nal, etc. En João Pessoa y Recife, no obstante, la vocal se quedó cerrada cuando seguían dos consonantes nasales (*[ɐ]mante*, *b[ɐ]nana*).

La yod epentética o intrusiva en palabras como *atrás* [a'tras]~ [a'trajs] y *luz* [lus]~[lujs] nos plantea una situación mucho más compleja que los dos casos precedentes. Ninguna autoridad, que sepamos, ha conseguido establecer la extensión de esta característica tan difundida del habla brasileña. Un aspecto sorprendente es que esta característica puede coincidir con la nasalidad, de tal modo que *irmãs* 'hermanas') pasa a pronunciarse [ir'mẽjs].

Un factor significativo fue el descubrimiento de que sería útil reunir datos especiales en el caso de tres palabras, a saber *mas* ('pero', y aquí se trata de una palabra átona), y los dos números *três* y *dez*. Este procedimiento se derivó del hecho de que en Belo Horizonte, la capital de Minas Gerais, estos tres vocablos son los únicos en pronunciarse con la yod epentética, lo que sucede sobre todo en los casos de *mas* y *três*.

Si dejamos a un lado por ahora estas tres palabras y fijamos la atención en palabras como *atrás* y *luz* hallamos que João Pessoa es la capital donde con más frecuencia la gente recurre al diptongo; a juzgar por las grabaciones, el porcentaje llega casi al 90 por ciento de los casos posibles: [a'trajs], [lujs]. En Recife y en Salvador el porcentaje bajó a aproximadamente el 50 por ciento pero en Río de Janeiro volvió a subir al 70 por ciento. Sin embargo, si pasamos más hacia el sur, la incidencia es insignificante, casi nula. La incidencia más alta del diptongo parece verificarse en las cuatro capitales (João Pessoa, Recife, Salvador y Río) donde existe también cierto grado de palatalización de la *s* y la *z* a final de sílaba, como más tarde se verá. Por lo menos puede formularse la hipótesis de que hay algún parentesco entre estos dos fenómenos.

Volvamos, pues, a las palabras *mas*, *três* y *dez*; aquí las estadísticas son algo distintas. En las cuatro ciudades que acabo de mencionar (João Pessoa, Recife, Salvador y Río de Janeiro) notamos que aparece la yod en estas tres palabras con aun más frecuencia que en el caso de palabras como *atrás* y *luz*. Es probable que se puedan explicar estos fenómenos de la manera siguiente: en el caso de *mas* hay una confusión evidente con el vocablo *mais* ('más', en el sentido incremental). En el caso de *três* puede haber la necesidad latente de distinguir la palabra del número *treze* ('trece'). El resultado ha sido otra confusión auditiva de *três* [trejs] con la palabra *seis*, de donde provino la introducción del vocablo *meia* (es decir 'media', o sea, 'media docena') sobre todo en las llamadas telefónicas. El caso de *dez* [dɛjs] está evidentemente en armonía con [trejs] y [sejs]. Cuando se examinan los datos de Belo Horizonte y São Paulo, se encuentra una preferencia general por el diptongo en estas capitales, aunque se notó solamente un uso minoritario en Belo Horizonte en el caso de la pronunciación [dɛjs].

Las áreas de más interés en el campo consonántico son las líquidas (/l/ y /r/) y el fenómeno de la palatalización de /d/ y /t/, y de las sibilantes en ciertas posiciones. Los tests demuestran que, en seis de los centros, a saber desde João Pessoa hasta São Paulo, la /l/ final de sílaba se pronuncia invariablemente como semivocal, es decir la semivocal wau [w]: *alto*, *mal*, *Brasil*. Fue sólo en Curitiba y Porto Alegre donde se notó algún valor consonántico. En estas dos capitales la semivocal wau estaba en variación libre con la lateral velarizada [ł]: [awtu]~[ałtu] etcétera.

Las vibrantes nos presentan una perspectiva un tanto compleja. Se articula la vibrante simple como consonante alveolar; se encuentra en las posiciones posconsonántica e intervocálica (como en *Pedro* o *cara*). En cambio, en la mayoría de los casos en el portugués del Brasil, la vibrante múltiple tiene un valor velar, a veces uvular; aparece en posición inicial, intervocálica, preconsonántica o final absoluta (como en *rabo, carro, carta,* o *par*).

Sin embargo, la vibrante múltiple velar, aunque dominante, no es la única resolución brasileña. Aparte de la /r/ 'caipira' y de la supuesta /r/ 'gaucha' que voy a tratar después, existe también la cuestión de la pérdida de la consonante en posición final. Este fenómeno surge sobre todo en las tres ciudades del Nordeste. Se encuentran ejemplos ante consonante (*matá lobos*), ante vocal (*cantá alto*), y en posición final absoluta (*matá, cantá*). Ante consonante o vocal hay a menudo oclusión glotal. La pérdida de la /r/ final es más perceptible en João Pessoa, donde tiene una incidencia de un 80 por ciento. En las grabaciones realizadas en Recife hubo un nivel de pérdida de un 50 por ciento y en Salvador de un 43 por ciento. En la pronunciación culta de Río y São Paulo se notó una incidencia de sólo el 5 por ciento, lo cual sorprende un tanto. En las demás ciudades el nivel de pérdida es insignificante.

En cuanto a la /r/ 'caipira' (es decir, rústica), predomina en el interior del Estado de São Paulo, pero se encuentra también en otros estados del sur. Se trata de una vibrante múltiple retrofleja con un valor asibilado parecido al de la /r/ asibilada que se oye en ciertas regiones de la América hispanohablante. Además se plantea la cuestión de si esto se debe o no se debe a un substrato común. Se encuentra únicamente en la posición preconsonántica: *Carlos* [ka͇rlus], *matar lobos* [ma'ta͇r lobus]; y en la posición final absoluta: *matar* [ma'ta͇r]. Hay una ligera incidencia de la /r/ 'caipira' en las grabaciones de São Paulo. Se notó también el uso de la /r/ 'caipira' por parte de dos personas que entrevisté en Porto Alegre, pero sólo en variación libre con la vibrante múltiple velar. En comparación, la /r/ 'caipira' raras veces surgió en las entrevistas que hice en Curitiba.

Es difícil explicar la presencia de la /r/ 'caipira' en Porto Alegre. Esta ciudad, como capital del Estado de Río Grande do Sul, representa el habla 'gaucha'. El punto de vista tradicional es que la /r/ de Río Grande do Sul es una consonante alveolar [r] cuando se profiere con vibraciones múltiples. No obstante, en las grabaciones sólo un individuo usó la vibrante múltiple alveolar; todos los demás emplearon la /r/ velar o la /r/ 'caipira'. Todo eso parece sugerir que la consonante velar está en vías de convertirse en norma nacional.

Por fin hemos llegado a la temática de la palatalización. Voy a empezar con los fonemas /d/ y /t/ ante /i/. Este fenómeno produjo resultados notables en las grabaciones. En los datos de João Pessoa no hay un solo caso de palatalización de la /d/ ni de la /t/ en semejantes circunstancias. João Pessoa fue la única capital que ofreció tal resultado.

Antes de empezar el análisis de los datos de las restantes ciudades, conviene establecer el hecho de que hay tres modos de proferir la /d/ y la /t/ en el Brasil. Donde el fonema /i/ no entra en cuestión, la pronunciación universal, en los dos casos, es una oclusiva prealveolar (o, si se quiere, dentoalveolar). La /d/ no es nunca fricativa. Pero ante el fonema /i/ ciertos individuos retraen la lengua hasta una posición postalveolar, con cierto grado de africación [d̪], [t̪]: *dilema* [di͇lema], *tipo* [t̪ipu]. Otras personas aun producen las africadas plenamente alveopalatales [d͡ʒ] y [t͡ʃ] [d͡ʒilema], [t͡ʃipu]. En ciertos lugares existe variación libre entre las tres posiciones: prealveolar, postalveolar y alveopalatal.

En el caso de Recife resulta que en dos tercios de los casos posibles la oclusión prealveolar fue el resultado ante el fonema /i/: [dilema], [tipu]. La mitad de la gente entrevistada conserva rigurosamente este punto de articulación, en contraste con el mantenimiento total de João Pessoa.

El grado de plena palatalización ante el fonema /i/ subió a un 86 por ciento en Salvador y llegó al cien por cien tanto en Río como en Belo Horizonte. Sin embargo, en São Paulo hay una notable resistencia a la palatalización entre cierta gente. Según se dice, son los viejos quienes se resisten al fenómeno, mientras que es más común entre los jóvenes y los de mediana edad. Aun así, las grabaciones demuestran que la edad no puede aducirse como factor significativo; en efecto hubo variación libre entre las tres articulaciones por parte de toda la gente entrevistada: en el 44 por ciento de los casos en cuestión hubo plena palatalización [dʒilema], [tʃipu], un 14 por ciento fue proferido con articulación intermedia, postalveolar, y un 42 por ciento no evidenció palatalización alguna. No obstante, la ciudad de Curitiba nos ofrece un caso especial al que vamos a volver muy pronto. Sólo nos queda Porto Alegre: allí encontré la palatalización total en el 93 por ciento de los ejemplos; la mitad de los que no la palatalizaban favorecían la variedad prealveolar y la otra mitad la postalveolar.

Volvamos ahora al caso de Curitiba. Se patentizó la palatalización total en todos los casos, menos ante /e/ átona final. Para decirlo de otra manera, hubo palatalización total en palabras como *dilema* [dʒilema], *tipo* [tʃipu], *adverso* [adʒiveɾsu] y *ritmo* [ɾitʃimu], pero en general no se notó en palabras como *parede* [paredɪ]~[-e] o *instante* [ĩstẽtɪ]~[-e]. Por regla general en Curitiba, así como en otras partes del Brasil, la /e/ final átona se realiza como palatal, alta y cerrada [i]. No obstante, en Curitiba existe la circunstancia curiosa de que después de /d/ y de /t/ la /e/ final átona se pronuncia normalmente como vocal más abierta [ɪ] o [e], en variación libre. Además, la vocal final es plenamente audible, al contrario de lo que se nota con tanta frecuencia en otros lugares en la pronunciación de la /d/ y la /t/ alveopalatales: [pa'redʒ], [ĩs'tẽtʃ] *(parede, instante)*.

Finalmente tenemos la cuestión de la palatalización de las sibilantes en posición final de sílaba (incluso final de palabra ante consonante) y cuando están en posición final absoluta. Aquí nos enfrentamos a una división mucho más nítida. El fenómeno no ocurre en cuatro de las ciudades en cuestión, a saber, Belo Horizonte, São Paulo, Curitiba y Porto Alegre. Se encuentra la palatalización de las sibilantes en las posiciones indicadas en las otras cuatro capitales, aunque en grados distintos.

En João Pessoa es mínima la palatalización, aunque sí ocurre. Hallé un nivel de palatalización de sólo un 10 por ciento en posición final absoluta: *lobos* [lobus], más bien que [lobuʃ]. En realidad la mayoría de la gente entrevistada evitó por completo cualquier palatalización en posición final absoluta. Pero en posición preconsonántica apunté un nivel de palatalización de un 30 por ciento. Este fenómeno parece incidir con más frecuencia dentro de la palabra que dentro de la frase. Eso significa que noté una tendencia mayor a decir *gosto* [gɔʃtu] ('me gusta') que a decir *mais fino* [majʃ finu] ('más fino'). Repito, no obstante, que tal palatalización preconsonántica ocurre en un mero 30 por ciento de los casos posibles.

En Recife la incidencia fue mucho más alta, con un nivel de un 74 por ciento de palatalización en todas las condiciones preconsonánticas (sin ninguna distinción del tipo que acabo de mencionar), pero con solamente un 37 por ciento en posición final absoluta.

En Salvador la palatalización en todas las circunstancias preconsonánticas bajó a un 50 por ciento y, en posición final absoluta, a un 20 por ciento; en esta posición la mayoría de la gente la evitó por completo, así como en João Pessoa. No obstante, al contrario de João Pessoa, donde acabamos de notar una mayor tendencia a decir [gɔʃtu] que a decir [majʃ finu], en Salvador di con el caso contrario, es decir: hubo una tendencia mucho mayor a proferir [majʃ finu] que a proferir [gɔʃtu].

Yo había supuesto que la famosa palatalización de Río de Janeiro sería total. Pero no resultó así. Noté un nivel de palatalización de un 90 por ciento en el caso de ejemplos como [gɔʃtu] y [majʃ finu] y de un 85 por ciento en el caso de la sibilante en posición final absoluta. Casi todos los ejemplos de no palatalización fueron pronunciados por mujeres. Anteriormente ya se había notado este factor pero me niego a entrar en el debate sobre los motivos: ¡me parece aconsejable evitar eventuales acusaciones de sexismo![2]

Toda esta temática nos lleva, claro, a preguntar hasta qué punto nos será posible, partiendo sencillamente de pormenores fonéticos, establecer la ciudad de origen de un ciudadano brasileño. Los procesos de nivelación, acelerados sin duda por la televisión y por migraciones cada vez mayores entre las diversas ciudades del país, son capaces, algún día, de imposibilitar esta discriminación. Pero, por ahora, si dejamos a un lado la entonación y el acento, ¿qué podemos aislar en el nivel fonológico?

Debiera ser fácil identificar a los naturales de João Pessoa por tres características: el alto grado de uso del diptongo en palabras como

2. Véase sobre todo Callou & Marques 1975, 133.

atrás y *luz*; el hábito de evitar por completo la /d/ y la /t/ palataliza-
das; y el recurso bastante reducido a la palatalización de las sibilantes. Aun así existe la posibilidad de que tales factores se extiendan
más al norte. Los recifenses son menos fáciles de identificar. Por
ejemplo, si algún individuo no abre la /e/ y la /o/ pretónicas, será muy
difícil encontrar pruebas meramente fonéticas para distinguirle de un
natural de Salvador o incluso de Río de Janeiro, sobre todo si nuestro
recifense pertenece a aquella minoría que suele palatalizar ciertas
consonantes. Factores parecidos pueden dificultar la distinción entre
los naturales de Salvador y de Río si nos limitamos a una base puramente fonética.

Se podrá identificar a los naturales de Belo Horizonte por la no
palatalización de las sibilantes y por la limitación de la yod epentética
a las palabras *mas*, *três* y *dez*. Los de São Paulo son más capaces de
revelarse como tales mediante un alto nivel de variación libre en la
pronunciación de la /d/ y de la /t/ ante el fonema /i/. No obstante,
existe la posibilidad de que ciertos individuos no sean fácilmente dis-
tinguibles ni de los de Belo Horizonte ni de los de Porto Alegre. El
habla curitibana se distingue con facilidad gracias a la falta de palatalización de la /d/ y de la /t/ ante la /e/ final átona. En cuanto a los
naturales de Porto Alegre, he llegado a la conclusión de que sólo se
pueden identificar fácilmente si emplean la articulación alveolar de la
vibrante múltiple. Si la /l/ no fuese velar, sería difícil distinguir a los
portoalegrenses de los belohorizontinos.

Evidentemente a través de los diversos medios de comunicación
de masa y de la migración interna, habrá una progresiva nivelación
en la pronunciación del portugués del Brasil, pero por ahora existe
una situación frustrante en que por un lado no hay pronunciación
nacional culta y por otro no se puede colocar a todos los usuarios del
idioma en compartimientos estancos. Con el tiempo veremos.

BIBLIOGRAFÍA

CALLOU, DINAH MARIA ISENSEE, & MARIA HELENA DUARTE MARQUES,
1975. 'O -s implosivo na linguagem do Rio de Janeiro', *Littera*, 14, 9-137.
Ministerio de Educación, 1958. *Normas para a língua falada no teatro* (Río
de Janeiro: Ministerio de Educación y Cultura).

Almacenamiento digital y recuperación de texto e imagen: el corpus de referencia de la lengua española

FRANCISCO MARCOS MARÍN

Sociedad Estatal del V Centenario, Área de Industrias de la Lengua

0. LOS ARCHIVOS DIGITALES

Uno de los grandes atractivos de las industrias de la lengua, en lo que se refiere a productos del mercado industrial, es la posibilidad de coordinar esfuerzos dirigidos inicialmente a fines distintos, con un aprovechamiento mejor de los recursos invertidos. Así, si una empresa necesita, para realizar un producto del mercado directo, invertir en varios útiles intermedios, imprescindibles para crear ese producto, y otra, para otro producto totalmente distinto del primero, necesita crear útiles intermedios que coinciden con los de la primera, es razonable evitar la doble inversión creando el medio de que esos útiles intermedios estén a disposición de las industrias, para sus productos de mercado, en vez de que cada una realice una duplicación de esfuerzos.

Un ejemplo claro es el que constituyen precisamente los archivos digitales. Un archivo digital es un gran recipiente de textos, o de textos e imágenes, en forma y soporte electrónicos. Ese conjunto de textos puede utilizarse para hacer productos finales tan distintos como una gramática, un diccionario, un sistema de traducción por ordenador, un sistema de comprobación y evaluación de un generador de textos, un programa de corrección, no sólo ortográfica, sino gramatical y estilística, un programa de análisis estadísticos para agilizar sistemas de reconocimiento de voz o de generación de mensajes, entre otras muchas aplicaciones posibles.

El archivo digital, para ser útil, debe reunir varios requisitos, fáciles de comprender:

1) Debe estar en soporte electrónico. El soporte puede ser un disco láser, discos en un ordenador, disquetes (puede reducirse

mucho espacio compactando), cintas, discos removibles, y los que nos traiga el futuro.

2) Los usuarios pueden recuperar electrónicamente esa información, bien por conexión directa al ordenador que la almacena, bien por conexión a través de módem telefónico, por red de correo electrónico, o por servicio de distribución de cintas y discos magnéticos o láser.

3) Deben existir reglas que establezcan con claridad el modo de acceder a la información almacenada, emplearla, respetar el copyright y los derechos de autor y evitar la concurrencia ilícita de intereses en el mercado externo, es decir, el mal uso del material almacenado.

4) Los textos han de estar codificados de forma estándar, lo que supone la existencia de unas convenciones aceptadas y de unas guías de codificación y uso que reduzcan al mínimo la ambigüedad.

5) Los textos codificados han de estar clasificados según una tipología textual también perfectamente delimitada y estandarizada, para facilitar su recuperación.

6) La finalidad del archivo digital no es facilitar los textos, sino el *acceso* a los mismos, electrónicamente. Por ello deben prepararse los mecanismos de protección que eviten reproducciones fraudulentas y, una vez más, los malos usos.

7) El archivo digital debe estar depositado en una institución que se responsabilice de su gestión, que incluye el almacenamiento y el mantenimiento.

8) Un archivo digital es un servicio público, lo que no significa que tenga que ser gratuito, ni que se pueda utilizar para intereses concurrentes con los de los organismos que lo han constituido, con perjuicio comercial de éstos. Por ejemplo, si una editorial ha contribuido a la constitución del archivo y pretende utilizar los datos generales para elaborar un diccionario, ha de tener preferencia, en el uso del archivo digital, sobre otra editorial, presunto cliente, que desee usar esos datos almacenados, pero que no haya contribuido a la formación del archivo.

0.1. *Tres tipos básicos de archivos digitales*

En nuestra exposición vamos a introducir una terminología también convencional. En ella, limitaremos el término general de *archi-*

vos digitales a los que se constituyen con la intención de almacenar un corpus de *texto e imagen,* mientras que utilizaremos la palabra *corpus* para los archivos de texto sólo, sin imagen. Dentro de este segundo grupo tendremos que distinguir dos grandes grupos, el *corpus oral* y el *corpus escrito.*

Dentro de las actividades que lleva a cabo el Area de Industrias de la Lengua de la Sociedad Estatal del Quinto Centenario, estas dos líneas tienen nombre propio: *ADMYTE,* el *Archivo Digital de Manuscritos y Textos Españoles,* es un archivo digital en el sentido restringido que acabamos de proponer, mientras que el *Corpus de Referencia del Español Contemporáneo,* que incluye un corpus oral y un corpus escrito, es un ejemplo del segundo grupo de archivos, en sentido amplio.

1. DESCRIPCIÓN GENERAL DE ADMYTE

La Sociedad Estatal para la Ejecución de Programas del Quinto Centenario, en el Área de Industrias de la Lengua, y la empresa MICRONET, S.A., de amplia y reconocida experiencia en el campo del almacenamiento y recuperación de información en CD-ROM o disco láser (término que iremos introduciendo a partir de este momento), con la colaboración de las Universidades Autónoma y Complutense de Madrid (España), de California en Berkeley (EEUU), de Madison (Wisconsin, EEUU) y de Toronto (Canadá) y de distintas bibliotecas y entidades públicas y privadas, realizan conjuntamente el proyecto ADMYTE, Archivo Digital de Manuscritos y Textos Españoles.

ADMYTE, que se presenta como una colección de discos láser de tipo CD-ROM, en la versión más moderna que la técnica ofrece en este tiempo, y que puede ser utilizado por los investigadores que dispongan de un sencillo ordenador personal, tipo MS-DOS, un monitor VGA y una lectora de discos láser, se divide en dos series de desigual extensión. La primera está constituida por un solo disco, el disco 0, o disco instrumental, destinado a los investigadores con requisitos más complejos, y que incluye una base de datos, la *Bibliografía Española de Textos Antiguos,* un programa de ediciones críticas, *UNITE,* o un programa de recuperación de la información textual, *TACT,* además de un amplio conjunto de textos medievales, sin imágenes, sólo en transcripción. La segunda, de los discos 1...n, está destinada al público más amplio, que incluye, naturalmente, a los propios investigadores y tiene una estructura más sencilla: cada texto irá acompañado de su transcripción, además de la reproducción de la imagen. El programa de recuperación de información de texto e imagen de cada CD-ROM permitirá el acceso por título, por materia, por autor o por palabra contenida en el texto.

Es preciso señalar las consecuencias de un proyecto de tal envergadura. Para empezar, el estudio de la cultura española llegará a cualquier lugar del mundo, lejos de las grandes bibliotecas, por el módico precio de un disco láser. En segundo lugar, cabe recordar que la inclusión de facsímiles limitará sobremanera el uso de los originales, con el consiguiente beneficio que esto supondrá para una mejor conservación de los mismos. En tercer lugar, debe notarse que España será precursora en el uso de una tecnología que no tardarán en aplicar los estudiosos de otras lenguas y períodos históricos. Finalmente, las técnicas de tratamiento de imágenes, desarrolladas originariamente para mejorar las fotografías obtenidas desde los satélites espaciales, permitirán que el estudioso "restaure" los manuscritos de modo electrónico y que, así, podamos recuperar un enorme conjunto de textos que hoy consideramos ilegibles.

1.1. *Digitalización y tratamiento de imágenes: manuscritos e incunables*

Las técnicas que empezaron a ser desarrolladas por los técnicos de la Agencia Espacial norteamericana, la NASA, en los años setenta, comercializadas poco después, y que permiten la conversión de una imagen en un patrón digital, se aplican ya desde hace tiempo a los estudios de ciencias naturales y biológicas, y han pasado a los humanísticos. Con el crecimiento de los últimos años en las capacidades de memoria de los ordenadores y el aumento de las posibilidades de almacenar estos grandes ficheros que resultan de la digitalización, esta técnica se ha ido acercando al usuario, hasta que el disco óptico ha permitido un abaratamiento definitivo de los costos y la posibilidad de que los individuos se beneficien de ello en la investigación personal.

1.2. *Obtención de positivos fotográficos y digitalización*

El paso a imágenes digitalizadas a partir de soportes en celuloide no es novedad; se aplica ya con éxito en historia del arte y en documentación en general. El desarrollo de la técnica para esta aplicación concreta de biblioteconomía supondrá un avance notable en el servicio de bibliotecas, al conseguirse, entre otras, ventajas como la de no existir contacto físico con el documento, el cual está fuera de su ubicación habitual el tiempo más corto posible, facilitándose así la custodia adecuada de todos los originales, que, a su vez, se exponen a la luz durante un período de tiempo extremadamente corto (aproximadamente 15 segundos por página), sin cambios bruscos en la temperatura o humedad de conservación, y sin forzar la encuadernación, ya que no es preciso abrir totalmente los volúmenes. Los procesos de digitalización se realizan sobre imágenes fotográficas, lo que nos permite la obtención de las imágenes electrónicas digitales posteriormente y sin presencia de los originales. Es posible realizar exploraciones múltiples digitales y diversos procesos en páginas muy degradadas sin volver a procesar las páginas originales. Se obtiene un respaldo complementario de los documentos, ya que proporciona un archivo fotográfico en color, de gran calidad, que puede ser utilizado por la Biblioteca Nacional para otros trabajos posteriores. Incluso es posible aumentar la legibilidad de algunos documentos muy deteriorados, ya que mediante combinaciones de luz, filtros y emulsiones sensibilizadas de forma especial, se pueden obtener resultados mejores que con otras técnicas.

Después de decidir la técnica que se va a utilizar, hemos llevado a cabo un proceso de selección del material fotográfico, que nos ha hecho utilizar una película reversible de color en formato 24 x 36 mm., de grano ultrafino, y una resolución y rendimiento a los colores muy superiores a los requeridos en los procesos posteriores de digitalización. Las cámaras utilizadas son capaces de garantizar la exposición correcta de cada página de forma automática, mediante un sistema de medición de luz a través del objetivo capaz de evaluar diferentes zonas del encuadre seleccionado. El arrastre de la película es automático y se puede realizar un enfoque automático de cada página antes de cada toma.

Se ha diseñado un proceso de clasificación de originales (una vez reveladas las diapositivas y comprobada su calidad) para poder realizar seguidamente los procesos de digitalización.

La digitalización de las imágenes fotográficas de las páginas de los libros constituye el puente entre los procesos fotográficos e informáticos utilizados en el proyecto ADMYTE.

Para realizar correctamente el paso de digitalización se ha recurrido a digitalizadores o "scanners" de diapositivas de alta calidad, de muy elevada resolución (4.096 puntos por pulgada, 3.850 x 5.800 puntos en cada diapositiva) y capaces de diferenciar 16.777.216 colores (24 bit por punto, 8 por cada color RGB).

Suponiendo que la imagen que se va a digitalizar ocupara toda la superficie de la diapositiva y trabajando a la mitad de la resolución máxima del digitalizador, obtendríamos una imagen de 1.925 x 2.900 puntos, con 3 octetos o bytes (24 bit) por punto, lo que supone ocupar 16,75 Mb. de información por cada página. Aunque los requerimientos finales del proyecto no incluían imágenes de tan elevada resolución, ha parecido conveniente almacenar las imágenes originales con esta calidad por varias razones:

(1) Permite realizar procesos de corrección de color y reducción de la imagen sin pérdidas apreciables de calidad.

(2) Proporciona un almacenamiento inalterable en disco óptico que permite la realización posterior de otros proyectos y trabajos de investigación.

(3) Hace posible crear una base de datos con imágenes de alta definición en la Biblioteca Nacional sin volver a 'tocar' los textos originales.

Para realizar el almacenamiento de estas imágenes ha sido necesario desarrollar nuevos algoritmos de compresión de imágenes en color, basados en procesos matemáticos que utilizan la transformada rápida de Fourier. Estos sistemas especiales de compresión, sin pérdida de calidad, han permitido reducir la ocupación de cada imagen en color a sólo 800.000 octetos. Los procesos de compresión son imprescindibles para construir un archivo manejable en disco óptico WORM, ya que de esta forma podemos almacenar 1.100 imágenes en cada disco de 940 Mb., junto con la información necesaria para su localización y datos relativos a la diapositiva original.

1.3. *Procesos de tratamiento de imágenes: color y B/N*

La mayor parte de las imágenes que se incluirán en los discos compactos (CD-ROM) serán en blanco y negro, por lo que podemos realizar procesos especiales de tratamiento encaminados a aumentar su legibilidad. La digitalización en color nos permite modificar determinados tonos, realizar procesos digitales de filtrado, etc., previos a la reducción de las imágenes a blanco y negro.

El estado de los distintos documentos hace que aproximadamente el 95 por ciento de los mismos se pueda tratar completamente con procesos globales, que afectan a todo el documento, mediante programas preparados especialmente para este fin. El cinco por ciento restante debe tratarse con procesos electrónicos manuales y, a veces seleccionando únicamente la zona afectada del documento, con un tiempo de ocupación de personal muy calificado elevadísimo.

Los procesos de tratamiento de imágenes incluyen sistemas estadísticos de reducción de colores a su valor medio, de control zonal de tonos, de sustitución de colores y puntos, de realce de contornos y contrastes, etc., con los que se obtienen resultados espectaculares al aclarar los fondos y oscurecer las tintas.

Los procesos de las imágenes concluyen con su paso a blanco y negro y su reducción al equivalente a 150 puntos por pulgada (lo que permite obtener una copia impresa de calidad). Durante este proceso es necesario realizar una conversión de los colores según unas ciertas normas, imprescindibles para mantener la legibilidad en los textos no escritos con tintas negras (rojo, azul, etc.) y en las ilustraciones.

Durante las comprobaciones que se llevan a cabo con los ficheros resultantes se realizan copias en papel mediante impresora de tecnología LASER. Una vez corroborada su calidad, se procede a su compresión según normas CCITT Grupo IV y su almacenado, con una ocupación media de 39 Kb.

En algunas páginas existen ilustraciones en color o iluminaciones con distinto grado de detalle. La reproducción adecuada de estas páginas requiere tratamientos especiales, puesto que se han de incluir en los discos CD-ROM conservando el color original. En la mayor parte de los casos únicamente se trabaja con la zona que contiene la ilustración (de forma ampliada), con lo que se aumenta la posibilidad de apreciar fácilmente cada detalle.

Se han creado para el tratamiento de estas imágenes en color programas especiales que permiten realizar los procesos de corrección de forma interactiva, es decir, viendo directamente en la pantalla los resultados obtenidos con las modificaciones.

1.4. *Transcripción de los textos*

La transcripción de los textos se realiza solamente en caso de imposibilidad de utilizar una transcripción existente, ya sea por no corresponder a la misma edición de la obra o bien por no poder obtener los permisos necesarios para su uso.

Realiza la transcripción un equipo de especialistas que utiliza herramientas informáticas adecuadas, las cuales permiten generar las grafías especiales necesarias para poder realizar una transcripción paleográfica correcta.

En esta fase del proyecto se utiliza la impresora láser para obtener copias de los documentos que se han procesado siguiendo los pasos anteriores y que sirven además para realizar en el texto las indicaciones que se utilizarán más adelante, en el producto resultante del proyecto, para marcar el comienzo y fin de cada página.

La transcripción de los textos se beneficia, además de la cooperación de todos los investigadores que deseen ceder sus transcripciones en forma electrónica, de la posibilidad de leer ópticamente textos editados y textos mecanografiados. Con ello reducimos notablemente la necesidad de teclear los textos para la introducción de los datos en forma electrónica y mejora sensiblemente la calidad de los textos ASCII incluidos en los discos, por la corrección de las ediciones o transcripciones mecánicas leídas electrónicamente. Es innegable que la calidad del texto transcrito es un requisito esencial en ADMYTE.

2. EL CORPUS DE REFERENCIA: PRESENTACIÓN

Un producto típico para el mercado industrial es un corpus de referencia, que se ofrece en un estadio anterior a la entrada en el mercado directo o, lo que es equivalente, que no se vende como producto acabado. Un corpus de referencia es, básicamente, una colección ordenada de textos codificados electrónicamente, una base de datos o archivo textual, que se integra en un sistema de almacenamiento y recuperación de la información, una gran base de datos textual o, lo que es equivalente, un conjunto de bases de datos textuales unidas en un sistema de estructuración de datos, textos, referencias y utensilios informáticos para su tratamiento, bien en línea, en conexión directa a un ordenador, bien telemáticamente (por ejemplo, en conexión a través de una línea telefónica con un modulador de emisión, un módem). Los textos se archivan fundamentalmente para que constituyan un gran depósito ordenado que sirva para satisfacer necesidades de información en la realización de proyectos, de grandes proyectos, habitualmente, como diccionarios o enciclopedias, sistemas de traducción por ordenador, de consulta de bases de datos en lengua natural, de generación automática de mensajes o instrucciones de emergencia, por ejemplo.

Al inicio de las jornadas europeas sobre corpus textuales y lexicográficos celebradas en Málaga en febrero de 1990, con el patrocinio de la Comisión de las Comunidades Europeas, se precisó que el fin último de los corpus es el tratamiento industrial de la lengua natural. Los participantes, todos ellos técnicos calificados de los gobiernos, las instituciones educativas o las empresas, señalaron en repetidas ocasiones que uno de los problemas más graves que se presentan para realizar proyectos de desarrollo en el campo de las aplicaciones relacionadas con la lengua natural es la limitación o ausencia de instrumentos resultado de una investigación previa en los que apoyarse. Estos instrumentos son tres: gramáticas adecuadas para el tratamiento informático, diccionarios electrónicos y corpus de referencia. El tercero es el más voluminoso y, en cierto sentido, prioritario, puesto que una gramática y un diccionario serán tanto mejores cuanto mejor y mayor sea el corpus sobre el que se apoyen, del que extraigan los datos del uso y que, en último término, les sirva de referencia.

El desarrollo del corpus lingüístico de referencia del español es imprescindible y urgente. Tiene, además, una doble exigencia, debe ser un corpus coordinado y debe incluir el español de América además del peninsular e insular de España.

2.1. *Fines del corpus*

Se trata de crear la infraestructura que coordine el componente español de una base de conocimientos lexicológicos multilingüe que aborde tanto las lenguas naturales como la gramática del habla. Por eso autores como Bernard Quemada prefieren hablar de bases lexicológicas y no de bases textuales. Un corpus lingüístico de referencia satisface en primer lugar necesidades industriales, de información y enseñanza y, finalmente, de tipo cultural en sentido general. En todo caso, son fines del corpus:

(1) Servir de base en el tratamiento automático de la lengua; ayudar a los sistemas informáticos de tratamiento de la lengua

natural: comunicación entre hombre y máquina, traducción mecánica y traducción asistida por ordenador.

(2) Interactuar con ordenadores mediante interfaces y contribuir a la presencia de la lengua natural en la ordenación de la información para y desde las máquinas.

(3) Generar información en lengua natural imprescindible para la construcción de gramáticas y diccionarios.

(4) Ayudar a la comprensión de la lengua y a la traducción.

(5) Poder ser utilizado en proyectos basados en la estadística lingüística, que son los que hoy funcionan.

(6) Proporcionar información que permita el incremento en la precisión de reconocimientos de los *scanners* ópticos.

(7) Mejorar los utensilios informáticos para edición y fotocomposición, como auxiliar en procesos de composición periodística, por ejemplo.

(8) Recoger el uso de la lengua y desarrollar aplicaciones para la enseñanza de lenguas maternas y segundas.

(9) Ayudar a los disminuidos físicos, al permitir medir el grado de incapacidad y resolver dificultades de comunicación. Este punto incluye la Foniatría y la Logopedia; pero no se limita a ellas.

(10) Facilitar el reconocimiento y tratamiento del habla: generación, síntesis, interfaces texto-habla.

2.2. *Características*

Dentro de los proyectos que se desarrollan con el apoyo de la Sociedad Estatal, cabe una puntualización de partida. En este proyecto nos referimos exclusivamente al corpus lingüístico de referencia del español contemporáneo, que debe ser sincrónico y de la lengua actual. Hablamos por tanto de un corpus sincrónico y moderno, en principio posterior a 1950.

Esto significa que tenemos que desarrollar las características del proyecto en dos líneas: (1) estrategias técnicas; (2) exigencias del entorno social.

En el primer grupo tendremos que considerar estos requisitos:

(1) Estructura triple: macrocorpus, mesocorpus y corpus específicos por registros. El macrocorpus es la estructura general, que permite tratar cualquier texto de modo idéntico a los

otros. El mesocorpus es una estructura intermedia que permite disponer de información confluyente de varios registros y el corpus es una estructura específica que recoge sólo datos procedentes de sectores bien determinados: de la conversación, de la química, de la comunicación por satélites, de las redes eléctricas, etc.

(2) El soporte lógico de los textos debe ser estándar; o bien debe seguir las propuestas de la *Text Encoding Initiative*, que gozan del apoyo de la Comisión de las Comunidades Europeas, incluso económicamente, o bien deben poderse traducir a estas normas de modo exclusivamente lógico, es decir, por *software*.

(3) Los datos del corpus deben ser reutilizables. Por ello son esenciales los puntos anteriores. Los inconvenientes de los trabajos anteriores de las empresas de ingeniería lingüística derivan de haberse tratado de construcciones *ad hoc*.

(4) Los datos deben ser accesibles, gratuitos para fines pre-competitivos, regulados para fines industriales, como veremos en la sección segunda.

(5) El corpus debe ser un corpus abierto, su estructura informática ha de permitir la incorporación de nuevos componentes.

Lo anterior nos lleva directamente a las exigencias del entorno social, que podemos apuntar provisionalmente, puesto que una de las finalidades del proyecto es estudiar con detalle las implicaciones del corpus lingüístico como estructura:

(1) Al tratarse de textos modernos se plantea el problema de los derechos de autor y su protección. El corpus no podrá utilizarse con fines de reproducción de las obras contenidas, salvo que esta autorización sea explícita y en las condiciones que se determinen.

(2) Es preciso estudiar y normalizar la legislación sobre el *copyright* para adaptarla al nuevo entorno de la ingeniería lingüística.

(3) Igualmente es preciso tener en cuenta la legislación comunitaria y de los estados hispanoamericanos sobre el valor añadido.

(4) Se deben establecer fórmulas de acceso a los datos.

(5) La utilización industrial de los recursos del corpus lingüístico es una de las causas de su creación; en consecuencia, las necesidades de los usuarios del corpus deben estudiarse con deta-

lle para resolver los problemas planteados por la colaboración en la construcción del corpus y la utilización de los datos por empresas diferentes.

Por ello entendemos que es esencial considerar la creación del corpus como un servicio público, puesto que beneficia a la comunidad y que, como corpus lexicográfico, debe estar a la libre disposición de los usuarios, aunque deba vigilarse que, para el uso industrial se establezcan y paguen los cánones pertinentes, cuya fijación debe ser objeto de discusión entre los participantes y asociados, hasta lograr un acuerdo consensuado, y no dejarse al arbitrio de los más fuertes. El proyecto que ponemos en marcha atenderá con detalle estos problemas y hará las propuestas basadas en derecho que sean pertinentes.

2.3. *Dimensiones y tipos*

El corpus de referencia del español contemporáneo se plantea un trabajo de colaboración entre instituciones de España y América, durante cuatro años, para llegar a construir tres tipos de corpus:

(1) Corpus oral: de sonidos, fonético, para trabajos específicos de generación y reconocimiento del habla. Sin transliteración.

(2) Corpus de lengua hablada: transliteración de textos grabados del registro oral.

(3) Corpus de lengua escrita: textos pertenecientes a todas las modalidades de la lengua escrita, incluyendo la comercial, publicitaria, escolar y literaria.

En el apartado destinado al *calendario sintético del proyecto* señalamos unas cifras indicativas, realistas. La dimensión mínima del corpus escrito no debe ser inferior a veinte millones de palabras. Una cifra realmente aceptable estaría en torno a los cincuenta millones. Si pretendemos que el corpus refleje realmente las distintas variedades del español, del Mediterráneo al Pacífico, es necesario pensar en un corpus de cien millones de palabras.

Se ha discutido mucho sobre los porcentajes de tipos textuales que deben aparecer en un corpus y sobre la misma tipología textual. Cuando, como en el caso del español, se parte de cero, parece mucho más realista empezar por tener que empezar por discutir. Por ello nos hemos fijado unas bandas de actuación, que dan unos porcentajes de frecuencias de este tenor:

frecuencias	*tipo textual*
10-15 %	Científicos
8-12 %	Comerciales
15-20 %	Escolares
5-6 %	Humanísticos
5-6 %	Jurídicos
5-10 %	Literarios
20-25 %	Periodísticos en general
5-6 %	Publicitarios
10-15 %	Técnicos

En lo que se refiere al corpus oral, las bandas de frecuencias podrían ordenarse de este modo:

frecuencias		*tipo textual*
2-5 %		Científicos
15-20 %		Conversacionales
5-6 %		Educativos
2-6 %		Humanísticos
5-6 %		Instrucciones (megafonía)
4-6 %		Jurídicos
4-5 %		Literarios
5-10 %		Lúdicos (concursos, etc.)
4-6 %		Parlamentarios
25-30 %		Periodísticos:
	10 %	Deportes
	5 %	Documentales
	5 %	Entrevistas
	5 %	Noticiarios
	5 %	Reportajes
5-6 %		Publicitarios
10-15 %		Técnicos

2.4. *Calendario sintético del proyecto*

El corpus se integra en un proyecto amplio, encargado por la CEE y apoyado por diversos organismos, como la Sociedad Estatal del Quinto Centenario y la Agencia Española de Cooperación Internacional (AECI). Aunque es difícil establecer los objetivos máximos, que dependerán, obviamente, de la cuantía de las subvenciones otorgadas, puede esbozarse un objetivo mínimo, en esta escala temporal, en millones de palabras.

		I-92	I-93	I-94	I-95	*Total*
España	Oral	2,5	1	1	0,5	5
	Escrito	3	3	3	3	12
Argentina	Oral	—	—	2	2	4
	Escrito	2	2	2	2	8
Chile	Oral	—	—	2	2	4
	Escrito	2	2	2	2	8
TOTAL		9,5	8	12	11,5	41

Para el primero de enero de 1993 se habría cumplido un objetivo de más de quince millones en el conjunto oral y escrito, que puede fácilmente elevarse, si la participación americana no es tan reducida como se ha supuesto en el cuadro. En cualquier caso, la estimación pone de relieve la factibilidad del proyecto.

2.5. *Mantenimiento y gestión del corpus*

La gestión y mantenimiento del corpus deben confiarse a un organismo no competitivo, preferentemente universitario, cuya misión no sea la realización de los proyectos, sino la distribución de los mismos, su coordinación y la puesta de los resultados a disposición de los investigadores, libremente, y de las empresas en las condiciones económicas que se determinen.

Este dispositivo, que puede estar representado por diversos centros físicos, en localidades diferentes, según las posibilidades de prestar el servicio y la conveniencia de su distribución, será un laboratorio de lingüística e informática.

2.6. *Participación, asociación y uso*

La justificación del corpus de referencia es su necesidad para el desarrollo de una serie de procesos que conducen a productos concretos de industria de la lengua. Por ello resulta evidente que este proyecto sólo tiene sentido mediante una amplia participación

de los interesados, que ha de recoger los varios aspectos envuel-
tos y, en consecuencia, ha de permitir tres tipos de relación con el
corpus:

(1) Llamamos *participantes* a los organismos, instituciones y empresas que colaboren en el proyecto realizando tareas específicas del mismo, es decir, asesoría (lingüística, informática o
jurídica) o recopilación de datos textuales.

(2) *Asociados* serán quienes colaboren económicamente, bien en
dinero, bien en equipo.

(3) Llamamos *usuarios* a quienes utilicen el corpus para sus propios trabajos, investigaciones o productos.

Los tres grupos, como se ve, no son mutuamente excluyentes.
Una empresa puede ser participante, asociada y usuario; por ejemplo, si nos facilita los textos en soporte informático que posea (participación), regala una impresora, un ordenador o un módem (asociación) y se conecta para recoger textos o para realizar trabajos en el
propio ordenador donde esté instalado el corpus (usuario).

Todas las personas, físicas o jurídicas, relacionadas con el corpus
han de estar de acuerdo en el carácter preindustrial y precompetitivo
del mismo. Aunque las condiciones de uso se fijarán cuando esté
constituido el comité representativo de los participantes, el requisito
previo de que 'la información contenida en el corpus es accesible para
todos los participantes' es de rigor. En cuanto a los asociados, su
contribución se considerará como equivalente al total o a una parte
de la cuota de usuario.

Uno de los aspectos que se estudia cuidadosamente es si puede
reservarse algún tipo de información para algún participante durante
un cierto tiempo. Esta práctica es respetada en organismos de investigación, para evitar que alguien pueda beneficiarse indebidamente de
un trabajo en curso y sus resultados parciales. Por ello parece razonable exigir a los usuarios información detallada sobre el uso del corpus.

La adecuada explotación de la información reunida a partir de los
grupos de trabajo, mediante el cobro de los cánones habituales por
estos servicios, permitirá al corpus ser autosuficiente y garantiza el
mantenimiento autónomo de sus datos y su actualización, una vez
cumplidos estos primeros objetivos.

BIBLIOGRAFÍA

AARTS, J., & T. VAN DEN HEUVEL, 1985. 'Computational Tools for the Syntactic Analysis of Corpora', *Linguistics*, 23, 303-35.

AARTS, J., & WILLEM MEIJS, ed., 1986. *Corpus Linguistics II. Recent Advances in the Use of Computer Corpora in English Language Research* (Amsterdam: Rodopi).

ALLWOOD, J., J. NIVRE & E. AHLSEN, 1990. 'Speech Management: On the Nonwritten Life of Speech', *Nordic Journal of Linguistics*, 13, 3-48.

BEALE, ANDREW DAVID, 1985. 'Grammatical Analysis by Computer of the Lancaster-Oslo/Bergen (LOB) Corpus of British English Texts', en *Proceedings of the 23rd Annual Meeting of the Association for Computational Linguistics* (Chicago: Chicago Univ. Press).

BIBER, DOUGLAS, 1989. 'A Typology of English Texts', *Linguistics*, 27, 3-43.

BLECUA, ALBERTO, 1983. *Manual de crítica textual* (Madrid: Castalia).

BOGURAEV, B., & TED BRISCOE, ed., 1989. *Computational Lexicography for Natural Language Processing* (Londres: Longman).

BOX, G., & G. TIAO, 1973. *Bayesian Inference in Statistical Analysis* (Reading, MA: Addison-Wesley).

CABANISS, MARGARET S., 1970. 'Using a Computer for Text Collation', *Computer Studies in the Humanities and Verbal Behaviour*, 3, 1-33.

CANNON, ROBERT L., Jr., 1976. 'OP-COL: An Optimal Text Collation Algorithm', *Computers and the Humanities*, 10, 33-40.

CASE: Computer Assistance to Scholarly Editing: A User's Guide, 1983. (Mississippi State University).

DEARING, VINTON A., 1984. *Some Microcomputer Programs for Textual Criticism and Editing, Machina Analytica: Occasional Papers on Computer-Assisted Scholarship*, No. 1 (Los Angeles: William Andrews Clark Memorial Library).

DEROSE, STEVEN J., 1988. 'Grammatical Category Disambiguation by Statistical Optimization', *Computational Linguistics*, 14, 1, 31-39.

FAULHABER, CHARLES B., et al., 1984. *Bibliography of Old Spanish Texts (Literary Texts, Edition-3)* (Madison: Hispanic Seminary of Medieval Studies).

FAULHABER, CHARLES B., & FRANCISCO MARCOS MARÍN, 1990. 'ADMYTE: Archivo Digital de Manuscritos y Textos Españoles', *La Corónica*, 18, núm. 2 (primavera), 131-45.

FRANCIS, W. NELSON, & HENRY KUCERA, 1979. *Manual of Information to Accompany a Standard Corpus of Present-Day Edited American English, for Use with Digital Computers*, 2.ª ed. (Providence, RI: Department of Linguistics, Brown University).

—, 1982 *Frequency Analysis of English Usage: Lexicon and Grammar* (Boston, MA: Houghton-Mifflin).

FROGER, DOM JACQUES, 1968. *La Critique des textes et son automatisation* (París: Dunod).

GARSIDE, ROGER, GEOFFREY LEECH & GEOFFREY SAMPSON, ed., 1987. *The Computational Analysis of English: A Corpus-based Approach* (Londres: Longman).

GREENIA, GEORGE D., 1989. 'The *Libro de Alexandre* and the Computerized Editing of Texts', *La Corónica,* 17, núm. 2 (primavera), 55-67.

JOHANSSON, STIG, 1986. *The Tagged LOB Corpus: User's Manual* (Bergen: Norwegian Computing Centre for the Humanities).

KNOWLES, G., & L. TAYLOR, 1988. *Manual of Information to Accompany the Lancaster Spoken English Corpus* (Lancaster: Unit for Computer Research on the English Language, Univ. of Lancaster).

LANCASHIRE, IAN, & WILLARD MCCARTY, 1988. *The Humanities Computing Yearbook* (Oxford: Clarendon Press).

LEECH, GEOFFREY, ROGER GARSIDE & ERIK ATWELL, 1983. 'The Automatic Grammatical Tagging of the LOB Corpus', *ICAME News,* 7, 13-33.

LIFE, 1987. *Language Industry,* mimeografiado, documento de la Comisión de las Comunidades Europeas, CETIL/169-EN/87.

MACKENZIE, DAVID, 1984. *A Manual of Manuscript Transcription for the Dictionary of the Old Spanish Language,* 3ª ed., con trad. española de José Luis Moure (Madison: Hispanic Seminary of Medieval Studies).

MARCOS-MARÍN, FRANCISCO, 1985. 'Computer-Assisted Philology: Towards a Unified Edition of OSp. *Libro de Alexandre',* en *Proceedings of the E[uropean] L[anguage] S[ervices] Conference on Natural-Language Applications, section 16* (Copenhague: IBM Denmark).

—, 1986a. 'Metodología informática para la edición de textos', *Incipit,* 6, 185-97.

—, 1986b. 'UNITE: conjunto de programas para el tratamiento filológico de textos en verso', *Procesamiento del Lenguaje Natural [Sociedad Española para el Procesamiento del Lenguaje Natural]* 4, 43-55.

—, 1987a. *Libro de Alexandre: estudio y edición* (Madrid: Alianza).

—, 1987b. 'El *Libro de Alexandre:* edición unificada por ordenador', *LEA,* 9, 1987, 347-70.

—, 1988a. 'Recuperación de información lingüística y tratamiento crítico de textos', en *Actas, Simposio Internacional de Educación e Informática,* Madrid, 15 al 18 de junio 1987 (Madrid: Instituto de Ciencias de la Educación, Universidad Autónoma de Madrid), pp. 187-96.

—, 1988b. 'El *Libro de Alexandre:* notas a partir de la primera edición unificada por ordenador', en *Actas del I Congreso Internacional de Historia de la Lengua Española* (Madrid: Arco), pp. 1025-64.

— & PILAR SALAMANCA FERNÁNDEZ, 1987. 'Programas informáticos para la crítica textual', *Telos,* 11, 105-11.

—— & Jesús Sánchez Lobato, 1988. *Lingüística aplicada* (Madrid: Síntesis).

Meijs, Willem, ed., 1987. *Corpus Linguistics and Beyond: Proceedings of the Seventh International Conference on English Language Research on Computerized Corpora* (Amsterdam: Rodopi).

Oakman, Robert L., 1984. *Computer Methods for Literary Research*, 2ª ed. (Athens, GA: Univ. of Georgia).

Salamanca Fernández, Pilar, 1987. 'Crítica textual e informática: los programas UNITE', *FUNDESCO: Boletín de la Fundación para el Desarrollo de las Comunicaciones*, 73, 8-10.

Shillingsburg, Peter L., 1986. *Scholarly Editing in the Computer Age* (Athens, GA: Univ. of Georgia).

Sinclair, J., P. Hanks, G. Foz, R. Moon, P. Stock, et al., 1987. *Collins Cobuild English Language Dictionary* (Londres: Collins).

Sperberg-McQueen, C. Michael, & Lou Burnard, ed., 1990. *Guidelines for the Encoding and Interchange of Machine-Readable Texts*, Draft version 1.0 (Chicago: Association for Computers and the Humanities/Association for Computational Linguistics; Oxford: Association for Literary and Linguistic Computing).

Svartvik, Jan, ed., 1990. *The London-Lund Corpus of Spoken English: Description and Research*, Lund Studies in English, 82 (Lund: Univ.).

Timpanaro, Sebastiano, 1981. *La genesi del metodo del Lachmann*, 2ª ed. (Padua: Liviana).

Uthemann, Karl-Heinz, 1988. 'Ordinateur et stemmatologie: une constellation contaminée dans une tradition grecque', en *Spatial and Temporal Distributions, Manuscript Constellations: Studies in Language Variation offered to Anthonij Dees on the Occasion of his 60th Birthday* (Amsterdam: Benjamins), pp. 265-77.

Wells, J.C., 1987. 'Computer-coded Phonetic Transcription', *Journal of the International Phonetic Association*, 17, 94-114.

——, 1989. 'Computer-coded Phonemic Notation of Individual Languages of the European Community', *Journal of the International Phonetic Association*, 19, 31-54.

312

Inestabilidad en el vocalismo átono del habla de Gistaín (Pirineo Aragonés)

BRIAN MOTT

Universitat de Barcelona

1. INTRODUCCIÓN

La inestabilidad de las vocales átonas es un rasgo de cualquier habla hispana que no sea la estándar. Lapesa (1981, 466) dice: 'En la fonética vulgar perviven las antiguas indecisiones respecto al timbre de las vocales inacentuadas *(sigún, tiniente, ceviles, sepoltura, josticia, menumento)*, al margen de la fijación operada desde fines del período clásico'. Además, si abrimos prácticamente cualquier tratado monográfico sobre una variedad lingüística hispana, encontraremos ejemplos de esta vacilación. Guillén (1974, 45), por ejemplo, cita casos tales como *trebajo* y *ahcuchar* para Orihuela; por su parte, Alvar (1956-57, 11) cita *lagaña* para Salvatierra, *chiminea* para Sigüés, y en *El habla del Campo de Jaca* (1948, 60) hace referencia al 'carácter incoloro' de la vocal átona *e*, que 'se abre en *a* o se cierra en *i* sin razones que obliguen: *astevan, flixible, pilota*'. En su trabajo sobre Moyuela, Ena (1976, 97) nos ofrece ejemplos del cierre de las vocales medias: *siguir, dicir, midir, vistir, riñir, hirvir, rudilla, rusario*, etc.

Uno de los pioneros de la dialectología aragonesa, Umphrey (1911, 12-13), también se fijó en la imprecisión del vocalismo átono aragonés, de tal manera que nos habla de este fenómeno como característica diferenciadora de los dialectos de Aragón respecto del castellano, aunque sin darse plena cuenta de la extensión del fenómeno: 'Except for the final *-e* (que a veces se pierde) the treatment of unaccented vowels has been almost the same in Aragonese as in Castilian. It may be said, however, that there seems to be a stronger tendency in Aragonese towards confusion of unstressed vowels (and towards disappearance of final, and less frequently, initial vowels)'. Dicho autor hace alusión a la fluctuación en el uso de las vocales átonas [a] y [e], [e] y [i], [o] y [u], y es precisamente esta vacilación la que trataré en los siguientes apartados que versarán sobre las características del vocalismo átono del chistavino (el habla de Gistaín o Chistén, el nombre dialectal de la localidad).

Naturalmente, en las hablas de las gentes menos cultas, y por tanto menos influidas por los preceptos de la lengua estándar, hegemónica, y de la disciplina escolar, se da a menudo rienda suelta a la articulación. Operan unas leyes fonéticas para producir cambios que caen fuera del dominio de la descripción fonológica. A mayor velocidad, menor control consciente del hecho lingüístico; rige la ley del mínimo esfuerzo, cuyas consecuencias son una marcada lenición consonántica y una mayor variabilidad vocálica en posición inacentuada. Actúan libremente la asimilación y disimilación, y las vocales pueden verse influidas por consonantes labiales contiguas o por la existencia de una [r] o una [r̄] adyacente. Sin embargo, por el gran número de voces en que he presenciado una vacilación entre [a] y [e], [e] y [i], [o] y [u] en el habla de Gistaín, no creo que sea necesario recurrir a explicaciones basadas en la acomodación a vocales y consonantes circundantes, ni en la posible confusión de prefijos *(an-/en-, as-/es-)*, ni siquiera en la analogía, aunque dichos fenómenos pueden haber influido simultáneamente.[1] En realidad, el sistema de vocales átonas del chistavino consta de sólo tres archifonemas, /A/ /I/ /U/, como en algunas modalidades del bable (Martínez Álvarez 1967, 27). De todas maneras, en la enumeración de los ejemplos que a continuación se verán, señalaré, cuando sea oportuno, los casos en que los susodichos fenómenos fonéticos de tipo inductivo pudieron coadyuvar.

2. Vacilación entre [a] y [e] átonas

La alternancia entre las vocales [a] y [e] se produce con frecuencia en los prefijos *an-/en-, as-/es-: antra(d)a/entra(d)a* 'entrada', *anca(r)a/ enca(r)a* 'todavía', *ansera/ensera* 'asa', *astorrocar/estorrocar* 'romper la tierra', *astral/estral* 'hacha', *aspacié/espacié* 'despacio'.[2] También se encuentra algún caso de alternancia de *tras-* y *tres-: tras-*

---

1. Este es un punto polémico. Para algunos lingüistas, un hecho lingüístico requiere una sola explicación; por tanto, no es aceptable la idea de múltiples influencias.
2. Para otros ejemplos de esta misma vacilación, véase Kuhn 1935, 110.

plantar/tresplantar 'trasplantar', *tresmallo,* junto al castellano *trasmallo* 'red de pescar'.[3] No obstante, en los verbos que terminan en *-iar* (véase apartado sobre [e] y [i] átonas) el prefijo *es-* no parece sustituirse por *as-.*

Aunque parezca que la fonosintaxis podría ser muchas veces el determinante del timbre de la vocal inicial de una palabra, no es necesariamente así, ya que encontramos *ya no s'estila* 'ya no se usa', al lado de *no m'antendían* 'no me entendían', y *l'Escorriata* 'la Escorriata'. Además, a pesar de los muchos casos del tipo *La pasteta chicota l'ascana* 'La pasta pequeña la atraganta', si aceptamos la previa existencia de una forma *ascanar* junto a la forma *escanar,* ya no hace falta hablar de fonosintaxis. Casos parecidos son *l'ancienden* 'la encienden', y *a amponzoñar* 'a ensuciar'. Parece, pues, que la vocal final de la palabra precedente no influye forzosamente en la vocal siguiente, excepto en el caso de los pronombres objeto *le* y *la* en expresiones del tipo *no l'encarrañes* 'no le enfades', *no l'ancarrañes* 'no la enfades', en las que es importante desambiguar.[4] De todas maneras, habría que ver si tal distinción se mantiene a rajatabla. Otro tanto se puede decir de las formas *parola* 'labia', y *perola* 'cazuela', que, por lo general, parecen distinguirse, aunque la diferenciación de dichas formas sea tal vez sólo un recurso en caso de necesidad, como la posibilidad de distinguir en inglés entre *guerrilla* y *gorilla,* o entre *veracity* y *voracity,* si el contexto lo requiere.

El frecuente uso de *Alvira* antes que *Elvira* se debe quizá a la existencia de la fonda denominada *casa Alvira* en Gistaín y, por tanto, la colocación de este nombre tras la forma *casa.* Con todo, se nota una predilección por la vocal [a], frente a [e], en posición inicial en el chistavino, de modo que puede que sea posible una explicación basada en el hecho de la mayor sonoridad de la vocal abierta. Esta mayor sonoridad constituiría una especie de reforzamiento, parecido al de la [r] inicial en la historia del castellano (Lloyd 1987, 244-47).

Formas explicables por asimilación son *atesarar/ateserar* 'arreglar, preparar', *calandario/calendario* 'calendario', *trapaletón/trapeletón* 'manta que se coloca en la caballería', *ravantar* 'reventar', *latacín* 'hierba parecida a la *chicoina,* diente de león' (Bielsa, *letacín,*

---

3. Para más ejemplos, véase Andolz 1977, 278 *(tresmontana, tresnochar,* etc.).

4. Compárese el caso del catalán occidental (Cardós y Vall Ferrera), en que siempre predomina una [a] sobre una [e] que le sigue (Coromines 1976, 54: 'una forma com *l'escala* no l'he sentida mai').

Conca de Tremp, *lletaïm* (Coll 1991, 53), catalán *lletsó*). El caso de *lagaña* quizá suponga supervivencia de la forma más antigua y extendida.

Un caso especialmente interesante es la forma [pesáda], recogida cuando una niña de Gistaín leía en voz alta unos apuntes míos, entre los cuales figuraba la forma escrita *pasada*. Aquí, sobre todo, quizá tengamos evidencia de la libre variación existente entre las vocales átonas [a] y [e] en muchos entornos fonéticos.

La aparición de la vocal [e] en la sílaba tónica de *Barbera*, forma recogida en el topónimo *las torres de Santa Barbera*, seguramente se debe a una dislocación acentual: *Bárbara/Bárbera > Barbéra.*

En los siguientes casos se aprecia el influjo de [r] o [r̄] como factor determinante de la aparición de [a] antes que [e], aunque, como se verá a través de los ejemplos, esta vocal también se da en el mismo contexto: *sarrar* 'serrar', *zarrar* 'cerrar', *tarnasco(a)* 'oveja que nace en junio', *tarrampeu* 'tierra pobre', *par/per* 'por', *zarc(i)ello/cerciello* 'molde para el queso', *jarbón/jerbón* 'jergón, colchón de paja', *esmarlacar/esbe(r) lecar* 'balar', *estarnudar/esternudar* 'estornudar', *farranchón/ferranchón* 'trasto viejo, hecho de hierro'. En *rebadán* 'rabadán', y *retico* 'ratico', la [r̄] tampoco parece impedir que la vocal se cierre.

La morfología verbal sí frena la fluctuación vocálica, de modo que *come*, indicativo, no se confunde nunca con *coma*, subjuntivo; asimismo, *habla* y *hable* se diferencian siempre. En el imperfecto de indicativo, se distinguen las primera y tercera personas; así, *yo tenebe* 'yo tenía', *él teneba* 'él tenía'; *aduyaben* 'ayudábamos', *aduyaban* 'ayudaban'.[5] Sin embargo, otro tanto no ocurre con las formas de plural de los sustantivos femeninos, en que la vocal de aparición más frecuente en el morfema *-as*, [a], puede cerrarse, a veces, lo suficientemente para identificarse con [e]: *díes* 'días', *espinaques* 'espinacas', *idees* 'ideas'.[6]

5. Compárense las desinencias en el catalán del Pallars: *jo menjava*, 'yo comía', *ell menjave*, 'él comía'; *jo cantaría*, 'yo cantaría', *ell cantaríe*, 'él cantaría' (Coll 1991, 103). En Cardós y Vall Ferrera las formas equivalentes del condicional son *jo cantaría* y *ell cantarí* (Coromines 1976, 60).
6. Todavía no queda claro si la distinción de [a] y [e] se mantiene en todas las desinencias verbales. En una ocasión oí *No te posas en peligro* en vez de *No te poses*. Es posible, pues, que haya confusión entre las terminaciones *-as* y *-es*, es decir, que no haya distinción si las vocales no son finales.

   Es interesante que la parte norte del valle de Benasque usa la vocal temática [a] en los verbos de la primera conjugación y en los plurales de los sustantivos como *dona*, mientras en la parte sur del valle se emplea la vocal [e] en tales situaciones (Rafel 1980, 596-98).

A veces, en el chistavino se usa con mayor frecuencia la forma no coincidente con la castellana: *esqueroso* 'asqueroso', *ascabroso* 'escabroso'. Véase también el caso de *envitación* en el siguiente apartado. Uno se pregunta si aquí se trataría del fenómeno de 'excessive self-assertion' al que alude Malkiel (1985).[7]

3. VACILACIÓN ENTRE [e] Y [i] ÁTONAS

A veces, la presencia de una consonante palatal puede favorecer un timbre vocálico más cerrado. Tal es el caso de *siñal* 'señal en la oreja del ganado', *tixidor* 'tejedor', *capillera/capellera* 'gavilla que cubre el montón de fajinas de trigo', *esportilláu/esportelláu* 'desportillado', *cachirulo/cacherulo* 'pañuelo para la cabeza'. Sin embargo, se suele oír la forma *chetarse* 'acostarse', frente al belsetán *chitarse* (Badía 1950, 258); y en el caso de *chemecar* y *chimicar* se han lexicalizado dos contenidos semánticos distintos: *chemecar* 'respirar con dificultad, jadear; esforzarse'; *chimicar* 'gemir el niño'.[8]

La vocal más cerrada se halla con frecuencia en los prefijos: *dispués* 'después', *disenrobinarse* 'desoxidarse', *dispertarse* 'despertarse', *inauguas* 'enaguas', *ingordar* 'engordar', *inquesto/enquesto* 'molesto', *intrigar* 'entregar', *imprincipio/emprincipio* 'principio', *Iscalona* 'Escalona'. Es asimismo común en los pronombres átonos, como *mi/me* 'me', *li/le* 'le', y en posición final de otras palabras *vaqueri/vaquere* 'vaquero', *miniqui* 'meñique', *índoli/éndole (de mala éndole* 'de mala fama'). Los dos últimos ejemplos, así como *siguir* 'seguir', *candiletas* 'estalactitas', *aminister/amenister* 'menester', *verigüeta/virigüeta* 'grillo', *pentineta/pinteneta/pintineta* 'pipirigallo, esparceta', *almitir/admeter* 'admitir', *creticar* 'criticar', son explicables por los fenómenos de asimilación o disimilación vocálicas, según cada caso concreto, mientras otras formas manifiestan un comportamiento vocálico más independiente del contexto fonético: *didal* 'dedal', *metá/mitá* 'mitad', *temulto/timulto* 'gran cantidad o número'.

---

7. Dicho autor explica, por ejemplo, cómo los portugueses trocaron la forma *juez* por *juiz* por ser el diptongo *ue* característico del castellano. Este hecho representaría un acto de rebelión contra la hegemonía española.
8. Existe también el sustantivo *chemeco*: *Mira ixe caballo. ¡Qué chemeco lleva!* 'Mira ese caballo. ¡Cómo jadea!', *¡Qué chemeco has hecho!* '¡Qué esfuerzo has hecho!' Compárese la forma *chomecar,* recogida en Hecho (Kuhn 1935, 35).

La forma *envitación* es la única existente con el valor especial de 'ponche que se hace cuando se reúnen familias por la noche en invierno'. Es decir, que se rechazó la posibilidad *invitación para este significado. No obstante, puede pronunciarse esta palabra con [a] inicial si la precede uno de los artículos *la* o *una: l'anvitación*. Compárese también el caso similar de *una andición* < *una* + *indición* 'inyección'. Tampoco se aceptó la forma hipotética *elesia, siendo *ilesia* el único equivalente del castellano *iglesia*. Quizá haya imperado la forma castellana en este caso. En el caso del verbo *dicir*, junto a *decir*, puede que se trate de conservación de la vocal átona etimológica.

Es normal el cierre de la vocal [e] como solución antihiática: *piazo/peazo* 'media', *ciazo/ceazo* 'cedazo', *antiojera* 'anteojera', *crier* 'creer', *vier* 'ver'. En el futuro y condicional de los verbos *caer* y *traer*, cuando no se intercala una yod antihiática, la secuencia [a] + [e] puede reducirse a diptongo: *cairé/ca(y)eré* 'caeré', *trairí/tra(y)erí* 'traería'. No queda claro si, en las formas verbales *cay, crey* y *vey* 'cae, cree, ve', respectivamente, se trata de monoptongación o apócope.

La desinencia verbal *-ear* suele realizarse como [-jár] *(esfumarriar* 'fumar', *esfuraciar* 'ahuyentar', *esgritaciar* 'gritar', *tamboriniar* 'tronar'), aunque también se usa la ultracorrección *cambear* 'cambiar', con [-eár].

A pesar del frecuente empleo de estas soluciones antihiáticas, se encuentran formas como *leendo*, recogida en San Juan y Señes, frente a *leyendo*, recogida en Gistaín. Obsérvese, finalmente, que a veces la inestabilidad vocálica afecta a los diptongos, de modo que una palabra como *tierno* puede tener la realización fonética [teérno], en lugar de [tjérno].

4. VACILACIÓN ENTRE [o] Y [u] ÁTONAS

Puesto que la vocal [o] en chistavino —tanto la tónica como la átona— suena frecuentemente más cerrada que en castellano, no sorprende descubrir el hecho de que su timbre pueda llegar a no distinguirse del de [u], sobre todo en sílabas inacentuadas, donde su relajación es mayor. Dado el timbre grave de las vocales [o] y [u], que las oscurece, me limitaré a citar únicamente aquellos casos en que se oyó un grado de abertura o cierre suficiente para identificar las articulaciones vocálicas ya como [o], ya como [u].

La alternancia entre [o] y [u] átonas se registra igualmente en todas las posiciones, inicial, media y final: *obrir/ubrir* 'abrir', *oralita/uralita* 'uralita', *unduláu* 'ondulado'; *escopulón/escupulón* 'vaina en que se lleva la piedra para afilar la guadaña', *estrolicar/estrulicar* 'discutir', *salubrenco* 'salobreño, salobre'; *feto/fetu* 'hecho', *luego/luegu* 'pronto, temprano', *menudo/menudu* 'menudo'.

Kuhn (1935, 113) habla del paso de [o] a [u] en contacto con [r]/[r̄] (*'r* verdunkelnd' = 'oscurecimiento por r') y cita el ejemplo *arruxar* 'regar' (Ansó, Panticosa), frente a *arroxar* (Hecho). La [u] de nuestro ejemplo *estrulicar,* y la de otros como *alcurzar/alcorzar* 'acortar', *chanfuricaliar/chanforicaliar* 'meterse en un sitio barroso', podría explicarse de la misma manera. También se podría recurrir a otras explicaciones fonéticas en otros contextos para dar cuenta de la presencia de la vocal [u]; en *chuvillo* 'ovillo', por ejemplo, prevalecería la atracción palatal, y en *buquirse* 'reproducirse la cabra', y en *pulpillo* 'pulpejo', se capitalizaría el rasgo de la labialización. De todas maneras, la regularidad de la vacilación entre las vocales [o] y [u], que es aún más notable que en los otros pares estudiados, nos permite prescindir de tales factores.

La [o] de los verbos *escorrer* 'escurrir', *sospirar* 'suspirar', coincide con la del castellano antiguo *escorrir* y *sospirar,* respectivamente, pero tal vez no se trate de influjo de éste.

La [o] de la forma de subjuntivo *que yo y cabo* 'que yo quepa' es resultado del redondeamiento de [a] en contacto con consonante labial, al igual que sucede en palabras como *puñuelo* 'pañuelo', y *morruego* 'marrubium officinale'.

5. CONCLUSIONES

Por lo que al vocalismo átono respecta, el chistavino representa un área de inestabilidad que hace contraste con el catalán nordoriental, en el que se da la neutralización regular de /a/ y /e/-/ɛ/, /o/-/ɔ/ y /u/, y el catalán nordoccidental, con sus cinco vocales en posición átona. Las más de las veces, no existe oposición en chistavino entre [a] y [e], [e] y [i], [o] y [u] átonas, y dichos pares de vocales se hallan, a menudo, en variación libre. Un determinado contexto fonético puede favorecer el predominio de uno de los dos timbres vocálicos, o incluso fijarlo (sólo he oído *puyar,* nunca **poyar* 'subir'), pero las excepciones no invalidan la regla. En la historia de la lengua, la regularidad de

un determinado cambio fonético no se invalida simplemente porque
una serie de factores perturben la solución definitiva de algunos casos. Además, como hemos visto, un fenómeno como la asimilación
no actúa obligatoriamente en el chistavino. En la voz *cachirulo* puede
prevalecer la atracción palatal, pero también existe la forma *cacheru-
lo;* asimismo, la [r̄] no impide el cierre de [a] en [e] en el vocablo
retico 'ratico'.

Parece más que probable que, por lo que a Aragón se refiere, la
inestabilidad vocálica de que hablamos se extiende más allá de las
fronteras del valle de Gistáu. Prueba palpable de ello es el hecho de
que, en el vecino valle de Bielsa, pude recoger casos de alternancia
como *antender/entender* 'entender', *anter/enter* 'entero', *encarei-
xer/encarixer* 'encarecer', *emporquiar/empurquiar* 'ensuciar', *estrafo-
llar/estrafullar* 'estropear', que sugieren una vacilación de vocales
átonas mucho más extensa de la que parecía existir hasta ahora, y que
el trabajo de Antonio Badía no refleja ni remotamente. Entonces, no
sería demasiado arriesgado suponer que otras obras monográficas
que versan sobre hablas locales aragonesas tampoco pueden considerarse de ninguna manera exhaustivas respecto a este punto. Lo más
probable es que no captan con toda fidelidad el comportamiento del
vocalismo átono de la zona que estudian. Al fin y al cabo, la inestabilidad de vocales átonas se atesta en las hablas de muchas otras regiones hispanohablantes, por ejemplo, en el leonés y en el español de
América.

BIBLIOGRAFÍA

ALVAR, MANUEL, 1948. *El habla del Campo de Jaca* (Salamanca: CSIC).
—, 1956-57. 'Notas lingüísticas sobre Salvatierra y Sigüés', *Archivo de Filo-
logía Aragonesa*, 8-9: 9-62.
ANDOLZ, RAFAEL, 1978. *Diccionario aragonés* (Zaragoza: Librería Ge-
neral)
BADÍA MARGARIT, ANTONIO, 1950. *El habla del valle de Bielsa* (Barcelona:
CSIC).
COLL, PEP, 1991. *El parlar del Pallars* (Barcelona: Empúries).
COROMINES, JOAN, 1976. 'El parlar de Cardós i Vall Ferrera', en *Entre dos
llenguatges,* II (Barcelona: Curial), pp. 29-67.
DAVIDSEN-NIELSEN, NIELS, 1978. *Neutralization and Archiphoneme: Two
Historical Concepts and their History* (Copenhagen: Akademisk For-
lag/Wilhelm Fink Verlag).

ENA BORDONADA, ÁNGELA, 1976. 'Aspectos del habla y vida de Moyuela', *Archivo de Filología Aragonesa,* 18-19: 87-123.

GUILLÉN GARCÍA, JOSÉ, 1974. *El habla de Orihuela* (Alicante: Diputación Provincial).

HARA, MAKOTO, 1973. *Semivocales y neutralización* (Madrid: CSIC).

KUHN, ALWIN, 1935. 'Der Hocharagonesische Dialekt', *RLiR,* 11, 1-312.

LAPESA, RAFAEL, 1981. *Historia de la lengua española,* 9ª ed. (Madrid: Gredos).

LLOYD, PAUL M., 1987. *From Latin to Spanish, I, Historical Phonology and Morphology of the Spanish Language* (Philadelphia: The American Philosophical Society).

MALKIEL, YAKOV, 1985. 'Excessive Self-Assertion in Glottadiachrony: Portuguese *sofrer* and its Latin and Spanish Counterparts', *Lingua,* 65, 29-50.

MARTÍNEZ ÁLVAREZ, JOSEFINA. 1967. *Bable y castellano en el Concejo de Oviedo* (Oviedo: Univ.) (= *Archivum,* 17).

MOTT, BRIAN, 1984. *Diccionario chistavino-castellano* (Zaragoza: Caja de Ahorros de Zaragoza, Aragón y Rioja).

——, 1989. *El habla de Gistaín* (Huesca: Instituto de Estudios Altoaragoneses, Diputación Provincial de Huesca).

MÚGICA, PEDRO de, 1882. *Dialectos castellanos, montañés, vizcaíno, aragonés* (Berlín: Heinrich & Kemke)

RAFEL I FONTANALS, JOAQUIM, 1980. 'Sobre el benasquès', en *Actes del Cinquè Col·loqui Internacional de Llengua i Literatura Catalanes (Andorra, 1-6 d'octubre de 1979),* ed. J. Bruguera & J. Massot i Muntaner, Biblioteca Abat Oliva, 19, (Montserrat Abadia), pp. 587-618.

UMPHREY, G. W., 1911. 'The Aragonese Dialect', *Revue Hispanique,* 24, 5-45.

Abreviaturas empleadas

BAE	Biblioteca de Autores Españoles
BFUCh	*Boletín de Filología (Universidad de Chile)*
BHS	*Bulletin of Hispanic Studies*
BRAE	*Boletín de la Real Academia Española*
CSIC	Consejo Superior de Investigaciones Científicas
FL	*Folia Linguistica*
JHP	*Journal of Hispanic Philology*
LEA	*Lingüística Española Actual*
NBAE	Nueva Biblioteca de Autores Españoles
NRFH	*Nueva Revista de Filología Hispánica*
RF	*Romanische Forschungen*
RFE	*Revista de Filología Española*
RLiR	*Revue de Linguistique Romane*
RPh	*Romance Philology*
TPS	*Transactions of the Philological Society*
VR	*Vox Romanica*
ZRP	*Zeitschrift für Romanische Philologie*

Índice

ÍNDICE